Andrea Günter

Literatur und Kultur als Geschlechterpolitik

Facetten

Andrea Günter

Literatur und Kultur als Geschlechterpolitik

Feministisch-literaturwissenschaftliche Begriffswelten und ihre Denk(t)räume

Ulrike Helmer Verlag

Die Deutsche Bibliothek – CIP-Einheitsaufnahme

Günter, Andrea:
Literatur und Kultur als Geschlechterpolitik :
feministisch-literaturwissenschaftliche Begriffswelten
und ihre Denk(t)räume / Andrea Günter. –
Königstein/Taunus : Helmer, 1997
(Facetten)
Zugl.: Freiburg (Breisgau), Univ., Diss., 1996
ISBN 3-927164-96-8

D 25

Foto der Autorin: Nicolas Weiß
Satz: im Verlag
Druck und Verarbeitung: Difo-Druck, Bamberg
Printed in Germany

Gesamtverzeichnis sendet gern:
Ulrike Helmer Verlag, Altkönigstraße 6a, D-61462 Königstein/Ts.

Inhalt

Einleitung

Das (systematische) *Gewicht* der feministischen Literaturwissenschaft liegt in der Re-Konstruktion von Begriffen, Kategorien und Verfahren einer bislang androzentrischen Literaturwissenschaft und Literaturtheorie (A) und versuchter Neukonzeptionierung. Ihren *Anfang* begründete das Unbehagen gegenüber den Weiblichkeitsbildern in männlichen Texten und deren realitätsbildender Kraft sowie gegenüber literaturwissenschaftlichen Traditionsbildungsprozessen, die Texte von Frauen systematisch ausschließen (B). Ihre *Orientierungspunkte* sind die Denkhorizonte »Frau« und »Weiblichkeit«, das »Denken der Geschlechterdifferenz« und deren Verwobenheit mit »Sprechen« und »Schrift« (C). Ihre *Relevanz* wiederum erwächst aus ihrem politischen – »feministischen« – Anspruch auf Veränderung (D).

Diese vier Momente gliedern die folgende Arbeit. Die Frage nach der politischen Bedeutsamkeit der einzelnen Themenfelder wird dabei den Argumentationsgang perspektivieren. Da die Philosophinnen von DIOTIMA und die Frauen des Mailänder Frauenbuchladens diese Frage bei ihren Themenstellungen besonders im Blick haben, wird deren Überlegungen immer wieder ein zentraler Stellenwert eingeräumt. Ein weiterer wichtiger Referenzpunkt ist die politische Theorie und Anthropologie von Hannah Arendt.[1]

Im ersten Teil meiner Arbeit geht es um die literaturwissenschaftliche Relevanz der begrifflichen Arbeit in feministischer Perspektive. Bei diesem Einstieg handelt es sich um einen propädeutischen Vorspann, denn ich werde mich in den nachfolgenden Kapiteln vor allem mit Begriffen auseinandersetzen, die in der feministischen Literaturwissenschaft an Bedeutung gewonnen haben. Begriffe verstehe ich dabei – in Anlehnung an Sigrid

Weigels eingeführten Terminus »Bildraum«[2] – als *Begriffswelten.* Einen Begriff als »Welt« zu verstehen, sucht weniger nach eindeutigen Definitionen, sondern versucht die verschiedenen, oft auch widersprüchlichen und paradoxen Faktoren,[3] Aspekte, Umstände, Fragestellungen und Problemfelder, vor allem aber die Wünsche und das politische Veränderungspotential zu explizieren, die mittels einem Begriff gesagt werden (sollen).[4] Dabei versuche ich die verschiedenen Dimensionen der für die feministische Diskussion relevanten Begriffe mit Hilfe der Ausführungen unterschiedlichster Denkerinnen und Denker zusammenzutragen und die Anknüpfungs- und Schnittpunkte des unterschiedlichen begrifflichen Gebrauchs zu finden, so daß diese mir – und hoffentlich auch den Leserinnen und Lesern – die Konstellationen und Erwartungen erklären helfen, die in die vorgestellten Begriffe jeweils eingeschrieben sind. Mir geht es also weniger darum, das Verständnis eines Begriffes bei einer Autorin nachzuvollziehen, sondern ich frage nach der *Relevanz eines Begriffes* für die feministische Literaturwissenschaft. Damit gehe ich von einem Verständnis der feministischen Literaturwissenschaft aus, in dem diese kein fertiges Modell ist, sondern ein Suchhorizont, in dem bestimmte Fragen gestellt und bestimmte Zusammenhänge immer wieder thematisiert werden (müssen). Dieser Suchhorizont wiederum wird durch die Arbeit an zentralen Begriffen konstituiert.

Eine solche Systematisierung zielt folglich darauf, den Umriß und die Ebenen anzugeben und ein Strukturmodell von Aspekten und Fragestellungen zu erarbeiten, in dem die Aufgaben einer feministischen Literaturwissenschaft liegen. Alles weitere bleibt Arbeit der konkreten Untersuchungen in diesem Feld.[5]

Der propädeutische Teil A setzt dabei an der grundsätzlichen feministischen Erkenntnis an, daß literaturwissenschaftliche Begriffe geschlechtsspezifisch codiert sind, und formuliert die Ansprüche und Erwartungen, die mit ihrer Analyse verbunden werden. Erkenntnistheoretisch braucht eine solche Analyse eine Reflexion über die Logik der Relationen, mit denen wir Begriffe zusammenbinden, allem voran eine kritische Reflexion über die möglichen Relationen, die Beziehung zwischen den Geschlechtern zu denken. Die Ergebnisse dieser Überlegungen werden im folgenden immer wieder zur Anwendung kommen.

Nachdem die feministische Literaturwissenschaft eine Konsequenz der Frauenbewegung ist, verfolgt sie immer auch einen politischen Anspruch, der in diesem Teil im Hinblick auf die begriffliche literaturwissenschaftliche Arbeit formuliert wird. Wie wiederum der Rückgriff auf erkenntnistheoretische Probleme bei Begriffsbildungen zeigt, ist die feministische Literaturwissenschaft im Dialog mit der feministischen Wissenschaftskritik und mit anderen Disziplinen. Es wird in meiner Arbeit immer wieder unerläßlich sein, interdisziplinär zu argumentieren.

Die kulturgeschichtliche Bedingtheit von literarischen Begriffen und von Interpretationspraxen läßt es als sinnvoll erscheinen, als Ausgangspunkt zu den Überlegungen über das Verhältnis »Frau« und »Literatur« den Aspekt der Traditionsbildung zu wählen (B). Ein solcher Zugang will auf der einen Seite der historischen Konstituiertheit von Tradierungsverfahren und Einordnungsprozessen zwischen kulturellem Wandel und literarisch-eigengewichtigen Prozessen gerecht werden; auf der anderen Seite soll zugleich aber dem Streben von Autorinnen nach eigenwillig-origineller, eigener Schreibweise und schreibender Weltveränderung ein Platz eingeräumt werden.[6] Anthropologisch will die Entscheidung für diese Erstplazierung das Geboren-, Bedingt- und Gewordensein der Menschen an die erste Stelle setzen.[7]

Der Blick auf die Bedeutung der Tradition sucht das Verhältnis von den Begriffen »Frau« und »Literatur« also in der Konstellation der folgenden vier Dimensionen anzusiedeln:
- Erstens die historische Verankerung in kulturellen Zusammenhängen bis hin zum kulturell geprägten Zugang von Frauen zur »Geschichte« (1.1./5.);
- Zweitens die Methoden, Verfahren, Wertungsmuster, Paradigmen, Denkfiguren und Kategorien der literarischen und literaturwissenschaftlichen Traditionsbildung, wie sie »Kanonbildung«, »Trivialität«, »Genealogie«, »Dialogizität«,

»Intertextualität«, »Aufklärung« und »Vernunft« darstellen (1.3./3./5.);

- Drittens das mehr oder weniger bewußte, manchmal sogar gezielt rezipierende oder gar zitierende Orientiertsein von Autorinnen und Autoren im Kontinuum mit ihren schreibenden Vorgängerinnen und Vorgängern sowie von den in ihren Texten angelegten Spuren (2.), die auch immer schon im Hinblick auf zukünftige Generationen verfaßt sind. Hier wird in der feministischen Literaturwissenschaft durch die Konzepte »Genealogie«, »Dialogizität« und »Intertextualität« ein neues Bewußtsein für Traditionsbildungsprozesse entworfen. Wie die Grundgedanken dieser Konzepte verdeutlichen, läßt sich literarische Tradierung als spezifische Weise der Kommunikation verstehen.[8] Dies ist ein Gedanke, der deshalb so besonders fruchtbar ist, weil durch die Vorstellung von literarischem Schaffen als Kommunikationsakt ein Text als Ergebnis eines Dialogs betrachtet werden kann, indem die »Eigenleistung« einer Autorin oder eines Autors als aktiver Beitrag durchaus seinen Platz hat, ohne daß dabei der alte Autorbegriff in Anspruch genommen werden muß.[9]
  Mit der Rekonstruktion von Traditionsbildungsprozessen geht außerdem die Relektüre der »Aufklärung« als Inkarnation des »Projekts der Moderne« einher, in der ein moderner Literaturbegriff konstituiert wird, der gleichfalls auf neue Weise geschlechtsspezifisch codiert wird.[10] Vor diesem Hintergrund hat die Literaturwissenschaftlerin Sigrid Weigel das Konzept einer »weiblichen Dialektik der Aufklärung« entwickelt, in der Texte als »literarhistorische Topographien« gelesen werden können und als »Bildräume des Vergangenen« interpretierbar werden, ein Entwurf, der hier entfaltet werden soll.
- Viertens muß diese Konstellation wiederum erweitert werden um die Verortung der Leserin bzw. Interpretin in eben dieser Konstellation. Das Bedürfnis der Leserin, sich mit der Literatur von Frauen auseinanderzusetzen, ist erkenntnisleitend und hat folglich hermeneutischen Charakter, insofern es eine Interpretation »antreibt«. Den Beziehungen, die Interpretinnen

im Wissenschaftsbetrieb haben, gilt gerade aufgrund der politisch angeregten Praxis von gemeinsamer frauenbewegter Deutung und Sinnsuche gesonderte Aufmerksamkeit (2./4.).

Im dritten Teil wird das Verhältnis von den Begriffen »Frau«, »weiblich« und »Schrift« reflektiert (C). Die maßgeblichen Fragen sind: Wie fließen »Frauen« und das mit ihnen assoziierte »Weibliche« in Texte ein? Warum wird in der feministischen Literaturwissenschaft hierbei zwischen »Frauenbildern«, »Weiblichkeitsbildern«, »Weiblichkeitsmustern«, »Weiblichkeitsentwürfen« und »Weiblichkeitsimagines« unterschieden, und was leisten diese Unterscheidungen? Aber auch: Wie ist das Verhältnis zwischen Frauen und Autorschaft konzipiert? Wie können Frauen trotz der patriarchalischen Positionierung sich selbst sprechen und wie können sie durch Sprechen die Welt verändern?

Und: Wie sprechen Frauen? Wie beziehen sie sich auf das, was andere Frauen sagen und schreiben? Die Momente »Frau-Sprechen«, »Mimesis«, die »hysterische, weibliche Position« des Sprechens von Frauen und die in der Hysterie aufscheinende »Suche nach der Mutter beim Sprechen« werden diesen Teil strukturieren (C 1).

Bei einer solchen Klärung des Verhältnisses von »Frau«, »weiblich« und »Schrift« sind Vorentscheidungen zu treffen, was den Gebrauch der Begriffe »Frau« und »weiblich« betrifft. Eine solche Begründungsproblematik muß auf philosophisch-erkenntnistheoretische Überlegungen zurückgreifen. Solche Begründungsfragen bedürfen einer gründlichen Auseinandersetzung mit den vielfältigen Positionen und Diskursen in der feministischen Diskussion, um einen persönlichen Standpunkt zu finden. Es handelt sich um ein Unterfangen, das über den Rahmen einer literaturwissenschaftlichen Arbeit hinausgeht. Was meinen persönlichen Standpunkt betrifft, so habe ich diese Entwicklung im Laufe der letzten Jahren zum Teil parallel in Vorträgen und Aufsätzen ausgearbeitet. Darauf werde ich an entscheidenden Stellen verweisen. Auf andere Positionen wird hier nur am Rande verwiesen.

Benennen möchte ich jedoch die maßgeblichen Denkerinnen, die meine Arbeit geprägt haben und auf die ich mich in dieser Arbeit immer wieder beziehen werde: Was die politische Dimension meiner Ausführungen betrifft, so handelt es sich, wie bereits erwähnt, um Luisa Muraro und Hannah Arendt sowie um Luce Irigaray. Was die Diskussion innerhalb der deutschsprachigen Literaturwissenschaft betrifft, so sind Sigrid Weigel, Inge Stephan, Gisela Ecker, Silvia Bovenschen, Ulrike Prokop und Waltraud Gölter für mein Denken besonders relevant. Wichtige Impulse, was den theoretischen Hintergrund meiner Arbeit betrifft, habe ich aus der »Politik der Beziehung unter Frauen« bezogen, wie sie die Frauen des Mailänder Frauenbuchladens, und aus dem »Denken der Geschlechterdifferenz«, wie es die Philosophinnen von DIOTIMA entwickeln. Die mir aus diesem Kontext wichtigen Begrifflichkeiten werde ich an den relevanten Stellen präzisieren. Die wichtigsten ihrer Gedanken, vor deren Hintergrund ich die literaturwissenschaftliche Diskussion lesen werde, sind: die Unhintergehbarkeit der Zweigeschlechtlichkeit, das Denken der Geschlechterdifferenz als Deutungszusammenhang, die Bedeutung der Mutter als erstem Objekt des Begehrens für das Sprechen, die Liebe von Frauen zur Freiheit, die Bedeutung von Beziehungen unter Frauen für die kulturelle und politische Weltgestaltung und, damit verbunden, die Notwendigkeit weiblicher Autorität.

Während im ersten Abschnitt von C vor allem Frauen als Sprechende im Vordergrund stehen (C 1.), wird im zweiten Abschnitt die andere Seite des Verhältnisses von »Frau«, »weiblich« und »Schrift« Thema, nämlich die Funktion von »Frau« als Medium für Beschreibung und »weiblich« als Beschreibungsmodus (C 2.). In diesem Zusammenhang hat vor allem der feministisch inspirierte Dekonstruktivismus in der Nachfolge von Derrida und de Man den Anteil der Sprache am Sprechen und Schreiben problematisiert: Die Repräsentation steht zur Diskussion und folglich das »Weibliche« als deren »erste Materie«.

In diesem Teil wird die sprachphilosophische Relektüre der Psychoanalyse in Hinblick auf das Verhältnis von »Frau« und

Repräsentation maßgeblich. Sigmund Freuds vier Momente der unbewußten Darstellungsmittel (im Traum), die jedes Sprechen strukturieren, implizieren eine Kritik am repräsentationslogischen Sprechen, insofern sie die Momente von Darstellung jenseits der Abbildung in das Verständnis von Repräsentation einschreiben: *Metapher* und *Metonymie* als Bezogenheit zwischen Dargestelltem und Darstellung, die topographische *Verbildlichung* eines Gedankens und besonders die (weibliche) Allegorie als *Verkörperung* von Gedankenwelten sowie letztendlich die *Symbolisierung* als Anlaß und Vermittlung zwischen der individuellen Versprachlichung von Welterfahrung und der Tradition.

Mittels dieser zentralen Darstellungsmittel läßt sich das Verständnis von Repräsentation und von Möglichkeiten des Sprechens neu begründen, wenn sie im Zusammenhang der Geschlechterdifferenz kritisch gedeutet werden. Die Auseinandersetzung mit diesen Darstellungsweisen ermöglicht einerseits, die »unbewußten« Komponenten der Repräsentation zu analysieren. Andererseits verweisen diese Darstellungsmittel auf Möglichkeiten von Sprechweisen jenseits der Repräsentation als »Abbildung«. Gerade die Nachforschungen über das Verhältnis zwischen der Geschlechterdifferenz und der Repräsentation machen es erforderlich, die in der feministischen Diskussion wichtige Rezeption von Lacans Symbolisierungsverständnis neu zu bewerten. Zugleich muß die Notwendigkeit der Selbstidentifikation als Vorausetzung für ein freiheitliches Sprechen von Frauen hinterfragt werden (C 2.4.)

Auch wenn in meinen Ausführungen wie hier in Teil C die Französinnen Luce Irigaray, Julia Kristeva und Hélène Cixous eine wichtige Rolle spielen, so bin ich dennoch der Meinung, daß es einen eigenen Akzent in der deutschsprachigen Literaturwissenschaft gibt, der bislang weitgehend übersehen wurde. Dieser Akzent beruht auf der bewußt gestalteten Verknüpfung von Kritischer Theorie und postmodernen/poststrukturalistischen Ansätzen.[11] Diese Verknüpfung ist gerade auch für die Interpretation der drei Französinnen fruchtbar.

Des weiteren wird der immer wieder formulierte Anspruch

aufgegriffen, Literaturtheorie und Interpretation zusammenzubinden und diese sich gegenseitig vorantreiben zu lassen. Hierbei wird der exemplarische Anspruch von Einzelinterpretationen betont, deren Wichtigkeit in der Erklärung von Kulturphänomenen liegt.[12] In diesem Sinne werden in meiner Arbeit immer wieder auch exemplarische Einzeluntersuchungen zu Wort kommen und ihre Beiträge in die Theoriediskussion einbezogen werden. Eigene Interpretationen von Primärtexten kann ich trotz des formulierten Anspruchs nur sporadisch und knapp in Betracht ziehen.

Der vierte Teil (D) will letztendlich dem Tatbestand gerecht werden, daß sich die feministische Literaturwissenschaft der Frauenbewegung verdankt und infolgedessen selbst politische Interessen verfolgt. Hierbei gilt es zu klären, inwiefern die politisch-philosophischen Kategorien der Frauenbewegung in der Literaturwissenschaft zum Tragen kommen (können). Es handelt sich um die Begriffe »Freiheit« – in der feministischen Literaturwissenschaft bislang thematisiert als Suchhorizont nach der »befreiten Frau« als »Utopie« –; in der Problematisierung vom »Subjekt« – feministischerseits relevant als Frage nach der Bedeutung des Beitrags von Autorinnen zur (literarischen) Kultur – und in der damit verbundenen Frage nach der »Autorität« der Worte von Frauen; und um durch Sprache mögliche Weltveränderung.

Daß ich an dieser Stelle in meinen Ausführungen auch wesentlich auf die (noch) nicht feministischen Denkerinnen Hannah Arendt, Ingeborg Bachmann, Hilde Domin und Simone Weil zurückgreife, bedarf einer Begründung: Der Sammelband von Margret Brügmann und Maria Kublitz-Kramer »Textdifferenzen und Engagement« ist, zusammen mit Sigrid Weigels und Inge Stephans Arbeiten und Gisela Eckers wichtigem Aufsatz »Spiel und Zorn. Zu einer feministischen Praxis der Dekonstruktion«[13] sowie auszugsweise auch Renate Hofs »Die Grammatik der Geschlechter«[14], eine der wenigen Veröffentlichungen, die sich in der deutschen Diskussion um die feministische

Literaturwissenschaft explizit mit politischen Kategorien im Hinblick auf feministische Literaturwissenschaft auseinandersetzt.[15]

Dies ist kein Zufall. Die Denkbewegung der deutschen Frauenbewegung ist von der Krise der Philosophie und der modernen Subjektvorstellung betroffen. Mit der Kritik am autonomen und seiner selbst bewußten Subjekt ist der Freiheit die Kraft zur Legitimation abhanden gekommen,[16] womit das »feministische Projekt« ad absurdum geführt wäre. Das aufgrund der Krise der Philosophie im deutschsprachigen Kontext vorherrschende Primat der Sozialwissenschaften hat wiederum dazu geführt,[17] daß eine *politisch-philosophische* Auseinandersetzung mit Begriffen wie »Sagbarkeit«, »Freiheit« und »Handlungsfähigkeit« bzw. »Urteilskraft« feministischerseits kaum geführt wurde/werden konnte. Die Destruktion des autonomen Subjekts gibt per Theoriedesign vor, daß es weder Sagbarkeit noch Handlung, noch Freiheit gibt, denn es gibt für diese keinen legitimierenden Grund mehr. Im Zuge dessen, daß zugleich die Postmoderne-Diskussion immer wichtiger wurde, wurde die Polarisierung emanzipatorisch-aufklärerisch-ideologiekritisch versus poststrukturalistisch konstruiert.[18]

Im Zusammenhang dieser Probleme wird übersehen, daß das Problem der Sagbarkeit so alt wie die Sprachphilosophie und das der Freiheit so alt wie die politische Philosophie ist. Beide Problemfelder hängen also nicht unmittelbar von der modernen Subjektkonstitution ab und müssen auch nicht allein in »postmodernen« Welterklärungsmustern aufgehen.[19]

Die vier genannten Denkerinnen sind noch in einer politisch-philosophischen Denkkultur verankert und haben vor dem Hintergrund ihrer Erfahrungen mit einem totalitären Regime zu reflektieren versucht, was die Möglichkeit der einzelnen Person zu Handlung und Freiheit bedeuten kann. Bei ihnen finden sich Ansätze zu Freiheit, Sprechen und Handeln (Arendt u. Weil), zu Sagbarkeit (Weil, Bachmann) und zu dichterischem Sprechen und Freiheit (Domin), die gerade aufgrund ihrer Erfahrungen nicht an die aufklärerische Subjektvorstellung gebunden sind. Ihre Ideen sollen dazu herangezogen werden, die politisch-philosophische Dimension der feministischen Literaturwissenschaft zu vertiefen.

Während im ersten Teil »Propädeutik« hermeneutische Fragestellungen integriert sind, haben alle drei darstellenden Kapitel jeweils einen eigenen Abschnitt »Hermeneutik«. Mit dieser Vorgehensweise lehne ich mich bewußt an die Theologin Elisabeth Schüssler-Fiorenza an, die vier Schritte einer feministischen Hermeneutik entwickelt hat: »die Hermeneutik des Verdachts«, »die Hermeneutik der Proklamation«, »die Hermeneutik des Erinnerns« und »die Hermeneutik kreativer Aktualisierung«.[20] Diese vier Schritte fließen bei meiner Arbeit in die Konzeptionen »Hermeneutik des Mangels« (B 1.1.3.), »Hermeneutik des Anderen« (C 2.4.) und »Hermeneutik der Freiheit: Sprechen in Verschiedenheit« (D 3.3) ein. Zugleich formuliere ich dabei diese Schritte in neue Fragestellungen um.[21] Die Berücksichtigung der symbolischen Positionierung des Verstehens der Interpretin und des Schreibens der Autorin »als« Frau – als mangelhafter und abwesender, als anderer, als (zu) »befreiender« – macht eine solch hermeneutische Fragestellung notwendig.[22] Hermeneutik verstehe ich hierbei ganz allgemein als Lehre des Verstehens, die die symbolische Verortung des Interpretierens reflektiert, wobei ich die politisch-feministische Dimension von der Interpretation der Zeichen akzentuiere. Zugleich betone ich die tranzendentale Disposition der Hermeneutik, in der Interpretation als Sinngebungsprozeß deutlich wird: Wunsch (nach Sein), Wirklichkeit/Welt, Text und Verstehen bilden den mehrfachen – transzendentalen – Sinn der Interpretation. Insofern beinhaltet Hermeneutik die Notwendigkeit, das Verhältnis unseres Strebens nach Existenz und unseres Wunsches nach Sein bei der Lektüre von Texten zu reflektieren.[23]

Auch wenn die politische Bedeutungsstiftung der feministischen Literaturwissenschaft historisch vorausging, so macht es für mich doch Sinn, diesen Aspekt ans Ende meiner Ausführungen zu stellen. Denn Inhalte und Fragestellungen der feministischen

Literaturwissenschaft ändern sich. Was als Eigentümlichkeit von feministischen Lektüren bleibt, liegt weder in der Methode noch im Inhalt, genausowenig liegt sie im Standpunkt. Vielmehr ist sie, so die Philosophin Brigitte Hilmer, in einer spezifischen Situation begründet: Feministische Lektüren beruhen darauf, sich in eine bestimmte Situation zu versetzen oder sich in ihr – gemeinsam mit anderen – vorzufinden, sich aber trotzdem als verschieden zu erfahren und zu beschreiben.[24]

Mit diese Beschreibung umreißt Hilmer genau die politische Situation, die in der Verschiedenheit der Menschen begründet ist: in der Verschiedenheit der Frauen untereinander, in der Verschiedenheit der Männer untereinander und in der Verschiedenheit zwischen Frauen und Männern. Das Spezifische der feministischen Fragestellung liegt nun darin, daß das – sich voneinander unterscheidende – Sprechen von Frauen als notwendig dafür erkannt wird, das Allgemeine zu denken und die Welt zu gestalten. Dabei soll die Liebe von Frauen zur Freiheit zum Tragen kommen können.[25]

A. Propädeutik: Begriffliche Bedeutungsbildung in literaturwissenschaftlichen Themenfeldern und das Denken der Geschlechterdifferenz

Long afterward, Oedipus, old and blinded, walked the roads. He smelled a familiar smell. It was the Sphinx. Oedipus said, »I want to ask you one question. Why didn't I recognize my mother?« »You gave the wrong answer,« said the Sphinx. »But that was, what made everything possible,« said Oedipus. »No,« she said. »When I asked, what walks on four legs in the morning, two at noon and three in the evening, you answered, Man. You didn't say anything about woman.« »When I say Man,« said Oedipus, »I include women too. Everyone knows that.« She said, »That's what you think.« *Muriel Rukeyser*

Das Aufgabenfeld der feministischen Literaturwissenschaft, wie es sich im Zuge der neuen Frauenbewegung und der aus dieser resultierenden feministischen Kritik an den Wissenschaften zu Beginn der 70er Jahre begründete, schien zunächst klar und einfach: die feministische Literaturwissenschaft machte sich nichts weniger zur Aufgabe als die Revision der Literaturgeschichte mittels Rekonstruktion und Relektüre literarischer Texte sowohl aus männlicher als auch aus Frauen-Feder. Die feministische Literaturwissenschaft etablierte dabei frauenbewegt-politische Ansprüche, die auch heute noch vertreten werden:

Die Texte von Autorinnen soll etwas über die weibliche Wahrnehmung und die schreibende Verarbeitung von Frauen-Erfahrungen und von dem Wissen von Frauen über den weiblichen Lebenszusammenhang verraten; Frauen sollen mittels Frauen-Texten zu einer veränderten Selbstwahrnehmung kommen können und diese sollen ihnen bei ihrer Identitätsfindung weiterhelfen; und es soll ihnen eine Sprache geben bzw. eine verlorene, weil nicht tradierte Sprache der Frauen wiedergegeben werden, die ihnen helfen soll, ihr Leben zur Sprache zu bringen.[1]

Eine genaue Analyse von weiblichen Figuren und Weiblichkeitsentwürfen in männlichen Texten wiederum verhilft zu einem Wissen über Weiblichkeitsbilder und deren Vielfalt und Geschichte. Die Funktion des Weiblichen in männlichen Texten und in einer männlich konnotierten Sprache kann ergründet werden, wobei die Texte männlicher Autoren von nun an als (poetische) Versprachlichung und Selbstfindung männlicher Identität interpretiert werden.[2]

Gleichzeitig mit der feministischen Kritik an den Wissenschaften werden die literaturwissenschaftlichen Kategorien fragwürdig und das auf mehrfache Weise. So hat die (postmoderne) Kritik maßgebliche Denkfiguren der Neuzeit, allem voran den cartesianischen Subjektbegriff, und Kategorien wie Autor und Werk verdächtig gemacht (A 1). Aber auch die logischen Denkfiguren, mit denen Frau und Mann miteinander ins Verhältnis gesetzt werden, werden durchleuchtet (A 2). Und es wird wichtig, wer einen Begriff prägt und welche Funktion dieser durch einen bestimmten Gebrauch im sozialen Handlungsfeld bekommt (A 3).

Während im Laufe der 80er Jahre die grundlegenden Ziele der feministischen Literaturwissenschaft durchaus beibehalten und unzählige Einzeluntersuchungen und -analysen geleistet, Autorinnen entdeckt, wiederentdeckt und neu gewürdigt sowie zwei Literaturgeschichten über deutschsprachige Schriftstellerinnen publiziert wurden,[3] verschoben sich zugleich die Fragestellungen. Waren bislang viele Interpretationen auf der Suche nach Bildern für weibliche und/oder männliche Subjektivität, folgte die (feministisch-literaturwissenschaftliche) Beschäftigung mit Texten aus weiblicher Feder anfänglich vor allem dem eher pragmatischen Interesse an Frauen-Alltag und möglichen Umsetzungen,[4] so wurde dies nach und nach ergänzt und ersetzt durch ein »relativ entpragmatisiertes, unmittelbaren Verwendungszusammenhängen enthobenes Erkenntnisinteresse; ein Interesse an größeren und umfassenderen Erklärungsmodellen, die weniger von konkreten Situationen abhängig sind.«[5] Alltagswissen wird durch ein Interesse an abstrakteren Wissensformen substituiert.[6]

Einige Literaturwissenschaftlerinnen fragen seitdem mehr und mehr nach der Verfaßtheit von Zugängen zu Texten und von Leseweisen (vor allem Sigrid Weigel und Gisela Ecker) – wohl auch ein Ergebnis davon, daß die Auseinandersetzung mit Postmoderne, Poststrukturalismus, Dekonstruktion und deren VertreterInnen immer mehr an Einfluß auf die feministische Theoriebildung gewinnt. Was mir bei dieser Entwicklung bemerkenswert zu sein scheint, ist, daß gerade nicht die Entwicklung von Methoden oder die Suche nach der richtigen Methode – quasi als Glaubensfrage – im Vordergrund steht, sondern daß Problem- und Aufgabenfelder beschrieben, Suchbewegungen und Fragehorizonte entwickelt, Denk- und Interpretationswege gesucht werden. Die Entscheidung für Methoden und Richtungen bleibt dem eher untergeordnet und erweist sich als hinfällig. Nach und nach löst sich auch die langwierige und müßige Parteienbildung in der Auseinandersetzung um Poststrukturalismus oder Ideologiekritik auf.[7]

1. Begriffswelten

Es gibt kein objektives Urteil über
Literatur, nur ein lebendiges.
Ingeborg Bachmann

Die feministische Literaturwissenschaft wandte sich in einer Art zweiter, die erste ergänzenden und vertiefenden Phase[8] der Literatur als Literatur und parallel dazu der Literaturwissenschaft als Wissenschaft zu. Die Verfaßtheit der Literaturwissenschaft steht somit zur Diskussion, allem voran die Kritik der Begriffe und Kategorien, die den literaturwissenschaftlichen Diskurs konstituieren:

»Weil die so dürftige Überlieferung weiblicher Kultur nicht nur eine Folge geringerer kultureller Produktion von Frauen ist, sondern auch Ergebnis der männlichen Überlieferungsnormen und -verfahren, ist eine Aufarbeitung der weiblichen Geschichte notwendigerweise mit einer Kritik der bestehenden Literaturtheorie und -historie verbunden. Insofern sollten wir uns hüten, die mühsame Spurensuche nach Quellen zu trennen von der Theorie- und Begriffsbildung.«[9]

Die Kritik der feministischen Literaturwissenschaft betrifft nicht nur die Aussagen, Textstellen und Bereiche, in denen explizit »Frau/en« und/oder Weiblichkeit/s/entwürfe zur Sprache kommen. Statt dessen betrifft eine feministische Revision alle Themen, Bereiche und Aspekte der Literaturwissenschaft. Dieser Standpunkt basiert auf der Erkenntnis, daß, so Georg Simmel, sowohl Urteile, theoretische und praktische Normen als auch Denkstrukturen männliche Ausformungen sind.[10] Dies läßt sich damit erklären, daß die Bedeutung eines jeden Begriffs gemäß der sprachlichen Sinngebungsprozesse in einem Begriffsfeld entsteht, in dem sich die Begriffe gegenseitig definieren. »Frau«, »Mann« und/oder »Geschlecht« stellen dabei immer *eine* Komponente im Zusammenhang eines Problemfeldes, im Kontext eines Textes oder einer Fragestellung dar und werden so zu einem möglichen Deutungshorizont bzw. zu einer Erkenntniskategorie. Zugleich handelt es sich bei der Kategorie »Geschlecht«, wie die Historikerin Gisela Bock feststellt, um ein Geflecht aus Beziehungen und Prozessen.[11] (Auf diesen Geflecht-Charakter wird später noch genauer einzugehen sein.)

Ein jeder Begriff impliziert aufgrund solcher Verflechtungen Vorstellungen von Weiblichkeit und von Männlichkeit, die einen Begriff nicht nur bezüglich seiner Bedeutung prägen, sondern zugleich auch die Möglichkeiten seiner Bezugnahme auf Frauen und auf Männer beeinflussen.[12] Und da ein jeder Begriff zugleich auch immer im Hinblick auf Wünsche und Absichten gebildet worden ist, beeinflussen die geschlechtlich geprägten Erfahrungen und Praxen der wünschenden Frau/des wünschenden Mannes die Begriffsbildung sowie deren Tradierung mit. Dabei charakterisiert diese Praxis gerade auch die Neutralisation der geschlechtsspezifischen Markierung.[13] So ist beispielsweise selbst in der Konzeption von Objektivität Männlichkeit enthalten, denn Objektivität gibt es lediglich in Abgrenzung zu Subjektivität, und diese wiederum war/ist weiblich konzipiert und somit allein aufgrund der Konnotation der Frau zugeordnet.

Im Falle von literaturwissenschaftlichen Begriffen läßt sich feststellen, daß deren Bedeutung vorwiegend im Zusammenspiel von fiktionalen Welten literarischer Texte und der in diesen entworfenen weiblichen und männlichen Figuren, von AutorInnen- und RezipientInnenpositionen sowie von den geistigen Orten entstehen, von denen aus Literaturwissenschaft betrieben und Texte interpretiert werden.[14] Eine jede Dimension der Literaturwissenschaft, auch jede noch so geschlechtsneutrale, wird folglich durch die Geschlechterbeziehung bestimmt[15] – bis hinein in die »poetologischen Voraussetzungen für eine Sprecherlaubnis« und in die »poetologischen Begründungen poetischer Inkompetenz«[16]. Geschlechtszugehörigkeit und Geschlechterrelationen werden zu Erkenntniskriterien der Literaturwissenschaft. Insofern diese Kriterien die Voraussetzungen des literarischen und des literaturwissenschaftlichen Diskurses anfechten, ermöglichen sie ein besseres Verständnis der literaturhistorischen Entwicklung, was das sich historisch verändernde Schreiben von Frauen und das von Männern betrifft.[17]

Auch dann, wenn oft von der Geschlechtsspezifizität in der Literaturkritik gesprochen wird, ist sie als Aspekt der Theoriebildung völlig abwesend.[18] Silvia Bovenschen stellt die Divergenz zwischen faktischem Gewicht der gender-Kodierung und deren ideologischer Verschiebung und Unsichtbarmachung fest:

> »›Geschlecht‹ [ist] – im Unterschied etwa zu der Kategorie der ›Klasse‹ oder der ›Schicht‹ oder des ›Standes‹ – keine Kategorie, die sich auf eine begriffsgeschichtliche Tradition stützen könnte … [Dieser Mangel] wird deshalb betont, weil diese Traditionslosigkeit gewichtige Probleme aufwirft … Das Ärgernis der Unverhältnismäßigkeit, die zwischen dem entfalteten Begriffsfeld der ästhetischen Theorie einerseits und der erheblichen Begriffslosigkeit im Umgang mit geschlechtsspezifischen Zuordnungen und Wertungen andererseits besteht, muß … Gegenstand der Untersuchung werden.«[19]

Begriffswelten sind also auch gerade dort, wo sie dem Objektivitätsideal am nächsten zu sein scheinen, bezüglich der Geschlechtervorstellungen schon einschlägig präformiert. Der »*gendered code*« literaturwissenschaftlicher Begrifflichkeiten meint im zeichentheoretischen Sinne deren geschlechterdeterminierte Codierung.[20] Die verschwiegene-schweigende, jedoch durch das Schweigen hindurch sprechende Codierung macht es notwendig, eine Analyse des Zusammenspiels der Kategorie Geschlecht mit den überkommenen literaturwissenschaftlichen Kategorien als Ausgangspunkt und Grundlage des Lesens, Verstehens und Interpretierens von Texten zu betreiben: Die Kategorie »Geschlecht« ist in die Literaturwissenschaft einzuführen.[21] Und mit der Kategorie Geschlecht sollen Geschlechterrelationen zum Horizont literaturwissenschaftlichen Erkennens werden.[22] Hassauer-Roos spricht geradewegs von einer Revision tradierter Wissensvorräte und Diskursstrategien.[23] Das heißt, eine maßgebliche Aufgabe feministischer Literaturwissenschaft ist es, geschlechtsspezifische Positionen auch dort innerhalb des eigenen Diskurses aufzuspüren, wo sie nicht explizit gemacht werden.[24] Dazu zählt die Analyse von Themen, Begriffen, Philosophemen, Aussageformen, Axiomen, Methoden, Bewertungen, Hierarchien[25] sowie die Analyse von literarischen Motiven und Topoi ebenso wie von rhetorischen Figuren und anderen Mitteln der poetischen Darstellung. Weiterhin zählt eine neue Sicht auf literarische Praxis, künstlerische Verfahren und Wertvorstellungen dazu;[26] ebenso die Thematisierung der geschlechtsspezifischen Determination der fiktionalen Welten literarischer Texte, AutorInnen- und RezipientInnenpositionen und der geistigen Orte der (literarisch-literaturwissenschaftlichen) Interpretationen.

Die »Frau« und der »Mann« erweisen sich als Moment von – literarisch-literaturwissenschaftlichen – Sinnbildungsprozessen, das Patriarchat kann als »Ensemble typischer Sinnbildungsprozesse« verstanden werden.[27] Diese Patriarchatsdefinition thematisiert eine weitere Aufgabe feministischer Literaturwissenschaft, nämlich die Analyse von literarisch-poetologischen Sinnbildungsprozessen im Hinblick auf deren androzentrische Strukturierung.[28] Die Theorien des »Weiblichen« wiederum, so

Weigel, »die als Versuche zu verstehen sind, sich diesem Zusammenhang explizit zu widmen, beziehen sich deshalb leitmotivisch auf das Verhältnis von Sprache und Geschlecht bzw. auf den Ort der Frauen und die Rolle des Weiblichen in den tradierten Praktiken der Bedeutungskonstitution.«[29]

Auch wenn eine Theoretisierung und Traditionsbildung der Kategorie Geschlecht sowie des Zusammenhangs von Frau, Geschlecht und Literatur wünschenswert und wichtigstes Ziel einer feministischen Literaturwissenschaft ist, so ist dieses Verhältnis allerdings »weder ergänzend noch universell deutbar noch gibt es eine einsinnige Determination von Geschlecht und Literatur.«[30]

Feministische Literaturwissenschaft ist also nicht ein fertiges wissenschaftliches Modell mit einer festlegbaren eindeutigen Theorie, sondern eine Forschungsperspektive bzw. ein Suchhorizont, in dem bestimmte Fragen gestellt und bestimmte Zusammenhänge immer wieder thematisiert werden. Die Geschlechterdifferenz kann als »Folie aller Wissensbildung«, einer jeden Relektüre und Umwertung verstanden werden.[31] Gleichzeitig sieht sich die feministische Literaturwissenschaft trotzdem vor die Aufgabe gestellt, eine Theorie dieses Zusammenhangs zu entwickeln.

2. Das Verhältnis der Geschlechter denken

Welche Theorie über »Frauen lesen«, welche Wertungs- und Deutungsmuster im Hinblick auf Frauenliteratur und Männerliteratur entstehen, hängt auch immer von den logischen Figuren ab, mittels derer die Strukturen des Geschlechterverhältnisses zu formulieren versucht werden. In der feministischen Wissenschaftskritik ist deswegen die Analyse und Kritik aller Grunddualismen zentral, weil in ihnen die Geschlechterdifferenz latent konnotiert ist. Zugleich sind umgekehrt in das Verhältnis Weiblichkeit und Männlichkeit gleichfalls andere Grunddualismen eingeschrieben. Insbesondere für die Kulturwissenschaften ist dabei die Entsprechung von Mann-Frau und Kultur-Natur sowie Geist-Körper und Aktivität-Passivität und deren Verwobenheit in kulturwissenschaftliche Theoreme ausschlaggebend. Diese Dualismen werden als ein Gegensatz verstanden, der nicht aufhebbar ist.[32]

Luce Irigaray hat neben der Denkfigur des Dualismus weitere Denkfiguren analysiert, mittels derer das Geschlechterverhältnis konstruiert wird. In ihrer großartigen Freud-Interpretation hat sie dabei folgende Denkfiguren festgestellt, derer sich Freud bedient, um die Entwicklung des kleinen Mädchens dem des Jungen anzugleichen und so diesen zum Modell der Sexualität zu machen: die Analogie, die Symmetrie, der Vergleich, die Homologie und Ebenbildlichkeit sowie dichotome Oppositionen, der Antagomismus usw.[33] Hiermit stellte sie zum ersten Mal die Frage nach den Denkfiguren, mittels derer das Geschlechterverhältnis konstruiert und der Mann zum Maßstab des Denkens wird.

Betrachtet man den Beitrag dieser Denkfiguren zu inhaltlichen Aussagen, dann wird deutlich, daß, wenn es sich um die Beziehung zwischen zwei Dingen handelt, tatsächlich drei gedacht werden müssen. Dadurch, daß die symbolisch-sprachliche Verfaßtheit der Opposition männlich/weiblich thematisiert wird, wird jene zweiwertige Logik der Oppositionsbildung unterlaufen.[34]

Das mitgesprochene Dritte ist das Relativum, das die Beziehung zwischen zweien charakterisiert, das die Art und Weise ihrer Bezogenheit und ihrer Beziehung spricht und folglich diese zwei selbst wiederum auch qualifiziert. So wird das Weibliche bzw. das Männliche zu dem, was es ist, *auch* dadurch, *wie* es auf andere bezogen ist.[35]

Seitdem die Bedeutung der Relativa für die Konstitution des Geschlechterverhältnisses erkannt ist, sind sie als Denkfiguren zum Untersuchungsgegenstand der feministischen Wissenschaftskritik geworden.[36] Untersucht wird dabei, ob die Frau als graduell vom Mann unterschieden (z.B. defizitär oder ergänzend-bereichernd) verstanden wird? Als ihm entgegengesetzt?[37]

Als mit ihm/mit dem Männlichen identifiziert? Als ihm gleich? Als ihm kongruent? Als ihm überlegen? Als an Frauen orientiert und diesen kongruent? Aufgrund der Struktur der Sprache werden wir immer auf Relativa zurückgreifen müssen. Dennoch hilft die Reflexion darüber, zu einem anderen Verständnis von Beziehungen zu kommen. Erst die Vielfältigkeit der möglichen Beziehungsformen macht die Bezogenheit selbst schillernd.

Ein Augenmerk auf solche Denkfiguren zu legen, ermöglicht erstens, das Geschlechterverhältnis konsequent nach einer einzigen Denkfigur zu durchdenken. Einen solchen Versuch hat Nina Lykke in »Rotkäppchen und Ödipus. Zu einer feministischen Psychoanalyse« unternommen. In dieser Arbeit versucht Lykke eine Relektüre Freuds, bei der sie ein neues Verständnis der weiblichen und männlichen Psychogenese zu entwickeln versucht. Ihre Hauptthese dabei ist, daß die psychische Entwicklung der Geschlechter *kongruent* verlaufe.[38] Lykke zeigt, was es heißt, wenn paradigmatische Situationen der Freudschen Schriften neu gedeutet werden und dabei von der Annahme der Kongruenz der sexuellen Entwicklung von Mädchen und Jungen ausgegangen wird. Faszinierend an Lykkes Entwurf ist, wie konsequent sie umbenennt: so wird aus dem androzentrischen Ödipus-Komplex für Frauen der Antigone-Komplex, aus der präödipalen und ödipalen Phase für Frauen die präantigonale und antigonale Phase, aus der genitalen Phase wird für Frauen die klitorisgenitale und für Männer die penisgenitale Phase usw.[39]

Zweitens bewahrt die Analyse der jeweiligen Geschlechter*relation* vor historischen Fehlschlüssen, was die Denkfiguren des Geschlechterverhältnisses, deren Vorkommen und deren Veränderungen betrifft. So wird bei einigen feministischen Wissenschaftlerinnen gegenwärtig aufgrund einer Untersuchung von Thomas Laqueur von einem historischen Wechsel der Geschlechterrelation im 18. Jahrhundert ausgegangen, von dem ab sich das Ein-Geschlecht-Modell zum Zwei-Geschlechter-Modell entwickelt habe.[40] Im Ein-Geschlecht-Modell seien die Geschlechtsorgane als gleichförmig beschaffen betrachtet worden, ist das ausschlaggebende Argument dieser These.

»Kurz: es gab einen Körper, und der war männlich.«[41]

Doch schon in der Antike standen Ein- und Zwei-Geschlecht(er)-modelle nebeneinander und wurden je nach Belieben eingesetzt, um zu beruhigen, zu verteidigen, männliche Vorteile zu sichern und die weibliche Unterdrückung zu rechtfertigen.[42] Einmal davon abgesehen, daß auch die Formulierungen, die dem Ein-Geschlecht-Modell zugrunde liegen, tatsächlich ein Zwei-Geschlechter-Modell voraussetzen, denn schließlich mußte in diesen Diskursen erklärt werden, was so anders an der weiblichen Sexualität ist, wenn man die männliche Erektion, oder was so anders an der männlichen Sexualität ist, wenn man die weibliche Gebärfähigkeit als Ausgangspunkt des Fragens wählt.[43] Vergleicht man dieses Ergebnis wiederum mit der Irigarayschen Freud-Kritik, dann hat es diesen Wechsel, was die Denkfiguren betrifft, nicht gegeben. Auch bei Freud ist dasselbe Ein-Geschlecht-Modell zu finden, was das Verhältnis der Geschlechter in puncto Sexualität betrifft; auch in Freuds Theorie über die Sexualität gibt es nur ein Modell, den Mann. Was sich allerdings verändert, ist, über welche Konstituenten das Geschlechterverhältnis bestimmt wird und in welche Weltvorstellung es dabei eingebettet wird.[44] Freud hat so zwar die Psychodynamik in das Geschlechterverhältnis eingeschrieben, das heißt, er hat andere inhaltliche Anknüpfungspunkte, um das Geschlechterverhältnis zu bestimmen, jedoch stützt er sich bei der Deutung der zu bestimmenden Momente auf dieselben Relativa.[45]

3. Die politische Dimension von Begriffswelten

Und ich sehe, daß auch die Kosmologien der Philosophen politische Abhandlungen sind, vielleicht sogar noch eher als diejenigen, die sich ausdrücklich mit Politik befassen. *Luisa Muraro*

Der Ort, der die feministische Literaturwissenschaft ins Leben gerufen hat, die Frauenbewegung, bestimmt aufgrund der ihr eigenen politischen Konstitution des weiteren, was feministische Literaturwissenschaft ist: Feministische Literaturwissenschaft ist »eine politisch motivierte Revision literarischer und literaturwissenschaftlicher Konventionen *aus der Perspektive* der Frauen.«[46]

Sie erweist sich als eine Revision, die zugleich die herkömmliche (Geschlechter-)Politik der Literaturwissenschaft sichtbar macht und geradewegs als Politik thematisiert. Literaturwissenschaft als politische Handlung zeigt sich nicht erst da, wo sich *Germanistik* mit Attributen von Männlichkeit und Größe wie Volk, Nation, Geist assoziiert, wie Sigrid Weigel betont. Vielmehr liegt die Politik der Literaturwissenschaft zunächst in der Organisation einer Disziplin begründet, welche sich definiert »durch einen Bereich von Gegenständen, ein Bündel von Methoden, ein Korpus von als wahr angesehenen Sätzen, ein Spiel von Regeln und Definitionen, von Techniken und Instrumenten.«[47]

Literaturwissenschaftliche Begriffe sind nicht wertfrei, sondern erwachsen aus der ethischen und politischen Interpretation des Wortes.[48]

Dabei thematisiert die kritische Seite der feministischen Literaturwissenschaft den männlichen Gestaltungscharakter der Wissenschaften, wie er sich in den Strukturen dieses Fachs zeigt. Dieser männliche Charakter zeigt sich »zuallererst darin, wie sich die Disziplin gegenüber der Verteilung von Männern und Frauen bzw. ›Männlichkeit‹ und ›Weiblichkeit‹ auf die Positionen innerhalb ihres *Gegenstands* verhält und wie sie selbst die Positionen innerhalb ihres *Fachs* verteilt. Deren ungleiche Verteilung manifestiert sich schon auf den ersten Blick darin, daß zentrale Rollen in Literatur, Literaturbetrieb und -wissenschaft männlich besetzt sind – im doppelten Sinne des Wortes ›besetzt‹: personell und im mitgedachten Geschlechtscharakter der Rolle, zum Beispiel Autor, Kritiker, Professor. In der Literaturwissenschaft – so meine These – verdoppelt sich der männliche Blick des Literaturbetriebs, indem der Wissenschaftler die Perspektive von Autor und Kritiker übernimmt und damit den mit der Kunstproduktion verbundenen Verzehr von ›Weiblichkeit‹ und den Ausschluß von Frauen als Subjekte der Literatur reproduziert.«[49]

Autorisierungsinstanzen und -strukturen müssen infolgedessen thematisiert und neu begründet werden. Dies betrifft nicht nur literaturwissenschaftliche Wertungsverfahren oder Konzepte über künstlerische Kreativität, sondern auch die Legitimationsfunktion solcher Kategorien wie Autor und Werk, Formen und Verfahren der Anerkennung, das Einbeziehen von Legitimations- und Autorisierungsverfahren für den Prozeß der Bedeutungszuordnung innerhalb des Textes und dessen Interpretation bis hin zur Autorisierungsfunktion der Literaturwissenschaft selbst.[50]

Oder aber die politische Dimension zeigt sich in der Strukturierung und Inszenierung von Texten, vor allem über die Perspektivierung des Erzählers, durch Verharmlosung und Bejahung von Sexismus und Rassismus, im Stil, durch die gewählte Perspektivierung, in den Identifikationsangeboten, den Beschreibungen, Charakterisierungen und provozierten Assoziationsbildungen.[51] Solche Strukturierungen und Inszenierungen machen das Wechselspiel zwischen sozialen Mechanismen und ästhetischen Kriterien deutlich. Die feministische Literaturwissenschaft hebt die Bedeutung hervor, die der Frage der ästhetischen Wertung im Rahmen einer politischen Auseinandersetzung zukommt.[52] Dabei geht es allerdings weniger um die Frage nach der Schuld bzw. Frauenfeindlichkeit einzelner, individueller Autoren. Vielmehr geht es bei der Analyse solcher Zusammenhänge um kulturelle Konventionen in kollektiven Strukturen der Repräsentation, die in der Arbeit eines Autors oder Künstlers zum Ausdruck kommen können.[53]

Die historische und bereichsspezifische Analyse solcher Zusammenhänge zeigt dabei, daß Begriffe auch ständig ihre Geschlechtskodierung wechseln können. So kann dasselbe, was in einem Bereich oder in einem (geschichtlichen) Zusammenhang als weiblich konnotiert ist, in einem anderen Bereich oder (geschichtlichen) Zusammenhang als männlich gelten. Insofern weisen Begriffe zusammen mit der Geschlechtskodierung auch eine Widerspruchstruktur in Hinblick auf ihre Konnotation und Gültigkeit auf, die sie beliebig wechseln können. Nicht die eindeutige Zuordnung, sondern gerade Wechselhaftigkeit, Widersprüchlichkeit und Ambiguität begründen die Herrschaftsstruktur, Unangreifbarkeit und Stärke geschlechtlich konnotierter Systeme.[54] Aber in dieser Wechselhaftigkeit, Widersprüchlichkeit und Ambiguität liegt gerade auch die Möglichkeit zur Verschiebung und Veränderung.

»Sexual politics« und »textual politics«, wie sie nach Toril Moi unterschieden werden können, sind insofern zugleich verschieden und miteinander verflochten.[55] Die feministische Literaturwissenschaft läßt sich folglich gleichfalls als (frauenbewegter) »Austragungsort für die Spannung von Ästhetik und Politik« sowie »von Sprache und Politik« verstehen,[56] eine Spannung, die entschieden durch die Geschlechterdifferenz bewirkt ist.

B. Feministische Rekonstruktion der Literaturgeschichte zwischen Kanonbildung und der Suche nach einem neuen Verhältnis zur Tradition

Sie lernte die Zeichen leicht lesen. Nie war eine Geschichte, von der sie nichts gewußt hatte, leichter zu erlernen gewesen, hier stand ja alles, keine Botschaft, aber eine Geschichte ... Für sie hier war das nicht Stein und nicht Geschichte, sondern als wäre kein Tag vergangen, etwas, das sie beschäftigte.
Ingeborg Bachmann

Nehmen Sie an, ein reisender Forscher käme in eine wenig bekannte Gegend, in welcher ein Trümmerfeld mit Mauerresten, Bruchstücken von Säulen, von Tafeln mit verwischten und unlesbaren Schriftzeichen sein Interesse weckt. Er kann sich damit begnügen zu beschauen, was frei zutage liegt, dann die in der Nähe hausenden, etwa halbbarbarischen Einwohner ausfragen, was ihnen die Tradition über die Geschichte und Bedeutung jener monumentalen Reste kundgegeben hat, ihre Auskünfte aufzeichnen und – weiterreisen. Er kann aber auch anders vorgehen; er kann Hacken, Schaufeln und Spaten mitgebracht haben, die Anwohner für die Arbeit mit diesen Werkzeugen bestimmen, mit ihnen das Trümmerfeld in Angriff nehmen, den Schutt wegschaffen und von den sichtbaren Resten aus das Vergrabene aufdecken. Lohnt der Erfolg seine Arbeit, so erläutern die Funde sich selbst; ... die zahlreich gefundenen, im glücklichen Falle bilinguen Inschriften enthüllen ein Alphabet und eine Sprache, und deren Entzifferung und Übersetzung ergibt ungeahnte Aufschlüsse über die Ereignisse der Vorzeit, zu deren Gedächtnis jene Monumente erbaut worden sind. Saxa loquuntur.
Sigmund Freud

1. Verfahren und Kriterien der Literaturgeschichtsschreibung

1.1. *Feministische Rekonstruktion der Literaturgeschichte als Problem der Kategorienbildung*

> *Ich konnte über Goethes Wahlverwandtschaften heute nicht mitsprechen. Ich habe das Meisterwerk erst kürzlich wieder gelesen, mit neuer Bewunderung des Ganzen, mit neuem Staunen über jedes Detail; aber mit dem Stoff bin ich diesmal nicht besser zufrieden als sonst, er ist mir ganz zuwider ... Ganz besonders ist mir aber Ottilie zuwider mit ihrem halbseitigen Kopfweh, ihrer dunklen Naturbeziehung, ihrem Mangel an Talent. Daß sie mit dem Kind auf dem Arm im Spazierengehen noch nebenher liest, empört mich bis zur Grausamkeit. Gerechter Gott, wie kann einem das einfallen.*
> *Rahel Varnhagen von Ense*

> *Ich lese einen Roman von Goethe, der mir gar nicht gefällt – weitläufig, ennuyant, keine Liebe, nichts als Tugend, Entsagen auf alles. Eine einzige Seite ist im ganzen Buch; es kömmt mir vor, wie ein dummes Stammbuch, wo viele hineinschreiben – der Roman heißt: die Wahlverwandtschaften.*
> *Pauline Wiesel*

Die Rekonstruktion der Literaturgeschichte ist ein grundlegendes Anliegen der feministischen Literaturwissenschaft.[1] Dabei erweist sich das literaturgeschichtliche Verfahren der Kanonbildung als zentrales neuralgisches Moment. Denn die Verfahren der Kanonbildung haben dazu geführt, daß Literatur von Frauen sowie weibliche Schreib- und Erfahrungszusammenhänge in der Literaturgeschichtsschreibung kaum beachtet wurden.

Ein Kanon soll vorbildhafte und mustergültige Leistungen versammeln, er soll Werte legitimieren, Identität stiften und Handlungen orientieren.[2] Seine Auswahl soll begründet sein auf der Gesamtheit der für ein Fachgebiet geltenden Regeln und Vereinbarungen, verraten beispielsweise »Meyers Neues Lexikon« und von Wilperts »Sachwörterbuch der Literatur«.[3] Dabei ist »der« Kanon das Ergebnis von Lese-, Deutungs- und Wertungsprozessen, und als solcher verändert er sich ständig, weil die Werke, die in ihn eingeschrieben werden, immer wieder neu interpretiert werden.[4] Auch wenn einige kritische, am Poststrukturalismus orientierte feministische Stimmen einfordern, aufgrund der strukturellen, systematischen Ausgrenzung der Texte von Frauen eine Kanonbildung ganz zu unterlassen, bzw. wenn diese deren theoretische Fundierung als überfällig beanstanden, so werden aus pragmatischen Gründen im Laufe der Geschichte jedoch weiterhin Auswahl- und Ausschlußprozesse stattfinden.[5] Was sich allerdings durch die feministische Literaturkritik verändert, ist, daß das Verhältnis von »Geschlecht, Tradition und individuellem Talent in nicht gekanntem Maße in Frage gestellt«[6] wird und sich so grundlegend die Kriterien und Vorstellungen davon ändern, was als »vorbildhaft« und »mustergültig« gilt. Zwar werden vermutlich weiterhin Goethes »Werther« und »Wahlverwandtschaften«, Schillers »Räuber« und »Ode an die Freude« als wichtige, schöne und kulturpolitisch bedeutsame Texte überliefert werden. Allerdings ist die Bewertung solcher Texte wegen ihrer politischen und gesellschaftlichen Bedeutung insbesondere für das Leben und die Vergesellschaftung von Frauen ambivalent. Ja, gerade die Eingängigkeit und Verschleierung der semantischen Wirkung durch besondere ästhetische Stilisierung wird als Ideologisierungsmoment und -instrument erkennbar. Die poetische »Schönheit« und die »Vollkommenheit« der Werke haben durch die feministische Kritik ihre Unschuld verloren.

Was wir heute bemerken, ist also das Tendenziöse, das historisch, kulturell, gesellschaftlich, individualpsychologisch, individualgeschichtlich und durch Geschlechterstereotype Bedingte der Literatur und deren Rezeption, weshalb sich vielleicht auch der ein oder andere Text männlicher Autoren später als Negativfolie erweisen kann, der dann eher aus historischem Erkenntnisinteresse von Bedeutung ist.

Bislang ausgeschlossene Texte von Frauen hingegen können erstens als besondere Erkenntnisquelle für die Verwobenheit von Geschlechtskodierungen mit literarisch-ästhetisch-ideologischen Verarbeitungsmechanismen, zweitens wegen ihrer Bedeutsamkeit als Quellenmaterial für die Analyse von historischen Veränderungen im Hinblick auf weibliche Lebenszusammenhänge und drittens wegen ihrer Deutung der Geschlechterdifferenz im Spiegel von politischen, soziopsychischen und (literar-)historischen Verhältnissen einen neuen Wert auf dem literarischen Interpretations-Markt erhalten.

Was nun im vorhergehenden Kapitel (A) über die Kritik an der literaturwissenschaftlichen Begriffsbildung gesagt wurde, gilt auf spezifische Weise für die Vorstellungen von der bisherigen literaturwissenschaftlichen Traditions- und Kanonbildung: Nicht nur überkommene literaturwissenschaftliche – geschlechterspezifisch determinierte – Kategorien, Auswahlkriterien und Wertmaßstäbe sind ausschlaggebend dafür, ob und wie Texte schreibender Frauen und schreibender Männer in den Literaturkanon aufgenommen werden, sondern auch die allgemeinen Vorstellungen über das Verhältnis von »Frau« und »Geschichte« prägen die Wahrnehmung des historischen Vorhandenseins von Texten von Frauen.

So liegen aufgrund der Verwobenheit der Begriffe »Frau« und »Geschichte« »Verzerrungen hinsichtlich der Geschichtslosigkeit der Frauen, Geschlechtslosigkeit von Männern und einer Geschlechtlichkeit symbolischer Konstruktionen des Historischen«[7] zugrunde. Für die Traditionsbildung und Überlieferung der Texte von Frauen läßt sich kurz und bündig folgende ambivalente Tendenz feststellen:

»Das Verhältnis von Traditionsbildung und Überlieferung zur weiblichen Kunstproduktion ist gekennzeichnet durch Nichtwahrnehmung, Ausgrenzung, Vergessen *und* Inanspruchnahme.«[8]

Für den Bildungsroman, immer wieder zitiertes prototypisches Beispiel für diese Problemstellung, läßt sich feststellen, daß die für den männlichen Protagonisten stimmigen Entwicklungskriterien für weibliche Entwicklung nicht gelten.[9] Sophie Mereau parodiert geradewegs den Bildungsroman, wenn sie den gelebten Augenblick zur Philosophie ihres Schreibens macht, eine Lebensphilosophie, die das Innere, Persönlichkeitsentwicklung, Moral und Vergangenheit in Frage stellt.[10]

Was das Verfahren der feministischen Literaturwissenschaft betrifft, so herrscht Einigkeit darüber, daß diese aufgrund der skizzierten Problemlage prozeßorientiert arbeiten soll: Die Rekonstruktion von literaturwissenschaftlichen Kategorien erlaubt, neue Fragen zu stellen und infolgedessen Texte von Frauen neu zu entdecken. Zugleich führt die Neuentdeckung von Frauenliteratur dazu, überkommene, auch schon überkommene feministische Kategorien immer wieder zu überarbeiten und neue zu erarbeiten. Zu diesem Prozeß zählt gleichfalls, die Geschlechterdifferenz als Analysekategorie ins literarische Leben, in die Entstehung und Rezeption von Literatur wie auch in die von Autorinnen und Autoren in ihren Werken imaginierten Welten einzuschreiben, wobei dabei vor allem die Dynamik dieses Prozesses mitbedacht werden sollte.[11] Dabei muß die Interpretationsgeschichte der Geschlechterdifferenz miteinbezogen werden.[12]

1.1.1. Die Verschränkung von Weiblichkeit, Geschichtlichkeit und literarisch-politischen Veränderungsprozessen

> *Weit davon entfernt, einem rein deduktiven Verfahren verpflichtet zu sein oder einem äußeren Modell zu gehorchen, haben die Kämpfe der Frauen keinen Anfang und kein Ende und entziehen sich weitgehend jeder Beurteilung.*
> *Eva Meyer*

Auch für eine feministisch inspirierte literarische Traditionsbildung gilt das, was sich allgemein als Hauptaufgabe der begrifflichen Arbeit herausgestellt hat: Die geschlechterspezifische Determination der literaturgeschichtlichen Kategorienbildung in bezug auf Tradition und Tradierung muß analysiert sowie Literaturgeschichte als Beziehungsgeflecht von den Begriffen »Frau«, »Mann«, »Geschlecht«, »Text« und »Geschichte« verstanden und neu interpretiert werden.[13] Die Entwicklung von Veränderungen des Geschlechterverhältnisses im Zusammenhang mit Veränderungen in *Gesellschaftssystemen* zu betrachten, bietet dabei zusätzlich die Möglichkeit, die gesellschaftliche Konstitution von Geschlechtlichkeit jenseits des Imaginären zwischen historisch-gesellschaftlichen und politischen Prozessen anzusiedeln.[14]

Bestimmend für das seltene Erscheinen von Frauen in der Geschichte und für fehlende weibliche Autorität bezüglich Traditionsbildungsprozessen ist auch hier eine androzentrische symbolische Ordnung, die Frauen als naturhaft und infolgedessen als zeitlos und privat klassifiziert und im gleichen Zuge die Beiträge von Frauen zu Zivilisation, Kultur, Wissenschaft und Politik als nicht überlieferungswürdig ausschaltet.[15]

Die symbolische Verknüpfung von Zeit- und Geschichtslosigkeit mit »Weiblichkeit« scheint das Verhältnis von Frauen zur Geschichte auf eine negative Weise geprägt zu haben. Das Verhältnis von Frauen zur Zeit und zur Geschichte ist bislang ein noch unbearbeitetes Forschungsfeld.[16] Genausowenig wissen wir über das Mißlingen bzw. Gelingen einer kontinuierlichen und öffentlichen weiblichen Vermittlungsstruktur. Einen wichtigen Beitrag zur Erhellung des Scheiterns einer weiblichen Tradierung hat Gerda Lerner in ihrer Untersuchung »Die Entstehung des feministischen Bewußtseins« aufgezeigt. Lerner führt vor, daß es durch die Jahrhunderte immer eine große Menge von »Feminismen« im Denken der Frauen gegeben hat, daß deren Weitergabe und Weiterdenken jedoch durch die mangelnde Aneignung und Kritik von der Seite der Frauen verhindert wurde.[17]

Betrachtet man die *Auswahl* der Schriften von Frauen in der feministischen Literaturwissenschaft zu Beginn der 80er Jahre, so läßt sich außerdem beobachten, daß in dieser *zunächst* die

Autorinnen *präsent waren* und *rezipiert wurden*, die aus Anlaß großer geschichtlicher Bewegungen geschrieben haben.[18] Daß das Augenmerk zunächst auf Revolutionsschriftstellerinnen fiel, hat dabei nicht nur etwas mit der Politikkonzeption der beginnenden zweiten Frauenbewegung zu tun, in der »Widerstand«, »Geschlechterkampf«, »Revolution der Geschlechterverhältnisse«, »Subversion« und »Emanzipation« leitende Begriffe warten; daß der Blick zuerst auf revolutionäre Frauen gerichtet wurde, hat vielmehr auch mit dem überkommenen Verständnis dessen zu tun, wodurch Frauen etwas zu kulturellen und politischen Veränderungen beitragen.[19] So läßt sich als ein Kriterium für die *sichtbare und beachtete Aktivität* von Frauen in der Geschichte festhalten, daß Frauen in den Diskurs der politischen Geschichtsbewegungen dann offensichtlich eingreifen und sich in der Öffentlichkeit hervortun – und das heißt, (offenkundig) programmatisch-politische, auch programmatisch-politisch-literarische Texte schreiben –, wenn es sich um große gesellschaftsverändernde Bewegungen handelt, in denen es um etwas geht, was Frauen und die Substanz ihrer gesellschaftlichen Positionierung betrifft. Denn alle Veränderungen im Gesellschaftsverhältnis, so die Historikerin Geneviève Fraisse, erfordern ein neues Geschlechterverhältnis.[20] Der Entweder-oder-Struktur »machtvolles Handeln von Frauen in der Geschichte« – »Ausschluß von Frauen aus Öffentlichkeit und geschichtlichem Handeln« wird in der feministischen Geschichtsforschung inzwischen das Modell des Strukturwandels gegenübergestellt. Dieses Modell geht davon aus, daß das Handeln von Frauen innerhalb der jeweiligen gesellschaftlichen Struktur und deren Geschlechterverständnis möglich ist und den Wandlungen dieser Struktur sowie des Geschlechterverständnisses unterliegt.[21]

Den Zusammenhang zwischen großen gesellschaftlichen Bewegungen und der gesellschaftspolitischen Notwendigkeit sowie dem Bedürfnis von Frauen, sich gesellschaftlich neu zu verorten, zeigen die unzähligen Roman- und Dramenproduktionen aus weiblicher Feder zu Beginn der Aufklärung. Dies belegt die rege, historisch-gesellschaftlich eingreifende Textproduktion der Französinnen zur Zeit der französischen Revolution, allen voran Olympe de Gouche, Madame de Stael oder auf deutscher Seite Bettine von Arnim; dies zeigen die Autobiographien, Romane und programmatischen Schriften von Autorinnen wie Fanny Lewald, Louise Aston, Ida Hahn-Hahn oder die Darmstädterinnen Luise Büchner und Louise Dittmar, die im Kontext der 1848er Revolution schreiben. Und letztendlich zeigt dies auch die Entstehung der Gattung »Frauenliteratur« zu Beginn der neuen Frauenbewegung – bekanntermaßen eine Folge der 68er Bewegung – mit den einflußreichen Texten beispielsweise von Verena Stephan, Jutta Heinrich, Christa Reinig und Karin Struck.[22]

Anhand der Bedeutung von offensichtlich gesellschaftsverändernden Texten von Frauen können wir erkennen, was Schreiben für Frauen bedeuten kann: In revolutionären, die Geschichte maßgeblich beeinflussenden gesellschaftlichen Veränderungen scheint ein Versprechen zu liegen.[23] Insofern revolutionäres Geschehen neue Anfänge für das Geschlechterverhältnis möglich zu machen scheint, scheint es Frauen zum – deutlich Stellung beziehenden – Schreiben zu motivieren. Dieses Versprechen bewirkt, daß der Akt, die sexuelle Differenz zum Ausdruck zu bringen und aus dieser eine politische, die Geschichte und die Gesellschaft verändernde Größe zu machen, zu einem maßgeblichen Movens des Schreibens mit einem ebenso gewichtigen Einfluß auf geschichtliche Bewegungen und Veränderungen wird.[24]

Dieser Zusammenhang wird auch von seiner »Negativfolie« bestätigt. Diese Negativfolie beruht darauf, daß Frauen in der Geschichte quasi als geschlechtsneutrale Helferinnen von ebenso geschlechtsneutralen männlichen Größen erscheinen bzw. als solche beurteilt werden. Vor diesem Hintergrund macht es nur dann Sinn, einen jeden Text und all seine Problemfelder im Reflex der sexuellen Differenz zu betrachten, wenn es um markant frauenspezifische Anliegen zu gehen scheint.[25] Frauen, ihre Erkenntnisse und ihr Wissen werden solange als geschlechtsneutral interpretiert und sie werden zu unscheinbaren Helfern degradiert, solange nicht verstanden wurde/wird, daß die sexuelle Differenz jederzeit und ständig Wissen und revolutionäres Potential im Blick auf alles in der Welt und deren Geschichte hervorbringen kann.[26]

Auch die frauenbewegte Rezeption durchschaute in den 70er Jahren die strukturelle Tabuisierung und politische Lahmlegung des weiblichen Urteils durch das tradierte, begrifflich strukturierte Wahrnehmungsgebäude nicht. So wurden Texte von Autorinnen der Muttergeneration der neuen Frauenbewegung wie Ingeborg Bachmann, Marlen Haushofer, Marie Luise Kaschnitz oder Unica Zürn als konservativ und systemstabilisierend übergangen und verworfen. Inzwischen stellte sich heraus, daß diese Texte nicht nur patriarchatskritisch sind, sondern patriarchale Strukturen oft viel differenzierter und radikaler vor Augen führten und in Frage stellten, als es selbst die programmatische Frauen-Literatur tat.[27] Immer mehr wird die Widerständigkeit der Literatur sowie die aktive Teilhabe von Frauen im kulturellen Prozeß entdeckt.[28] Was sich hier zeigt, sind dreierlei Dinge. Einmal, daß auch die feministische Rezeption oftmals dem Mythos von Frauenliteratur als lediglich reaktiver, angepaßter, wenig innovativer Literatur und folglich dem männlichen Diskurs und dessen Wertungen zu sehr glaubt.[29] Zum anderen aber, daß das kritische, politisch-revolutionäre Potential in Texten von Frauen *lesbar gemacht werden muß*(te). Diese Lesbarkeit hängt vor allem von den Interpretationsleistungen der Forscherinnen sowie von einer angemessenen »politischen und direkten Sprache« über weibliche Lebenszusammenhänge[30] ab, die immer kontextuell und für die jeweilige Gegenwart der Autorin, aber auch für die der Forschenden entwickelt werden muß.

Und drittens müssen die Kriterien »angepaßt«, »unfrei«, »unterdrückt« ebenso wie »kritisch«, »verändernd«, »politisch« und »revolutionär« selbst immer wieder hinterfragt und kontextspezifisch interpretiert werden.

Insofern finden sich feministische Literaturwissenschaftlerinnen in einer widersprüchlichen Bewegung, die darin besteht, den Mangel der weiblichen Literatur interpretieren zu lernen, was seine symbolische und was seine gesellschaftliche Realität betrifft, und zugleich von einer maßgeblichen Partizipation von Frauen an der Textproduktion auszugehen. Dabei sind Frauen als Handelnde und Schreibende einzubeziehen.[31] Schabert dreht sogar die Fragestellung um. Da immer mehr Literatur von Frauen seit dem 18. Jahrhundert wiedergefunden wird, ist nicht mehr länger der Mangel zu beklagen, sondern zu untersuchen, warum die Literatur von Frauen vergessen wurde.[32] Hierbei ist des weiteren zu verstehen, was »Sichtbarkeit« von Frauen in der Geschichte überhaupt heißt und heißen kann.[33]

1.1.2. Literatur, Geschichte und weibliche Subjektivität

Eine häufig zu beobachtende Reaktion der Frauenbewegung auf den Mangel an Theoriebildung über das Leben von Frauen wie auch deren geschichtliche Verankerung und Tradierung ist, daß fehlende Bewertungskriterien von Frauen-Literatur dazu führen können, weibliche Lebensgeschichten – und infolgedessen die Leistungen der Texte von Frauen – programmatisch aufzuwerten. Dieser Mangel spiegelt nicht nur das fehlende Nachdenken über das Verhältnis von Frauen und Geschichtlichkeit, sondern auch die fehlende Denktradition über weibliche Subjektivität in der Geschichte.[34]

Eine derartige Idealisierung weiblicher Erfahrungen, so wird erklärt, beruhe auf dem Mangel an weiblicher Geschichte und an weiblicher Subjektivität.[35] Diese Begründung wiederum macht ein weiteres Problem der feministischen Denkbewegung sichtbar: Zwar mögen Frauen in Zeiten großer Veränderungen der gesellschaftlichen Positionen vor die Aufgabe gestellt sein, neue Subjektivitätsmodelle zu entwickeln bzw. die augenblicklichen Veränderungsprozesse der weiblichen Subjektivitätsbildung zu reflektieren. Wegen dieser aktuellen Schwierigkeiten allerdings davon auszugehen, daß Frauen einen Mangel an Geschichte haben, reproduziert die symbolische Zuweisung der Mangelposition auf Frauen, macht diese dadurch geschichtsloser, als sie sind, und nimmt ihnen zugleich die Möglichkeit, die Geschichte weiblicher Subjektivität zu entdecken. Worin es allerdings Unzulänglichkeiten gibt, ist zum einen in dem *verstell-*

ten Bezug von Frauen zur Geschichte und zum anderen in der fehlenden Theoriebildung und Tradierung zu weiblicher Subjektivität begründet:[36]

> »Frauen sind immer präsent gewesen, nur auf eine ganz bestimmte Weise.«[37]

Der Mangel bezüglich Geschichte ist also kein Mangel an Geschichte[38], sondern die Art und Weise der Geschichts*schreibung* scheint für Frauen eine Mangelsituation im Hinblick auf die *Lesbarkeit* der Geschichte von Frauen zu evozieren. Eine Mangelsituation, die darin begründet ist, daß die Geschichtsschreibung androzentrisch orientiert ist:[39] Mangel bei Frauen im Hinblick auf eine bestimmte Sache, so haben wir durch die feministischen Analysen von Freuds »Penisneid« gelernt, besagt nichts anderes, als daß Frauen im Hinblick auf die männliche Vorstellung einer Sache (erfüllte weibliche Sexualität durch »Penis-Ersatz Kind«) definiert werden und damit diese Sache selbst (erfüllte Sexualität) über Männer (der männliche erigierte Penis als Repräsentant von erfüllter, vollkommener Sexualität) definiert wird.[40] Die feministische Kritik an der Freudschen Psychoanalyse hat gezeigt, daß Frauen weder mangelhaft sind (sexuell unvollkommen und unbefriedigt, weil penislos) noch eine Mangelsituation haben (fehlender Ersatz für Penis), sondern daß die bisherige Theorie über weibliche Sexualität tatsächlich Aussagen über das Verhältnis von Männern zu ihrer eigenen Sexualität sind und daß deshalb eine eigenständige Theorie über *weibliche* Sexualität fehlt.[41]

Das heißt, dort wo es einen Mangel *im* Frausein zu geben scheint, handelt es sich tatsächlich um ein fehlendes und mangelhaftes *Nachdenken* über das Leben von Frauen, das von Frauenseite erarbeitet wurde. So fehlt uns beispielsweise zum Thema »weibliche Subjektivität« genauso eine Kategorien- und Theoriebildung über das Verhältnis von weiblicher Subjektivität, geschichtlichem Wandel und dem Leben von Frauen, wie es uns zur Bewertung der Dramen von Frauen an angemessenen Kategorien fehlt. Was also zusammen mit der Literaturgeschichtsschreibung immer auch reflektiert werden muß, ist, inwiefern die ausschlaggebenden Interpretationskategorien für weibliche Lebens- und Schreibzusammenhänge zutreffend und aussagekräftig sind. Für die allgemeine sowie für die literarische Geschichtsschreibung bedeutet das, daß auch solche Kategorien hinterfragt werden müssen, die über die disziplininhärenten Begrifflichkeiten hinausgehen.

Ein vorläufiges Suchbild findet sich in Prokops struktureller Definition einer »weiblichen Subjektivität«. Prokop hält diese für das Ergebnis einer Geschichte von Konflikten, bei denen Frauen sich zwischen weiblichen Listen, Unterwerfungen und Behauptungsstrategien bewegen. Diese Bestimmung muß dabei noch durch die Reflexion ihrer Abhängigkeit von der sprachlichen und insbesondere literarischen Verarbeitung ergänzt werden, will die Geschichte weiblicher Subjektivität anhand von Literatur erarbeitet werden:

> »Zu den ›Entwürfen von Subjektivität‹ gehört auch das Funktionieren der Schreibweisen selbst, also nicht nur die thematischen Aspekte, etwa Entwürfe von Frauenbildern, sondern die Zeitstruktur, vor allem Bedeutung und Gestaltung der Erinnerung, die Frage der Trauer und der Melancholie und insbesondere die sprachlichen Mittel, in denen sie Gestalt annimmt, die Arbeit der Trauer etwa gegen eine Rhetorik der Klage oder der Melancholie.«[42]

Die Erkenntnis dieser Komplexität gibt auch dem oft hilflosen Verweis darauf, einen Text zu lesen, weil ihn eine Frau geschrieben hat, einen neuen Sinn: Nicht der weibliche Autorname an und für sich macht den Text einer Frau interessant, differenziert Weigel, »sondern weil er uns weitere Aufschlüsse über die Tradition weiblicher Literatur ermöglicht: Erkenntnisse darüber, *wie* eine Frau ihre soziale Situation, die Erwartungen hinsichtlich ihrer Frauenrolle, ihre Ängste, Wünsche und Phantasien literarisch bearbeitet und welche Strategien sie entwickelt hat, sich trotz des Privatheitsverdikts öffentlich zu äußern.«[43]

Der grundlegende Paradigmenwechsel in bezug auf das Verhältnis von »Frau«, »Subjektivität« und »Geschichte«, der m.E. durch die Frauenbewegung evoziert wurde, ist begründet in der

Idee der Freiheit von Frauen in der Geschichte. Systematisch ist diese Idee in der Matriarchatsforschung begründet worden. Nach den Vorstellungen von Matriarchatsforscherinnen ist im Matriarchat *der gesellschaftspolitische Einfluß von Frauen* sowie *weibliche Freiheit* im größten Ausmaß verwirklicht und Frauen hatten/haben in matriarchalen Strukturen *am meisten Größe.* Die metaphorische Dimension der Matriarchatsforschung erlaubt also, *die Vergangenheit* nicht nur nach der Mangelposition der Frauen, sondern gleichfalls nach dem Einfluß, der Größe und der Freiheit der Frauen in der Geschichte zu befragen. Die Suche nach matriarchalen Strukturen in der Geschichte und auf der ganzen Welt bringt stellvertretend das Streben von Frauen nach – geschichtlicher – Freiheit – nach Freiheit in der Vergangenheit, in der Gegenwart und in der Zukunft zum Ausdruck.[44]

1.1.3. Hermeneutik des Mangels

> *[Wir gehen] im Unterschied zur These von der angeblichen Geschichtslosigkeit der Frau ... davon aus, daß die Frau nicht aus der Kultur und Geschichte männlicher Ordnung ausgeschlossen ist, sondern in ihr ist in einer besonderen Existenzweise, mit eigenen Erfahrungs-, Wahrnehmungs- und Ausdrucksweisen. Die weibliche Kultur ist in der herrschenden Kultur als Mangel, als Abweichung definiert und als Verdrängung lebendig.*
> *Inge Stephan, Sigrid Weigel*

> *Das Fehlen der Frau gilt nur als Frauenproblem, obwohl es gerade nicht ihr Problem ist, ihre Existenz abzustreiten.*
> *Gisela Breitling*

»Mangel« ist eine der Bestimmungen des Weiblichen, die »bislang weitgehend metaphorisch oder symbolisch benutzt [wurden], ohne dass sie für die Textinterpretation fruchtbar gemacht« wurden.[45] Dabei sind »weiblich« und Frau zu trennen.[46] In bezug auf Frauen ist einerseits davon auszugehen, daß Frauen und ihr Schreiben immer vorhanden war. Frauen sind in der Geschichte eingebunden, sie sind und waren Handelnde, Redende, Schreibende. Insofern stellt sich die Frage, was wir in der Geschichte suchen wollen.[47] Gleichzeitig ist aufgrund der »Geschichte weiblicher Geschichtslosigkeit«[48] das Tun von Frauen jedoch verstellt.

Insofern erweist sich eine Suche nach dem Tun von Frauen in der Geschichte als »Arbeit der Entzifferung«, als Entzifferung von »Spuren des Auslöschung und Zerstörung« sowie dem, was die Spuren über das Verschwundene verraten[49], und als Herausforderung, »aus den Zeichen des Mangels und der Abwesenheit« entziffern zu lernen.[50] Entziffert werden können Momente des Verdrängten, Momente dessen, was zerstört wurde, Kehrseiten des Gewohnten, Alternativen, Augenblicke, in denen etwas aufleuchtet.

Das Schreiben von Frauen, aber auch die Interpretation muß daraufhin befragt werden, ob und wie sie mit der Doppelexistenz, »schon beschrieben« und zugleich »eigen-sinnig« zu sein, umgehen, »wie sie den Raum im ›nicht mehr‹ und ›noch nicht‹ (Kristeva) füllen.«[51] Vermuten lassen sich, so fährt Weigel fort, »verschiedene Strategien ...: Anpassung, Maskierungen und Verschlüsselungen, Versuche voluntaristischer Vervollkommnung und utopischer Überschreitung des Mangels. Es gibt aber auch Strategien der schreibenden Gestaltung des Mangels, des Hindurchgehens durch die vorhandenen Frauenbilder bis zur Zerstörung. Und es gibt Strategien der Verabschiedung oder Entzauberung der Bilder und der Trauerarbeit daran.«[52]

Weigel macht deutlich, daß die Fähigkeit zur Entzifferung keine Frage des Wissens ist, sondern eine »Begabung« von Frauen, weil die »äußeren Spuren der Zerstörung (nicht nur) weiblicher Geschichte mit den in ihrem Inneren und an ihrem Leib eingeschriebenen Spuren der Verwüstung korrespondiert.«[53]

Die Subjektivität einer Suchenden wiederum stellt dabei nichts »Beliebiges, Zufällig-Individuelles oder gar sogenannt

Privates« dar, »sondern sie ist Effekt ihres eigenen Ortes in einer Geschichte der Weißen, eines weiblichen Ortes ›inmitten der Zivilisation‹, wie es bei Bachmann heißt.«[54]

Des weiteren betont Weigel, daß Subjektivität als Quelle von einer hermeneutischen Befähigung nicht »von selbst, gleichsam automatisch oder qua [unmittelbarer] Betroffenheit« hervorgeht, sondern erst durch das Bemühen um Erkenntnis und den Bruch mit den herrschenden Vorstellungen.[55] Das Bedürfnis der Frauen bezüglich der Wissenschaften, die eigene Person einzubringen und von der eigenen Betroffenheit auszugehen, wie es sich in den 70er Jahren artikulierte, wurde im Zuge der letzten Jahre transformiert. Nicht unmittelbar die Betroffenheit und Erfahrung, in denen tradierte Vorstellungen und Vergesellschaftungsprodukte des Weiblichen unreflektiert transportiert werden können, sondern Erkenntnis durch Distanz und Beurteilung durch andere[56] – verstanden als immer wieder versuchter Bruch mit den herrschenden Vorstellungen – ermöglicht die Artikulation des reflektierten weiblichen Bedürfnisses nach dem geschichtlichen Sinn der Existenz als Frau. Ein Bedürfnis, für dessen Befriedigung Literatur ein Medium der Darstellung und des Verstehens von Konstellationen, Widersprüchen und Paradoxien des menschlichen Lebens sowie des Entwurfs von Denkbildern sein kann, die das weibliche Leben und dessen Bedeutsamkeit zu deuten helfen.[57]

Eine Hermeneutik des Mangels bewegt sich also in einer paradoxen Suchsituation. Der Mangel an Literatur von Frauen in den Medien der literarischen Traditionsvermittlung sowie im kulturellen Gedächtnis kann nicht länger als Spiegelung der realen Beteiligung von Autorinnen an der literarischen Produktion verstanden werden; davon gingen in den 70er Jahren Literaturwissenschaftlerinnen häufig aus, was ihnen den Zugang zur literarischen Produktion von Frauen verwehrt hat. Statt dessen kann die Literaturwissenschaft aufgrund des Wiederfindens von unzähligen Texten von Frauen – sogar in solchen Gattungen, die ihnen qua Ideologie verstellt waren, wie dem

Drama – inzwischen davon ausgehen, daß Frauen einen maßgeblichen Beitrag zum literarischen Schaffen geleistet haben.[58] Insofern hatten und haben sich feministische Forscherinnen in einer Widerspruchsstruktur zu bewegen: überkommene – inzwischen auch feministische – Kategorien, Ideologien und Klischees leiten nach wie vor unseren Blick auf die Literatur von Frauen; deren ideologiekritische Aufarbeitung läßt uns die mangelhafte Tradierung weiblicher literarischer Arbeiten verstehen und mahnt uns zu einem ständigen Mißtrauen gegenüber jeglichen, auch gegenüber unseren eigenen Vorstellungen von Frauenliteratur.[59]

Außerdem müssen Suchhorizonte für weibliche Subjektivität, weibliche Lebenszusammenhänge, weibliche Schreibweisen und für die weibliche Liebe zur Sinngebung und zur Freiheit gefunden werden, die von der Partizipation von Frauen ausgehen.[60]

1.2. *Möglichkeiten und Strategien einer Rekonstruktion der Literaturgeschichte*

Nun gibt es verschiedene Möglichkeiten und Strategien einer feministisch inspirierten literarischen Geschichtsschreibung. So ließe sich eine Kritik von literarischen Standards, Verfahren der Literaturwissenschaft und insbesondere der literarischen Traditionsbildung aus Frauenperspektive schreiben – als solche kann Gerda Lerners »Die Entstehung des feministischen Bewußtseins«[61] gelesen werden. Ferner kann Literaturgeschichte als eine Geschichte der Subordination der Frauen und ihrer Texte bzw. als eine Geschichte der Frauen und ihrer Texte in der Männerwelt geschrieben werden;[62] oder aber als eine Geschichte der Frauenliteratur,[63] die die Absicht verfolgt, eine weibliche Traditionsreihe zu bilden, eine Map for Re-reading, die, wie es oft gleichzeitig heißt, »bewußt nicht nach den Prinzipien linearer Genealogien konzipiert sein muß.«[64]

Eine weitere Variation wäre Literaturgeschichte als Geschichte weiblicher Subjektivität, bei der es sich – gemäß des von Prokop vorgestellten Suchbilds – um eine Geschichte der literarischen Konfliktverarbeitung von Frauen zwischen weiblichen Listen, Unterwerfungen, der Erfindung von Handlungsstrategien für weibliche Veränderungsbestrebungen und deren literarischer Verarbeitung und Darstellung handeln müßte.[65] Und da die feministische Rekonstruktion von Geschichte in erster Linie das Interesse der Befreiung der Frau verfolgt und dazu verhelfen könnte, die geschichtliche Freiheit von Frauen zu denken und zu entwickeln, so ließe sich gleichfalls eine Geschichte der weiblichen Freiheit in und durch Texte von Frauen schreiben.[66] Oder aber Literaturgeschichtsschreibung könnte eine allgemeine, beide Geschlechter denkende und bedenkende Literaturgeschichte anstreben, die all diese Aspekte berücksichtigt und miteinander ins Spiel bringt.[67]

Wichtig bei der Definition des Begriffes »Frauenliteratur« ist die Berücksichtigung der politischen Bedeutung, aufgrund derer dieser Begriff in den 70er Jahren erfunden wurde. So versteht Weigel den Begriff »Frauenliteratur« als Ergebnis eines diskursiven Ereignisses, als »Arbeitsbegriff für eine bestimmte historische Situation, in der Literatur von Frauen nicht selbstverständlich ist. Der Begriff ›Frauenliteratur‹ hat programmatischen Charakter, er meint nicht einen Sonderfall, sondern es soll überflüssig werden, darauf hinweisen zu müssen, daß es Literatur von Frauen gibt.«[68]

1.2.1. Probleme der Maßstabsfindung für eine Beurteilung der (historischen) Texte von Frauen

> *Es gibt kein Zeichen an der Wand, nach dem man die genaue Größe von Frauen messen könnte. Es gibt keine säuberlich in die Bruchstücke eines Zolls eingeteilten Maßstäbe, an denen man die Eigenschaften einer guten Mutter messen könnte oder die Anhänglichkeit einer Tochter oder die Treue einer Schwester oder die Tüchtigkeit einer Haushälterin. Selbst heutzutage haben wenige Frauen an*

Universitäten akademische Grade erhalten, die großen Bewährungskämpfe der Berufe, in Armee und Marine, Handel, Politik und Diplomatie, haben sie kaum auf die Probe gestellt. Auch zum jetzigen Zeitpunkt bleiben sie fast unklassifiziert.
Virginia Woolf

Und nicht aufhört niederzuschreiben, was schon geschrieben wurde. Und nicht aufhört zu lesen, was nie geschrieben wurde.
Eva Meyer

Mangelnde, mangelhafte und regelrecht falsche Wertungskriterien sowie fehlende Beurteilungsstrategien stellen die feministische Literaturgeschichtsschreibung vor grundlegende Probleme. So weisen Literaturwissenschaftlerinnen auf die Gefahr hin, die Beschäftigung mit Texten von Frauen könne diese zum Sonderfall machen, ja sogar die feministische Literaturwissenschaft scheint oft genug als Sonderfall verstanden zu werden.[69] Dieses Urteil trifft aber nur dann zu, wenn die überkommene Denktradition übernommen wird, in der das Weibliche zum Sonderfall erklärt, das Männliche universalisiert und als Partielles, nämlich nur Männliches unterschlagen wird. Diese Denktradition ist deshalb erst dann überwunden, wenn eine noch so spezifizierte und spezialisierte Untersuchung von Frauentexten als gleichwertiger Kern der allgemeinen Literaturgeschichtsschreibung verstanden und gewürdigt wird. Für die InterpretInnen der Texte von Frauen aber heißt das, diese Texte auf die Art zu interpretieren, daß sie »allgemeine« Literaturgeschichtsschreibung sind. Literaturgeschichtsschreibung wird dadurch auf eine besondere Weise dialektisch, daß weibliches Schreiben nicht länger als das Ausgeschlossene den männlichen Kanon bedingt, sondern das so Ausgeschlossene in die Kanonbildung auf neue Weise eingebunden, diese dabei gleichzeitig transformiert wird und so ein »interaktiver Universalismus«[70] durch männliche und weibliche Stimmen entsteht.

Daß es für die Qualität der Texte von Frauen bislang keine Maßstäbe gibt, zeigt sich zum Beispiel darin, daß feministische Literaturwissenschaftlerinnen sich, wenn sie sich mit »schwachen« Texten von Frauen konfrontiert sehen,[71] für die Qualität dieser Texte so wie für ihre Beschäftigung mit diesen rechtfertigen müssen. Einzelne schwache Stellen in Texten von Frauen erweisen sich noch als harmlos, weil sie einfach überlesen werden können und weibliche Lese- und Interpretationslust sich an starken Stellen erfreuen kann.[72] Insofern ist es eine Herausforderung an die feministische Literaturtheorie, sich nicht allein im Hinblick auf etablierte (Gegenwarts-)Autorinnen zu konzipieren, sondern ihre Relevanz in der Auseinandersetzung mit »schwachen« Texten zu bewahrheiten.

1.3.1. »Trivialität« als stereotype Ausgrenzungsstrategie bzw. als Ausdruck der Probleme weiblichen Schreibens

> *Schwerer ist es, das Gedächtnis der Namenlosen zu ehren als das der Berühmten.*
> *Ingeborg Bachmann*

> *Wollt ihr Sigrun und Brünhilde, Romeo und Julia sein? ... Wenn ihr wirklich Lust darauf habt, werdet ihr es werden.*
> *Tanja Blixen*

Folgende Momente der Ausgrenzungsstrategien von Frauenliteratur aus dem allgemeinen Kanon lassen sich systematisieren:

> »praktische Behinderungen des weiblichen Schreibens ..., irrationale, aber interessengebundene Voreingenommenheit gegen die weibliche Fähigkeit zum Schreiben ..., Verweigerung der Anerkennung des Geschriebenen als von der Autorin selbst verfaßt ..., Lächerlich- und Verächtlichmachen der weiblichen Schreibtätigkeit ..., Abwertung der Gegenstände weiblichen Schreibens als uninteressant und wertlos ..., Abwertung der Werke durch – zutreffende und unzutreffende – Zuordnungen zu mindergewerteten Arten und Gattungen von Literatur ... oder Abwertungen der Autorinnen selbst durch Negativstereotype, Kanonisierung nicht des mehr oder weniger vollständigen Œuvres, sondern allenfalls eines Einzelwerkes oder Teilaspekts ihres Schaffens ..., Isolierung der Frau, wenn sie denn doch in den männli-

chen Kanon gerät, als Ausnahme ..., Übersehen und Fehlen weiblicher Traditionslinien .... Ethische und soziale Werte des Gehalts werden im Ensemble der Werte geringer gewichtet als ästhetische Werte der Form, die das Kunstwerk als Kunstwerk, und nicht den Bezug zur Realität auszeichnet.«[73]

Daß das Verdikt der »Trivialität« Texte von Frauen innerhalb einer solchen Ausgrenzungspolitik oft tödlich trifft und die Texte von Frauen systematisch ausgegrenzt, ist inzwischen hinlänglich bekannt. Aufgrund des elementaren und absoluten Ausschlusses mittels des Urteils »trivial«, der unmittelbar mit »weiblich« verknüpft zu sein scheint[74], können anhand von diesem exemplarisch Grundprobleme des Verhältnisses von weiblichem Schreiben und Traditionsbildungsverfahren aufgezeigt werden. Kriterien wie moralisch-moralisierender Anspruch, Wirklichkeitsverfälschung um des Happyends willen, mangelhafter organischer Aufbau und Klischeehaftigkeit, die den Modus eines trivialen Textes bestimmen sollen, sind lediglich Produkt eines bestimmten Literaturbegriffs, was dessen universellen Anspruch tilgt. Derartige Abgrenzungs- und Klassifizierungsversuche sind auch gar nicht durchführbar, wie die literaturwissenschaftliche Forschung über »Trivialität« schon lange bestätigt hat.[75]

Einige Literaturwissenschaftlerinnen verfahren mit solchen Bewertungsmaßstäben inzwischen so, daß sie aus diesen neue Fragestellungen im Hinblick auf das Verhältnis von Literatur und Frauen entwickeln. Denn die Bewertung »trivial« kann »die Beobachtung von Brüchen und gegenläufigen Tendenzen«[76] verstellen. Statt dessen sollen solche Widersprüche analysiert werden. Weigel beispielsweise bemerkt, daß das Urteil »trivial« die Frage aufgibt, »ob und warum Schriftstellerinnen sich möglicherweise stärker als schreibende Männer an Stereotypen orientieren. Trivialität, entschlüsselt als fehlende Unabhängigkeit von tradierten Bildern, Gattungsmustern und Ideologemen, müßte auf die schwierige Position von weiblichen Autoren in einem männlichen Literaturbetrieb bezogen werden.«[77]

Zugleich wäre m. E. auch zu fragen, wo eigentlich die Stereotype in den Texten männlicher Autorschaft zu finden sind. Die stereotype Bezugnahme auf Weiblichkeitsklischees konstituiert die männliche Literatur durchgehend, inhaltlich wiederum bestätigt sich bei Weiblichkeitsbildern trotz der schön verkleidenden Darstellungsmuster immer wieder die banale Struktur »Eva-Hure« und deren Variationen, wie vielfältige feministische Untersuchungen von Weiblichkeitsbildern in Männertexten zeigen. Die »stärkere« Bezugnahme auf Stereotype bei Autorinnen erweist sich also gleichfalls als relativ.

Den Grund für triviale Strukturen bei Autorinnen findet Weigel in der Doppelexistenz der Autorin, die als Frau einerseits idealisiert, andererseits als wertlos betrachtet wird. Diese doppelte Positionierung bewirkt, daß die Autorin verschiedene Realitäten darstellen muß, die zu Disharmonien und Stilbrüchen führen.[78]

Sigrid Lange wiederum hält den Hang zur Trivialität als Ergebnis des Wechselspiels von Kulturanthropologie und deren literatur- sowie gattungsstiftendem Niederschlag in der Literatur des 18. Jahrhunderts. Sie versteht Trivialisierung als Reflex auf die immer größer werdende Divergenz zwischen »dem literarischen Modell mit dem ihm inhärenten Weiblichkeitsideal und empirische(r) Erfahrung«. Lange erklärt, daß das weibliche bürgerliche Tugendideal infolge seiner Desillusionierung notwendigerweise zur Verkitschung führen muß, solange nicht andere, realitätsnähere Frauenbilder und literarische Topoi entwickelt werden.[79]

Anhand von Charlotte Birch-Pfeiffers Dramen wiederum läßt sich exemplarisch zeigen, welche literarischen Probleme Stereotype in Texten von Frauen anzeigen. So scheint in Dramen von Frauen beispielsweise der »innere Konflikt« kein angemessenes literaturwissenschaftliches Interpretationsparadigma für die Verarbeitung des Konfliktes »Individuum-Gesellschaft« bei Frauen zu sein, denn Frauen empfinden Konflikte, die sich aus dem Spannungsfeld »Frau-Gesellschaft« ergeben, als äußerlich, weil sie sich mit »der« Gesellschaft, die sich als männliche erweist, nicht identifizieren.[80] Das oft kitschig wirkende Happyend in Birch-Pfeiffers Dramen läßt sich indessen als Ausdruck einer gelungenen *Konstellation* verstehen, die für Frauen die soziale Möglichkeit zu selbstbestimmtem Handeln signalisiert.[81]

Hierzu läßt sich die These aufstellen, daß die – sprachliche – Ausarbeitung einer Szene bei Autorinnen öfter in den Hintergrund zu treten scheint, weil bei einer Konstellation allein die Struktur und die sie bedingenden Momente von Bedeutung sind, während die Ausarbeitung dieser Momente in den Hintergrund rückt. Autorinnen scheinen an solchen Stellen auf Klischees zurückzugreifen, weil es ihnen auszureichen scheint, die Konstellation tableauartig den Leserinnen oder dem Theaterpublikum vor Augen zu führen. Hier scheint sich eine Art allegorisches Verfahren zu tradieren, in dem klischeeartige Sprachbilder quasi als Insignien und Requisiten zusammen mit den Figuren und ihren Handlungen eine Konstellation bilden, wie Nägele es als Charakteristikum für das barocke Drama beschreibt.[82]

Da eine solch handlungsbefähigende Konstellation zudem das Geschlechterverhältnis, zur Birch-Pfeifferschen Zeit also sowohl die Tochter-Vater- als auch die Tochter-Mutter-Beziehung revolutioniert, ist ein solches Happyend tatsächlich widersprüchlich in bezug auf die Erwartungen der Leserin/des Lesers: einerseits erfüllt das Happyend als solches das Kriterium von Trivialität, insofern es die LeserInnenerwartungen von einem guten Ausgang zu erfüllen scheint; zugleich liegt das Unerwartete im Wie des Happyends. Denn der mütterliche Schlußsegen kann durchaus ein Gegenmodell zu der männlich-väterlichen Ordnung darstellen. Peter von Matt beispielsweise nennt als drittes Moment zu Mord und Wahnsinn die Hochzeit als metaphysischen Schluß eines Werkes.[83] Seine These, daß die Hochzeit die Versöhnung mit der allgemeinen Ordnung darstellt, ist jedoch nicht so eindeutig zu belegen. Der mütterliche Hochzeitssegen ist nicht unbedingt ein Zeichen dafür, daß die segnenden Mütter an der männlichen Macht partizipieren. Hier überliest von Matt, daß die Muttermacht eben nicht stellvertretend, sondern oft *anstelle der entthronten Vatermacht* segnet. Dies zeigt das Schauspiel »Der Pfarrherr« von Charlotte Birch-Pfeiffer, in dem der Vater-Fürst entthront und die Herrschaft dem Paar übergeben wird, das der Ordnung der »Großmutter« folgt, die eine Ordnung des »Herzens« ist.[84]

Eine andere, ebenso häufig anzutreffende Variante des Trivialen ist die der reinen und »unschuldig« Liebenden. So baut Johanna Schopenhauer in ihrer Erzählung »Der Balkon«[85] eine Mädchenfigur, Helene, auf, die sich zu Beginn der Erzählung noch in der Phase von Kinderspielen bewegt und bei der noch keine sexuellen Leidenschaften und Triebe erwacht sind. Diese Figuration: sexuell unschuldig und moralisch daher aus noch keinem Grund verwerflich, aber auch noch nicht durch den Eintritt in die symbolische Ordnung des Vaters belastet – in der Erzählung lebt die kindliche Protagonistin allein mit der alten Amme zusammen – bildet den Rahmen dafür, daß sich Helene in einen jungen Mann verliebt, was sie zunächst als kindliches Blinzel- und Versteckspiel auffaßt. Welche Funktion hat nun eine solche Figurengestaltung und was hat sie mit »Trivialität« zu tun? – Denn als »trivial« erscheint die Erzählung durchaus.

Wenn sich Trivialität als Gegensatz zu Widersprüchlichkeit und Komplexität verstehen läßt, dann ist Helene eine triviale Figur, weil die Autorin zunächst bestimmte Widersprüche bezüglich deren Liebesmotivation systematisch ausschließt.[86] Die Trivialisierung der weiblichen Figur ist hier allerdings das Ergebnis eines Darstellungsproblems. Für die Gestaltung eines töchterlichen Konfliktes mit der väterlich-männlichen Ordnung aus weiblicher Perspektive muß diese Figur nämlich von der Besetzung des gegenwärtigen Geschlechterdiskurses befreit werden. So läßt sich die Unschuld Helenes, die noch kein Begehren nach dem anderen Geschlecht kennt und deshalb auch die Liebesspiele ihrer älteren Freundinnen nicht richtig einschätzt, als Gegenkonstruktion zu Shakespeares Julia verstehen. Shakespeares Julia, die als Frau liebt, muß zusammen mit ihrem Geliebten sterben, Helenes Kinderliebe aber überlebt, so will es die Autorin.[87]

Das Shakespearesche Motiv – der unveränderbare Haß der väterlichen Veroneser Familien, der ausweglos zum Tod der Liebenden führt – und dessen Konfliktstruktur will Schopenhauer umdeuten, indem sie ein glückliches Ende konzipiert. Das Motiv des Hasses zwischen den Familien wird ad absurdum geführt. Diese Absurdität schlägt sich in der hölzernen Darstellung der

Erzählung nieder, die sich drehen und winden muß, um dieses glückliche Ende motivieren zu können: Tatsächlich scheint eine solche Reformierung des literarischen Stoffes in Duktus von Shakespeare (für Schopenhauer) nicht möglich zu sein. Das weibliche Opfer nicht fortschreiben zu wollen, enttarnt die Unsäglichkeit des Bildermachens aus weiblicher Perspektive. Die Schriftstellerin sieht auch die »Frau« in der »Figur«, und nicht nur eine zufällig weibliche Allegorisierung der Opferidee.

Auch Emilia Galotti kennt ein eigenes Begehren, denn sie empfindet für den Prinz leidenschaftliche Gefühle. Emilia leidet deshalb auch auf eine andere Art und Weise unter dem väterlichen Gesetz als Helene. Weil Helene keinem eigenen Begehren gefolgt ist, steht sie den väterlichen Vorstellungen »neutral« gegenüber. Helene kann einerseits von ihrem Liebhaber verlangen, daß er die väterlich verordnete Reise antritt und sich folglich in die väterliche Ordnung fügt. Zugleich kann sie ihn vor dieser Reise ohne Wissen der Väter heiraten, also ihrem Wunsch folgen, ohne dabei Schuldgefühle zu entwickeln, weil sie die väterliche Ordnung noch nicht als Konfliktquelle für ihre (töchterlichen) Leidenschaften kennengelernt hat. Emilias Gefühle dagegen sind auf doppelte Weise ambivalent, einmal durch den Konflikt, sich zwischen Vaterordnung und töchterlichem Begehren entscheiden zu müssen; zum anderen aber fühlt sie sich in bezug auf die Person des Prinzen sowohl hingezogen als auch abgestoßen.

Aufgrund des Darstellungsproblems einer Autorin, eine weibliche Figur mit einem weiblichen Begehren erschreiben zu wollen, das der väterlichen Ordnung neutral gegenübersteht, weil es mit dieser noch nicht konfrontiert worden ist, könnte man sagen, daß »trivial« und »weiblich« für eine Autorin zusammenhängen, insofern sie das Weibliche erst von gegebenen diskursiven Besetzungen und Motivierungen befreien und vor dem Eintritt in die väterliche Ordnung bewahren muß. Es muß zur »Unschuld« bzw. zum Nullpunkt geführt werden, damit die direkte Konfrontation mit dem Vater umgangen werden kann: Helene wird als »Leiche« außer Haus gebracht und betritt das Haus ihres Vaters erst dann wieder, als dieser seine Zustimmung zu dem von ihr gewählten Ehemann gibt.

Die »Trivialität« des weiblichen Schreibens impliziert also immer auch ein patriarchatskritisches Potential. Es kann als kritisches Prinzip fungieren, Literaturgeschichte zu lesen und zu schreiben. Es kann helfen, Stereotype aufzubrechen. Für die Interpretation trivialer weiblicher Figuren und deren Konflikte muß also geklärt werden, welche Widersprüche mittels solcher Vereinfachungsstrategien in der Figurenbildung ausgeräumt, welche Frauenbilder damit aufgehoben werden sollen, welche Konfliktstrukturen sich dadurch verändern bzw. aufheben und wie dies geschieht.

Solche Erklärungen sollen Texte und Textstellen von Frauen nicht »besser« machen. Aber sie helfen, Literaturgeschichte nicht nur als Konfliktgeschichte weiblicher Subjektivität – im Patriarchat –, sondern auch als Konfliktgeschichte von deren sprachlich-literarisch-poetischer Verarbeitung zu begreifen. Das heißt, für eine historische Literaturkritik ist es nicht nur sinnvoll, sondern es ist geradewegs ihre Aufgabe, das Verhältnis zwischen der sogenannten »Schwäche« von Frauentexten, der weiblichen Beziehung zur Welt und literarischen/literaturwissenschaftlichen Theoremen und Begriffen zu erforschen. Und genau in und durch die Analyse dieses Zusammenspiels lassen sich andere Qualitätsmerkmale für Texte von Frauen finden. Das Qualitätskriterium für Frauenliteratur, das Bovenschen fordert, nämlich die kritische Auseinandersetzung mit den tradierten ästhetischen Formen, ist also eines, das in der Geschichte oft auf den ersten Blick nicht sichtbar und reflektiert »erfüllt« wurde/wird, weshalb diese Auseinandersetzung bedauerlicherweise wohl oft auch fruchtlos vonstatten ging/geht und in einer Art Resignation bis hin zum Abbruch des Schreibens endet, wie die vielen fragmentarischen Texte von Frauen dokumentieren.[88] Für eine feministische Textinterpretation gilt es also vorzugsweise, kommentierend auch das zu sagen, was Schreiben und insbesondere das Schreiben von Frauen aufgrund der Strukturation von literarischen Sinngebungsprozessen und von literarischen Konventionen beschwerlich macht und im Text verschwiegen artikuliert ist.[89]

2. Vergegenwärtigung: Literaturgeschichtsschreibung im Spannungsfeld von geschichtlichen Sachverhalten, sinnsuchender Gegenwart und neuen Handlungsmöglichkeiten

Die »Aneignung« von Überlieferung ist ... nicht nur eine Sache des Verhältnisses zur Vergangenheit, sondern eigentlich zur Zukunft. Es bedeutet nicht bloß das Aktuelle zur Kenntnis und in Besitz nehmen, sondern besteht in einer applizierenden Erschließung, die selbst Tradition macht: tradiert.
Brigitte Hilmer

Ich bin dazu gezwungen worden, nichts Geringeres als die Dynamik einer religiösen Revolution zu verstehen. Angesichts einer derartigen Herausforderung muß sich der Historiker einen Augenblick lang Zeit nehmen; er muß seine Phantasie läutern und verfeinern. Er muß die Denkmodelle, die ihm aus seiner Wissenschaftstradition heraus überliefert sind und die seine Ansichten über ein so tiefes Thema wie das Wesen und die Wirkungsweise religiösen Empfindens in der Gesellschaft beeinflussen, einer Prüfung unterziehen ... Die ungelöste Spannung zwischen Wissenschaft und Phantasie ist die treibende Kraft der Arbeit des Historikers.
Peter Brown

Feministische Literaturgeschichtsschreibung findet im Spannungsfeld der Auseinandersetzung mit weiblichen Standpunkten in Texten, einer feministischen Perspektivierung von deren Interpretation und Bewertung sowie des Wissenschaftlichkeitsanspruchs historischer Erkenntnis statt. Gleichzeitig basiert eine feministische Literaturgeschichtsschreibung – wie eine jede Geschichtsschreibung – auf dem Bedürfnis der Orientierung des Menschseins auf dem Hintergrund seiner Erfahrungen und Betroffenheit in der Geschichte. Die geschichtliche Orientierung betrifft die feministische Literaturwissenschaft deshalb aber besonders, weil sie nach der Bedeutung des Frauseins und der Geschlechterdifferenz in der Welt fragt und damit die Frage nach dem geschichtlichen Sinn der Geschlechterdifferenz stellt.[90] Bei dieser Suche tritt sie in den Dialog mit anderen Menschen, mit Autorinnen, mit deren Wahrnehmen, Fühlen, Denken und Urteilen.[91]

Das Anliegen, die Gegenwart besser verstehen zu wollen, darf als hermeneutischer Horizont der feministischen Geschichtsschreibung nicht vergessen werden.[92] Orientierungsbedürfnisse beeinflussen – wie Gadamer gezeigt hat – das Erkenntnis- und Darstellungspotential von Geschichtsforschung und Geschichtsschreibung nachhaltig.[93] So wird die Anwendung genauso wichtig wie die Erklärung; Anwendung und Erklärung fallen in der Sinndeutung zusammen. Verstehen ohne Anwendung ist nicht möglich. Da Verstehen ohne Anwendung nicht möglich ist, ist eine anwendungsorientierte Interpretation keine Frage der Projektion oder Instrumentalisierung von seiten der Interpretin, sondern die pragmatische Seite des Verstehens.[94] Zumal Verstehen immer ein »übersubjektives Geschehen« ist und Subjektivität durch die Verankerung eines Subjektes in seinem Kontext transzendiert wird.[95]

Phantasie ist in der historischen Forschung gefragt, erläutert der amerikanische Historiker Peter Brown. Phantasie gibt jener nicht nur »die nötige Würze«, sondern ist regelrecht Voraussetzung dafür, sich Menschen in anderen Kulturen und Zeiten mit einzigartigem Respekt für ihre Andersartigkeit zu nähern.[96] Es handelt sich dabei dann nicht um ein instrumentelles Verhältnis gegenüber den befragten historischen Personen und »Objekten«, solange die Struktur aufrechterhalten wird, die Gegenwart zwar zu befragen, die Antwort jedoch gerade wegen der historischen Differenz in der Vergangenheit angesiedelt zu wissen und folglich deren »Fremdheit« und Distanz als Voraussetzung möglicher Antworten zu hören und einzubeziehen.[97]

Historische Erkenntnisse statten Zeiterfahrung mit einem besonderen Sinn aus.[98]

»Der ›Blick zurück‹ auf Vergangenes als Rekurs auf die in der Erinnerung erfahrene Zeit bietet da die lindernde Chance, den menschlichen Lebensvollzug im Angesicht des aktuellen Wandels erfahrungsgestützt so zu ordnen, daß man handlungsfähig bleibt.«

Erzählen kann dabei zum konstitutiven Medium der Erinnerung werden.[99]

Die Gegenwart braucht geradewegs die erinnernde und eingedenkende Vergegenwärtigung des Vergangenen, um die gegenwärtigen Erfahrungen zu deuten.

»Der historische Rückblick wird zur Meßlatte von Gegenwartsverhältnissen«, »das Vergangene [...] Alternative«.[100]

Die Auseinandersetzung mit der Geschichte wird Grundlage für ein gegenwartsbezogenes Handeln. Geschichte betrachten erhellt die Vergesellschaftung der eigenen Lebensgeschichte als Ansatz zu einer befreienden Veränderung.[101] So wird Geschichte zum »Fundus zur Bekleidung gegenwärtiger Hoffnungen und Wünsche«.[102] Die Vergangenheit kann im Bilde der Gegenwart ferner derart beschrieben werden, daß sie zur Quelle der Einsicht und der Handlungsfindung für die politischen Zielsetzungen der Historikerin wird.

Deshalb ist eine Rekonstruktion der Literaturgeschichte kein Ziel an sich, sondern »sie muß Folgen haben«.[103] Sie muß Folgen haben, die nicht nur die Literatur und die literarische Traditionsbildung umstrukturieren, umschreiben, umdeuten und somit erneuern, sondern Frauen auch zu einem besseren Verständnis vom Sein in der geschichtlich werdenden Welt und letztendlich zu einem neuen Sein führen.

Die mögliche Veränderung der Gegenwart mittels geschichtlicher Reflexion braucht auch eine Neubestimmung der Geschichte durch die Interpretationspraxis von Frauen. Wissenschaftlerinnen wollen solche neuartigen Sinngebungsprozesse durch eine feministische Geschichtsbetrachtung anregen, die sie für angemessener halten als die bisherigen und in der sie selbst eine andere Position haben. Ziel ist die revolutionäre Umformung der

Grundlagen des sozialen, symbolischen und ökonomischen Systems der Literaturwissenschaft,[104] die mit der Bewußtwerdung des Gehalts von (literarischen) Sinnbildungsprozessen einhergeht.

Das Bedürfnis nach Sinngebung im Hinblick auf das weibliche Sein in der Geschichte demonstriert wiederum, daß die sexuelle Differenz das Bedürfnis nach einer Orientierung in der Zeit weckt, in der sie zum Tragen kommen kann.[105] Die sexuelle Differenz muß »bei der Aufarbeitung von Zeiterfahrung der Vergangenheit zur Deutung der Gegenwart und zur Perspektivierung von Zukunft wirksam werden.«[106]

Die Auseinandersetzung mit Frauen in der Geschichte ist dabei kein Selbstzweck. Das Interesse an der Vergangenheit ist verbunden mit der Einschätzung und Legitimation des eigenen Standorts als Frau in der Gegenwart; ebenso ist es verbunden mit der Lust am Gleichen als selbstbestätigende Spiegelung des eigenen Lebensentwurfes sowie mit der Lust am Fremden, Konfrontierenden.

Wie die Zitate historischer und mythischer Frauenfiguren in Texten von Frauen der Gegenwartsliteratur belegen, geht es bei der literarischen Geschichtsbetrachtung deshalb auch nicht darum, so Weigel, »wie es denn eigentlich gewesen ist, sondern um literarische Denkbilder, Konstellationen einer weiblichen Dialektik der Aufklärung, Erinnerungsbilder einer Vergangenheit, derer die Frauen im Moment des Erwachens habhaft werden.«[107]

Diese an Walter Benjamin orientierte Neubestimmung des Verhältnisses von Frauen zur Geschichte zeigt,[108] daß das Verhältnis zur Geschichte keine Objektbeziehung ist, die versucht, Geschichte als Gegenstand, als Objekt des Wissens zu konstituieren. Geschichte erscheint objektiv, bleibt aber immer nur subjektiv zu begreifen.[109] Denn gerade die bewußt eingesetzte Subjektivität kann dem Text dessen Objektivität wiedergeben.[110]

Wenn wir diese Erkenntnisse nun auf die Beschäftigung mit Autorinnen übertragen, dann verfolgt diese Beschäftigung gerade nicht den Zweck, positivistisch eine weibliche Vergangenheit zu re-konstruieren. Statt dessen liegt ihr Sinn darin begründet, das männliche Kontinuum der Geschichtsschreibung aufzubrechen und die sexuelle Differenz in, mit und durch die Geschichte zum Sprechen zu bringen sowie das weibliche Denken und mit dem weiblichen Denken die Welt zu bereichern. Daher betrifft das, was Autorinnen und ihre Texte uns heute sagen, vor allem uns selbst – ihren Worten mit Aufmerksamkeit zu folgen und zu suchen, sie zu verstehen, betrifft das, »was wir für uns selbst suchen.«[111] Um so wichtiger ist die Genauigkeit im Umgang mit der Geschichte.

Die Interpretation literarischer Texte ermöglicht der Interpretin also, Worte von Frauen in der Vergangenheit als Quelle und Inspiration für heute zu nutzen. Zur politischen Praxis wird die Interpretation dann, wenn die Interpretin gerade bei ihren Erfahrungen ansetzt, ständig wieder zu ihrem Ausgangspunkt zurückkehrt und dabei jeden Interpretationsschritt zu einem neuen beurteilenden Ausgangspunkt macht.[112]

Literaturgeschichte zu betreiben, heißt, bestimmte Interpretationslinien aufzugreifen. Um welche Linien es sich dabei handeln wird, dies ist eine Entscheidung, die im Ermessen, aber auch in der Kontextgebundenheit des jeweiligen weiblichen, forschenden, politischen Subjekts liegt. Letztendlich bedeutet die Anerkennung der Autorität des forschenden Subjekts – wie es Bovenschen in ihrem provozierenden Statement formuliert –, daß Frauen die Vergangenheit so »zitieren, wie es uns beliebt, ohne Zwang zur nachträglich konstruierten Kontinuität«.[113] Die »Beliebigkeit« bezieht sich also auf ungewohnte Weisen der Bezugnahme zur Gegenwart und ist ein kritisches Moment demgegenüber, daß diese männlich vermittelt ist. Gegenüber den Autorinnen der Geschichte ist dagegen um so mehr Achtsamkeit und Wertschätzung notwendig.

So ist es das jeweils forschende Subjekt, das im Zentrum der (Literatur-)Geschichtsforschung steht,[114] zumal sie auch immer durch ihr eigenes Bedürfnis motiviert ist, selbst in der Geschichte existieren zu wollen. Die Stimme aus der Vergangenheit erhält wiederum dadurch Gewicht, daß das forschende Subjekt dieser ihre Stimme leiht, denn »die Erfahrungen von Frauen in der Geschichte haben keine Existenz für sich allein, die nur darauf wartet, von uns als betrachtenswert und wertvoll erkannt zu werden. Wenn wir Frauengeschichte betreiben, dann tun das wir. Wir tun es heute und wir tun es, weil wir es wünschen und wollen. Also macht historische Frauenforschung für uns heute einen Sinn, einen Sinn, der wiederum unsere Suche und damit die Stimmen vergangener Frauen autorisiert.«[115]

Den Frauen in der Geschichte derart ihre Geschichte zurückzugeben bedeutet zugleich, Frauen Gegenwart und Hoffnung auf Veränderung zu geben. Den Frauen Geschichte zu geben, ist eine symbolische und gleichzeitig eine politische Handlung, die es erlaubt, den historischen Frauen und uns Frauen heute Würde, Selbstachtung sowie die historische Realität unseres Tun, unseres Handelns und unserer Kämpfe zuzusprechen.[116]

Zusammenfassend läßt sich also sagen, daß eine Literaturgeschichtsschreibung sich im Kreislauf von Komponenten historischer Darstellung, deren kritischer Beurteilung und der menschlichen Notwendigkeit bewegt, der Zeiterfahrung einen besonderen Sinn für die geschichtliche Orientierung und Sinngebung in der Gegenwart zu geben. Die Anerkennung der Geschlechtlichkeit, der Autorität des forschenden Subjekts und der Autorisierung von Autorinnen ist dabei unerläßlich.

Von dem sinnsuchenden Bedürfnis ausgehend, muß die Bezugnahme auf die Tradition nicht unbedingt historisch-kritisch erfolgen. Texte von Frauen können helfen, heutige Probleme zu denken, indem in diesen Texten gute Worte und Ausdrucksmöglichkeiten sowie einleuchtende Urteile gefunden werden können, ohne daß dabei historisch gearbeitet wird. Ein allein vom Wortsinn und von dessen Bedeutsamkeit für die Gegenwart ausgehendes Verfahren ist gleichermaßen legitim.

3. Literarische Traditionsbildung als dialogisches Verfahren

3.1. Genealogische Literaturgeschichtsschreibung

> *Wir werden über die Zusammensetzung des Subjekts arbeiten, über die Tatsache, daß Ich aus Personen zusammengesetzt bin, erkennbar oder nicht, aus meiner Mutter, meiner Tochter, deiner Mutter, meiner Großmutter, aus verschiedenen anderen, aus meinem Vater, meiner Mutter, aus allem, was ihr wollt, und jedesmal, wenn ich spreche, setzt sich das »wer spricht« in Gang ...*
> *Helene Cixous*

Ein genealogisches Verfahren konzipiert Literaturgeschichtsschreibung innerhalb einer Beziehungsstruktur. Von Nietzsche kommend greift Foucault im Rahmen der postmodernen Wissenschaftskritik die Genealogie als Gegenmodell zu positivistisch anfangs- und finalorientierten Tendenzen der Geschichtswissenschaft auf, in der große geschichtliche Taten, Werke, Ereignisse und Gestalten im Vordergrund stehen.[117]

Genealogisches Forschen untersucht statt dessen die Herkunft,[118] Abstammung und Entstehung von etwas, wobei es »Entstehung« als gleichzeitig zerstreut, diskontinuierlich und geregelt versteht. Daher beschäftigt sich Genealogie mit dem Vielfältigen, mit Einzelheiten und mit Zufällen, insbesondere mit den Zufällen der Anfänge.[119] Da hierbei die Möglichkeit gegeben ist, Geschlechtlichkeit nicht unter »Der Mensch« zu subsumieren und im Denken nachzuordnen, kann die Bedeutung der Geschlechterdifferenz im Spiel der Geschichte wesentlich zum Tragen kommen.

Herkunft und Abstammung wiederum thematisieren die Zugehörigkeit zu einem Komplex von Personen, Kontext, Kultur, Sozietät usw., wobei die einzelne Person mit diesen – gemäß dem Modell der Genealogie – allein in Gestalt von anderen Personen und durch deren Vermittlungsleistungen konfrontiert wird. Auf diese Weise konstituieren sich genealogische Bezüge in einem Beziehungsnetz von Personen und ihrem Tun. Die Geschichte wird vielstimmiger Dialog.[120]

Die Verschiebungen, die genealogisches Denken für die Fragestellungen von (historischen) Forschungszusammenhängen evoziert, umfaßt die Verschiebung vom metaphysisch-ontologischen Fragen nach dem Was, dem Wesen, der Substanz einer Sache zugunsten der genetisch-strukturellen Perspektive, in der nach dem Woher (der Herkunft), dem Wie und dem Werden einer Sache oder, was die Sprache betrifft, dem Werden von Bedeutung gefragt wird. Folgende Fragestellungen lassen sich konkretisieren:

An die Stelle der Frage: Was ist etwas? Was ist das Wesen von etwas? tritt die Frage nach der Genese: Wie wird etwas zu etwas?[121]

Weitere Fragen, die sich daran anschließen, lauten:
- Welches ist das Beziehungsgefüge, in dem etwas zu dem wird, was es wird?
- Wie ist das Orientiertsein von jemandem/etwas?
- Wie konkretisiert sich das Begehren von jemandem in diesem Gefüge?
- Wie wird dabei die Geschlechterdifferenz?

Für literaturwissenschaftliches Forschen sind darin beispielsweise folgende Fragen angelegt:
- Wie ist das Beziehungsgefüge, in dem eine Autorin/ein Autor und ein Text steht?
- Wie orientieren sich Autorin/Autor und Text, z.B. in bezug auf andere Autorinnen, Autoren und deren Texte?
- Wie wird ein Text zu einem literarischen Text? Wie wird die Bedeutung eines Textes? Wie kommen gerade diese Worte an diese Stelle? Welche Bewegungen finden zwischen den einzelnen Worten statt?
- Wie wird der Text zwischen der Produktivität der Autorin/des Autors und der der Sprache?

Das genetische Schema impliziert dabei die Unterscheidung von Herkunft und Erscheinung und bietet die Möglichkeit, diese zu überbrücken.

> »Das [...] Konzept der Genealogie wird hier als Erforschung von Herkunft und Entstehung begründet, wobei der Leib primär unter dem Aspekt der Herkunft ins Spiel kommt.«[122]

Im Hinblick auf den Text hat die Herkunft wiederum die Funktion, diesen zu ermöglichen. Gemäß Hannah Arendt weist die Existenz eines Textes geradewegs auf die Autorin/den Autor: Der Text als »gesprochene« Sprache wird zum Medium, in dem sich die Person der Autorin offenbart.[123]

Ein Beispiel für das geschlechtsspezifische Zusammenspiel von Orientierung, dem Wirken des Begehrens und dessen »dunklen Mächten« im Wort und in der dem Wort folgenden Tat zeigt Schuller in ihrer Interpretation von Kleists »Penthesilea«. Penthesilea und Achill kämpfen miteinander um Leben und Tod und zugleich gefallen sie einander, umwerben und begehren sich – sowohl als Siegestrophäe als auch als Liebesobjekt. Schuller arbeitet heraus, daß die Art und Weise der beiden Protagonisten, sich zu orientieren, ebenso wie die der Artikulation ihres Begehrens geschlechterdifferent formiert ist. An der Figur der Penthesilea lassen sich Momente des weiblichen und an der Figur des Achill Momente des männlichen Verhältnisses von Begehren und verbaler Sinngebung verfolgen. Penthesilea weiß nicht, was sie selbst will, ob sie Achill zum Bräutigam oder zum Feind haben will. Infolgedessen zerfällt ihre Rede in unzusammenhängende Sätze, sie stammelt, wird ohnmächtig. Indem sie darüber ihre Zugehörigkeit zu den Amazonen vergißt, verliert sie ihren (symbolischen) Ort und sich selbst im Unaussprechlichen. Dies begründet ihren Tod, denn die, die Achill entgegentreten soll, ist keine – nicht-Eine. Achill dagegen besinnt sich seiner schnell und weiß dann auch, was Penthesilea, die Frau will: seine Braut werden. Als Herr des Wissens findet er seine männliche Identität über die Aneignung des weiblichen Begehrens, die die Tötung der Frau zur Konsequenz hat. Seine Braut ist Penthesilea nur als Leiche.[124]

3.2. *Genealogie als Verfahren der feministischen Geschichtsschreibung*

Für eine feministische Literaturwissenschaft ist neben den Aspekten der postmodernen Kritik an historistischen Tendenzen der überkommenen Geschichtsschreibung Genealogie als alternatives Verfahren aus zwei Gründen interessant. Zum einen wird es nie eine *kontinuierliche* Geschichte der »großen« Taten, Werke, Ereignisse und Gestalten von Frauen geben, weil Frauen diese *im herkömmlichen Sinne* wohl nur selten vollbracht haben und eine Kontinuität deshalb auch nur sehr schwer herzustellen sein wird. Auch hier zeigt sich die Unangemessenheit der Auswahlkriterien für das Handeln der Frauen im geschichtlichen Kontinuum.

Das Modell der Genealogie dagegen bietet die Möglichkeit, Verknüpfungen und Verbindungen von Frauen und ihren Taten jenseits bislang anerkannter kontinuitätsbegründender Faktoren herzustellen. Außerdem rückt beim genealogischen Verfahren die Forscherin, ihr Erkenntnisinteresse wie auch ihr Begehren in den Vordergrund der Geschichtsschreibung. Denn sie, die Forscherin ist es, die derartige Verknüpfungen herstellt und die Verbindungsfäden spinnt und sie auf diese Weise »kommenden Geschlechtern zueignet«.[125] Einen derartigen Versuch zu Beginn der Renaissance stellt Christine de Pizans berühmtes Werk »Das Buch von der Stadt der Frauen« dar. De Pizans Vorstellung von Frauen und ihren großen Taten läßt sich als genealogisches Geschichtsbuch lesen, das die Beziehung zwischen den Heldinnen, Königinnen und Heiligen herstellt. Mit diesem Vorgehen verbindet de Pizan die Ambition, große Frauen und deren Bedeutsamkeit als Zeugnis und Maß weiblicher Größe zu dokumentieren, indem sie diese an einem gemeinsamen Ort, in »der Stadt der Frauen« ansiedelt.[126]

Der andere Aspekt, der eine genealogische Geschichtsschreibung für eine feministische Geschichtsschreibung bzw. Literaturgeschichtsschreibung fruchtbar macht, ist, daß Genealogie Geschichte explizit an den Körpern einzelner Personen verankert, daß sie den Körper als Schnittstelle der Geschichte versteht:

> »Der Leib ist der Ort der Herkunft: am Leib findet man das Stigma der vergangenen Ereignisse, aus ihm erwachsen auch die Begierden, die Ohnmachten und die Irrtümer; an Leib finden die Ereignisse ihre Einheit und ihren Ausdruck, in ihm entzweien sie sich und tragen ihre unaufhörlichen Konflikte aus ... Am Leib prägen sich die Ereignisse ein (während die Sprache sie notiert und die Ideen sie auflösen.) Am Leib löst sich das Ich auf. Als Analyse der Herkunft steht die Genealogie also dort, wo sich Leib und Geschichte verschränken. Sie muß zeigen, wie der Leib von der Geschichte durchdrungen ist und wie die Geschichte am Leib nagt.«[127]

Der Körper wiederum »fungiert als Register der Erfahrung, er relativiert die Leistung des Bewußtseins und unterspült die Trennung von Wesen und Faktizität.«[128] Er »ist zugleich Matrix und Austragungsort von Geschichte.«[129] Geschichte – und Geschichten – gibt es Hannah Arendt zufolge, weil es Menschen gibt. Sie ist das Ergebnis von Handlungen und Taten, die verifizierbar sind. Und sie spielt innerhalb des Bezugsgewebes menschlicher Angelegenheiten, das allem Handeln und Sprechen vorausgeht.[130]

Ein Geschichtsmodell, das den Körper zur Schnittstelle der Geschichte macht, ermöglicht es außerdem, dessen Geschlechtlichkeit als eine die Geschichte prägende Konstante zu denken.

Geschichte wiederum wird somit zum Ergebnis von Körperlichkeit, der an diese geknüpften Geschlechtszugehörigkeit, dem Wünschen, Wollen und dem Handeln der einzelnen Menschen sowie der Beziehung der Menschen untereinander. An einem einzelnen Frauen-Körper bzw. Männer-Körper macht sich Geschichte fest, sowohl durch Einprägung der Geschichte in ihm als auch durch die in ihm ausgelösten verändernden, unvorhersehbaren Handlungen; der Körper bekommt eine symbolische Funktion als exemplarisches Zeichen für Geschichte und ihre Prozesse. Er wird der Ort, an dem sich und durch den sich momentane und unterschiedliche Ausdrucksformen von Weiblichem entfalten können.[131]

3.2.1. *Frau-sprechen in der weiblichen Genealogie*

> *Weil er [der Schriftsteller] Richtung hat, weil er seine Bahn zieht wie den einzigen aller möglichen Wege, verzweifelt unter dem Zwang, die ganze Welt zu der seinen machen zu müssen, und schuldig in der Anmaßung, die Welt zu definieren, ist er wirklich da.*
> *Ingeborg Bachmann*

Frau-sprechen ist sowohl in weibliche als auch in männliche Genealogiestränge eingeordnet und ordnet sich durch sein Sprechen weiterhin und immer wieder neu ein. Genealogisch verstanden ist das »fraulich«, was von Frauen *herkommt.*[132] Die an die Geschlechtszugehörigkeit gebundene Herkunft beispielsweise eines Textes geht in die textuelle Sinnbildung ein. Für die Einordnung des Sprechens von Frauen und Männern wird aufgrund ihrer Geschlechtszugehörigkeit als signifikantes Moment geschichtlicher Prozesse bedeutsam, was Frauen als Frauen tun, schreiben und interpretieren und was Männer als Männer tun, schreiben und interpretieren. Genealogie als orientiertes Sprechen zwischen Herkunft und Ausrichtung der Sprecherin/des Sprechers macht bedeutsam, was Frauen in Beziehung mit Frauen und im Hinblick auf Frauen tun; was sie in Beziehung mit Männern und im Hinblick auf Männer tun; sowie was Männer in Beziehung mit Männern und im Hinblick auf Männer tun; und was Männer in Beziehung mit Frauen und im Hinblick auf Frauen tun; und welche Bedeutung dabei letztendlich die Geschlechtszugehörigkeit für das je eigene Handeln, Schreiben und Interpretieren hat:[133]

> »Es macht aber einen Unterschied, ob Männer oder Frauen sich der Lektüre dieses Bildes aussetzen ...«[134]

Die Mailänderinnen haben im Anschluß an Irigaray und Kristeva dieses Modell präzisiert: Sich in die weibliche Genealogie einzuordnen, bedeutet die Einwilligung einer Frau in die Zugehörigkeit zum mütterlichen Kontinuum,[135] zur Mutter-Tochter-Beziehung und zu deren symbolischer Struktur, d.i. das Verhältnis einer Jüngeren – als die, die wünscht und will – zu einer Älteren – als die, die weiß, weil sie Niederlagen erfahren und verarbeitet hat, und die deshalb den Weg zeigen kann.[136]

Wie diese Struktur vor Augen führt, handelt es sich bei genealogischem Sprechen sowohl um (immer schon) orientiertes Sprechen als auch um (immer) orientierendes Sprechen. Cixous nennt das Orientiertsein von Texten »Gang« und »Gangart«.[137]

> »Der Gang und die Gangart einer ›weiblichen‹ Textur verweisen auf den Ort, zu dem ihre ›Bewegungen hinlaufen‹. Entsprechend dieser Analogie zeigen sie die Richtung an, in welcher die thematische Spanne erfolgen soll.«[138]

Ein Text über die Einbindung ins mütterliche Kontinuum ist das der Aufklärung zuzurechnende Lustspiel »Die gute Mutter« von Victoria Rupp. Entscheidendes Moment für die Bedeutsamkeit dieser Einbindung ist die Gattenwahl der Tochter. Die Tochter des Stückes ist in einen Weiberhelden verliebt und schlägt sich mit der Entscheidung herum, ob sie ihrer Leidenschaft folgen und diesen heiraten soll. Dabei weiß die Tochter, daß sie sich mit der Heirat gegen ihre »Mutter«, das heißt, gegen die Bedeutung der Beziehung zu ihr entscheidet. Und das nicht, weil die Mutter aufgrund einer persönlichen Vorliebe gegen die Heirat ist, sondern aufgrund des symbolischen Gehalts, den diese Heirat für die Mutter-Tochter-Beziehung und für das hat, was die Mutter schon für sich errungen hat: Bildung, Eigenständigkeit, Ansehen und ökonomische Unabhängigkeit.

Letztendlich fordert die Mutter die töchterliche Entscheidung regelrecht heraus. Die mütterliche Konfrontation erscheint jedoch nicht als erpresserischer oder moralisierender Akt mütterlicher Willkür oder gar als egoistisch-mütterlicher Versuch, die Tochter symbiotisch an sich zu binden. Denn die Mutter sagt der Tochter zu, sie in jedem Fall zu unterstützen und zu ihr zu halten. Auch versucht die Autorin, alle Interpretationsansätze, die diesen Eindruck zu forcieren scheinen, auszuschalten, wodurch der Text schwerfällig und spröde wirkt.

Die Entscheidung gegen eine solche Heirat und die Entscheidung für die mütterliche Beziehung betrifft vielmehr die Qualität der Zukunft der Tochter in einer heterosexuellen Beziehung. Die Einbindung ins mütterliche Kontinuum entscheidet sich nämlich an den beiden grundlegenden Fragen, die in diesem Text gestellt werden und deren Beantwortung die Zukunft der Tochter bestimmen wird: Wie wird der von der Tochter begehrte Mann mit dieser in späteren Jahren als Frau und als (sexuell) Begehrende umgehen? Und wie wird er mit dem umgehen, was sie auf diese Welt bringen und in ihr gestalten wird, wie wird er also mit ihren (zukünftigen) »Kindern« umgehen?[139]

Die Beantwortung dieser Fragen, soweit solche Antworten überhaupt gebbar sind, bedeutet für die Tochter, eben nicht unmittelbar den von einem attraktiven Mann erregten Leidenschaften zu folgen. Zwar ist es eine aufklärerische Standardauffassung, daß auch Gefühle und Leidenschaften erzogen werden müssen. Allerdings liegt die revolutionäre Verschiebung, die in diesem Lustspiel stattfindet, gerade darin, nicht die Tugendhaftigkeit der Tochter zu stilisieren und die Unterdrückung der Leidenschaften als Akt der Tugend zu deklarieren. Durch ihr Eingreifen versucht die Mutter vielmehr, die Tochter an die erwartbare eigene zukünftige Realität *gerade auch* in bezug auf ihr Begehren zurückzubinden. Einen Ort für das weibliche Begehren in der Welt zu finden, ist allerdings bei einem Weiberhelden als Ehemann kaum zu erwarten. Gewisser sind Enttäuschung, Demütigung und Schmach – und das werden die notwendigen Entscheidungskriterien für die Tochter gegen die Einwilligung in die Ehe mit ihm, auch wenn sie an dieser Entscheidung zunächst leiden wird.[140] Im Sinne dieser Logik entscheidet sich die Tochter für den »Verzicht«, Objekt eines verschlingenden Lebemannes zu werden, und für die »Mutterschaft«.

Die revolutionäre Verschiebung des Ruppschen Stückes »Die gute Mutter« wird im Vergleich mit »Emilia Galotti« deutlich. Im Lessingschen Stück würde die – diesmal vom Vater – gewünschte Zukunft für die Tochter mit der Heirat und der darüber errichteten männlichen Genealogie symbolisch aufgehoben – Emilia soll Graf Appiani heiraten, so daß dieser Vatersohn werden kann, dem Vater ähnlich ist er schon. Emilias Mutter wiederum forciert die Heirat Emilias mit dem Prinzen von Guastalla. Ihr Interesse gilt dem Glanz des Hofes und der Macht, die der Adel Frauen hier vorübergehend durchaus auch einräumt, wie das Schicksal der Gräfin Orsina zeigt. Als Geliebte des Prinzen bleibt die Gräfin trotz »Titel« jedoch ohne eigene Position und folglich von dessen Launen abhängig. Das Schauspiel handelt also auch von der zumindest vorübergehenden Möglichkeit für Frauen an der Partizipation männlicher Macht. Die Möglichkeit erweist sich jedoch lediglich als Aufschiebung des Ausschlusses vom weiblichen Begehren, es ist lediglich eine Frage der Zeit, bis Emilia das Schicksal der Gräfin Orsina blühen wird. Hier befürwortet die Mutter eine Entscheidung, die tatsächlich keine töchterliche Alternative darstellt.

Die Ansiedelung auf dem Land, um dem »Hof« und dessen Anfechtungen zu entkommen, ist Wunsch von Emilias zukünftigem Ehemann, der Konflikt Bürgertum – Adel als Konflikt von Männerinteressen zu lesen. Für Emilia Galotti taucht – typisch für die bürgerliche Vatertochter – die Frage nach der Zukunft als Frau mit einem eigenen Begehren und Sinn in der Welt erst gar nicht auf. Jedoch auch der Status der Geliebten des Prinzen handelt von keiner Alternative. Prokop interpretiert das Trauerspiel konsequenterweise als Auslöschung des töchterlichen Begehrens.[141]

Bei Rupp dagegen stellt sich die Frage nach der Seite der realen Zukunft, dem Begehren und Lebenssinn der Tochter *nach* der Heirat, die als Begegnung mit der männlichen Ordnung verstanden werden kann. Der Blick auf die Mutter zeigt geradewegs den Weg der schon möglichen Freiheiten, den diese schon geebnet hat und der durch die Ehe mit dem »richtigen« Mann garantiert wird.

Eine theoretische Entsprechung der Orientierungsordnung dieser beiden Stücke findet sich bei Kristevas Unterscheidungen von geschlechterdifferenzierten, genealogischen Orientierungen des töchterlichen Sprechens. Für Kristeva läuft, was die genealogisch-töchterliche Orientierung des Sprechens betrifft, »die Diskussion der Möglichkeiten von Frauen, symbolische Funktionen zu erlernen bzw. sich sprachlich zu äußern, auf die Frage hinaus, ob sich ›die Tochter des Vaters‹ oder die ›Tochter der Mutter‹ äußere. Nicht also Vater- oder Mutterbücher ist demnach die entscheidende Frage, sondern die Schrift der Vatertochter oder Schrift der Muttertochter.«[142]

Woolf spezifiziert die Bedeutung der Mutter für das Schreiben von weiblichen Autoren:

> »Denn wir denken durch unsere Mütter zurück, wenn wir Frauen sind. Es ist zwecklos, auf die großen Männer als Hilfe zurückzugreifen.«[143]

Mütter bekommen so eine besondere Vermittlerinnenrolle für das Sprechen und Schreiben von Frauen, auch was die literarische Traditionsbildung betrifft.[144] Schabert versteht dieses Woolf-Zitat als Anregung und Aufforderung, eine Theorie weiblicher Intertextualität zu entwickeln. Die geistige Dimension der Mutter-Tochter-Beziehung erlaube dabei eine »Intertextualitätstheorie [der] Aufeinanderfolge der literarischen Generationen von Frauen als einen konstruktiven, gegenseitig bereichernden, Identitätsgrenzen auflösenden Aufeinanderbezug[s]«[145] zu formulieren.

Was nun den Status von Aussagen betrifft, so wird es notwendig, strukturierende Fragen zu stellen, wie zum Beispiel: Als was spricht eine Frau? Als Tochter? Als Vatertochter? Als Muttertochter? Als Mutter, die sich in das väterliche Vermittlungssystem einordnet? Oder als Mutter, die sich als Vermittlerin des mütterlichen Kontinuums versteht?

Als zweiter Deutungsweg eröffnet sich der Blick auf den Bedeutungsgehalt für andere: Welche Bedeutung liegt in dem, was eine Frau sagt, für Frauen? Welche für Männer? Die gleichen Fragen lassen sich selbstverständlich auch für das Sprechen von Männern exemplifizieren.

Das immer schon genealogische Eingeordnetsein eines Text macht einen Text, der ja schon geschriebenen ist, zum (beurteilenden) Maßstab, also zum kontextuell orientierten Beitrag und Urteil im genealogischen Gefüge.[146] Weibliche Genealogie als Verfahren der literaturwissenschaftlichen Interpretation schreibt die Beziehung zwischen AutorIn und AutorIn sowie die zwischen AutorIn und Interpretin in die Interpretation ein. Zwei Zentren, zwei Leiber, deren Wünschen und Wollen, aber auch deren Einschränkungen werden als Bedingung von Interpretationen offensichtlich. Interpretation wird zu einem kreativen Prozeß zwischen dem schon gesprochenen Wort und einer hörenden/lesenden Bewegung der Interpretin.[147] Die Interpretin kann »das Hervorbringen dieses Schreibens nachschreiben, ohne sich selbst unkenntlich zu machen.«[148]

In ihrer weiblichen Ausformung stellt eine genealogische Bezugnahme die Interpretin vor die Aufgabe, nicht nur einen Text, sondern mit diesem ihre Beziehung zu einer Autorin und deren Texten sowie die Bedeutung ihrer gemeinsamen Geschlechtszugehörigkeit zum Sprechen zu bringen. So können aus den »Ausgrenzungsgeschichten« eine »Geschichte weiblicher Selbstvergewisserung«[149] bzw., was ich für angemessener halte, weil es nicht diminuitiv definiert, eine Genealogie weiblichen Selbstverständnisses werden. Die Vermittlung zwischen Gestern und Heute, der Heldin und uns verlangt von der Interpretin, ihre Subjektivität bewußt einzusetzen und so dem Text seine Objektivität wiederzugeben.[150]

Daß diese Verarbeitung auch beim Schreiben immer eine körperliche ist, hat Kristeva ausführlich analysiert. Kristevas grundlegende These diesbezüglich lautet, daß sich beim poetischen Sprechen semiotische Stasen in Sprachrhythmus, Wortwahl bis hin zur grammatischen Formgebung entladen. Diese Entladungen betreffen wohl nicht nur einen literarischen Text und dessen Formgebung, sondern auch – wenn vielleicht auch weniger offenkundig – die interpretatorischen Sinngebungsprozesse, die in Interpretation einfließen.[151]

Gleichzeitig wird gemeinsam mit der Autorin, ihren Texten und mit der Lektüre ihrer Texte auch dem Wollen der Interpretin (geschichtlicher) Sinn verliehen.[152] Weibliche Genealogie als Geschichtsschreibung beinhaltet die Materialisierung des weiblichen Wortes im Denken und Handeln durch Zeugenschaft und Überlieferung jenseits von historizistischen Tendenzen[153] und ist gleichzeitig selbst ein besonderer und eigenständiger Sinngebungsprozeß, insofern es für Frauen Sinn macht, sich explizit Texten von Frauen zuzuwenden.

Zur Herausforderung, um eine weitere Schwierigkeit neu zu betrachten, kann es dabei werden, daß Frauen »den Ort, von dem aus gesprochen wird, einnehmen« müssen, wenn sie »versuchen, das, was aus den herrschenden Redeweisen und Überlieferungen ausgeschlossen ist, zu beschreiben.«[154]

Sich der Herausforderung, schon beschrieben zu sein, zu stellen, erfolgt dadurch, daß eine Interpretin den Ort, an dem *sie* ist, im Wissen um schon geschehene Beschreibungen »einnimmt« und sich dazu verhält, indem sie genau von dieser Stelle aus urteilt und weiterführt.

3.3. »Intertextualität« – Schreiben und Lesen als dialogisches Sprechen der Körper von Frauen und Männern

Intertextualität läßt sich Arendt zufolge als das Bezugssystem verstehen, das aus Worten und aus lebendigem Sprechen entsteht.[155] Laut Kristeva läßt sich Intertextualität als poetisch-literarische Konkretisierung einer genealogisch-kontextuellen Geschichtsschreibung präzisieren.[156] Jede Schriftstellerin und jeder Schriftsteller ordnet sich durch kulturelle Positionierung und durch eigene Lektüre in die Genealogie der Lesenden und Rezipierenden ein. Das Wort eines Autors orientiert sich am vorangegangenen und am synchronen Korpus. Intertextualität bezeichnet zudem den Raum, der aus dem Subjekt einer bestimmten Schreibweise, eines Textes, dem Adressaten und anderen Texten entsteht, die miteinander in Dialog stehen. In diesem Raum ist das Wort Produkt der Überlagerung von Textebenen, des Dialogs verschiedener Schreibweisen und verschiedener Personen und transportiert diese folglich.

Eine weitere, explizit literarische Beschreibungsmöglichkeit intertextueller Strukturation und Literaturproduktion ist, Sprechen als Ergebnis einer vorhandenen poetischen Tradition, der praktizierten Sprache der gesprochenen Gegenwart der Autorin/des Autors und der poetischen Tendenz zu beschreiben, die der betreffenden Äußerung vorgezeichnet ist.[157]

Das Wort als Ergebnis eines Dialogs zu verstehen, bindet es, sein Entstehen sowie seine Interpretation in einen Kontext ein – als solches liegt es auch schon im Begriff des Wortes, daß das Wort genealogisch-intertextuell strukturiert ist.

Das Wort ist eine kontextuelle Äußerung, seine Bedeutung kontextuell vermittelt. Das Wort entsteht in einem Kontext, ist sozial organisiert und untrennbar mit einer Stimme und Autorität verknüpft.[158] Intertextualität als Verfahren kann an Texten zeigen, wie sie Geschichte lesen und sich in diese hineinstellen.[159] Da das Wort im Dialog immer an einen anderen gerichtet ist, ist der literaturwissenschaftlich-interpretierende Dialog »eine Schreibweise, mit der man den anderen liest.«[160]

So findet sich im Wort die Beziehung zwischen Autorin/Autor und Leserin/Leser.[161] Kristevas »dialogische Matrix« denkt die Kategorien Autor, Leser und Text zusammen, »der Abtausch der Lese- und Schreibbewegungen vollzieht sich nicht als Zusammenprall unbeweglicher Einheiten, sondern als Umformungsprozeß zwischen verschiedenen dialogischen Signifikaten.«[162]

So werden Beziehung und Dialogizität zum Merkmal von Wort und Text. Wort und Text wiederum werden zum Brief. Ausgehend vom Wort als lebendiger, weil dialogischer Größe, erweckt ein intertextuelles Verfahren tote Texte zu lebendigen Texten.[163]

> »Der tote Buchstabe [kann] immer wieder zum Leben erweckt werden, nämlich sobald er wieder mit einem Lebendigen in Berührung kommt, das vermöge des eigenen Lebens den lebendigen Geist spürt, welchen der tote Buchstabe gleichsam verewigt hat.«[164]

Der Text kann so leibhafter Dialog zwischen Tradition, schreibendem Subjekt und interpretierender/m Leserin/Leser werden, im dialogischen Verfahren steht die lebendige Rede dem Tod in der Schrift gegenüber.[165] Als Beispiel für eine solche dialogische Interpretation ist Hannah Arendts Rahel Varnhagen-Biographie verstehbar. Die Historikerin Kubes-Hofmann charakterisiert Arendts Darstellungsweise als imaginären Dialog, »in dem sich die Sprache Rahels und die Hannah Arendts kreuzen. Auf diese Weise werden die Briefe Rahels auch als Antworten auf Hannah Arendt lesbar.«[166]

Der Text erweist sich nicht nur als beurteilende Schrift, sondern aufgrund der performativen Dimension der Dialogizität wird der Text selbst zur Praxis.[167]

Genealogisches Sprechen und Schreiben hat mit intertextuellem, dialogischem Sprechen und Schreiben einen gemeinsamen Ansatzpunkt, nämlich kontextuelles, personen-/AutorInnen-orientiertes Sprechen und Schreiben. Dabei spezifiziert Intertextualität dieses Verfahren für literarisches Sprechen und Schreiben, weil Texte zum Vermittlungsmoment des Dialogs gemacht werden. Allerdings sind bei Kristeva auch die Bedeutung der Geschlechtlichkeit von Personen als den Trägern von Texten für die Intertextualität bedeutend,[168] insofern wird im Verfahren der Intertextualität die *Geschlechtszugehörigkeit* der Autorin/des Autors *als Ort der Herkunft* eines Textes sowie die der Adressatin/des Adressaten zum organisierenden und sinnstiftenden Moment der Textproduktion und Textlektüre.

Intertextualität charakterisiert Schreiben als Frauenkörper-sprechendes oder Männerkörper-sprechendes Schreiben im erfinderischen Dialog mit anderen Frauen und Männern.

Das Verhältnis zwischen den Texten weiblicher und männlicher Autoren kommentiert die Literaturwissenschaftlerin Johanna Bossinade:

> »Gemeinsamkeiten zwischen den Arbeiten weiblicher und männlicher Autoren müssen weder verkannt noch bagatellisiert werden. Damit die Identität und die Differenz des Geschlechts sich zeigen, gehe ich von einem beweglichen Feld von Konvergenzen und Divergenzen nicht nur innerhalb eines Textes, sondern auch zwischen Texten aus.«[169]

Laut Ecker hat es zwischen den Texten der Geschlechter bislang »keine ungehindert reziproke Intertextualität« gegeben,[170] häufig sind widersprüchliche, dekonstruierende, kritische Bezugnahmen von Frauen auf männliche Texte zu finden, die Ambivalenz von Frauen der männlichen Tradition gegenüber drücke sich in ironischer Distanz, Ablehnung, Isolation und identifizierender Rezeption aus.[171]

Intertextuelle Dialogizität eröffnet nun die Möglichkeit, einen jeden Text mit allen anderen zu verbinden. Im Sinne einer genealogischen Dialogizität, auf die die sexuelle Differenz einen signifikanten Einfluß hat, macht intertextuelle Dialogizität es zugleich auch notwendig, die geschlechtlich bestimmten Orientierungspunkte des Sprechens zu erkennen und sie eventuell auch für zukünftiges Sprechen gezielt herzustellen.

> »Was also schließlich aus der unbegrenzten Kombinatorik der sprachlichen Elemente [...] ausgewählt, ausgefällt und aufgeschrieben wird, scheint stattzufinden gemäß einer sexuellen Differenzierung. Zu hinterfragen ist damit der Status der Reden, der Beziehung zwischen ›Männern‹ und Sprache einerseits, ›Frauen‹ und Sprache andererseits.«[172]

Auffällig ist, daß viele Autorinnen bis ins letzte Jahrhundert für bestimmte Personen schreiben, für Töchter und Söhne, Mütter, Freundinnen, Ehemänner, Geliebte usw., und dies auch eindeutig benennen. So ist für eine der ersten europäischen Autorinnen der frühen Neuzeit, Dhuoda, ihr Sohn Adressat und Maßstab der Reflexion.[173] Sophie von La Roche wiederum schreibt »Das Fräulein von Sternheim« für junge Frauen, denen sie mittels ihres Romans mütterliche Orientierungshilfe geben will. Wenn es aber keine eindeutig formulierte AdressatInnen-Angabe der Autorin gibt, läßt sich der Adressat natürlich nicht eindeutig auf eine bestimmte Person festlegen. Jedoch hat jede »innere Welt«, so Bakhtin, eine stabile »soziale Zuhörerschaft«, die die Umgebung markiert, in welcher Gründe, Motive, Werte usw. gestaltet werden.[174] Die Frage nach dem genealogischen Orientiertsein von Texten ist jedoch nicht nur am Ort der Autorin, sondern ebenfalls am Ort der Interpretin verankert und kann ihr Leitfrage bei ihrer Interpretation und intertextuell-genealogischen Einordnung sein.

Auch in politisch turbulenten Phasen bzw. bei gesellschaftskritischen Stellungnahmen von Frauenseite scheint es bedeutsam zu sein, daß eine Autorin ihre Bücher einem Adressaten widmet, wie sich an Bettine von Arnims Schriften zeigen läßt. Daß es sich dabei nicht nur um das beschwichtigende Zugeständnis an Machtinhaber innerhalb feudaler Gesellschaftsstrukturen bzw. anderer sozialer Herrschaftsverhältnisse und/oder an ein Mäzenatentum handelt(e), zeigt sich bei von Arnim dadurch, daß sie ihren Briefwechsel mit der Günderode den deutschen Studenten widmet. Diese Widmung hat zur Zeit der Veröffentlichung als politische Geste eine Aussagequalität jenseits der ökonomischen Bedingtheit des Schreibens und verrät etwas weiteres über die Autorin/den Autor als Adressanten:[175] Die ökonomisch-gesellschaftliche Positionierung betrifft lediglich eine Bedeutungsebene des Dialogs, nämlich die ökonomisch-gesellschaftliche Positionierung der Beziehung zwischen Adressatin und (benannter)[176] Adresse. Die andere Bedeutungsebene, nämlich die politisch-symbolische, signalisiert die Autorität der Autorin: Die Adressatin/den Adressaten von Autorinnenseite aus zu benennen, macht nicht nur den dialogischen Charakter eines Textes deutlich, sondern qualifiziert diesen als kontextuellen und diesen Kontext dabei geradewegs als *beurteilenden*, wobei die urteilende Instanz die Autorin ist.[177] Insofern ist, um den Aspekt der Orientierung des Sprechens noch einmal aufzugreifen, das aufgrund der Autorität der Autorin *schreibende Sprechen* auch immer ein die Leserin orientierendes Sprechen.

Daß die Modelle »Genealogie« und »Intertextualität« als formales Kontinuum allerdings nicht ausreichen, zeigt die bislang fehlende »aktive« Traditionsbildung zwischen Frauen. »Traditio« im Sinne von persönlicher Zeugenschaft braucht sinnstiftende Momente, die die öffentlich genannte Vergegenwärtigung von weiblichem Sprechen und Schreiben durch Frauen als sinnvoll erscheinen lassen.[178]

4. Feministische (Literatur-)Wissenschaft als Praxis der weiblichen Genealogie

Daß die (vorgebliche) Neutralität der Wissenschaftssubjekte tatsächlich lediglich eine begrenzte Sicht auf die Welt und auf den Forschungsgegenstand ermöglicht haben, ist hinlänglich nachgewiesen und wissenschaftstheoretisch analysiert und begründet worden.[179] Daß es einen Zusammenhang zwischen Forschungsergebnis und Geschlechtszugehörigkeit gibt, kann nicht bestritten werden. Die Notwendigkeit, daß Frauen Erkenntnissubjekte der Wissenschaften sind, ist demnach weniger eine Frage der Moral oder eine von außen an die Wissenschaft herangetragene »soziale Frage« als vielmehr eine *wissenschaftspolitische* und *erkenntnistheoretische* Frage. Zudem trifft sie ins Zentrum der wissenschaftlichen Freiheit, denn die Freiheit der Wissenschaft(en) ist darin begründet, daß einzelne Personen, Frauen und Männer, ihre Wünsche und Vorstellungen in ihr Fach einbringen. Sie hängt weiter davon ab, daß Frauen *und* Männer dies tun,[180] worüber sie dabei im Dialog sind und sein wollen, um welche Art des Dialogs es sich jeweils handelt[181] und welche Versuche unternommen werden, persönliche Erfahrung und wissenschaftliche Kompetenz auf neue Weise miteinander ins Spiel zu bringen.

Die Geschlechtszugehörigkeit kommt dabei nicht nur durch die Geschlechtlichkeit eines Subjekts ins Spiel, sondern durch deren/dessen Bezogenheit auf ihre/seine GeschlechtsgenossInnen, deren Beziehungen. Das, was in ihnen passiert, wird im Denken auf unterschiedlichen Ebenen sichtbar. Bei der männlichen Wissenschaft handelt es sich immer auch um das Ergebnis von Männerbünden und deren genealogisch männlichen Vermittlungs-, Autorisierungs- und Tradierungsstrukturen.[182] Insofern ist die Frage nach dem Verhältnis von Frauen und Wissenschaft immer auch eine nach der Beziehung von Frauen und insbesondere der von Wissenschaftlerinnen untereinander.

Die Beziehungen unter Literaturwissenschaftlerinnen bilden den genealogischen Kontext der Literaturwissenschaft und deren Interpretationsleistungen.[183] Sie müssen nicht künstlich hergestellt werden, denn sie sind immer schon vorhanden. Was allerdings zur Disposition steht, ist, wie sie genutzt werden.

Die spezifischen Probleme der Beziehungen unter Wissenschaftlerinnen liegen dabei in erster Linie nicht in dem Konfliktpotential von einzelnen weiblichen Personen und ihren Beziehungen miteinander. Denn da das, was Personen tun und was in Beziehungen geschieht, immer kulturell vermittelt ist und symbolischer Deutungshorizonte bedarf, machen solche Probleme auf fehlende kulturelle Formen und deren symbolische Darstellung aufmerksam. Von solchen Formen und deren Symbolisierungen hängen die Verarbeitungsmöglichkeiten der Konflikte zwischen Frauen ab – beispielsweise durch Sublimation und Kompensation des weiblichen Neides –, gerade auch was das Potential solcher Konflikte für öffentliche und Wissen produzierende Beiträge betrifft. Aufgrund solcher kulturellen und symbolischen Mängel gibt es daher auch keine Kriterien dafür, wie Frauen ihre Kompetenzen in den Wissenschaftsbetrieb einbringen und dort zirkulieren lassen können, was beispielsweise in der Überkompetenz von Frauen offenbar wird, die sie aufgrund ihrer spezifischen sozialen Verortung haben und die sie an der Universität oftmals nicht auf produktive Weise einbringen können.[184] Eine Praxis weiblicher Wissenschaft fehlt, in der die widersprüchliche Wirklichkeit, die Verschiedenheiten und Unterschiede von Frauen als »verkörperte Vermittlung von Politik und Wissen sprechbar« gemacht werden können.[185] »Weiblichkeit« bliebe dann ein (ambivalenter) »Rest der väterlichen Machtordnung« und der Intellektualitätsprozeduren. Sie würde einen Ort der Unruhe darstellen und ermöglichen, Verschiedenheiten, Widersprüchlichkeiten und Unterschiede zu erfahren, die als Heterogenität wirksam werden können.[186]

Die Autorisierung des eigenen Begehrens durch die Beziehungen zu anderen Wissenschaftlerinnen eröffnet zudem den Raum dafür, der Leidenschaft für das eigene Fachgebiet zu folgen, statt qua Dauerkritik am männlichen Wissenschaftsapparat Fremdheitsgefühle zu festigen. Insofern bannen diese Beziehungen nicht nur die Gefahr, daß Frauen beim Eintritt in die Universität aufgrund des universitären Einordnungsmodells automatisch (als) Töchter von Vätern (betrachtet) werden;[187] gelungene und effektive Beziehungen unter Wissenschaftlerinnen haben an den Hochschulen nicht nur Sprengkraft,[188] sie verändern auch die Bedeutung der Hochschule und lassen diese als einen Ort von Frauen in Erscheinung treten: Beziehungen unter Wissenschaftlerinnen zum Ausgangspunkt des eigenen Forschens zu machen, erlaubt, die Universität als Dienstleistungsbetrieb für Frauen zu betrachten. Auf diese Weise dient die Universität den Frauen, ohne daß die Frauen der »Institution Universität« dienen. So kann die Universität als eine Struktur für eine bestimmte Aktivität in den Dienst der eigenen Vorhaben gestellt werden. Dadurch würde die väterliche Vorgabe nicht wiederholt, sondern die Universität kann aufgrund der Aktivität von Frauen verändert, neu erfunden werden.[189]

Diese Veränderung betrifft nicht nur die symbolische Verflochtenheit der Universität mit dem Väterlichen, sondern auch die mit dem »Mütterlichen«. Das Mütterliche der Universität – die Alma Mater – ist zwar als Materie und Nahrung Voraussetzung der Institution geworden, zugleich wird es im (universitären) Männerbund jedoch abgewehrt.[190] Hier ist eine Neudeutung des Mütterlichen durch Wissenschaftlerinnen und deren Beziehungen in demselben Zuge möglich, indem sie die Universität neu erfinden. Zumal eine Neudeutung des Mütterlichen und seiner symbolischen Relevanz nicht nur erklärtes und tragendes Movens der Frauenbewegung ist,[191] sondern als strukturierendes Moment zumindest in der Beziehung zwischen einer Dozentin, die als Lehrende zugleich Mutterimago und Repräsentation der Universität ist, und StudentInnen immer schon einen Ort hat.[192]

5. Genealogisch-topographische Traditionsbildung, Subjektvorstellungen und feministische Vernunftskritik

> *Die Vernunft hat kein Geschlecht, sagt die Vernunft. Das bedeutet, wie wir gesehen haben, daß die moderne Vernunft die Geschlechterdifferenz nicht denken kann, was sie, wie wir wissen, dazu bringen wird, so ausführlich darüber nachzudenken wie keine andere ihrer epochalen Formen vor ihr.*
> *Wolfram Malte Fues*

Anlaß für die folgenden Abschnitte sind Sigrid Weigels Ausführungen in »Leib und Bildraum. Zur Problematik und Darstellbarkeit einer weiblichen Dialektik der Aufklärung«[193]. Weigel führt in diesem Text vor, inwiefern die Aufklärung, in der das »Projekt der Moderne«[194] formuliert worden ist, als Epoche und die Ideen der Aufklärung, insbesondere deren Vernunftsbestimmung, in das Zentrum der Neubestimmung des Verhältnisses von Frauen und Literatur treffen.

Weigel zeigt in diesem Entwurf, was ein dialektisches Verständnis von Aufklärung für eine weibliche Subjektdispositionierung und die damit verbundene Schwierigkeiten für Frauen bedeuten kann, sich als in der Geschichte Sprechende zu konstituieren. Dabei geht sie der Frage nach, wie der Leib als das Andere der Vernunft ins Spiel von Sinngebungsprozessen und deren bildliche Darstellungen kommt. Die Bedeutung ihrer Überlegungen sollen im folgenden vorgestellt und daraufhin die Idee der Aufklärung neu befragt werden. Ich beginne allerdings meine Überlegungen damit, die Verwobenheit von Vernunft, Literatur, Weiblichkeit, Geschlechterdifferenz und die Bewertung von *geschlechterdifferenzierter genealogischer Autorendispositionierung*, wie sie in der Aufklärung konstituiert worden ist, kurz – im Wissen darum, daß das an dieser Stelle nur vorläufig und äußerst knapp geschehen kann – zu skizzieren. Damit soll nicht nur die besondere Bedeutung dieses Problems verdeutlicht werden, sondern ich möchte dabei auch zeigen, wie die Orientierung an der Vater-Sohn-Genealogie in den

Begriff des bürgerlichen Literatur eingeschrieben wird, Aspekte – die bei Weigel fehlen.

5.1. *Neuzeitlich-aufklärerische Bestimmungen des Verhältnisses von Frauen und Literatur*

> *Keine Dichter ohne Mutter, übrigens schreibt der Dichter immer mit der Mutter hinter sich, mit der Mutter ohne Namen ...*
> *Helene Cixous*

Der Beginn der Neuzeit mit dem Diskurs über die Vernunft als Grund des modernen Subjektverständnisses und mit der Aufklärung als politischer Strategie, die Menschheit mündig zu machen, prägt das moderne Literaturverständnis und insbesondere das Verständnis und die Wertungen der Literatur von Frauen bis heute.[195] Literatur wurde zum Medium der bürgerlichen Emanzipation, Schauspiele, Romane und Gedichte wurden als Lebensanweisung verstanden und eingesetzt. Literatur bildete so das »Forum der Selbstverständigung über das richtige Handeln und Empfinden.«[196] War im Mittelalter weibliches Sprechen und Schreiben durch die Berufung auf Gott autorisiert, so ermöglichte die Autorisierungsinstanz Gott mittelalterlichen Theologinnen, sich von der männlichen Definitionsmacht und Bevormundung zu distanzieren.[197] Mit der Etablierung der Vernunft als letztbegründender Instanz menschlichen Denkens, Handelns und auch Schreibens wurde eine außerhalb des Menschen liegende Legitimationsinstanz verabschiedet, das Menschsein selbst sollte legitimieren. Damit begann die Auseinandersetzung darum, ob Frauen Vernunftwesen sind oder nicht und welche Autorität und Qualität infolgedessen ihr Schreiben zugesprochen bekommt:[198] Welchen Wert und welche Position weibliches Schreiben im Hinblick auf die »allgemeine«, d.h. männliche Literatur hat, für wen Frauen schreiben dürfen usw. Die Legitimationsinstanz weiblicher Autorität wurde nun weltlich, der männliche Diskurs über das neuzeitliche Subjekt und dessen Ästhetik der öffentliche Entscheidungsträger dafür, Frauen jenseits der Vernunft und ihr Schaffen jenseits des schöpferischen Genies anzusiedeln.

Die Frauen selbst versprachen sich von den Ideen der Aufklärung, mündige Bürgerinnen zu sein, sich mit Recht auf die eigene Wahrnehmungs-, Denk- und Urteilsfähigkeit verlassen zu können.[199] Wenn männliche Denker der Aufklärung jedoch Vernunft bei Frauen akzeptierten, dann höchstens, wenn sie dazu beitrug, den männlichen Projekten zu dienen – diese Grenze durfte nicht überschritten werden.[200] Dadurch, daß den Frauen Vernunft grundsätzlich aber abgesprochen und damit die Grundlage zur Selbstbestimmung entzogen wurde, waren sie damit beschäftigt, öffentlich ihre Vernünftigkeit zu behaupten und Möglichkeiten für die Erziehung und Bildung von Mädchen zu fordern. Manche schreibende Frau wie Susanne von Klettenberg verfuhr dabei strategisch so, daß sie die Vernünftigkeit weiblich konnotierte und eine besondere weibliche Vernünftigkeit zu etablieren suchte, indem sie eine spezielle weibliche Empfindsamkeit zur Voraussetzung von Vernunft erklärte.[201]

Die Bildung, die Frauen zur Mündigkeit verhelfen sollte, wurde aber von Männern dazu instrumentalisiert, sich der Frauen zu bemächtigen, sie zu kontrollieren und in Besitz zu nehmen.[202] Dies prägte auch das Verhältnis von Schriftstellern zu Autorinnen. Männer erhoben sich zu Kunstrichtern von Frauenliteratur; sie förderten diese gönnerhaft, behandelten Autorinnen schulmeisterlich; weitgehend beachteten männliche Autoren Autorinnen jedoch einfach nicht. Autorinnen waren mit dem Paradox konfrontiert, daß ihre Werke nicht anerkannt, sie selbst zusammen mit ihrem Werk aber gleichzeitig von männlichen Genies zur Muse, Mutter, Materie und Mätresse von deren schöpferischer Kreativität erklärt wurden.[203] Die ambivalente Wertungsstruktur, der Frauen nun ausgesetzt waren, pendelte zwischen – poetischer – Idealisierung und – realer – Verteufelung und Entmächtigung, wie es zahlreiche Schauspiele und Dramen nun in moderner Aufmachung ins bürgerliche Denk- und Weltgebäude einschrieben.[204] Die Zementierung dieser Wertungsstruktur führte dazu, daß jedes Sprechen über Frauen, über ihr Leben und all das, was sie betrifft, also auch jedes Sprechen über weibliche Kreativität und weibliches Schreiben in dem Mechanismus dieser sich einerseits polarisierenden, andererseits sich gegenseitig bedingenden und provozierenden Bewertungsmuster befangen blieb: Eine »sachliche« Rede über Frauenliteratur wird nach wie vor in der Polarität Idealisierung und Abwertung angesiedelt. Texte von Frauen wertzuschätzen und dies ausdrücklich zu benennen, wird als ideologische Idealisierung des Weiblichen verstanden, dessen gleichzeitig konnotierte Abwertung dazu (ver-)führt, eine solche Wertschätzung sofort zu relativieren und außer Kraft zu setzen.

Die Tatsache, daß Frauen über die Bedeutung der Aufklärung aus ihrem Blickwinkel und im Hinblick auf deren Bedeutung für ihr Geschlecht schrieben, verstärkte, daß ihr Schreiben aufgrund solcher Zuschreibungen und Tendenzen symbolisch abgewertet und den männlichen Maßstäben untergeordnet wurde. Die weibliche Orientierung am eigenen Geschlecht wurde diskreditiert, so daß diese Orientierung zusätzlich ein Beweis der Unfähigkeit und des Mangels wurde: Frauen konnten *nicht anders*, als sich *allein* an Frauen als Adressatinnen zu wenden.[205]

Als einzige Möglichkeit für eine Autorin, sich in der Öffentlichkeit zu betätigen, blieb, für Frauen zu schreiben.[206] Mit den Adressatinnen waren zugleich auch Inhalt und Wertung weiblichen Schreibens festgelegt: die Erziehung des weiblichen Geschlechts, Selbstkontrolle und Selbsterziehung, Moral und soziale Werte beschäftigten das Schreiben von Frauen. Die Auseinandersetzung um ideelle Werte und um die gemeinsame Gestaltung der Welt konnte ihnen aufgrund dieser Position zumindest nicht öffentlich anerkannt werden. So war (deutsche) Frauenliteratur qua definitio Gebrauchs-, Unterhaltungs- und Trivialliteratur.[207]

Bis hin zur Zeit der Klassik entwickelte sich aufgrund der realen Abwertung von Frauen ein System gesellschaftlicher Einordnung von Töchtern, was diese einer doppelten Traumatisierung aussetzt: Töchter wurden von Müttern zurückgesetzt, weil Töchter ihre Mütter an die Begrenztheit der weiblichen Position erinnern. Die Mütter dieser Zeit spezialisierten sich statt dessen auf die Genese des Genies ihrer Söhne.[208] Zugleich verlor die zärtliche Frauenfreundschaft, Ort des Gedankenaustausches, immer mehr an Bedeutung.[209] So kam dem an für sich schon minderwertigen Schreiben für und an Frauen nun endgültig der Sinn abhanden. Die Versuche von Frauen, sich Bedeutung zu geben, verliefen allein über die Themen Gott, Vater und das dichterische, schöpferische, also männliche Genie. Daß Autorinnen sich aber selbst am befreienden Duktus des Geniegedankens orientieren konnten, wurde dadurch verhindert, daß sie davon symbolisch ausgeschlossen waren.[210] Das weibliche Begehren nach eigener Größe und Schöpferkraft wurde dadurch reglementiert, daß Frauen, die dies äußerten, sozial abgelehnt wurden.[211] So kann Battersby mit mehreren Zitaten männlicher Autoren aus dem 18. Jahrhundert nachweisen, wie diese eindeutig das Genie mit dem Besitz männlicher Genitalien verknüpfen, ja den Besitz von männlichen Genitalien geradewegs als Voraussetzung des Genies benennen.[212]

Durch die klassische Weiterentwicklung der Subjektvorstellung hin zum Geniegedanken und dessen Auswirkungen auf das neuzeitliche Literaturverständnis ist nicht nur das Schreiben von Frauen für Frauen als minderwertig und beschränkt abgewertet worden. Die Einordnung der Frau – der Mutter als Materie und der Tochter als Muse und Mätresse – in die männliche Genealogie vereinnahmt diese innerhalb der männlichen Geniekonstruktion. Gleichzeitig wird Frauenliteratur aus dem Literaturkanon ausgeschlossen, indem »gehobene« Literatur als Literatur bestimmt wird, die per Ursprung aus Vernunft und Genie und per Adressat durch und durch männlich ist.

Für schreibende Töchter entsteht die Zwangslage der doppelten und unmöglichen Anpassung an das Männliche. Körperlich sollten sie männliche Genitale besitzen, in der Seele sollten sie androgyn werden, also auch hier eine Einheit mit dem Männlichen anstreben.[213] Infolgedessen scheinen Autorinnen, was die Qualität, das Erfinden von neuen literarischen Formen, die Ausweitung von Inhalten und die öffentliche Anerkennung ihrer Arbeit betrifft, von vornherein paralysiert. In dem Augenblick aber, in dem sie Neues erfinden wollten, eigene Größe und öffentliche Anerkennung anstrebten, paßten sie sich zwangsläufig in das männliche Literaturverständnis ein und neutralisierten ihr Werk, ihre weibliche Stimme und ihre Geschlechtszugehörigkeit – zumindest will es so die Ideologie.[214]

Die Verschränkung von Literatur und männlicher Vernunft beinhaltet infolge der emanzipatorischen und aufklärerischen Konzeption von Literatur also auch Lesestrategien, zumindest auf der Ebene der Beurteilung und Bewertung. Als Frage bleibt, wie wir Literatur lesen können, wenn wir ihren Ursprung nicht in der männlich aufklärerischen Vernunft verankern.[215]

5.2. *Geschlecht, Körper und Geschichte als dialektisches Verhältnis im geschichtlichen Werden*

Wenn nun heute eine weibliche Dialektik der Aufklärung – wie bei Weigel – zu konstituieren versucht wird, dann kann dies durch ein genealogisches Verständnis des geschichtlichen Werdens ermöglicht werden, in dem Vernunft, Körper und Schreiben miteinander in Beziehung treten. Der Leib als genealogischer Vermittlungspunkt erlaubt nämlich eine Verknüpfung der Konzepte von historisch orientierter Wissenschaft und der sogenannten »écriture feminine«, die oft als einander ausschließend beurteilt werden.[216]

Hauptsächliches Anliegen der écriture feminine, wie die Denkansätze von Cixous, Kristeva und Irigaray oft genannt werden, ist es, eine Verbindung zwischen biologischen Einflüssen, Geschlechtlichkeit, dem psychischen Niederschlag von libidinösen Energien sowie Grundmustern der Konfliktverarbeitung, Symbolisierungs- und Sinnbildungsprozesse und der

Kreativität von Frauen herzustellen – gerade auch im Hinblick auf den innerhalb einer solchen Konstellation suspendierten Einfluß der biologischen Determination durch deren Wechselspiel mit der gesellschaftlich-kulturell produzierten symbolischen Ordnung, wie es im Anschluß an das Freudsche Modell der Identitätsbildung aufgezeigt werden kann.

In der Verbindung dieser Elemente, ihrer gegenseitigen Bedingtheit, Regelung und Beeinflussung sowie ihrer Transformationsprozesse ist den drei Denkerinnen zufolge die Kreativität, das Sprechen und Schreiben von Frauen (ebenso wie das von Männern) angesiedelt.[217]

Schnittstelle zwischen all diesen Konstanten sowie Ort ihrer Verarbeitungsprozesse ist der Körper. Im und am Körper treffen also zwei Stränge aufeinander, nämlich der geschichtlich-genealogisch-ontogenetische Konstitutionsprozeß einer Person trifft auf libidinös-triebhaft-semiotisch-unbewußt-phylogenetische Anteile körperlicher Artikulationsweisen und Sinngebungsprozesse, die der Körper einer Person zusammen be- und verarbeitet. Um den Zusammenhang von (weiblichem) Körper und Schreiben zu denken, halte ich die beiden Fragestellungen für wichtig, die Weigel im Anschluß an Irigaray formuliert: Wie wirkt sich die andere körperliche und sexuelle Konstitution der Frau auf ihren Eintritt ins Symbolische aus? Ermöglicht diese andere Konstitution einen Zugang zu dem Anderswo der Frau, zu dem Ort, an dem sie sich auch befindet, neben ihrem Funktionieren im Sozialen?[218]

Die Verknüpfung der beiden Koordinaten Phylogenese und Ontogenese am Körper stellt auch Weigel her. Sie findet eine Analogie bei Benjamin und Kristeva im Hinblick auf die Ontogenese der Leiblichkeit und die Phylogenese, verstanden als Eintritt des Körpers in das Symbolische bzw. in die Geschichte.[219] Weigel versteht das Verhältnis vom Libidinös-Triebhaft-Semiotisch-Unbewußten – also Körperlichen – und dem Geschichtlich-Symbolischen als Dialektik. Sie versteht es als eine Dialektik, in der die sexuelle Differenz nicht nur eine signifikante Rolle spielt, sondern in der Weiblichkeitsbilder sowie die sexuelle Differenz für

Frauen zu einer eigenen Organisation der Dialektik zwischen dem Triebhaft-Semiotisch-Unbewußten und dem Vernünftig-Geschichtlich-symbolischen[220] führt: zu einer weiblichen Dialektik der »Aufklärung«. Es ist eine Dialektik, die sich in ihrer weiblichen Ausformung begrifflich allerdings nur schwer fassen läßt.[221] Auch Muraro hält dieses Gefüge nicht für begrifflich faßbar oder gar ein für allemal festlegbar. Muraro prägt für den Zusammenhang von solch sinnkonstituierenden Konstanten und deren Verarbeitung in Transformationsprozessen den Begriff »der fleischliche Kreis«.[222] Der »Kreis« impliziert einen Kreislauf und bezeichnet den Transformationsprozeß, in dem sich die Konstituenten einer Konstellation verflechten. Sich die Bezogenheit verschiedener Konstituenten als einen Kreislauf vorzustellen impliziert die Möglichkeit, dualistische Zuordnungen und deren hierarchisierende Entweder-oder-Struktur aufzubrechen, zumal auch immer mehr als zwei »Teilnehmer« gedacht werden.[223] Das Denkbild »der fleischliche Kreis« kann in bestimmten Situationen in bezug auf bestimmte Gegebenheiten zum differenzierten Verständnis von Ereignissen herangezogen werden, seine Wirkung, seine Folgen und sein Ergebnis können nie endgültig definiert werden.[224]

5.2.1. Aufklärung als dialogisch-dialektisches Verfahren

Weigels Entwurf einer »weiblichen Dialektik der Aufklärung« basiert auf der Auslegung einer signifikanten Textstelle in Ingeborg Bachmanns Malina, in der die Schriftstellerin das Geschlechterverhältnis mit der geschlechterkonnotierten begrifflichen Klassifizierung von »Vernunft« und dem abgespaltenen »Anderen der Vernunft« verbindet – wie beispielsweise dem, was das Körperliche und das Unbewußte meint. Weigels Auslegung läuft darauf hinaus, das Projekt der Aufklärung aufgrund der postmodernen Vernunftkritik nicht als gescheitert zu verabschieden, sondern Aufklärung neu zu begründen.[225]

Hinsichtlich einer Dialektik der *Aufklärung* und der sexuellen Differenz kommt Weigel zu dem Ergebnis, daß die Beziehung zwischen Vernunft, Weiblichkeitsvorstellungen und den Geschlechtern konstituiert ist aus »zwei dialektisch miteinander verbundenen bzw. voneinander getrennten Geschichten und Positionen, deren Konstellationen in einer Vielfalt wechselnder Szenarien und Beleuchtungen.«[226]

Hier muß nachgefragt werden, in welchem Verhältnis Aufklärung, Vernunft und Gefühl zueinander stehen. Zwar soll Aufklärung, wie sie als politisches Modell zu Beginn der Neuzeit konzipiert wurde, bei Kant zur Herstellung eines politisch autonomen, seines Selbst bewußten, eben vernünftigen Subjekts verhelfen.[227] Allerdings beinhaltet die Idee der Aufklärung, und das verrät schon die Semantik von »aufklären«, eine eklatante Einschränkung, nämlich die, daß der Mensch *erst* einen vernünftigen Zustand *erreichen* muß, bevor seine Vernunft Denken und Handlung begründen kann. Die grammatische Struktur des transitiven Verbs »aufklären« wiederum verrät, daß es sich beim aufgeklärten Menschen um das Ergebnis eines dialogischen Verfahrens handelt. Das Modell der Aufklärung impliziert schon das Andere der Vernunft: so will Lessing Gefühle und Leidenschaften erziehen.

Die grammatische Strukturation »jemanden aufklären« thematisiert des weiteren ein Autoritätsverhältnis zwischen einem orientierungsgebenden »lehrenden« Medium, das i.d.R. im Vater figuriert wird, und einem orientierungssuchenden »Lernenden«.[228] Auch Lessings Konzeption des Mitleidens zufolge ist Aufklärung dialogisch, prozeßhaft, orientierungsstiftend und beruht auf der Differenz in einer Beziehung. Vermittlungsinstanzen bei Lessing sind anstelle des Lehrers der Dichter bzw. der Schauspieler und das Vorbild/die Vorbilder, die er schafft. Die Betrachtung von poetisch gestalteten Szenen soll beim Zuschauer mittels Identifikation Mitgefühl und Mitleid wecken, die Gefühle selbst sollen erzogen werden: Das Bürgerliche Trauerspiel ward erfunden und mit ihm die besondere bürgerliche Weise der Aufklärung durch literarische Imagination.[229]

Das Unbewußte ist also der Aufklärung nicht entgegengesetzt, sondern in ihr enthalten. Es wird regelrecht mit ihm gearbeitet, so vor allem in dem bewußten Einsatz unbewußt wirkender Aspekte von Vorbildern und der szenisch-symbolischen Vermittlung (von Dramen), die auf Identifizierung bauten.[230]

Ulrike Prokops Interpretation von »Emilia Galotti. Das Drama über die Zerstörung der Wünsche« macht wiederum die Bedeutung der männlichen Genealogie für weibliche Leidenschaften deutlich. Prokop versteht Lessings Trauerspiel als Kritik an und Warnung vor der Kontrolle der Leidenschaften durch die väterliche Vernunft und Tugendvorstellung, die nur das Objektsein und die Verfügbarkeit des Weiblichen in der männlichen Genealogie Vater Odorado – (Schwieger-)Sohn Appiani vorsieht.[231] Ja, die männliche Sohnschaft Appianis kommt geradewegs erst dadurch zustande, daß Emilia als »gute« Vatertochter in die Verbindung mit ihm einwilligt und derart zur Voraussetzung der Vater-Sohn-Beziehung wird.

Von weiblicher Seite aus spezifiziert Sophie von La Roche indessen ein genealogisches Aufklärungsverfahren für Töchter mittels Literatur und Zeitschrift(en) als beliebte und sich neu konstituierende Medien. Der Bildungsprozeß von Vernunft, Gefühlen, Selbsteinschätzung und Handlungsfähigkeit bei Sophie, dem Fräulein von Sternheim, verläuft für die Protagonistin dann glücklich, wenn sich Sophie gerade nicht mit Männern, ihren Gefühlen und Zielen (dem Lord Derby) *identifiziert*, sondern sich an Frauen *orientiert* und dadurch selbständiges Urteilen und Handeln lernt.[232] La Roche schreibt, um Töchter zu erziehen. Zur Erziehung von realen Töchtern gründet sie später dann konsequent und zielstrebig die Zeitschrift »Pomona. Für Teutschlands Töchter«.[233]

Die Bedeutung der Geschlechtszugehörigkeit der IntepretIn bei der Deutung einer dialektischen Konstellation kann Weigel nicht genug betonen.[234] Was bei der Deutung der Aufklärung in der Regel übersehen wird,[235] ist, daß die Idee der Aufklärung auf einer von Männern bestimmten Vermittlungsstruktur errichtet ist. Bei dieser Vermittlungsstruktur handelt es sich um eine Begrenzung von Vermittlung auf das Männliche, auf die männliche Genealogie und die Einordnung und Subsumierung des Töchterlichen in die Ordnung des Vaters. Prokop kommt, was die Fatalität der Einordnung von Frauen in die männliche Ordnung betrifft, zu einer ähnlichen Einschätzung im Hinblick auf die klassisch-romantische Liebesvorstellung, symbolisiert im »Großen Paar«:

> »Die Frau im Paar und der Mann im Männerbund engagiert – das war das Zeichen der neuen Geschlechterordnung.«

Diese Liebesvorstellung diene lediglich dazu, »das männliche Größen-Ich zu komplettieren. [... Das] war ein Muster, nachdem Frauen sich stilisierten, aber um den Preis realen Machtverlusts und realer Verarmung an Beziehungen zu anderen Erwachsenen jenseits der Familiengrenzen.«[236]

Zu einer weiblichen Dialektik der Aufklärung zählt nicht nur ein anderes Verhältnis von Vernunft, Imagination und Gefühl. Da Aufklärung immer auch auf einem Vermittlungssystem basiert, zählt zu ihr unbedingt auch ein weibliches Vermittlungssystem, das Frauen unabhängig vom väterlich-männlichen macht und das ihnen ermöglicht, ein eigenes Sinnbildungs-, Deutungs- und Beurteilungs-/(»Aufklärungs-«)gefüge zu haben.

5.3. *Literarhistorische Topographie – Text als Bildraum des Vergangenen*

Für eine reflektierte kritische Aufklärung ist es nun notwendig, so viele Komponenten wie möglich zu erkennen, die die Konstellation einer Situation ausmachen, sowie deren spezifische Bedingtheit zu erfassen. Dazu sind Weigel zufolge Bildräume ein mögliches Medium der Darstellung.[237] Gerade Bildräume ermöglichen erst die Darstellbarkeit von komplexen Situationen und Bedeutungsgehalten. So werden für die Aufklärung literarische Gattungen zum besonderen Medium der Darstellung, weil sie auf besondere Weise ein Bilddenken ermöglichen. Die Vielfältigkeit in der Ausdrucksmöglichkeit der poetischen Sprache ermöglicht es, komplizierte Verhältnisse und Konstellationen zum Ausdruck zu bringen, ein dialektisches Beziehungsgefüge von miteinander verbundenen und voneinander getrennten Geschichten und Positionen auszubilden sowie deren Konstellation in einer Vielfalt wechselnder Szenarien und Beleuchtungen in den Blick zu nehmen. Ein literarischer Bildraum erlaubt weiterhin, Figuren, Stimmen, Geschichten, Positionen ineinanderzuweben, die historisch-zeitlich und hierarchisch-räumlich dargestellt und derart in den Relationen von Voraussetzung und Nachträglichkeit, Durchsetzung und Verschwinden, Überlegenheit und Untergang eingefangen werden können. Literarische Denkbilder bestehen aus Figurationen jenseits der Eindeutigkeit, Linearität und logischen Struktur der Sprache und der wissenschaftlichen Argumentation. Des weiteren können die Möglichkeiten poetischer Sprache wie Polyperspektive, Vielstimmigkeit und Vieldeutigkeit, wie Differenz, Bildlichkeit und Simultaneität des Verschiedenen genutzt werden.[238]

Bei der Deutung von Polyperspektiven und Topographien, die aus vielen Komponenten bestehen, taucht allerdings das erkenntnistheoretische Problem auf, daß das Denken und Sprechen grundsätzlich linear verläuft, so daß bei der Interpretation immer nur nacheinander jeweils zwei Komponenten aufeinander bezogen werden können. Die duale Vorstellung der Dialektik, in der zwei Verschiedene aufeinander bezogen, miteinander ins Spiel gebracht und »aufgehoben« werden, wird zwar weiterhin Grundlage der *Interpretation* von Polyperspektive und Vielstimmigkeit bleiben. Es bleibt jedoch das Wissen, daß die topographische Vorstellung selbst nicht linear ist, sondern eben konstellar-räumlich operiert.[239]

Das Bild jedoch wird zum kognitiven Bild[240] und als solches politisch, weil es als Bild die Vor- und Nachgeschichte sowie die Komplexität von Situationen, Sachverhalten und gestaltenden Personen darstellt[241] und deren politische Dimension beurteilt bzw. – zumindest – die Interpretation zum Urteil herausfordert.

Als Ausdruck von »revolutionären Spannungen« und »leiblicher Innervation« ist der Leib im Bildraum anwesend – Benjamin zufolge kann er nur im Bildraum anwesend sein –, und zugleich ist er dessen materielle Voraussetzung – der Rest, der naturwissenschaftlich und politisch nicht zu erklären ist und genausowenig durch das Technische und Politische, sondern durch das Imaginäre erzeugt wird: Leib und Bild sind unaufhebbar miteinander verbunden, bedingen und transformieren sich gegenseitig.[242] Hier trifft sich Benjamin mit Kristeva, nach der der Leib über semiotische Entladungen in der Sprache anwesend ist. Deren Entäußerung überträgt Benjamin jedoch in die historisch-politische Dimension, wenn er sie im Kollektiv und im revolutionären Geschehen ansiedelt. Insofern ist eine jede Topographie immer auch historisch, weil in ihr die Geschichte des Leibes ebenso wie die des Bildes zutage treten. Allerdings bleibt als Möglichkeit, das Leiblich-Physisch-Materielle im Bildraum zu erkennen, lediglich dessen blitzartiges Erscheinen »in Ähnlichkeitsbeziehungen« sowie dessen Deutung.[243]

5.3.1. *Konstellationen und Kreisläufe von (literar-historischen) Sinngebungsprozessen*

Mit dem fleischlichen Kreis haben wir ein neues Paradigma des feministischen Denkens kennengelernt. Der fleischliche Kreis benennt eine Anordnung von Elementen, die gemeinsam etwas konstituieren – eben eine Konstellation bilden –, und deren Bezogenheit als Verarbeitungsprozeß. Als Kreis und Kreisbewegung präzisiert der fleischliche Kreis das, was in Konstellationen an Bewegungen *geschieht*. In einer Konstellation sind verschiedene Elemente angeordnet, die miteinander in Beziehung stehen und treten können und dabei einen Kreislauf von Austausch-, Veränderungs-, Wandlungs-, Transformations- und Sinngebungsprozessen in Gang setzen. Die Denkfigur der Konstellation benennt also einen Zusammenhang, der als Deutungszusammenhang erhalten und offen bleibt, was ermöglicht, Verbindungen – z.B. zwischen Frau, Körper, Weiblichkeit, Geschichte, anderen Personen usw. – zu ziehen, ohne die *Verbindungen* zu qualifizieren und inhaltlich festzulegen. Die einzige Qualifikation, die sie in einem solchen strukturellen Gefüge zunächst haben, ist die, daß sie zusammenstehen.

In einem solchen Kreislauf sind außerdem die eine Konstellation bedingenden Momente nicht voneinander trennbar, zugleich ist ihre gegenseitige Bedingtheit erkennbar. Sie hängen zusammen, bewegen sich miteinander und ineinander, so daß es immer nur künstliche Versuche bleiben werden, genaue Abgrenzungen vorzunehmen.[244] Und dennoch bescheinigt der fleischliche Kreis den Dingen ihr Eigenleben und ihre eigene Existenz, indem sie als konstituierende Faktoren einer Situation immer wieder von Neuem erkannt, bestimmt, analysiert, variiert und verstanden werden können.[245]

Insofern markiert die topographisch angelegte Konstellation eine Nullstelle, die Struktur eines Gewebes von Elementen, die bestimmt werden können, die situationsspezifisch inhaltlich noch nicht gefüllt sind und deren jeweilig kontextuelle Beziehungsqualität noch nicht bestimmt ist.[246] Konstellationen ermöglichen ein historisches Verständnis jenseits eines linearen Geschichtsbildes. Dinge als Ereignis und/oder Ergebnis von Konstellationen zu betrachten, bedeutet, sich von einfachen Urteils- und Wertungsparadigmen, eindeutigen Wahrheiten sowie dichotomer Sinnbildung zu verabschieden und sich vielmehr komplexen Zusammenhängen, Widersprüchen, Paradoxien, Polyperspektiven, Polyfunktionen und Mehrdeutigkeiten zu stellen.[247]

Konstellare Darstellungen strukturieren die Welt und das Wissen anhand von Positionen, Stellungen, Lagen und Verhältnissen.[248] So zeigt die Konstellation ein Nebeneinander von sich immer wieder neu konstituierenden Gruppen von Interpretationsparadigmen.

Die feministische Kritik hat eine grundlegende Verschiebung des Denkens zur Folge, das geradewegs darin liegt, neue Konstellationen zu bilden. Dreh- und Angelpunkt dieser Verschiebung und Neukonstitution von paradigmatischen Erklärungsmodellen und Konstellationen ist die sexuelle Differenz: Die sexuelle Differenz ist der bestimmende Paradigmenwechsel, der durch die feministische Denkbewegung in Gang gesetzt wurde.[249] Ein Paradigmenwechsel, der maßgeblich auch ästhetische und literarische Konstellationen betrifft:

»Die unterschiedlichen Orte der Geschlechter in der abendländischen Kulturgeschichte haben auch in der Schrift ihre Spuren hinterlassen, in der Metaphorik, in Denkmustern, Diskursfiguren und in speziellen Praktiken der Bedeutungskonstitution. Die Topographien der Geschlechter verzeichnen diese Spuren im Blick auf exemplarische Konstellationen ...«[250]

Folgende neue Muster und Denkbilder von ästhetischen Konstellationen werden in der vorliegenden Arbeit exemplarisch vorgestellt:

- der *fleischliche Kreis* (Muraro) als politisches Zusammenspiel von Körper, Erfahrung, Sprache, Handlungen einer Frau oder eines Mannes und den Worten von anderen Frauen und Männern;
- die *historische Topographie* (Weigel) der Überblendungen von Jetztzeit und Gewesenem, die in den Erinnerungen ein Konglomerat von aktuellen Erfahrungen und der zyklischen Wiederkehr von Geschichte und Bildern bilden;[251]
- das *Körper-Sprechen* (Irigaray), wobei der Körper als Schnittstelle zwischen Geschlechtszugehörigkeit, Materie, Biologie, psychischen Strukturen und Verarbeitungsprozessen, Geschichte, der Beziehung zu anderen Personen und dem Sprechen verstanden wird; der Körper wird zugleich gesprochen und spricht selbst;
- das *schreibend urteilende Handeln* (Hilde Domin)[252] von Autorinnen zwischen Nachahmung und Überlieferung, Verinnerlichung von Frauenbildern und Selbstentdeckung, Protest, Parteiergreifung, politischem Engagement, einer Leidenschaft für Erkenntnis, Wissen und dessen Vermittlung sowie dem Bedürfnis, insbesondere schreibend zu verarbeiten, zu urteilen und zu vermitteln;
- die rhetorische Verfaßtheit des Sprechens als Strukturation der Sinngebung durch sprachimmanente Sinngebungsprozesse, die aus Metaphorik, Metonymik, Allegorik, Denkmustern, Diskursfiguren und speziellen Praktiken der – geschlechtscodierten – Bedeutungskonstitution erwächst;
- die *genealogische Verankerung* (Irigaray), wobei die genealogische Ordnung als geschlechterdifferenzierte Einordnung einer sprechenden Person in Beziehungen zu anderen Personen

immer eine in die weibliche oder männliche Genealogie und in das mütterliche Kontinuum ist;

- der *intertextuelle und dialogische Kreislauf* (Kristeva) von Rezeption und Schreibprozessen, der auf den Beziehungen zwischen AutorInnen, Texten und InterpretInnen sowie deren jeweiligem Begehren beruht;
- der *einhaltende Blick der Betrachterin/*des Betrachters (Weigel) in der dialektischen Bewegung von Verweilen, Erinnern, Magie, Faszination, Identifikation, Erstarren, Erkennen und Hoffen auf die Zukunft, ein Blick zwischen Ungleichzeitigkeit, Unversöhnbarkeit und messianischer Erwartung;[253]
- die *Polyperspektive der Betrachterin/*des Betrachters (Weigel), strukturiert durch zeitliche, räumliche, materielle und begriffliche Momente des Blicks auf Körper, Leiblichkeit und Geschichte;
- gender-codierte *Textstrukturen*, wie sie sich aus dem Zusammenspiel des Handlungsverlaufs der Oberflächenstruktur von Texten mit ihrer Tiefenstruktur, im Spiel zwischen Mythologischem, Imaginärem, Symbolischem und realistisch Anmutendem sowie der jeweiligen geschlechterdifferenzierten Codierung auftun;[254]
- die (sinnstiftende) *Topographie* von Bedeutungs-, Schrift- und Denkordnungen (Weigel) im Text als Vorstellungsraum
- *feministisch-politische Bewertungsstrategien* von Bedeutungsgebung und Handlungsverläufen zwischen weiblichem Sprechen, weiblichem Schreiben und Weiblichkeitsmustern, Opferphantasie und Ohnmacht, Emanzipationslogik, Reintegration und Anpassung, weiblichen Größenphantasien, utopischen Elementen und der weiblichen Suche nach Freiheit und Größe in der Geschichte.[255]

Die beschriebenen Konstellationen sowie viele mögliche andere und ihre Transformationsbestrebungen können in Texten als Momente von poetischen Singgebungsprozessen analysiert werden. Außerdem sind Texte selbst Ergebnis solcher Kreisläufe und stellen eine besondere Verarbeitungs- und Symbolisierungsweise dar.

C. Begriffs- und Bildebenen von »Frau«, »weiblich« und »Schrift«. Eine Passage

Kürzlich habe ich gelesen, daß die Kunst überhaupt und insgesamt weiblich ist. Klar, das haben wir immer gewußt. Eigentlich ist es doch egal, ob die »Nana« von Manet stammt. Es waren auf jeden Fall weibliche Anteile, die wen auch immer zu diesem Bild befähigt haben.
Gisela Breitling

»Frau«, »weiblich« und »Schrift« sind begrifflich und konnotativ miteinander verbunden, zum Beispiel was das Schreiben von Frauen, über Frauen und mittels Frauenfiguren anbelangt. Das Vorverständnis, das die Begriffe »Frau« oder »weiblich« in das Verständnis von »Schrift« installieren, prägt die Bewertung von Texten aus weiblicher Feder ebenso wie die Interpretation von Frauenfiguren im Text oder davon, was im Text mit »weiblich« assoziiert wird bis hin zum Sprachrhythmus, zur Syntaxgestaltung und zu rhetorischen Figuren. Dieses Vorverständnis spiegelt sich desgleichen darin, was wir unter »Autor«, »Schreiben« und »Schrift« verstehen. Die Begriffe »Frau« und »weiblich« sind für Literatur und Literaturwissenschaft konstitutiv.[1] Die Art und Weise, wie sie gedacht werden, fließt in literaturwissenschaftliche Argumentationen ein.

Diese Verflochtenheit fordert dazu heraus, Probleme und Zusammenhänge der Begriffsbildungen »Frau«, »weiblich«, »Sprechen«/«Schreiben« und »Text« zu klären. In der feministischen Diskussion geht es in diesem Zusammenhang um die Bestimmung der weiblichen Positionierung des Sprechens und um das aus dieser Positionierung jeweils resultierende Verhältnis der Frau zur Sprache.

In diesem Kapitel soll es also vor allem um Probleme der Darstellung gehen.[2] Während im zweiten Abschnitt (C 2.) die Materialität der Schrift, die Logik und Mechanik von Zeichen, von Figurationen, Bildern und von literarisch-rhetorischen Denkfiguren Thema ist,[3] wird im nun folgenden Abschnitt (C 1.) reflektiert, wie »Frau« in das, was eine Frau sagt und was über sie gesagt wird, eingeht:

- als Ursprung und Herkunft in Sinne von »Stoff« und »Form« des Sprechens realer Frauen;
- als Figur im Text, die in Texten von Frauen andere Funktionen als in Texten von Männern übernehmen kann; diese können durch die Begriffe »Frauenbilder«, »Weiblichkeitsbilder«, »Weiblichkeitsmuster«, »Weiblichkeitsentwürfe« und »Weiblichkeitsimagines« unterschieden werden;
- als Ausdruck einer bestimmten Position der androzentrischen symbolischen Ordnung, wie die Position »die Frau« als »Andere« (des Mannes) deutlich macht;
- mit der Möglichkeit, anders zu sprechen, wozu Irigaray das Verfahren des Mimesis vorschlägt;
- mit dem Wunsch der Selbstfindung, wozu die Spiegelung in der anderen Frau orientierend wirkt;
- mit einer bestimmten »weiblichen« Disposition bei der Artikulation des Begehrens, wie »das Sprechen der Hysterikerin« zeigt;
- mit einer besonderen Beziehung zu dem ersten Objekt des Begehrens, »der Mutter«, als einem damit verbundenen besonderen Signum des Sprechens. Sprechen kann als »Muttersprechen« verstanden werden.

Spiegelung, mimetisches und hysterisches Sprechen werden dabei auf folgende drei Momente hin befragt: Wie ermöglichen sie Sprechen und wie verstellen sie Sagbarkeit? Welche Relevanz hat die symbolische Positionierung von Frauen dabei? Und wie kommen die Beziehung zu anderen – zu Frauen und Männern, zu »dem Vater« und »der Mutter« – ins Spiel?

Die Auseinandersetzung um den Komplex »Frau« und »Schrift« folgt auch innerhalb des feministischen Denkens trotz dessen eigener Kritik an dichotomen Denkstrukturen nach wie vor dem Dualismus Natur-Kultur[4] und dessen Variationen Urbild-Abbild/Kopie bzw. Signifikat-Signifikant bzw. Materie-Zeichen bzw. Stoff-Form bzw. Wirklichkeit-Imagination bzw. Realität-Bild bzw. Metonymie-Metapher bzw. Flüssiges-Festes bzw. Bewegtes-Beweggrund bzw. Sozialisation-Wesen bzw. Ontologie-Konstruktion usw.[5] Diese Dichotomiebildung kann dadurch aufgebrochen werden, daß das Verhältnis von »Frau« und »Schrift« in einem Kreislauf sowohl von Fragen der Herkunft, des Engagements und von Identität, von Libido und Ökonomie des Schreibens, von Darstellungsmitteln und -weisen, von der Positionierung des Sprechens als auch von den Problemen des Sagens angesiedelt wird.

Wie meine Ausführungen über Genealogie und Dialogizität schon vorweggenommen haben, fließen in einen solchen Kreislauf folgende weitere Momente ein: die Materie, körpereigene Prozesse, die Libido als Regung zwischen Körper und Mitwelt, Imaginierungs-, Symbolisierungs- und andere Sinnbildungsprozesse sowie deren Ergebnisse, Gesellschaftssysteme und die in diesen gestalteten Geschlechterverhältnisse, Kultur, Politik und deren Autorisierungsstrukturen. Diese Momente bedingen und definieren sich gegenseitig. Sie sind darüber hinaus mit weiteren Momenten verbunden und somit Teil von weiteren Konstellationen. Die einzelnen Momente lassen sich wiederum zusätzlich auffächern. Ein unendliches Spiel, dem Interpretation und Theoriebildung ihre kreativen Erkenntnisse verdanken.

1. Begriffsebenen von »Frau« und »weiblich«

1.1. Stoff, Form und Geschlechtlichkeit: reale Frauen

> *Dies heißt ..., daß die Geschlechterdifferenz nicht etwas ist, dem ich außerhalb meiner selbst begegnen und das ich so beobachten kann. Die Geschlechterdifferenz zeichnet mich, ich bin sie selbst in gewisser Weise, und daß ich dies erkenne, ja es akzeptiere, hilft mir, Dinge zu entdecken, zu erklären oder besser zu erklären, die sonst unsichtbar oder rätselhaft oder wenig sinnvoll bleiben würden.*
> *Luisa Muraro*

Unter realen Frauen werden historische Personen verstanden, die weiblichen Geschlechts *sind*.[6] Nach einer Interpretation des Realen von Elisabeth Bronfen wiederum sind *reale* Frauen das, was sie minus Repräsentanz, Beschreibung und Interpretation sind, das, was sie jenseits von semiotischen, imaginären oder symbolischen Zuordnungen und Einschreibungen sind.[7] Auch wenn solche Unterscheidungen mühsam sind und eher Hilfsfunktion haben, halte ich es für interessant, daß Bronfen im Sinne einer Unterscheidung eine Art negative Bestimmung vornimmt. Solche Hilfskonstruktionen zeigen, daß die Realität »Frau« angenommen werden soll.

Worüber von feministisch-literaturwissenschaftlicher Seite vor allem diskutiert wird, ist, inwiefern Geschlechtlichkeit Einfluß auf das Schreiben und Lesen von Texten hat und was das Frausein und die Interpretation von dessen Bedeutung für das Leben, Sprechen und Lesen von (realen) Frauen besagt. Denn das Frausein kann entweder als unhintergehbare Gegebenheit und Bedingtheit des menschlichen, geschlechtlichen Seins und als solches sinnstiftend und erkenntnis- sowie handlungsleitend verstanden werden;[8] oder aber es wird als Nebensache und als belanglos betrachtet, was dazu führen kann, daß Geschlechtlichkeit, Geschlechtszugehörigkeit und die Geschlechterdifferenz als überwindbar gelten.[9] Bedeutungsvoll für die feministische Literaturwissenschaft ist diese Diskussion vor allem deswegen, weil die bewußte und gezielte Auseinandersetzung mit Autorinnen, die Bedeutsamkeit eines Denkens und einer Kultur, die immer auch durch Frauen geprägt ist, sowie die Bedeutsamkeit dessen, daß Frauen Wissenschaftlerinnen sind, zur Diskussion steht. Insofern handelt es sich bei der Auseinandersetzung um die Bedeutsamkeit des Frauseins, was die Literaturwissenschaft betrifft, in erster Linie um eine Begründungs- und Autorisierungsproblematik – und folglich um ein politisches Problem: die Bedeutsamkeit des Frauseins für die Literaturwissenschaft wird immer von einer gemeinsamen, »kommunikativen« Entscheidung abhängen.[10]

Sowohl die bewußte Auseinandersetzung mit Autorinnen als auch die Tatsache, daß Frauen *feministische* Literaturwissenschaft betreiben, basiert dabei auf der Annahme, daß die Geschlechterdifferenz irgendwie zum Tragen kommt und daß sie Auswirkungen auf die Wahrnehmung, Erkenntnis und Artikulation von Erfahrungen hat.

Wenn die Philosophinnen von DIOTIMA die Bedeutsamkeit der Geschlechterdifferenz vom Negativen her benennen, motivieren sie sie von deren Wirkung her und transformieren damit das Prinzip der Begründung in eine folgenreiche Veranlassung: Wenn es »dem menschlichen Wissen *möglich* und *nützlich* ist, der Geschlechterdifferenz gegenüber ... *nicht gleichgültig*« zu sein, dann, sagen die Philosophinnen von DIOTIMA, ist die Differenz der Geschlechter zu entdecken und zu produzieren.[11]

Das Frausein konstituiert sich dabei weder über geschlechtsspezifische Eigenschaften oder gar über einen Geschlechtscharakter, sondern über das, was eine Frau erfährt,[12] was sie über ihre Erfahrungen sagt, was sie infolgedessen in der Welt tut und wie dieses sich zu ihrer Geschlechtlichkeit und zur Geschlechterdifferenz verhält.[13] Aufgrund des *Deutungs*zusammenhangs von Sprechen, Handlungen und Geschlechtlichkeit bekommen das Sprechen und die Handlungen von Frauen eine symbolische Dimension für die Bedeutung des Frauseins in der Welt.[14] Das, was Frauen sagen und tun, wird dadurch symbolisch, daß es einen Sinnhorizont für das Denken, Sprechen und Handeln für Frauen und Männer herstellt. Deshalb kann die Geschlechterdifferenz nicht normativ gesetzt werden, sondern sie muß als *Denk*horizont offengehalten werden.[15] So kann in jeder Situation neu überlegt werden, welche Bedeutung die Geschlechterdifferenz für das Sprechen von Frauen oder von Männern und ihre Äußerungen (im Text) hat:

> »Die so entstandene Bedeutung und ihre Lesbarkeit sind Denken der Geschlechterdifferenz.«[16]

Daß die Bezugnahme auf die *Relevanz* der Geschlechterdifferenz bzw. deren radikale Ablehnung zum Problem wird, scheint mir sehr oft an dem Argumentationsgang zu liegen, daran, ob induktiv oder deduktiv argumentiert wird bzw. eine induktive Erkenntnis zur Grundlage einer Deduktion gemacht wird. Die auf Erfahrungen beruhende Erkenntnis, daß Geschlechtlichkeit und Geschlechterdifferenz eine maßgebliche Rolle im Leben eines jeden Menschen bis hin in die poetische Artikulation und in die Ausbildung von politischen Strukturen spielt, kann immer wieder bei bestimmten einzelnen Phänomenen, Situationen oder Texten zur Beobachtung dessen führen, inwiefern die Geschlechterdifferenz im Spiel ist. So zeigt die Produktivität und der Erkenntnisgewinn der vielen, vielen Einzel- und vergleichenden Untersuchungen von Autorinnentexten durch feministische Wissenschaftlerinnen, daß Arbeiten, die von der Geschlechterdifferenz als Erkenntnishorizont ausgehen, durchaus einen Sinn machen und für das Textverständnis hilfreich sein können. Solche Arbeiten zeigen nicht nur, daß im Text einer Autorin Geschlechtlichkeit und Geschlechterdifferenz zum Tragen kommt – das findet sich auch in Kommentaren von Männerseite –, sondern infolge der feministischen Perspektivierung kann auch auf neue Weise beschrieben werden, *wie* diese zum Tragen kommt.

Allerdings kann aus der Deutung des Zusammenhangs von Geschlechtlichkeit, Geschlechterdifferenz und Text nicht abgeleitet werden, was *der* Text einer Frau oder was *das* weibliche Schreiben *ist*. Deshalb bilden induktive Verfahren keine Grundlage dafür, eindeutige und konstante, ontologisch-essentialistische Aussagen über *das* weibliche Schreiben oder *den* Frauentext zu machen. Ergebnisse einer bestimmten Analyse können als Interpretationsfolie in konkreten Vergleichen von Autorinnentexten herangezogen werden. Eine geschlechtstypologisierende Verallgemeinerung ist aber nicht machbar. Aufgrund der Verschiedenheit der Frauen, die sich geradewegs im Sprechen konstituiert,[17] ist es völlig abwegig, rein theoretisch *den* Text *der* Frau bzw. *das* weibliche Schreiben zu bestimmen. Lediglich die Relevanz von Geschlechtlichkeit und Geschlechterdifferenz für die Textlektüre kann ausgesagt werden.

Für diese Aussagemöglichkeit würde ich deshalb, DIOTIMA folgend, eine Veranlassung vom Negativen her vorschlagen: Da die *Relevanz* von Geschlechtlichkeit und Geschlechterdifferenz für das Schreiben und Lesen von Texten *nicht zu leugnen ist*, ist es sinnvoll und produktiv, Geschlechtlichkeit und Geschlechterdifferenz als Erkenntnishorizonte für das Verständnis von Texten heranzuziehen.

Zwar wird die Behauptung, das Geschlecht der Erkenntnissubjekte sei epistemologisch relevant, von der Erkenntnistheoretikerin Käthe Trettin aus logischen und interpretationstheoretischen Gründen zurückgewiesen. Jedoch konstatiert sie an diesem Punkt einen Widerspruch zwischen pragmatischen und logischen Gründen, die noch abzuwägen seien.[18] Die Unterscheidung, die ich hier dagegen treffe, soll das Problem allerdings nicht allein pragmatisch und auf Kosten der Logik lösen, sondern siedelt es in der »Logik« selbst an, in den beiden unterschiedlichen Wissenschaftslogiken der Induktion bzw. der Deduktion. Mir ist zwar durchaus klar, daß Trettin einen anderen Logik-Begriff hat, jedoch baut gerade dieser einen falschen Innerhalb-Außerhalb (der Logik stehen) – Dualismus auf, den ich nicht teile. Insofern stelle ich das Konzept *der einen* Logik selbst in Frage – zumal es gerade eine grundlegende Erkenntnis der feministischen Wissenschaftskritik ist, daß die »Frau im Übergang zwischen Verallgemeinerung und Konkretion« verschwindet.[19] Insofern ist hier erst einmal zu klären, inwiefern Trettins epistemologische Ergebnisse nicht gerade der Diskursordnung einer »patriarchalischen« Logik, die als höchste Form der Abstraktion gelten kann, immanent sind, weil diese Logik beispielsweise per Subjektkonstitution Partialität und Geschlechtlichkeit ausschließt.[20]

Die Verbindung zwischen Autorin und Text kann infolge dieser Überlegungen als strukturell-symbolisches Verhältnis[21] verstanden werden, dessen Deutung immer wieder zu einem besonderen Erkenntnisgewinn führen kann, wobei die Autorin die »Herkunft« eines Textes markiert, die als solche die Art und Weise, also die »Formgebung« des Stoffes prägt. Ein solches Verständnis erlaubt, sowohl die (intertextuellen und dialogischen) Vermittlungsstrukturen bzw. -figuren als auch die individuelle Verarbeitung durch die Autorin einzuschließen, ohne daß jemals ein eindeutiges Verhältnis festgestellt werden kann und muß. So findet sich beispielsweise im Italienischen die Möglichkeit, von Literaturwissenschaft (critica letteraria) »*al* femminile« zu sprechen, was die Idee eines solchen Verhältnisses von Sprecherin, Sprechen und Text zum Ausdruck bringt: »al femminile« benennt sowohl den Ursprung als auch die damit verbundene spezielle Art und Weise der Gestaltung, die durch *diesen Ursprung geprägt* ist – insofern bezeichnet »weiblich« einen Ursprung und das, was sich aufgrund dieses Ursprungs in ein Ding einschreibt.[22] Im Deutschen benennen wir eine ähnlich strukturierte Komplexität beispielsweise dann, wenn wir von Rezepten sprechen: ein Kuchen nach Großmutters Art. Hier fließen Ursprung, die Art und Weise der Gestaltung und die anerkennende Erinnerung im Inhalt ineinander: Ursprung (handelndes Subjekt), Inhalt und Form werden als Einheit im Hinblick auf ein Produkt betrachtet.[23] Ursprung, Position, Semantik, Qualität und Produkt lassen sich zwar trennen. Jedoch schließen sie sich nicht in einer Entweder-oder-Struktur aus, wie es so häufig formuliert wird: entweder Ursprung oder Position, entweder Semantik oder Qualität.[24]

Eine ähnliche Unterscheidung nimmt auch Eva Meyer vor:

> »Die Unterscheidung von ›Weiblichem‹ und ›Frau‹ fällt zusammen mit der klassischen Unterscheidung von Name und Begriff, derzufolge der abstrakte Name einen Akt (Tätigkeit und/oder Eigenschaft) oder eine Form ohne ihr Subjekt benennt, während der konkrete Begriff den Akt oder die Form als vereint mit dem Träger bezeichnet. In diesem Sinn ist der vom konkreten Ganzen – der Frau – durch das Denken getrennte Akt oder die Form – das Weibliche – eine Abstraktion.«[25]

Die Vereinigung von Materie und Form mit der Trägerin wird also etwas, was sich im Konkreten zeigt. Es ist das »*konkrete Ganze*, das aus Materie und Form zusammengesetzt ist, das man sich als das ›Ursprüngliche‹ vorzustellen hat und dem deshalb die Fähigkeit zugesprochen wird, selbständig in der Natur zu existieren; während irgendwelchen Teilbestimmungen, die nur durch einen Abstraktionsprozeß isoliert werden können, diese Fähigkeit nicht zuerkannt wird.«[26]

Meyer führt aus, daß die Namensgebung ein wesentlicher Bestandteil dieser Vereinigung ist. Da Sprache die Wirklichkeit »Frau« nicht repräsentiert, sondern sie mit Hilfe der Differenz Name – Begriff erst artikuliert und erst nachträglich die Identität als Effekt dieser Differenz produziert. Insofern gibt es keine Eindeutigkeit in dem Beziehungsverhältnis von Sprache zu Frau und (deren) Wirklichkeit. Die Identität von Wirklichkeit und Sprache ist lediglich als Vorgang, als lebendiger Denkprozeß, als Werden, Tätigkeit, Produktivität, Bewegung zu begreifen.[27]

Das Sprechen über eine konkrete Frau als Trägerin des Namens »Frau« ist also ein immer wieder zu konkretisierender Anfang einer solchen Identifizierung von Name, Begriff und einer Person.[28]

1.2. *Frauenbilder, Weiblichkeitsbilder, Weiblichkeitsmuster, Weiblichkeitsentwürfe und Weiblichkeitsimagines*

> *Sie heißt Eva und Maria, Lulu und Nana, Jeanne d'Arc und Carmen, Pandora und Caritas, Griseldis und Circe, Lolita und Beatrice, Gretchen und Madame O. Sie ist Jungfrau und Mutter, Dienstmagd und Femme fatale, ist Griseldis und Diva, Kokotte und Groupie, Grande Dame und Nymphe, Mater Dolorosa, Hexe und Vamp – viele Namen. Sie hört immer auf den, mit dem Mann sie gerade ruft, wie Wedekind sagt.*
> *Gisela Breitling*

Überkommene Entwürfe von *Weiblichkeit* und *Männlichkeit* lassen sich, was ihren *semantischen Gehalt und dessen Verweis* auf Frauen bzw. Männer betrifft, als gesellschaftliche Idealbilder des Frau- bzw. Mannseins und der daraus resultierenden geschlechtsspezifisch definierten Rollenverteilung in der heterosexuellen Geschlechterbeziehung, in Familie, Kultur und Gesellschaft verstehen. Sie gelten als Ausdruck von symbolisierenden Verarbeitungsprozessen, in denen infantile Phantasien, unbewußte Konflikte (vor allem auch über die Anerkennung und Deutung von Geschlechtlichkeit und Geschlechterdifferenz), kulturelle und gesellschaftliche Wertvorstellungen und Geschlechtskonventionen zusammenspielen.[29]

Die Bewertung von Frauengestalten und Frauenbildern in Männer-Texten hängt dabei davon ab, welche Intention die Leserin dem Text unterstellt, ebenso davon, als was sie ihn liest. So kann sie ihn als absichtsvoll-instrumentell verstehen, wobei diese Perspektivierung oft an den Autor als Person zurückgebunden wird. Dies kommt insbesondere bei psychologisch motivierten Interpretationen vor. Diese letztere Wertung liegt dann auf der Hand, wenn dementsprechende Äußerungen vom Autor herangezogen werden können. Oder aber die Leserin kann einen Text als Beschreibung der Geschlechterverhältnisse verstehen, was eher das kritische Potential des Textes wahrzunehmen erlaubt.

Dieser Blick perspektiviert einen Text als Spiegel und Ausdruck von historisch-kulturellen Phantasien, deren ambivalent-widersprüchliches, kritisches und konflikthaltiges Potential erarbeitet werden kann.

Zu klären bleibt, was jeweils »Frauenbilder«, »Weiblichkeitsbilder«, »Weiblichkeitsentwürfe«, »Weiblichkeitsmuster« und »Weiblichkeitsimagines« sind und welche Aspekte durch diese Begriffe unterschieden werden können.[30]

Unter »Frauenbildern« läßt sich die Gestaltung von Frauenfiguren in einzelnen literarischen Texten verstehen. Für Inge Stephan konkretisieren sich in »Frauenbildern« Formen »männlicher Wunsch- und Ideologieproduktion in literarischen Texten ...,« in die sowohl für den Autor aktuelle reale Lebenszusammenhänge von Frauen als auch mythische Strukturen erinnernd eingegangen sind, »wobei die verschiedenen Anteile in der literarischen Analyse sehr genau aufgearbeitet werden müssen.«[31]

Frauenbilder in Männertexten sind von daher »zu beschreiben in ihrer Differenz zur Realität von Frauen und zu klären im Zusammenhang der sozialökonomischen, politischen, philosophischen und poetologischen Auffassung von Weiblichkeit im historischen und biographischen Kontext des jeweiligen Autors.«[32]

Frauenbilder benennen zudem das Subjekt-Objektverhältnis in männlicher Perspektive: *Er* – die männliche Stimme – in der Beschreibung, »Subjekt der Aussagesätze«, *sie*, »Objekt der Beobachtung und Empfindung des männlichen Ichs« – Frauen*bild* also.[33] Menke wiederum weist darauf hin, daß es sich bei den Stimmen weiblicher Figuren im männlichen Text um einen Euphemismus handelt, der die unheimliche Selbstdifferenz bei Männern verdecken soll.[34] Das ideale Bild einer »vollkommenen« Frau kann dabei die unvollkommene Frau ersetzen, »die idealisierende Aufwertung des Bildes tritt vor die Abwertung der realen Frau«.[35]

Daß die Rede von Frauenbildern aufgrund der sprachlichpoetologischen, imaginären und ideologischen Differenz zur Realität, zum Leben und zu den Erfahrungen von Frauen dabei *immer* die Rede von *falschen* Frauenbildern ist, auf diesen produktions-logischen Zusammenhang weist Moi hin.[36]

»Weiblichkeitsbilder« indessen stellen laut Stephan »die psychoanalytische, historische und mythologische Basis dar, auf der die Produktion und personale Konkretisierung von Frauenbildern in literarischen Texten erfolgt.«[37] Insofern akzentuiert der Begriff »Weiblichkeitsbilder« die kulturell gewordene Dimension des Verhältnisses »Frau«, »weiblich« und »Bild«.

Zusätzlich fasse ich »Frauenbilder« ebenso wie »Weiblichkeitsbilder« – was deren ethisch-politische Relevanz betrifft –, als komprimierte, handlungsorientierende Embleme auf, die das Handeln von Frauen orientieren (sollen). Solche Bilder können das Handeln der Frau normieren, wenn »Frau« nicht anthropologisch als eine Person (Frau) betrachtet wird, die handelt und spricht, das heißt, die ständig wird und sich verändert. Ein solches Verständnis findet sich in Ingeborg Bachmanns Erzählung »Drei Wege zum See«. Bachmann stellt ein weibliches Ich vor, das auf der Suche nach seiner Identität ist. Während diese weibliche Hauptfigur verschiedene Wege zum See zu gehen versucht, versucht sie mit dem gleichen (Miß-)Erfolg, vergangene Begegnungen zu erinnern und regelrecht zu wiederholen, indem sie »Doppelgängern« von ehemalig bekannten Personen und dem wichtigsten Liebhaber begegnet. Die Protagonistin wird auf der Erzählebene selbst nicht mittels »Weiblichkeitsbildern« charakterisiert, allerdings wird sie im Verlauf der Erzählung in ihrer Begegnung vor allem mit Männern, aber auch in der mit anderen Frauen mit solchen Bildern konfrontiert. Daß solche Begegnungen diese Frau mittels derartiger Bilder vereinnahmen können und identisch mit jeder Frau machen, zeigt die Namensgleichheit der weiblichen Figuren im Text an: die wichtigsten Frauengestalten des Textes heißen Elisabeth – der Name, der das Individuum kennzeichnen sollte, wird ein Synonym für »Frau« – die Frauengestalten sind Doppelgängerinnen der weiblichen

Hauptfigur, sogar die Frau ihres Bruder scheint ihr eine solche zu sein.[38]

Von »Weiblichkeitsentwürfen« wiederum wird in der feministischen Diskussion dann gesprochen, wenn die Produzentin und der gesellschaftsverändernde – »neue« – Gehalt ihres Erzählprodukts hervorgekehrt werden soll: »Wirklich neue Erzählweisen aber sind seit langer Zeit gefunden« – so die programmatisch eingesetzte Aussage Christa Wolfs für den Titel, die Themen und die Perspektivierung des Bandes »Entwürfe von Frauen in der Literatur des 20. Jahrhunderts«.[39] Er thematisiert weibliche Selbstentwürfe.[40] Hier gilt es zu untersuchen, »welche Beziehungen die Autorinnen zu dem vorherrschenden Frauenbild eingenommen, welche Strategien sie im Umfang mit dem Spiegelbild entwickelt und wie sie sich zu ihrer Existenzweise als ›anderes‹ Geschlecht in der männlichen Ordnung verhalten haben.«[41]

Ferner lassen sich durch den Begriff »Weiblichkeitsmuster« solche ästhetischen Funktionen – zum Beispiel die Bildfunktion des Weiblichen – und solche impliziten sprachlich-poetischen Ausdrucksformen – zum Beispiel das Zusammenspiel von Allegorie und Weiblichkeit – thematisieren, die – unausgesprochen – Bezüge zu Vorstellungen von »weiblich« enthalten.[42]

»Weiblichkeitsimagines« wiederum benennen Denkbilder, »über Frauenbilder gestaltete Verkörperungen«, die sexualisiert und weiblich konnotiert sind und eine Frauenfigur als Material für die Darstellung benutzen, wie zum Beispiel die Darstellung von Städten als Allegorien.[43] Weiblichkeitsimagines sind Denkbilder, in denen Geschlecht, Natur, Kultur usw. als eine Formation versinnbildlicht werden. Sie entsinnlichen und entlebendigen Frauen dadurch, daß sie diese auf eine Zeichenfunktion reduzieren. Und sie werden gerade dadurch möglich, daß sie Frauen als Subjekte verdrängen und ausschließen.[44]

Die Diskussion des Verhältnisses Frau-Weiblichkeit-Bild korrespondiert nicht nur mit einer ersten semantischen Analyseebene von feministisch-literaturwissenschaftlichen Untersuchungen, sondern auch zeitlich mit einer ersten Phase. Ideologiekritisch, psychologisch, sozialgeschichtlich und mythologisch-motivgeschichtlich werden Frauenbilder/Weiblichkeitsbilder/ Weiblichkeitsentwürfe/Weiblichkeitsimagines und – allerdings bedeutend weniger häufig – Männlichkeitsbilder in Texten sowie der Zusammenhang von solchen Bildern und den Normierungen des Lebens von Frauen untersucht. Diese Untersuchungen sollen helfen zu klären, welche Form von Ideologieproduktion mit der Produktion von Frauenbildern verbunden ist und auf welche gesellschaftlichen Konstellationen diese reagieren.[45] Solche Untersuchungen versuchen des weiteren zu klären, welche »psycho-historische individuelle und kollektive Situation zur Darstellung solch gefühlsmäßig ambivalenter Gebilde geführt hat; konkreter: welche sexuellen Bedürfnisse und Versagungen und welche damit verbundenen Verdrängungsformen [diese Motive] bewirkt haben mögen und zu welchen bestimmten Gestaltungsformen sie inspirierten«[46]; und sie sollen aufzeigen, wie der Sinnbildungsprozeß mitgelesen werden kann, der Frauenbilder als Effekte der (männlichen) Projektionsbildung erstellt; außerdem sollen jene Momente in die Interpretation einbezogen werden können, die diesen Effekten als Inkonsistenz innewohnen.[47]

Ferner soll erforscht werden, welche zeitbedingte Lebenswirklichkeit von Frauen in den Texten aufzuspüren ist und welchen Realismusgehalt sie haben; welche motivgeschichtliche Vielfältigkeit von »Frauenfiguren« und »Weiblichkeitsbildern« produziert worden ist, wie diese jeweils zusammenhängen und sich unterscheiden und wie sie von Autorinnen rezipiert werden.[48]

Als Fazit einer solchen Komplexität stellt Weigel fest, daß »Weiblichkeit ... eine *unmögliche Konstruktion* ist«,[49] weil sie nicht nur konträre Eigenschaften, sondern auch widersprüchliche Funktionen und Anliegen zu vereinen sucht.

Nachdem in der feministisch-literaturwissenschaftlichen Diskussion nach und nach die Bedeutsamkeit der ästhetischen Funktion des Weiblichen in den Vordergrund gerückt ist, hat es in der Auseinandersetzung mit dem Verhältnis von »Frau«, »weiblich«

und »Bild« eine Verschiebung gegeben. Nun geht es »einerseits darum, die Entwürfe von ›Weiblichkeit‹ (und ›Männlichkeit‹) diskurshistorisch in einen philosophie-, wissenschafts- und gattungsgeschichtlichen Zusammenhang zu stellen [...], andererseits um die Analyse der dominant mythischen Präsenz der Frauen in der Literaturgeschichte und der universellen Bildfunktion des Weiblichen, das heißt, der Art und Weise, wie die Geschlechterdifferenz im Rahmen verschiedener Verfahren literarischer Bedeutungsproduktion funktioniert.«[50]

1.3. Frauenbilder, Weiblichkeitsentwürfe, Frausprechen

> *Denn die Vertauschung der realen Frau mit dem Entwurf erscheint als weibliche Identität, mit anderen Worten: Das Weib ist Bild, ist Anblick, nicht nur Erscheinung in der Realität, sondern auch in den Widerspiegelungen im Kunstwerk.*
> *Gisela Breitling*

> *Es soll keine Einigung geben über den Menschen, sondern nur immer neue Entwürfe.*
> *Ingeborg Bachmann*

Welches Verhältnis gehen nun reale Frauen und deren Sprechen und Handeln gegenüber Weiblichkeitsentwürfen ein?

Weiblichkeitsentwürfe verhandeln *geistige* Prozesse der Sinnfindung von Frauen »auf der Ebene *wirklicher* Begebenheiten und schieben sich damit zwischen die Wirklichkeit und die Idee von ihr, die nie zur Deckung kommt, in dem Maße, wie sie sich im Mythos zu vermischen scheinen.«[51]

Solche Mythen bestimmen sich in diesem Sinne nicht unbedingt »im Hinblick auf die Frau, versprechen jedoch ein Verhältnis der Ähnlichkeit mit ihr«, ein Versprechen, das auch für Frauen wichtig sein kann.[52]

Weiblichkeitsbilder werden nicht nur im Hinblick auf Frauen konzipiert. Sie werden vor allem auch von Frauen als sinnstiftender, transzendentaler Horizont ihrer Existenz rezipiert.

Die Faszinations- und Wiedererkennungsmomente, die das Wiederaufgreifen von Weiblichkeitsbildern durch Frauen dokumentiert, sind »für Frauen in vielen Weiblichkeitsmythen enthalten, [...] eine einfache Entgegensetzung von Ideologie und Realität, von Imagination und Erfahrung [ist] obsolet«.[53]

Diese Faszinations- und Wiedererkennungsmomente zeigen auch, daß Weiblichkeitsbilder für Frauen zumindest ambivalent sind, also daß diese neben der Kritik, »Entzauberung« und »Zerstörung« auch eine »positive«, befreiende Komponente beinhalten können und folglich in ihrer funktionalen Doppel*referenz* verstanden werden müssen.[54] In diesen Bildern sind »unterschiedliche Strategien der ›sich selbst verdoppelnden Frau‹ (E. Lenk) zu sehen, in denen die ›nicht mehr‹ gewünschten Bilder von den ›noch nicht‹ erreichten Utopien unterschieden werden können«.[55]

Die Komplizenschaft mit der phallogozentrischen Ordnung ist dabei eine Gefahr, sie ist aber nicht automatisch gegeben.[56]

Oft erweisen sich zwar die gesuchten »Gegenbilder oder gar [die] eigenen, alternativen Identitätskonzepte als Variation alter Muster«, weshalb die Frage nach einem anderen Imaginären von Frauen »sich jedenfalls nicht einfach mit Ja beantworten« läßt.[57] Jedoch identifizieren Frauen sich regelrecht mit diesen. Dies stellt aber keinen »Vollzug hirnloser Anpassung« dar, wie Silvia Bovenschen betont, sondern kann durchaus Sinn machen, »weil das Kunstprodukt ebenso wie der Trivialmythos häufig, wenn auch in verdeckter Form, Momente weiblicher Wahrheit, weiblichen Widerstands, weiblichen Andersseins, das darin dann als Geheimnis und Rätselhaftigkeit erscheint, in sich aufnahm.«[58]

Deswegen wäre es auch mehr als unangemessen, die positive Rezeption von Weiblichkeitsbildern durch Frauen von vornherein als »patriarchalisch deformiert« zu verurteilen, wie es so oft und schnell geschieht. Auf die grundsätzliche Fragwürdigkeit der Argumentation, inwiefern frühere Autorinnen angepaßt, patriarchatskritisch oder subversiv waren, weist Janet Todd hin.[59] Sie appelliert zu überlegen, welche Funktionen solche Wertungen von feministischer Seite jeweils erfüllen sollen. Diese notwendige Kritik impliziert m.E. jedoch nicht, daß solche Bilder, genau und kritisch interpretiert, heute nicht zu einem Denken der Freiheit von Frauen herangezogen werden können.

Irmgard Roebling zeigt beispielsweise anhand »Die Kinder der Lilith« von Isolde Kurz, wie die tradierte Aura solcher Bilder dabei von Autorinnen »dialektisch-poetisch« benutzt wird, wodurch eine »Transzendentalpoesie« entsteht.[60] Das transzendentale Moment der Poesie macht wiederum ein transzendentales Verständnis der weiblichen Existenz innerhalb einer »(geschlechtlichen) transzendentalen Menschenkunde«[61] möglich, indem an einem solch zutiefst bedeutsamen Ort – und um einen derartigen Deutungsort handelt es sich bei solch stark besetzten mythologischen Figuren wie der Lilith und anderen – die Grenzen von Trivial-Niedrigem und Hohem, Besonderem und Allgemeinem, Konkretem und Abstraktem überschritten werden können.[62] Entwürfe weiblicher Transzendenz können Frauen ein Bewußtsein vermitteln, mit dem sie »ihrem Wollen und ihrem Können in der Geschichte der Menschheit Geltung verschaffen.«[63]

Das mögliche Wechselspiel von anpassenden und befreienden Imaginierungen macht verstehbar, warum Autorinnen und Leserinnen Mythen weiterschreiben und weitertransportieren. Hier wäre es angebracht, zwischen Form (Weiblichkeitsbild), Inhalt (Werte) und Funktion (Suche nach Transzendenz, Freiheit und Geltung in der Welt) zu unterscheiden und vielleicht neue Weisen von Sinnhorizonten und Ausdrucksmöglichkeiten für »weibliche Wahrheiten« und für das Bedürfnis von Frauen zu finden, ihr Streben nach Sinn, Freiheit und Veränderung zu artikulieren.[64]

Was den Umgang mit der Tradierung von Weiblichkeitsbildern durch Autorinnen betrifft, bedeutet der Zusammenhang von Bild und dessen sinnstiftender Funktion für die Relektüre von

Literaturwissenschaftlerinnen, Weiblichkeitsbilder im Hinblick auf diese Funktionen zu übersetzen, wollen sie Weiblichkeitsbilder nicht nur als Bilder, sondern auch in bezug auf ihre sinnstiftende Funktion begreifen. Das heißt zu untersuchen, welchen Ort »Weiblichkeit« als Begriff und Bild im jeweiligen Kontext einnimmt,[65] die Distanzen, Relationen, Positionen, Felder zu anderen Begriffen in den Blick zu nehmen[66] und dabei »die Wahl der Begriffsverbindungen im Hinblick auf Argumentationen oder das angestrebte Ziel des Textes aufzuzeigen.«[67]

Gerade aufgrund des Bedeutungsdreiecks des Weiblichen, nämlich Modell von Wirklichkeit zu sein, dabei eine bestimmte bedeutungsstiftende Funktion zu beinhalten und zugleich von der Wirklichkeit verschieden zu sein, kann das Weibliche »in einen Deutungsprozeß hineingezogen werden, der den Wirklichkeitsbezug nun erst herstellt«.[68]

Deswegen sagt Weibliches auch immer mehr, als die direkte Rede davon zum Ausdruck bringt. Die Differenz zwischen »dem Weiblichen« und der Wirklichkeit »Frau« liegt außerdem auch in der sprachlichen Verfaßtheit des Weiblichen begründet, wobei m.E. beide Momente »eine Überprüfung ihres Bezugs außerhalb ihrer selbst provozier[en].«[69]

Ob und inwiefern ein bestimmtes »Weiblichkeitsbild« Frauen beschränkt und/oder die Freiheit von Frauen begründet, kann daher nicht universell und ein für allemal entschieden werden. Denn dasselbe Weiblichkeitsbild kann deshalb zugleich unfrei machen und befreiend sein, weil es für verschiedene Personen in verschiedenen Situationen Unterschiedliches bedeuten kann.[70]

1.4. *Weibliches als Anderes*

> *Weibliches, das sich mit dem Gegenteil dessen, was man zu denken versucht hat, wieder einläßt und es von einem Anderswo aus stellt.*
> *Eva Meyer*

Daß *die* Frau im Symbolischen mit *dem* Anderen identifiziert wird, ist eine der frühen und grundlegenden Erkenntnisse der frauenbewegten Denkbewegung.[71] Als Anderes wird das Weibliche mit der Natur gleichgesetzt, mit dem Körper, der Sinnlichkeit, der Mütterlichkeit, dem Unbewußten, der Tugendhaftigkeit und der Unschuld, der Passivität und Duldsamkeit, dem Flüssigen, der Bewegung usw.: Gerade die Analyse der *Funktion* des Weiblichen oder der Frauenfiguren in männlichen (Text-)Entwürfen hat auf vielfältige Weise gezeigt, daß dabei das Andere des Mannes nicht nur »Frau« und »Weiblichkeit« als Verweis auf Frauen und dem, was als ihnen ähnlich verstanden wird, meint, sondern daß Frauen *jedes Andere* symbolisieren können, das nicht die Idee »Mann« ist, die »der« Mann von sich selbst hat, das aber dessen Anderes ist.

Die benannten »weiblichen« Momente haben zwar alle die gleiche Position in bezug auf das Männliche, sie sind aber nicht einfach inhaltlich gleichzusetzen; so ist das Körperliche nicht identisch mit dem Unbewußten, der Sprachkörper nicht mit der Körpersprache usw.[72] Weigel unterscheidet beispielsweise als Differential zwischen »der Frau« als »Anderer« und »dem Fremden« als »Anderem« zwischen einer »internen Anderen« – die Frau als Andere der eigenen Kultur – im Unterschied zu externen Anderen – den Angehörigen fremder Kulturen.[73]

Mittels der Figur der Frau denkt der Mann, so Irigarays zentrale Erkenntnis in Spekulum, all das, was er selbst nicht ist, nicht sein möchte und als Teil seiner Selbst verdrängt bzw. von sich abspaltet. In dieser Funktion stellt »Weibliches« eine »Deckerinnerung« im Freudschen Sinne dar.

»Die spekulären Konstruktionen der Frau sind Euphemismen, Schirme nach der Art von Deckerinnerungen, für das, was als ursprüngliche Differenz auch den männlichen Körper durchzieht und durchschneidet und durch Abspaltungen in der polaren und reinen Opposition erst weiblich ›wird‹.«[74]

Im Hinblick darauf bezeichnet »Frau« oft mehr und anderes als das, was einen empirischen weiblichen Körper, oder aber auch, was die Stereotype »Frau« betrifft.[75]

»Weiblich«, sofern es vom Männlichen her gedacht wird, qualifiziert das Andere des Mannes nicht allein im psychischen, im kulturellen und im gesellschaftlichen Sinne. Das heißt, es qualifiziert es nicht allein auf der semantischen Ebene. Es qualifiziert auch die Funktion und die Art und Weise der schreibenden Bezugnahme und deren Bewegungen: Ästhetisch-zeichentheoretisch qualifiziert »weiblich« oder »männlich« die Qualität der Referenz des Zeichens sowie die Beziehung zwischen den Zeichen, z.B. als weiblich-metonymische bzw. als männlich-metaphorische Referenz bzw. Zeichenbeziehung.[76]

Wegen dieser Beziehung zwischen Zeichen, Ökonomie der Artikulation und »Weiblichem« bzw. »Männlichem« spricht Cixous von einer weiblichen und männlichen Ökonomie des Sprechens und Schreibens. Da in der väterlichen symbolischen Ordnung Sprechen und Schreiben allein von der männlichen Position aus möglich sei, gehe in dieser Ordnung sowohl weibliches als auch männliches Sprechen und Schreiben von einem männlichen symbolischen Ursprung aus.[77]

Die Qualität eines männlichen Schreibens folgt, so Cixous, der Logik der Erhaltung, Konservierung, des Eigentums und des Todes, die Qualität des weiblichen Schreibens vielmehr einer Logik der Verausgabung, des Exzesses, der Ausschweifung und der Lebenserhaltung. Dabei könne Weibliches als Anderes sowohl zur Verdrängung, Sublimierung, Bändigung und Kontrolle als auch zur Rettung, Befreiung, Erlösung und zum Glück dienen; es könne Praxis der Darstellung und Ausdruck der Repräsentationsform sein und es könne den sprachlich-poetischen Gehalt verändernder Ausdrucksformen meinen.[78]

Diese Zuschreibungen jedoch sind historisch bedingt und stellen von männlichen Autoren im 19. Jahrhundert entworfene

Vorstellungen von einer männlichen bzw. weiblichen Schreibökonomie männlicher Autoren dar.[79] Allerdings nennt Cixous selbst auch keine Autoren, die in diesem Sinne »männlich« geschrieben haben. Diese Beobachtung läßt neben der metaphorischen Deutung des Weiblichen eine noch andere Bedeutung einer solchen Zuordnung hervortreten. Da lediglich die »weibliche« Ökonomie in Autorentexten repräsentiert zu sein scheint, bekommt die männliche Ökonomie ihren revolutionären Charakter gerade durch die Verbindung mit dem Weiblichen. Das Andere wird als Anderes über eine verdeckte, weibliche Allegorisierung – das Weibliche als das Subversive – markiert, die im Text nicht einmal mehr als Figur auftreten muß. Insofern läßt sich Cixous' Analyse als Hinweis auf die allegorisierende Interpretation des Weiblichen und als Verkörperung von dessen poetologischer Funktion verstehen als »das Andere«, als »subversiv«, also als »weibliches Schreiben«, das nicht trennbar vom Mann ist, weil *der* Mann in der androzentrischen Ordnung sein Ursprung zu sein scheint.[80]

Unter dem Gesichtspunkt wiederum, daß »Frau« etwas anderes als »Frau« meinen kann, daß sie in dem Sinne »männlich« sein kann, in dem sie Männliches zum Ausdruck bringt, ist die Frage nach der Frau und nach Weiblichkeit immer auch »eine männliche Frage, ... als sie vom Ort des Mannes ergeht, eine Frage männlicher Theorie und Rede«[81], manchmal auch eine männliche Frage für Frauen. Dabei ist die wahre Alterität des Weiblichen nicht deswegen unheimlich, weil sie der Gegensatz zum Männlichen ist, sondern weil sie gerade den Gegensatz von Männlichkeit und Weiblichkeit subvertiert.[82]

Was mittels »weiblich« verdeckt und verstellt wird, kann wieder zur Sprache gebracht werden,[83] ein weiteres Aufgabenfeld einer feministischen Literaturwissenschaft. Die imaginierte Weiblichkeit kann zum »Suchkonzept für Verdrängtes« werden. Als solches muß das Weibliche vom Körper der Frau getrennt und »rückübersetzt« werden:[84] Die Interpretationsleistung besteht dabei darin, den entwendeten Sinn in den Diskursen über die

Geschlechter ebenso wie die auf Geschlechter festgelegten Ideologeme, Verhaltensweisen, Phantasien, Werte, Utopien usw. herauszulesen und diese erneut in die Diskurse einzuschreiben, ohne sie dabei wiederholt mittels Geschlechterstereotype darzustellen.[85] Allerdings muß dazu »die paradoxe Anwesenheit des Anderen und Ausgegrenzten, die erst alles Erste, Identische und Eigene modelliert und konsolidiert«, gelesen werden.[86]

Im Sinne einer »Deckerinnerung« ist das Weibliche beispielsweise »Ursprung von Werten, die sich dadurch auszeichnen, daß sie der Männergesellschaft fehlen. Daher also die Behauptung, daß die Gesellschaft gewinnen würde, wenn sie sich diese als weiblich bezeichneten Qualitäten aneignet, die ihr nicht nur fehlen, sondern die die gegebene soziale Ordnung umwälzen würde.«[87]

Die Beschreibung des Verhältnisses, wie »*die* Frau« bzw. »weiblich« sich auf ein Frauen Ähnliches bezieht und dabei trotzdem ein Ausdruck des Männlichen ist, hilft klären, wie/wann »weiblich« *das Weibliche der Frau/Frauen* sein kann/ist. Wenn Weibliches sich nicht bloß über die Ähnlichkeit mit Frauen – wobei diese Ähnlichkeit durchaus nur kulturell-assoziativ hergestellt sein braucht –, sondern auch im Hinblick auf einen Ursprung qualifiziert und dabei sowohl einen Werdegang als auch eine sinnstiftende Funktion mit zum Ausdruck bringt, dann beruht »das Weibliche« der Frau demnach auf den folgenden, nicht voneinander isolierbaren Momenten:

- was von einer Frau herkommt: gesagt und getan wird,
- was eine Frau/Frauen »repräsentiert« (vergegenwärtigt), ihr Leben mit all seinen Bereichen, seien sie psychologischer, seien sie politischer, historischer oder ökonomischer Natur,
- und was deshalb auch einer Frau/Frauen in einzelnen Situationen Sinn und Freiheit verspricht.

Ein weiterer Punkt könnte sein: das, was Weibliches in Unterscheidung zum Männlichen meint. Diese traditionell komplementär gedachte Bezogenheit aber muß ersetzt werden: »Weiblich« ist das, was *gerade trotz* der Fremdheit gegenüber sich selbst als Frau und *trotz* der Verschiedenheiten zu anderen Frauen das mit sich selbst und anderen Frauen Verbindende ist.[88]

Frauenliteratur umfaßt diesem Verständnis zufolge »alle von Frauen geschriebenen Texte, auch wenn sie von ihren Verfasserinnen nicht ausdrücklich als solche intendiert waren.«[89]

1.5. *Frau-Sprechen, Als-Frau-Sprechen, weiblich Sprechen und weiblicher Diskurs*

Aufgrund des Zusammenhangs von Geschlechtlichkeit, Geschlechterdifferenz, Subjektivität und Sprechen sowie Lesen ist auch Sprechen und Lesen sexuiert. Das Sprechen und Lesen von Frauen steht im Widerspruch zu den Begriffen, die diese allein männlich denken.[90] So ist die Sprecherin oder Leserin einem Gespinst von Widersprüchen ausgesetzt, die anders angelegt sind als die, denen Männer ausgesetzt sind.

»... und wenn es eine Frau ist, die schreibt, dann gibt es Konflikte, Widersprüche, Aufregung, Bewegung zwischen dem, ich würde sagen, ›Autor‹ und der Schrift, d.h. dem Körper, also etwas, das auf jeden Fall immer stärker ist als die kulturelle Festlegung, und dem, was die Schrift ausmacht, etwas Triebhaftes, das diese Struktur sprengen wird; man muß allerdings festhalten, daß man dem Triebhaften beim Sprechen dieser Struktur helfen muß; eben da ändert die politische Bewußtwerdung enorm viel, ebenso wie die bewußte Arbeit an der Natur des Schreibens viel ändert, an ihrer Bestimmung und ihrem Nutzen.«[91]

Luce Irigaray, die den Begriff »Frau-Sprechen« geprägt hat, charakterisiert Frau-Sprechen folgendermaßen: Frau-Sprechen ist weder subjekt- noch objektgebunden, es heißt nicht, über Frauen oder Männer zu sprechen. Frau-Sprechen ist statt dessen als Qualität zu verstehen: Frau-Sprechen beinhaltet eine bestimmte Syntax, die die Gestik des Körpers der Frau zum Ausdruck bringen kann und die an dieser abzulesen ist. Es ist im Leiden und im Lachen von Frauen abzulesen, es findet sich als Latenz, Leiden und Lähmung des Begehrens in der hysterischen Artikulation. Es impliziert eine andere Artikulationsweise zwischen dem Begehren und der Sprache als die männliche, die als Logik des Einen funktioniert, Partialität verdrängt und verleugnet und das Begehren neutralisiert. Die semantische Bedeutung des Frau-Sprechens ist jenseits von Eindeutigkeit und Fixierbarkeit angesiedelt, es ist mehrdeutig, vielstimmig.[92]

Es lassen sich folgende weitere Qualitäten des Frau-Sprechens finden: Frau-Sprechen impliziert den Versuch, dem »Anderen« als Weiblichem einen Ort zu geben.[93] Es impliziert ein Maximum an Distanz zur Gegenwart. Aber es bedeutet auch, die volle Materialität der Sprache in die Rede und derart das verdrängte Komplexe des Sprachlichen in das Schreiben einzuschreiben.[94]

Dabei gelingt es, Neues hervorzubringen und nicht den patriarchalischen Diskurs oder die Regression zur archaischen Mutter zu wiederholen, wenn die ganze unbewußte libidinös-archaische Struktur auf sich genommen und diese Struktur in den Akt der Symbolisierung eingebracht wird.[95]

Zwar machen Iragarays Ausführungen deutlich, daß auch ein Mann Frau-Sprechen könnte. Jedoch spielt die Tatsache, daß reale Frauen sprechen, für das Frau-Sprechen bei Irigaray zumindest für die Gegenwart eine besondere Rolle. Ausschlaggebend wird dadurch das Orientiertsein des Sprechens an Frauen oder Männern bzw. einer weiblichen bzw. männlichen Diskurs- und Darstellungslogik: Wenn Frauen sprechen, können sie durchaus Mann-Sprechen; wenn Frauen unter Frauen sprechen, fällt es ihnen leichter, Frau zu sprechen. Die Möglichkeit, Frau-Sprechen von einem jeden Sprechen von Frauen abzulesen, liegt darin begründet, daß Frau-Sprechen immer vorkommt, auch dann, wenn es verstellt, gelähmt, in die »Maskerade«[96] eingegangen ist.

Der Begriff »Maskerade« wird von Irigaray als kritische frauenpolitische Denkfigur eingeführt. Er soll die identitätsgefährdende Seite von Mangelhaftigkeit und von der uneigentlichen

Beziehung des Weiblichen zu sich selbst darstellen. Die »Transvestie«, ein die »Maskerade« variierendes Denkbild, wiederum markiert den uneigentlichen Charakter der weiblichen Selbstbeziehung, indem sie die Irritation bei deren Lesbarkeit ebenso wie die falschen Ersetzungen der weiblichen Selbstaussage meint, die nicht zurückfinden können.[97]

Was abzulesen bleibt, ist das, was der weiblichen Selbstaussage widersteht, sie übersteht oder über sie hinausgeht. Lesen bedeutet in diesem Zusammenhang, den Schutz der wohlgemeinten Neutralität aufzugeben, sich von einer Aussage berühren zu lassen, so daß der Körper auf andere Weise im Spiel sein kann.[98]

Aufgrund dieser Charakterisierungen schlage ich folgende Unterscheidungen vor: »Frau-Sprechen« meint im Sinne eines *Als-Frau-Sprechens* zum einen, die Position der Frau einzunehmen und von dieser Position aus die Welt zu sagen, es beschreibt eine »Haltung«[99] zur Welt, die von der weiblichen Position in der Welt abhängt. Zum anderen beinhaltet Frau-Sprechen eine bestimmte Qualität, über die Welt zu sprechen, was *weibliches Sprechen* bzw. *weibliches Schreiben* genannt werden kann, insofern es eine bestimmte Beziehung zwischen Begehren und Sprechen/Schreiben meint. Drittens nenne ich den Diskurs, dem es gelingt, »dem Weiblichen« einen Ort zu geben, einen *weiblichen Diskurs*. Und viertens bleibt die Frage, welche Bedeutung das Sprechen (und Lesen) realer Frauen hat.

Umstritten ist dieser letztere Punkt, nämlich die Bedeutung des Sprechens von realen Frauen für das Frau-Sprechen. Er ist deshalb zentral, weil die Bedeutung, daß Frauen sprechen und interpretieren, den Anspruch von Frauen, aufgrund der Erfahrung als Frau eine besondere Erkenntnismöglichkeit zur Verfügung haben zu können,[100] nicht nur eine feministische Wissenschaft begründet, sondern auch Frauen als Wissenschaftlerinnen legitimiert (hat). Die Begründungsproblematik konzentriert sich dabei auf die Frage, ob es reicht, eine Frau zu sein, um »Frau-zu-Sprechen«. Sie wird in Verbindung gebracht mit der Vorstellung, was das Frausein konstituiert; ob Erfahrung bzw. Identität, die in der feministischen Denkbewegung anfänglich das Frausein konstituieren sollten, tatsächlich als Ursprung und Autorisierungsgrund gelten können, die ein eigenes Sprechen von Frauen begründen.[101]

Die Authentizität von Erfahrung und Identität von Frauen läßt sich schnell kritisieren, weil Erfahrungen und Identitätserlebnisse immer schon in der Sprache angesiedelt und in ihrer Deutung vermittelt sind. Aber es mußte auch eingesehen werden, daß noch so kritische, »Weiblichkeit« dekonstruierende Theoretikerinnen bei dieser Frage irgendwann an den Punkt kommen, »sich auf das Faktum [zu] verlassen, daß sie Frauen *sind*«.[102]

Der Philosoph Slavoj Zizek begründet die Notwendigkeit eines solchen Ausnahmepunktes erkenntnistheoretisch als ein Konstituens der dialektischen Analyse, die sich zwischen den Polen »unendliche Kritik – Unhintergehbarkeit der positiven Setzung« bewegt: Dialektische Analyse läuft auf eine Analyse der Form – bzw. der Sprache im Hinblick auf ihren Formcharakter – hinaus und löst dabei die Positivität ihres Gegenstandes vollständig in formale (sprachlich-formale) Vermittlungen auf. Allerdings schließt auch ein jeder dialektischer Zugang seine Suspendierung mit ein: durch einen Ausnahme-Punkt, der für die dialektische Analyse konstitutiv ist. In unserer Frage ist dieser Ausnahme-Punkt »die Frau« bzw. die Zweigeschlechtlichkeit und deren Unhintergehbarkeit.[103]

Auf dem Hintergrund der Erkenntnis, daß ein solcher Ausnahmepunkt notwendig ist, versucht Culler in seinen Ausführungen dann, die Erfahrungs- und Identitätsvorstellung neu zu begründen, indem er diese prozeßhaft zu entwerfen versucht. Die vorgegebene Geschlechtlichkeit des körperlichen menschlichen Seins und die Momente der Identitätsbildung, die daran anknüpfen, lassen sich dazu derart unterscheiden, daß keine (eindeutige-essentialistische) Geschlechtsidentität ausgesagt werden kann,[104] daß es aber zur Geschlechtlichkeit des menschlichen Seins gehört, gedeutet zu werden und identitätsstiftend zu sein.[105] Insofern lassen sich Frausein, Erfahrung und Identität als Selbstbezug verstehen, als sich ständig wiederholende Bewegung zwischen einer Frau, ihrem Körper und ihrem Leben, Sprechen und Lesen.[106] Frau-Sprechen »appelliert an die Bedingungen des Frauseins und drängt gleichzeitig darauf, diese Bedingungen erst zu erschaffen und zu vollenden. Als Frau lesen heißt nicht einfach [...], eine theoretische Position einzunehmen; denn es beruft sich auf eine als wesentlich definierte sexuelle Identität und privilegierte Erfahrungen, die mit dieser Identität in Zusammenhang stehen«[107] – und immer wieder von neuem in diesen Zusammenhang gebracht wird/werden muß.

»Das Eigentliche« des Frauseins bzw. Frau-Sprechens ist also »dasjenige, das nicht benennbar ist. Es existiert nur als Beziehung und Perspektive; aber von beiden kann es nicht eingeholt, es kann in ihnen nur gedacht werden: als Ort der Leerstelle.«[108]

Frau-Sprechen beruht demgemäß auf einem Selbst-Denken, das zwischen Andersheit und individuellem Selbstsein vermittelt und das sich gerade dann erfüllt, wenn es keine Geschlechtsstereotype, sondern Unvorhergesehenes zur Sprache bringt.[109]

In bezug auf Identität spricht Eva Meyer deshalb von einem Erlebnis. Identität wird im Augenblick erlebt. Beim Identitätserlebnis handelt es sich um eine solche augenblickliche Konkretisierung der Beziehung zwischen Körper, Erfahrung, sprechender und/oder lesender Deutung. In der momentanen Erscheinungsform verbindet sich also Körper, Erfahrung und Sprechen/Lesen zum Identitätserlebnis einer Person,[110] zum Beispiel beim Schreiben oder Lesen eines Textes.

Frau-Sprechen hat somit einen doppelten Charakter: Es ist eine Erfahrung und beruht auf einem Identitätserlebnis, die Frauen (immer) schon gemacht haben, ein »neues« Frau-Sprechen wird in das Kontinuum dieser Erfahrungen eingeordnet. Und zugleich muß diese Erfahrung immer wieder gemacht und das Identitätserlebnis immer wieder wiederholt, dabei neu erlebt und verwandelt werden.[111] Damit wird sichtbar: Identitätserlebnisse sind wesentlich, sie gehören zum Wesen des Menschen, sie definieren aber kein bestimmtes Wesen.[112]

Für die reale schreibende Frau hat Weigel folgende Formulierung gefunden, die diesen Kreislauf der Positionierung einer erzählenden Frau verdeutlicht: die reale Frau muß »ihre Schrift gleichwohl immer verfehlen«, jedoch stellt sie zugleich »Motivation und unerreichbares Ziel ihrer Rede« dar. Insofern muß zwischen dem Erzählbaren und Weiblichen unterschieden werden, insofern ist die Frau beim Erzählen immer auch woanders.[113]

Damit liegt zwischen einer Frau, die *als* Frau spricht, und Frau-Sprechen ein Zwischenraum, der wiederum eine Verschiebung ermöglicht, die unendlich wiederholt werden kann. Die Wiederholung der Erfahrung, eines Identitätserlebnisses oder einer Interpretation, die aber nicht mehr mit der angeknüpften Erfahrung, Identitätsvorstellung oder dem vorausgegangenen Leseakt identisch ist, sondern sich schon verändert hat und dabei ein Intervall, einen Raum für Deutungsmöglichkeiten eröffnet.[114]

Da Frau-Sprechen im Irigarayschen Sinne zunächst nicht nur den Ursprung, sondern auch eine Positionierung, eine Semantik und eine Qualität beinhaltet, scheint Frausein nicht auszureichend zu sein, um Frau-zu-Sprechen.[115] Aufgrund der unhintergehbaren wechselhaftigen Bezogenheit jedoch, sich als Frau vorzufinden und dieses immer wieder deutend zu vollziehen,[116] ermöglichen sowohl der die Deutung gestattende Zwischenraum zwischen Erfahrung und Identitätsvorstellung als auch die Prozeßhaftigkeit der Selbstdeutung einer jeden Frau das kritische und befreiende Potential des Frau-Sprechens. In diesem Sinne ist es falsch zu fragen, ob es genügt, Frau zu sein, um Frau zu sprechen. Statt dessen ist Frau-zu-Sein dessen unabdingbare Voraussetzung. Diese kritische Deutungsstruktur erlaubt Frauen, das Schon-da-Sein des Signifikanten »Frau« von der jeweiligen Bedeutung »Frau« zu unterscheiden, Weiblichkeit einen anderen Wert als den vom männlichen Diskurs zugemessenen zu geben; und sie ermöglicht infolgedessen weibliches Sprechen, das begehrend, verweigernd, widerständig, bewußtseinsverändernd und freiheitlich ist.[117]

Wenn ich für diese vierfach unterscheidenden Benennungen des Verhältnisses Frau, Weiblichkeit und Sprechen plädiere, dann gerade aufgrund der unhintergehbaren Verflochtenheit von Politik, Anthropologie und Erkenntnistheorie, deren Konstellation von der feministischen Wissenschaft explizit thematisiert und als Ausgangspunkt des Denkens gewählt wurde: So fällt in einer Theoriebildung mit universalistischen Tendenzen, die das Eine denken will, die Geschlechterdifferenz und mit dieser das Frausein nicht nur unter den Tisch, sondern Frauen sind folglich auch auf der symbolischen Ebene des Denkens ausgeschlossen. Als historische Personen hingegen sind sie im Denken jedoch präsent und werden dann zumindest als Sonderfall, Beilage oder Anhängsel markiert, wenn das Alltägliche ins Spiel kommt. Dies führt regelmäßig zu seltsam widersprüchlichen anthropologischen Entwürfen, Beruhigungsstrategien und Verteidigungshaltungen, gerade auch von männlicher Seite.

Deshalb halte ich es für notwendig, auch das vierte Moment, nämlich den Ursprung des Sprechens zu benennen, im Begriff *Frau-Sprechen* als eigene Kategorie zu fassen und dem Sprechen der realen Frau somit auch eine eigene anthropologische, erkenntnistheoretische und politische Relevanz dadurch zu geben, daß es von den drei anderen Momenten unterschieden werden kann.[118] Frau-Sprechen signalisiert den *Wunsch* und den *Hinweis* auf die vorhandenen Selbstbezüge von Frauen in der Literatur. ›Weibliche Schreibweise‹ wiederum verweist »auf die Anteilnahme an der politisch-historischen Situation von Frauen.«[119]

1.5.1. Mimesis als re-konstruierende Praxis von Weiblichkeit

> *Politisches Denken ist ..., mit Hilfe der Einbildungskraft, aber ohne die eigene Identität aufzugeben, einen Standort in der Welt einzunehmen, der nicht der meinige ist, und mir nun von diesem Standort aus eine eigene Meinung zu bilden.*
> *Hannah Arendt*

Luce Irigaray hat »Mimesis« zur subversiven frauenbewegten Praxis erklärt, die Frauen eine Alternative dazu ermöglicht, sich der Logik des Männlichen und des Gleichen anzupassen. Damit greift Irigaray auf eine traditionelle philosophisch-poetische Praxis der Suche des Ichs nach ihrem/seinem Selbst zurück, die als Vermittlung zwischen Sozialem und Kunst verstanden wird. Mimesis beinhaltet eine mögliche Vermittlungsweise für Frauen zwischen diesen beiden Bereichen. Schreibende Mimesis versucht durch Schreiben die Welt im Text nachzuahmen und schreibt dabei die Geschlechterdifferenz und deren Deutungspotential in diese beiden ein. Insbesondere aber beinhaltet Mimesis dabei auch die re-konstruierende Praxis der Vermittlungswege zwischen realem Frausein und Weiblichkeitsbildern als »Kunstprodukten«.[120]

Traditionellerweise beinhaltet Mimesis eine ästhetische und anthropologische Dimension, die die unterschiedlichen Ausprägungen des Menschseins als »sich ähnlich machen«, »zur Darstellung bringen«, »sich ausdrücken« erst erlaubt.[121] Als ästhetische Kategorie bringt Mimesis eine Art der Vermittlung zwischen Kunst und Gesellschaft zur Sprache, denn sie beschreibt die Hinwendung der Kunst zur sozialen Wirklichkeit:[122] Mimesis bedeutet, sich selbst mittels Identifikation zu einem Anderen zu machen, und dabei den Anderen in sich selbst zu sehen, wodurch Veränderungen, Metamorphosen, Transformationen, Transpositionen bewirkt werden können –[123] Subjekt und Objekt sind nicht mehr zu trennen.[124] Als nachahmende Wiederholung beschreibt Mimesis eine Beziehung der Ähnlichkeit – die Identifikation ist lediglich scheinbar –, die zugleich eine der Differenz ist.[125] Mimesis, eine Geste, die zeitlich rückwärts gewandt etwas aufgreift, was schon (gewesen) ist, entpuppt sich als eine Wiederholung. Durch die Wiederholung nimmt das Andere für das Subjekt erst Gestalt an und wird wirklich.[126]

Da das wiederholende Subjekt aber ein anderes ist als noch im Moment zuvor, weil es aufgrund der Wiederholung selbst schon an einem anderen Ort und in einer anderen Zeit ist, eröffnet es einen Raum für Differenz. Durch die Nachahmung verändert sich das Subjekt selbst, so daß es sich bei der Imitation auch immer um eine verändernde Vorwärtsbewegung handelt. Mimesis ist infolgedessen nicht nur imitierend und re-präsentierend, sondern auch produktiv und kreativ.[127] Die imitierende Bewegung spielt sich dabei im Imaginären ab, ihre kreative Seite beruht auf der Bedeutungsstiftung durch imitatio.

Als Nachahmung ist Mimesis körperlich und imaginär. Als körperliche Handlung erschließt sie eine Erkenntnis und ein Wissen als praktisches Handlungswissen.[128] Als solche widersteht Mimesis der Spaltung der menschlichen Bereiche des Körperlichen, »der Erfahrung, des Handelns und des Erzeugens symbolischer Welten in einen Praxis- und einen Theorieteil; [sie] wendet sich gegen jede Aufgliederung, die so endgültig aussieht, daß jede Vermittlung sinnlos zu sein scheint. Während ihrer gesamten Geschichte verweist Mimesis auf die gegenseitige Durchdringung beider Bereiche, auf die Nichtanerkennung der Spaltung, auf die Erzeugung von Welten aus Symbolen und Erkenntnissen auf der Grundlage von Sinneserfahrung.«[129]

Damit erfüllt die Praxis der Mimesis eine der feministischen Forderungen der ersten Stunde, nämlich Körper mit Erkenntnis zu verbinden und damit der weiblichen Körperlichkeit eine Bedeutung für die Erkenntnis zuzubilligen, der männlichen aber ihre Partialität zuzuweisen. Da mittels Mimesis immer eine Beziehung zu etwas anderem eingegangen wird, beruht ihr Erkenntnisgehalt außerdem nicht auf dem Akt eines einzelnen, isolierten Erkenntnissubjektes, sondern ist »eine Angelegenheit eines Beziehungsgeflechts von Personen: Die mimetische Erzeugung einer symbolischen Welt nimmt Bezug auf andere Welten und ihre Schöpfer und schließt andere Personen in die eigene Welt ein. ... [Mimesis] anerkennt die Vermittlung zwischen Welten und Personen.«[130]

Auf diese Weise wird die Ekstase zum Merkmal der Mimesis. Andere nachahmend tritt eine Person ins soziale Gefüge ein. Während sie sich mit der Gattung identifiziert, strebt sie an, »Vieles, ja sogar die Gesamtheit zu denken und darzustellen.«[131]

Irigaray macht als Praxis der Mimesis deutlich, daß all diese Momente sie für Frauen als Praxis der Erkenntnis, Dekonstruktion und Rekonstruktion von Weiblichkeitsmustern im Diskurs prädestinieren. Mimesis ist eine Möglichkeit, die Funktionsweise des Diskurses zu destruieren. Sie bedeutet, daß Frauen die Rolle, die dem Weiblichen historisch zugesprochen worden ist, freiwillig übernehmen sollen, zumal ihnen diese Rolle im Diskurs auch zugeschrieben wurde.

»Was schon heißt, eine Subordination umzukehren in Affirmation, und von dieser Tatsache aus zu beginnen, jene zu vereiteln.«[132]

Frauen sollen »die Weise interpretieren-wiederholen, in welcher im Inneren des Diskurses das Weibliche sich determiniert findet: als Mangel, als Fehlen, oder als Mime und verkehrte Wiedergabe des Subjekts.«[133]

Mittels der Praxis der Mimesis können Frauen versuchen, »den Ort ihrer Ausbeutung durch den Diskurs wiederzufinden, ohne sich darauf einfach reduzieren zu lassen ... aber, um durch einen Effekt spielerischer Wiederholung das ›erscheinen‹ zu lassen, was verborgen bleiben mußte: Die Verschüttung einer möglichen Operation des Weiblichen in der Sprache.«[134]

Deshalb handelt es sich bei diesem Spiel also immer auch um einen Schein, was nicht übersehen werden darf. In Irigarays Arbeiten wird die mögliche Distanz zu diesem Schein mittels ironischer Distanzierung deutlich.

Der ästhetische Aspekt der Imitation kennzeichnet Mimesis als poetische Handlung, was bedeutet, daß gerade durch Imitation ein Möglichkeitshorizont des Allgemeinen entsteht. Insofern stellt die mimetische Praxis der Frau das dar, was von ihr nach den Regeln der Wahrscheinlichkeit und Notwendigkeit als »weiblich« betrachtet werden würde.[135]

Irigarays »Mimesis«-Konzeption verfolgt also ein Ziel: Sie versucht, die Leerstelle, die die Durchquerung der männlichen Diskurse offenbarte, neu zu besetzen. An die Stelle der patriarchalischen Verabsolutierung des Männlichen soll ein Symbolisches treten, in das die Geschlechterdifferenz eingeschrieben ist und das zugleich der Andersartigkeit der weiblichen Erfahrung Rechnung tragen würde.[136] Mimetisch-imitierend kann die Frau sich selbst berühren, Mimesis wird zur Möglichkeit der Selbstaffektion der Frau und kann auch in der Beziehung zu anderen

Frauen erkenntnisleitend sein. Die Beziehung zur Anderen = Zweiten aber stellt sich als »ein Wir aus Eins und Zwei« heraus, »die weder Eins noch Zwei sind.«[137]

Gebauer/Wulf zufolge bedeutet die Praxis der Mimesis dabei keine Unterwerfung unter hergebrachte Muster, sondern eine Akzeptanz der Arbeit von Vorgängern und Traditionen. Insofern stellt die Praxis der Mimesis ein Moment des dialogischen Interpretierens innerhalb einer genealogischen Bezugnahme auf Traditionen dar. Muraro wiederum kritisiert die andere Seite der Mimesis, nämlich daß mimetisches Sprechen auf einem Sagen beruht, »das nicht versucht, das zu sagen, was ist, sondern das, was andere gesagt haben oder sagen würden«.[138] Dadurch wird einerseits die Urteilskraft einer Frau lahmgelegt, andererseits wird eine Rede der Realität nicht gerecht, denn so bleibt sie logozentristisch.

1.5.2. Spiegelungen: Die sich selbst verdoppelnde Frau

> *Die großen Aufregungen des Ich entstehen durch die Auseinandersetzung mit sich selbst.*
> *Ingeborg Bachmann*

> *Die Gemeinplätze der Verständigungstexte müßten zersetzt werden, um das Avantgardistische des anderen Blicks durchzusetzen.*
> *Renate Lachmann*

Die Fremdheit, das Unbehagen und der Mangel an sinnstiftenden Identifikationsmöglichkeiten waren in den 70er Jahren das Movens vieler Frauen, frauenbewegt identifiziert/infiziert und/oder politisch zu werden. Als Gegenstrategie gegen die Identifizierung mit der männlichen Ordnung galt Schwesterlichkeit im Sinne davon, das Gemeinsame, »Gleiche« zwischen dem eigenen Selbst und dem anderer Frauen herauszufinden ebenso wie die gemeinsame Betroffenheit »als Frau« zu erkennen. Die selbsterfahrungsorientierte Spiegelung, Bestätigung und solidarische Stütze anderer Frauen aufgrund des Gemeinsamen begründete die Programmatik der frauenbewegten Praxis in den 70er Jahren. Mit der Spiegelung war die Hoffnung verbunden, daß die Frau ein neues Verhältnis zu sich gewinnt.

»Die Frau kann das neue Verhältnis zu sich nur über andere Frauen entwickeln. Die Frau wird der Frau zum lebendigen Spiegel, in dem sie sich verliert und wiederfindet.«[139]

Intimität, Privates, Sexualität, geschlechtsspezifische Arbeitsteilung, Präsenz in der Öffentlichkeit und die damit verbundene Sprache bzw. zunächst das Schweigen und Erfinden einer neuen Sprache wurden zugleich Programmpunkte der programmatisch von Frauen verfaßten Literatur. »Die identifikatorische Spiegelung im erzählten Lebenslauf« mit dem Anspruch von Frauen, repräsentiert zu sein, schuf regelrecht ein neues Genre der Literatur. Jedoch auch hier wurde vor allem wegen der beanspruchten Repräsentativität schnell ein Unbehagen laut, diesmal von seiten der Literaturwissenschaftlerinnen den Autorinnen und Leserinnen gegenüber. Hauptsächliche Kritikpunkte sind die universalistische Repräsentationslogik, die Distanzlosigkeit und affektbetonte Situationsabhängigkeit, mittels derer Erfahrungen, Urteile, Entscheidungen und Handlungen so ohne weiteres auf andere Frauen übertragen würden, ebenso wie der stilisierende Akt der narzißtischen und beinahe größenwahnsinnigen Selbstbespiegelung der Frau als Einer, Ganzer und allmächtig Ohnmächtiger,[140] die in diesem Literaturgenre nur bestätigt würde.[141]

Die Spiegelung in der anderen Frau verspricht einer Frau, so die frauenbewegte Vorstellung, zu sich selber in ein befreiendes und autorisierendes Verhältnis zu kommen. Der Spiegel, in dem die Blicke der anderen reflektieren, ermöglicht die Vorstellung von Ganzheit, Identität und Selbstentwurf. Es kann jedoch ein kontraproduktives Körper-an-Körper-Sein[142] mit anderen Frauen zum Resultat haben, verursacht durch das Fortwirken einer unverarbeiteten, problematischen, frühkindlichen Abhängigkeit. Diese Abhängigkeit erschwert Bewußtseinsbildung und Denkprozesse, das »Handeln und Denken, als Voraussetzung von Ich-Stärke, scheinen gewissermaßen blockiert«;[143] genauso ist der

Übergang von der Wahrnehmungsidentität zur Denkidentität blockiert, die auf der Distanz zu sich selbst im Sinne der notwendigen Selbstbeurteilung bzw. auf der Fähigkeit beruht, Differenz und abweichendes Urteil von Seiten der anderen produktiv zu verarbeiten. Identifizierende Spiegelung, derart praktiziert, kann des weiteren eine Weise der Anpassung beinhalten, die, darauf weist Waltraud Gölter hin, für Frauen dann mit dem Patriarchalisch-Väterlichen strukturell-symbolisch identisch wäre, wenn dabei die Verinnerlichung gesellschaftlicher Werte *vor* dem eigenen Urteil liege. Diese Verinnerlichung verhindere wiederum ein freiheitliches, jenseits des Patriarchalischen mögliches Frausein.[144] Interessant ist Gölters Kritik auch deshalb, weil sie einen neuen Aspekt des Patriarchalen thematisiert, nämlich dessen geschlechterdifferenzierte kommunikationspolitische Struktur: patriarchale Kommunikationspolitik beruht auf der Anpassung und Verinnerlichung gegebener Werte vor dem eigenen weiblichen Urteil und dessen Tradierung.

Spiegelrelationen zwischen Frauen sind aus diesen Gründen fragwürdig geworden.[145] Allerdings leben Menschen nicht für sich, sondern erfahren sich über die Beziehung zu anderen Menschen. Zu fragen bleibt auch hier, wie der Prozeß der Spiegelung neu verstanden werden kann. Beachtenswert ist, daß Gölter zwei verschiedene Möglichkeiten der Spiegelung anspricht, die sich – Freud zufolge – in die schon genannten Vorgänge Wahrnehmungsidentität und Denkidentität differenzieren lassen. Bei der Wahrnehmungsidentität handelt es sich um einen Primärprozeß, bei dem versucht wird, jenes Erlebnis wiederherzustellen, das mit der Befriedigung des Bedürfnisses verknüpft ist bzw. das mit dem Bild des Objektes identisch ist, das in der Vergangenheit schon einmal befriedigen konnte.

Die allein bestätigende Anerkennung – in der Spiegelung mit anderen Frauen – jedoch ist regressiv. Die Denkidentität dagegen ist an das deutende Wort/die Sprache, an das Bewußtsein und an das Ich gebunden und basiert auf dem Versuch, eine *kritische* Wahrnehmungsidentität zu gewinnen, indem das reine und unmittelbare Lustprinzip durch das Realitätsprinzip modifiziert wird. Diese Modifikation erfolgt durch die Konfrontation mit schon gemachten Erfahrungen und deren *Beurteilung*, durch das Verstehen der Verbindungswege zwischen den Vorstellungen »Ich« – »die Andere«, durch die Konfrontation mit der Außenwelt, durch das, was andere dazu sagen, ebenso wie durch die Konfrontation mit dem, was unangenehm ist und dem Lustprinzip regelrecht widerspricht, aber dennoch zu sinnvollen Veränderungen führen kann.[146]

Farideh Akashe-Böhme differenziert in diesem Sinne den Akt der spiegelnden Verdoppelung, was Frauen betrifft. Der Blick in den Spiegel ist für Frauen erfahrungsgemäß ein prüfender Blick, einer, der sie mit ihrem Begehren konfrontiert. Er ist dann nicht narzißtisch, wenn, spätestens auf den zweiten Blick, die Unterscheidung zwischen der imaginären Einheit und Gleichheit und der realen Andersheit der anderen bewußt wird. Zumal jede Spiegelung in den Blicken von anderen Personen auf sich selbst begründet ist. Das heißt, die Blicke der anderen gehen der Selbstwahrnehmung voraus und sind für das Selbstbewußtsein, die notwendige Selbstobjektivierung und die Gestaltung der zwischenmenschlichen Beziehung konstitutiv.[147] So ist der Spiegel immer auch Stadium der Differenzierung, der Distanz zu sich selbst und der Aufmerksamkeit für andere.[148] Der Spiegel wird Ort der Selbstbefragung, Selbstanalyse und Selbstkritik.[149] Die Ausbildung einer kritischen Wahrnehmungsidentität wird als Spiegelungs- und Verdoppelungsprozeß deutlich, der durch die Selbstwahrnehmung, die Begegnung mit anderen und deren Wahrnehmungen und Äußerungen, deren Aufforderungen, Deutungen und Beurteilungen sowie der Suche nach Gegenwärtigkeit und Achtung geprägt ist. Achtung veranschaulicht die Anerkennung der Bedingtheit einer Person gerade in Anbetracht ihrer Unvollkommenheit und ihrer Angewiesenheit auf den Blick der anderen.

Spiegelnde Selbstberührung, spiegelnder Selbstbezug sind demnach »logisch nicht realisierbar. Es geht darum, ein Spiel zu wagen: Weibliches bzw. Weiblichkeit in ein Frage- und Antwortspiel zu verwickeln, dessen Sinn und Widersinn nicht nur den

Verstand als erste Instanz in dieser Frage nach der Weiblichkeit entsetzt, sondern ihn in Abhängigkeit zur Weiblichkeit versetzt«[150] – mithilfe der Beziehung zwischen Frauen.

Während die Vorstellung der sich im Spiegelbild der anderen Frau verdoppelnden Frau so *die Beziehung unter Frauen* zum Zentrum von weiblicher Identitätsfindung, Interpretation und Politik macht, wurde Mimesis von Irigaray im Hinblick auf *das Verhalten* Weiblichkeitsbildern gegenüber konzipiert. Allerdings gibt es auch einen Qualitätsunterschied, was die Art und Weise der Beziehung betrifft: Mimesis bringt zum einen das Sich-selbst-Sein und das Sich-selbst-Bleiben trotz Anpassung und Angleichung zum Ausdruck,[151] zum anderen das Nichteindeutige im Gegensatz zur Eindeutigkeit und imaginären Einheit (mit sich selbst und der anderen), die das Spiegelbild vorzuspiegeln scheint, besonders, wenn es als einfache Verdoppelung verstanden wird;[152] außerdem kehrt Mimesis das körperfeindliche Verhältnis um, das den Körper zum Objekt oder zum Instrument der Darstellung macht, denn jede Nachahmung ist ein körperlicher Akt, bei dem die Darstellung mit dem Denken, die Form mit dem Inhalt untrennbar verbunden wird.[153] Zugleich betont Mimesis das Unmittelbare der nachahmenden Beziehung. Insofern wären beide Momente zu kombinieren, wobei insbesondere die Notwendigkeit der Denkidentität eine kritische Mimesis erforderlich macht, mimetische Nachahmung und Distanz zu sich selbst ins Wechselspiel miteinander kommen müssen.[154]

1.5.3. Hysterie oder die Notwendigkeit der Vermittlung

> *... wenn man »Mutter« sagt, dann sind damit auch alle Vermittlungen, alle Ersetzungen gemeint.*
> *Helene Cixous*

Die Beziehung zwischen Frau, Sprechen und Begehren, die Möglichkeit des Sagens und dessen politische Dimension thematisieren Irigaray, Gallas, Schuller, Lindhoff und Muraro mittels des Sprechens der Hysterikerin.[155]

»Hysterie« ist mit einer Subjekt- und mit einer Identifikationsproblematik verknüpft und produziert eine eigene Weise von Sinnbildungsprozessen:[156] Da beim hysterischen Sprechen die Ich-Instanz weder kontrollieren noch steuern kann, wird einer hysterischen Sprecherin kein Subjektstatus zugesprochen. Und weil die Hysterikerin nicht weiß, was sie antreibt und was sie wünscht, ist sie sich über ihre Identität im Unklaren. Diese beiden Momente charakterisieren allerdings auch ein jedes Sprechen. Das sprechende ebenso wie das hörende Subjekt wird vom Begehren getrieben; die Tatsache, daß das Subjekt sein Begehren ständig verfehlen muß und darum nie mit sich selbst identisch werden kann, ist desgleichen hysterisches Moment des Sprechens.[157] Insofern kann eine Auseinandersetzung mit dem Sprechen der Hysterikerin zu wichtigen Erkenntnissen über Sprechen an sich führen.

Die Effekte des hysterischen Sprechens sind für die feministische Auseinandersetzung mit »Hysterie« vor allem aufgrund zweier Punkte ausschlaggebend. Subjekttheoretisch gilt Hysterie erstens als »manifester Gegenbeweis gegen die bewußtseinsregulierte, transzendentale Einheit« des sprechenden Subjekts.[158] Daher kann anhand hysterischen Sprechens die andere Seite, das Sprechen eines »vernünftigen« Subjekts studiert werden.

Und zweitens ist Hysterie traditionellerweise mit weiblichem Sprechen verbunden, »in der Rede über Hysterie wird über Frauen verhandelt.«[159] Mittels des Verständnisses des hysterischen Sprechens kann die Entfremdung der Frau und ihre Identifizierung mit dem Männlichen studiert und, da die Hysterikerin die vollständige Identifikation mit dem Männlichen verweigert, die Möglichkeit eines weiblichen Sprechens aufgespürt werden, das vom eigenen Begehren ausgeht.[160] Das Sprechen der Hysterikerin erweist sich dabei, so Luce Irigaray und Luisa Muraro, als zentrale Artikulationsweise des weiblichen Begehrens.[161] Es erweist sich als eine Artikulationsweise, die auch in Literatur übergeht.[162]

Schon Sigmund Freud führte in seinen Untersuchungen zur Hysterie vor, daß hysterische Symptome Materialisierungen und Erinnerungssymbole von kulturellen Zuschreibungen an Frauen, von Versuchen, Frauen zu normieren, von traumatisch wirksamen Erlebnissen, unerwünschten Diskrepanzen, schmerzlichen Tatsachen, unüberbrückbaren Widersprüchen und der Konfrontiertheit des Weiblichen mit seiner (scheinbaren) Nicht-Identität sind. All diese Phänomene können sich bei Frauen in Sprach- und Ichlosigkeit niederschlagen.[163] Die bildhaften Symbolisierungen des weiblichen Körpers, Medium des weiblichen Begehrens, lassen nach dem Mangel fragen, dem das Weibliche als Weibliches ausgesetzt ist:[164] Im Sprechen der Hysterikerin zeigt sich »die kulturelle Spaltung des Weiblichen in eine ›andere‹ (die Frau als ein scheinbar ›identisches‹ Individuum, das aber als Subjekt von sich selbst entfremdet und verfügbares Objekt des Mannes ist) und eine ›Andere‹ (die Frau als Trägerin des Fremden, Heterogenen, aus dem männlichen Selbstbild Ausgegrenzten)«.[165]

Hysterie läßt sich als veränderte weibliche Selbstrepräsentanz lesen, als Diskrepanz zwischen dem Erleben der Frau und ihrem äußerlichen Erscheinungsbild. Sie läßt sich lesen als ein Befinden der sprechenden Frau, »der *sie sich selbst quasi anders* erleben und in den Augen der umgebenden Personen *anders als sie ist erscheinen läßt*«.[166]

Diese unbewußt angelegte Änderung des eigenen Selbsterlebens und des eigenen Erscheinungsbildes erfolgt dabei nicht richtungslos:

> »Sie geschieht nicht in ubiquitärer und unspezifischer Weise, *sie bezweckt ausgesprochen und zielgerichtet die neurotische Entlastung von einem intrapsychischen Konflikt.*«[167]

Das hysterische Sprechen ist nicht primär ein Sprechen mit Worten, sondern – ebenso wie Mimesis – in erster Linie ein Sprechen mit dem Körper unter Abwesenheit der »Vernunft«. Es ist genausowenig ein Sprechen über den Körper, sondern der Körper spricht selbst.[168] Er äußert sich in psychosomatischen Symptomen und zeigt das weibliche Begehren als Latenz, Leiden und Lähmung.[169] Die Ursache dieser Wahl des Selbstausdrucks ist die Verweigerung der Identifizierung mit der vorgegebenen (männlichen) Sprache und den androzentrischen Identitätsangeboten an Frauen.

Die Verweigerung der Hysterikerin ist eine Reaktion auf die kulturelle Verdrängung des eigenen weiblichen Begehrens und der Verhinderung einer weiblichen Beziehung zur (verbalen) Sprache und Kultur. Diese Verhinderung klagt sie durch ihre besondere Sprechweise unentwegt ein. Denn im hysterischen Sprechen spricht die Frau das, was sie wünscht, »in der Weise einer gelähmten Gestik, eines unmöglichen, sogar verbotenen Sprechens ... Es spricht als Symptom von so etwas wie: es läßt sich weder aussprechen noch aussagen ... Und das Drama der Hysterie besteht in der Aufspaltung zwischen dieser Gestik, diesem Begehren, die in ihrem Körper gelähmt, eingeschlossen sind, und einer Sprache, die sie ... gelernt hat, einer Sprache, die mit den ›Bewegungen‹ ihres Begehrens in absolut keinem kontinuierlichen oder natürlich metaphorischen Zusammenhang steht.«[170]

Gerade daß es sich beim hysterischen Sprechen um eine Verweigerungstaktik handelt, macht deutlich, daß die Ein- und Unterordnung in den männlichen Diskurs nicht (ganz) gelingt. Denn das, was der Hysterikerin bleibt, ist der Widerstand bei gleichzeitiger Lust an der Bedeutungsbildung.[171] Damit ist die Hysterie ambivalent.[172] Einerseits ist sie dem Gesetz des Vaters verhaftet und mit dem Männlichen auf vielfältige Weise identifiziert. Andererseits klagt die Hysterikerin »ein Unerfülltes ein, das sich mit einer ausstehenden weiblichen Selbstidentifikation und der verdrängten präödipalen Beziehung zur Mutter in Zusammenhang bringen läßt«.[173]

Diese Ambivalenz macht das Begehren der Hysterikerin zu einem paradoxen Begehren. Ambivalenz macht das hysterische Begehren zu dem Begehren, ein unbefriedigtes Begehren haben zu wollen, weil sie es dort, wo sie es zu erfüllen sucht, nicht erfüllen kann.[174] Zugleich hält gerade das hysterische Moment der Objektliebe und dem damit verbundenen Sprechen das Begehren aufrecht:

»Der Ausweg, den sie einschlägt: das eigentliche Begehren wird durch die Nicht-Befriedigung aufrecht erhalten.«[175]

Die Hysterie läßt sich also als Scheitern der symbolischen Ausdrucksfähigkeit des Begehrens interpretieren.[176] Die bisherige symbolische Einordnung genügt nicht, und eine neue ist noch nicht gefunden.[177] Die Verweigerung, viel mehr jedoch die richtungsweisenden Symptome bieten Anhaltspunkte dafür, inwiefern Begehrens- und Handlungsmöglichkeit in dieser Position verstellt sind. Konflikte und Wünsche werden zugleich ablesbar, bisherige Lösungswege problematisierbar und andere können gesucht werden. Die Beziehung zwischen Veranlassung und Symptom hat dabei symbolischen Charakter, dessen Symbolgehalt wiederum deutbar ist.[178] Die Hysterikerin zum verbalen Sprechen zu bringen, heißt, das weibliche Begehren zum Sprechen zu bringen und diesem ein Symbolisches zu geben.

Freuds psychoanalytische Methode stellt dazu ein Verfahren bereit, das ermöglicht, die Symptome aufzuheben und durch bewußte Gedanken zu ersetzen.[179] Eine *Übersetzung* der Symptome auf die Ebene des Symbolischen mit Hilfe der Deutung durch andere wird (in der Psychoanalyse, aber auch im kulturstiftenden Diskurs) *Voraussetzung* der Genesung, »die Vervollständigung des Diskurses der Hysterie ist also die Notwendigkeit der Vermittlung, es ist das Bewußtsein von der notwendigen Vermittlung.«[180]

Durch die deutende Vermittlung von anderen können die Assoziationsfäden gefunden und aufgenommen werden, so daß der ursprüngliche Sinn des Begehrens entdeckt werden kann.[181]

Anknüpfungspunkt der Hysterie ist die Kindheit und die Liebe des Kindes zur Mutter. Dabei handelt es sich bei dem, was die Hysterikerin sagt, um »das, was sich nicht ausspricht im Verhältnis der Frau zu ihrer Mutter, zu sich selbst, zu anderen Frauen«.[182] Insofern die Hysterikerin für das Problem der Sagbarkeit steht, insofern ist die Mutter demnach der »Ort des Anderen, von dem Sprache ausgeht.«[183]

Die Sprache wiederum formuliert ständig den Anspruch »auf

permanente Präsenz der Mutter«,[184] denn diese ist das erste Subjekt, das sich dem Kind mittels Sprache nähert und, weil es die Möglichkeit des (Die-Sprache-) Liebens auf sich zieht, das erste Objekt von dessen Begehren und Sprache.[185]

Die Symptome der Hysterikerin weisen auf das Begehren nach der mütterlichen Präsenz hin, das sich in der ständigen Verwerfung des Vorgegebenen äußert. Damit führen sie eine besondere Konstitution des weiblichen Ichs vor. Sie zeigen, daß das »weibliche« Ich in der Dekomposition seiner Festschreibungen, seiner Bilder und seiner Identifikationen entsteht, wie es sie in einer am Vater orientierten symbolischen Ordnung vorfindet.[186]

Statt das Vorgegebene zu akzeptieren, will die Hysterikerin die Kindheit immer wieder von neuem zur Realität erwecken und die Gegenwart nach der Bedeutungsgebung der Kindheit korrigieren.[187] Insofern lebt die Hysterikerin in zwei Welten: Sie verdoppelt die »Welt in eine Welt des Werdens und Vergehens und in eine unwandelbare Welt. Die erste ist die Welt unserer Erfahrungen; sie ist dem Widerspruch von Sein und Nicht-Sein ausgesetzt, aber sie ist nicht absurd, nicht irreal, nicht dem Nichts gleich, dank ihrer Beziehung zur unwandelbaren Welt.«[188]

In beide Welten wirkt und zwischen beiden Welten vermittelt – wie das hysterische Phänomen aufzeigt – die Mutterbeziehung:

> »Das, was die Hysterikerin nicht verdrängen will und zum Sprechen bringt, ist die präödipale Mutterbindung: eine Liebesbeziehung jenseits des Phallus, in der das Mädchen aktiv begehrte, noch nicht zur Passivität und Bedeutungslosigkeit der weiblichen Rolle verurteilt war ... Die Symptombildung klagt ein uneingelöstes Liebes- und Lustversprechen ein, das der präödipalen Mutterbindung entstamme.«[189]

Dabei hat die Hysterikerin die Wahl getroffen, ihre Mutterbindung auszudrücken, auch wenn ihr die dazu geeigneten sinngebenden symbolischen Mittel fehlen. Deshalb plädiert Muraro dafür, »die expressive Entscheidung der Hysterikerin von den Konsequenzen der Unterwerfung unter die männliche Macht zu unterscheiden.«[190]

Denn von der Position der Hysterikerin und ihren Symptome

ausgehend eröffnet sich ein breites Spektrum an Varianten der gelingenden weiblichen Selbstidentifikation, wenn sie in bezug auf das Verhältnis zur Mutter und zugleich zu sich selbst und zu anderen Frauen gedeutet wird. Zumal die Position der Hysterie »kein pathologischer Fall mit einem bestimmten klinischen Befund, sondern eine Struktur, die unerläßlicher Bestandteil jeden kreativen Diskurses«[191] und folglich nicht aufhebbar ist. Deshalb fordern die Philosophinnen Luce Irigaray, Luisa Muraro und Angela Putino dazu auf, die hysterische Position einzunehmen und sich »den Genuß der unvermittelten Fruchtbarkeit zu gestatten«.[192]

Die Mutter, die die Hysterikerin sucht und durch ihre Symptome zu ersetzen versucht, ist folglich nicht vollständig ersetzbar und die hysterische Position infolgedessen nie ein für allemal überwindbar:

> »Die Hysterie ist eine innere Mutterbindung, die einen Mutterersatz nicht akzeptiert.«[193]

Das hysterische Symptom zeigt also, daß Ersatzbildungen als Ersatz erkennbar sind. Zugleich geben diese Ersatzbildungen die Mutter aber gerade auch dadurch zurück, daß sie erlauben, die Mutter zu vergegenwärtigen. Aufgrund dieser paradoxen Struktur bleibt die Position der Hysterikerin nicht aufhebbar. Die kreative Seite des hysterischen Sprechens wird allerdings in dem Augenblick fruchtbar, wenn andere sie übersetzen und dadurch in dieser Situation die Mutter »zurückgeben«.[194]

Gefährdet ist die kreative Seite des hysterischen Sprechens dann, wenn es keine Vermittlung durch andere findet. Da »die hysterische Mutterbindung – aus dem Unmittelbaren heraus und ohne Ersatzfiguren – keine Tradition hat, bringt sie viele Frauen in eine schwierige Körper-an-Körper-Beziehung mit der Mutter.«[195]

Ein anderes Problem der Vermittlung ist, daß die Hysterikerin Zuschauer braucht, die ihr Spiel und infolgedessen die androzentrische Identifikation bestätigen, es dadurch auch erlauben und so zu Komparsen werden. Hier ist es dringend notwendig, zwischen der das hysterische Moment bestätigenden Zuschauerin und der Zuschauerin zu unterscheiden, die das mögliche Begehren mit Distanz und kritisch-übersetzend zu deuten versucht – ihre Worte können das Realitätsprinzip stiften.[196]

Auf die Frage jedoch, wie die Entscheidung der Hysterikerin, die Mutterbeziehung zum Ausdruck zu bringen, zum Tragen kommen kann, ohne daß dies die Anpassung ans Männliche bedeutet und ohne daß ein Muttterersatz an die Stelle der »symbolischen Mutter« gesetzt werden braucht, findet Muraro bei Melanie Klein eine Antwort. Der Akt, die Mutterbeziehung zum Ausdruck zu bringen, beginnt »mit der Anerkennung oder Dankbarkeit [...] mit dem Anerkennen der Tatsache, daß der Ersatz eine Rückerstattung ist [...]. Für diese Art der Mutterbindung [ist] der Ersatz als Rückerstattung [...] nie Ersatz durch etwas anderes als die Mutter selbst [...].«[197]

Die Dankbarkeit für das mütterliche Geschenk, Worte zu bekommen, um Erfahrungen und Wahrheit sagen zu können, führt zur Möglichkeit des Sprechens und Mitteilens.

Bei Muraro sind Mutter und Sprache gleichermaßen ursprünglich für das Individuum, denn die Mutter – oder ihr Ersatz – schenkt dem Kind Sprache:

»Wir lernen das Sprechen von der Mutter, und diese Aussage definiert, wer die Mutter/was die Sprache ist.«[198]

Wenn Sprache und Mutter aber identisch sind, dann kann das Begehren nach der Sprache als genauso primär gelten wie das nach der Mutter. Es ist ein »symbolischer Hunger«, ein Hunger nach Sinn.[199] Während Gallas betont, daß dieser Hunger *nie* gestillt werden kann, weil seine Befriedigung immer versagt wird,[200] legt Muraro Wert darauf, die Möglichkeiten aufzuzeigen, wie dieser Hunger *immer wieder* gestillt werden kann: durch die Möglichkeiten des Mitteilens und des Austauschs mit anderen.[201]

Sich immer wieder diesen Wunsch nach Sinn anzueignen, erlaubt Texte, die selbst von diesem Wunsch zeugen. Was sagt die hysterische Beziehung zum Wort nun über die Beziehung zum Text? Gallas arbeitet heraus, daß das Schreiben eines Textes den Hunger nach Sinn zu erfüllen sucht und ihn zugleich nie erfüllen kann – er spricht also gemäß einer hysterischen Struktur.[202] In dem Sinne, daß ein Text die Welt verdoppelt wie ihn die Symptome des Körpers der Hysterikerin in ein ursprüngliches und ein unechtes Begehren verdoppeln, und in dem Sinne, daß die Ersatzbildung »Text« als Ersatz erkennbar ist, ließe sich auch die Beziehung zwischen einem jeden Text, der AutorIn, die in diesen ihr Begehren einschreibt,[203] und der den Text sowie dessen Ursprung deutenden LeserIn als hysterische Beziehungsstruktur verstehen:

Der Text, indem er gleichzeitig auf seinen eigenen Ersatz- und Stellvertretercharakter und auf das ursprüngliche Begehren nach Sinn verweist, ist eine der Ersatzfiguren der Mutter. Auch er ist wie sie, weil er Sprache ist. Er ist wie sie, indem er begehrt wird und auf die Mutter als Quelle des Begehrens verweist. Auch er ist wie sie nie einholbar, denn auch er hat, wie jede Ersatzfigur, lediglich eine verweisende Wirkung, die ihren (mütterlichen) Ursprung aktualisiert: Gallas beschreibt den Text als Produkt einer Wunscherfüllung, die sich an ein Erinnerungsbild haftet, wobei diejenige/derjenige, die/der einen Text schreibt, sich den Wunsch dadurch erfüllt, daß sie/er ihn (sich) mittels der Schrift anerkennt.[204] Die schreibende Suche der Autorin/des Autors im Text läßt diesen als eine Ersatzbildung verstehen, die kein »Objekt« im Sinne eines konkreten Anderen bildet. Denn der Text(körper) braucht aufgrund seiner Offenheit Deutungen. Zugleich verweist er unendlich an das mütterliche Erinnerungsbild zurück und erlaubt, dieses zu vergegenwärtigen: Er kann selbst zu einer Vermittlung der Welt durch mütterliche Sprache werden. So vergegenwärtigt sich die Autorin durch schreibendes Sprechen, was sie zu sagen hat. Sie sucht nach Worten für eine eigene Darstellung und die Vermittlung an andere. Der Leserin kann der Text, ein ihr fremdes, aber begehrtes Objekts, durchaus eine mütterliche Vermittlungsinstanz sein. Sie kann sich durch seine Worte nähren, wenn diese ihr etwas Unsagbares für den Augenblick sagbar machen.

Jede Interpretation wiederum zeigt, daß sie lediglich ein Ersatz des Ersatzes ist, die auf mehrfache Weise *anstelle* spricht: die *anstelle* des Textes spricht, auf den sie unendlich verweist, und anstelle der Mutter, zu der das Begehren drängt. Zugleich verlangt der Text danach, »gerettet« zu werden, indem er gedeutet wird.

Mit ihm verlangt die Mutter gerettet zu werden, indem sie durch den Text gedeutet wird. – Sie/Er soll nicht dem Nichts überlassen werden – den »Text retten« kommt der Verbindung der gegenwärtigen Lese-Erfahrung mit der primären Mutterbeziehung und der Deutung dieser Erfahrung durch die Mutterbeziehung gleich.[205]

1.6. *Mutter-Sprechen – mütterliches Sprechen*

Wie die Hysterikerin vor Augen führt, verweist das hysterische Moment der Rede unaufhörlich auf »die Mutter« und demonstriert, daß sich ein jedes Sprechen an der Mutter als erstem Liebesobjekt zurückorientiert.

> »Nicht nur Lesen, sondern jede Art der Imagination ist ... ein Versuch, sich des für immer verlorenen Objekts, der archaischen Mutter zu bemächtigen.«[206]

Jedes Sprechen ist ein *die-Mutter-Sprechen.*[207] Das nie erfüllbare Begehren der Hysterikerin nach der Mutter und ihre unaufhebbare Position zeigen dabei an, daß der Wunsch, die Mutter zu lieben, etwas Absolutes ist. Dieser Wunsch verdeutlicht das Begehren, die Mutter als Sinn des Seins lieben zu wollen. Die Mutterliebe der Hysterikerin zeigt ferner, daß diesem absoluten Wunsch das gleichzeitige absolute Sagen und Sein-Wollen entspricht;[208] daß dieses Sagen im absoluten Sinne aber immer auch scheitern muß, weil die Mutter unsagbar ist. In diesem Sinne bewegt sich die Hysterikerin *zwischen* Sagbarkeit und Unsagbarkeit, *zwischen* unendlicher Negation und Positivität, *zwischen* Unendlichem und Endlichem, *zwischen* Abwesenheit und Anwesenheit, *zwischen* ewigem Zweifel und Wahrheit.

Die Bewegung zwischen diesen Polen gelingt der Hysterikerin dadurch, daß sie individuelle Erfahrungen und den Sinn des Seins in ihrem Körper miteinander verknüpft – in ihrem Körper bringt die Hysterikerin die Erscheinungen der Gegenwart mit dem Unwandelbaren ihrer Erinnerungen in Verbindung:

»Die ›Erscheinungen retten‹ oder auch die Realität der Welt unserer Erfahrungen sichern [kommt] der Verbindung der gegenwärtigen Erfahrungen mit der primären Mutterbeziehung und der Deutung jener [Erfahrungen] durch diese [Mutterbeziehung] gleich.«[209]

So läßt sich die Mutterbindung als eine Beziehung verstehen, die die kulturellen Trennungen zwischen Körper und Geist, Subjekt und Objekt, zwischen einzelnen Individuen,[210] aber auch die zwischen Erfahrung und Idee und zwischen Sagbarkeit und Unsagbarkeit unterläuft. Ein solch unterlaufendes Verfahren macht außerdem deutlich, daß auch das Väterliche dem Mütterlichen zugeordnet wird und das Mütterliche Ursprung des Väterlichen ist: Sprache als Ort des Symbolischen wird in der Nachfolge Lacans als väterlich charakterisiert. Der Name des Vaters repräsentiert den Eintritt ins Symbolische als die Trennung vom Mütterlichen, sein Name verkörpert den Zugang zum Geistigen. Nach Lacan wäre das Sagbare, Positive, Endliche, Anwesende ebenso wie die Gewißheit nicht mehr möglich, denn der reale Vater ist als Urheber und Erzeuger nicht eruierbar. Infolgedessen sind an die Stelle der Seinsgewißheit Ungewißheit und Zweifel getreten.[211]

Muraro widerlegt diese Position in »Die symbolische Ordnung der Mutter«. Für sie gibt es das Sagbare, Positive, Endliche, Anwesende und Wahrheit aufgrund von Vermittlung zumindest immer im gegenwärtigen Kontext. Die Möglichkeit der kontextuellen Sagbarkeit und Wahrheit unterscheidet die mütterliche von der väterlichen Ordnung. Denn in jener gäbe es entweder absolutes Sein oder Nichts.[212] An der Frage, ob der Vater etwas eigenes ist, entscheidet sich, welchen Einfluß der Vater überhaupt hat und inwiefern er das Symbolische und das Geistige markiert.[213] Denn ist das Väterliche ein (schlechter) Ersatz der Mutter, dann wäre es selbst und das, was es symbolisiert, gleichfalls (verstelltes) Mütterliches. Das Väterliche wäre folglich vom Mütterlichen nicht trennbar und müßte dieses als Voraussetzung an-erkennen.[214]

Das mütterliche Sprechen charakterisiert Muraro wie folgt: Alles ist sagbar. Zwar ist es schwierig, Worte zu finden, die mit dem Bedürfnis, das sie bewegt, korrespondieren. Und oft wandelt sich die erahnte Sagbarkeit blitzartig in eine Täuschung, weshalb eine Darstellung als Lüge erscheinen kann. Diese Komplikation interpretiert Muraro anhand des mystischen Sprechens jedoch als:

> »Ergebnis der unerschöpflichen Tiefe dessen, was sich darstellen will. Eine lebendige Sprache zu schreiben war, wie eine Brücke zwischen der äußeren Welt und der verschwiegensten Intimität zu spannen, und diesen unbekannten Weg kam die Wahrnehmung, behindert durch das doppelte linguistische Regime, das der Wirkmacht und das der Fragilität der Worte.«[215]

Insbesondere die Schrift als Schrift einer lebendigen Sprache steht, so Muraro, vor dem Paradox, etwas abgründig Intimes und Verborgenes, kaum Erinnerbares und Benennbares darzustellen, dessen Ursprung wiederum in der Kindheit liegt. Lebendig ist die Schrift dann, wenn es ihr gelingt, die sprechende Stimme einzufangen und sie im Text als etwas wiederzugeben, das die Inhalte und die gesagten Dinge im Hinblick auf ihr symbolisches Mehr öffnet.[216]

> »Die Stimme: Botschafterin der Kindheit, in die die intimsten Gefühle und die unauslöschbare Spur der ältesten Beziehung eingeprägt sind, die der mütterlichen Beziehung nämlich, erziehbar, aber nicht beherrschbar, eigentümlich akzentuiert durch eine nicht konventionelle Wahrheit.«[217]

Die mütterliche Sprache ist an den zwischenmenschlichen Beziehungen orientiert, an der Bedeutung des Geschehenen, offensichtlich auch an einer »codifizierten Sprache, die jedoch näher am täglichen Leben als am Gesetz beheimatet ist« und die sich deshalb vor allem den Erfahrungen[218] und deren Darstellung verpflichtet sieht.[219]

Genealogisch gedacht, handelt es sich beim *mütterlichen Sprechen* darum, mit der Mutter zu beginnen und sich an ihr zu orientieren.[220] Mütterliches Sprechen markiert das Verhältnis zur Mutter beim Sprechen, wie es sich auf Mütterliches bezieht, wie es sich zum Ursprung, zur Geburt, der Materie, dem Kontext, dem Geistigen und deren Verwobenheiten verhält:[221] Mutter-Sprechen ist Sprechen »für die Mutter, zu ihr, von ihrer Position ausgehend, an ihrer Stelle, im Auftrag von ihr und zu ihren Gunsten, im Andenken an sie und um sie zu ehren«.[222]

Marianne Hirsch schlägt des weiteren vor, mit zwei Stimmen zu sprechen: Mit der Stimme der Mutter und mit der der Tochter zu sprechen. Dies erlaubt, daß mütterliches Sprechen seine volle Subversivität entfaltet, Mütter und Töchter miteinander sprechen und Frauen die verschiedenen Erfahrungen von Frauen – als Töchter und Mütter – betrachten können.[223]

Da die Mutter neben Funktion und Struktur auch Subjekt ist, hält Hirsch außerdem das *Als-Mutter-Sprechen* für notwendig.[224] Als-Mutter-Sprechen beinhaltet, auch die Perspektive der Erwachsenen in das Sprechen einzuschreiben: Voraussetzung des mütterlichen Sprechens und Lesens ist, die Fixierung auf kindzentriertes Lesen aufzugeben, Konflikte immer auch im Hinblick auf Erwachsene zu interpretieren und dabei die Generationsfrage und die Geschlechterdifferenz im Blick zu haben, etwa die Perspektive der erwachsenen Mutter, die Subjekt in Beziehung zu ihrem Kind und anderen Personen ist.[225] Es beinhaltet meines Erachtens die Unterscheidung, ob eine Frau als *erwachsene* Tochter – oder als *erwachsene* Mutter liest.

Mütterliches Lesen wiederum beinhaltet, die Mutter-Tochter-Beziehung als die Beziehung von Töchtern zu ihren Müttern und von Müttern zu ihren Töchtern als Interpretationssetting zu nutzen, und im Hinblick auf die Differenz unter Frauen zu lesen. Dabei soll das Konfliktpotential, das in dieser Beziehungsstruktur erfahren wird – was ihre Defizite, aber auch was ihren Reichtum betrifft –, erkenntnisleitend sein.[226]

Dieses Konfliktpotential beinhaltet, als Tochter lesen zu lernen, gegebenenfalls als Mutter lesen zu lernen; als Mutter, die Mutter einer Tochter und/oder als Mutter eines Sohnes ist, lesen zu lernen. Es beinhaltet, dieser Perspektivierung Wert zuzuerkennen und sie in Texte bzw. deren Interpretation einzuschreiben.[227]

Im literarischen Text wiederum kann Mutterschaft und Tochterschaft als Geschichte (story) verstanden werden, als narrative Repräsentation der sozialen, subjektiven und imaginären Realität und literarischen Konventionen.[228]

Für Muraro führt der Weg des mütterlichen Sprechen darüber hinaus dazu, der mütterlichen Potenz die Welt und der Welt die mütterliche Potenz zu geben. Mütterliches Denken fragt nach der gelungenen Darstellung von Begehren, Vermittlung und Denken – einer Vermittlung, die immer auch mit Hilfe der Interpretin geschieht.[229]

2. Semiotik, Repräsentation und Frau

> *Weil hier das Denken nicht aus der Welt zu einem jenseitigen Himmel emporsteigen, sondern immer tiefer in das Innere der ›Materie‹ und ihre Reflexionsfähigkeit hinabsteigen will …*
> *… Das, was im Realen funktioniert, ohne daß es einen bestimmten Platz in der Wissenschaft hat, weil es eine Wissenschaft der leeren Plätze ist, der Zusammentreffen als solcher, wie der Zufall so spielt, und ganz von selbst zu funktionieren beginnt.*
> *Eva Meyer*

»Mimesis«, »Hysterie« und »Mutter-Sprechen« bringen den Stellenwert zur Sprache, den Weiblichkeit im Zusammenspiel von Körper, Imaginärem, Vernunft und Sagbarkeit hat. Ein ganz anderes Moment im Konstitutionsprozeß literarischer Produktion, bei der Weiblichkeit zentral ist, ist das Zeichen. Weiblichkeit prägt hier die Vorstellung von Repräsentation und Bild, von rhetorischen Figuren, von Darstellungsweisen und vom Symbolisierungsvorgang. In dieser Diskussion spielt die Psychoanalyse gleichfalls eine besondere Rolle, denn Freud stellt Repräsentation als Zusammenspiel von Wunsch, Trieb, Darstellungsweisen, Symbolisierungsobjekten und -prozessen dar. In der »Traumdeutung« wiederum konstatiert er ein Eigenleben der Worte mittels der Verfahren von *Metapher* und *Metonymie*; er analysiert die topographische Bildstruktur des Imaginären sowie Verfahren der Verkörperung und Entleiblichung des *Bildes* in der *Allegorie*; die *Allegorie der Hinkenden*, wichtige Frauenfiguration in Texten von Frauen und weibliche Variante des »Ödipus-Konfliktes« ermöglicht, diese Momente der Repräsentation mit Mimesis und Hysterie zusammenzudenken.[1] An die Ausführungen zur Allegorie schließt sich zunächst der Abschnitt »Hermeneutik des Anderen« an, denn die Frau als die Andere kann als eine besondere weibliche Allegorie, als Darstellungsweise des Anderen interpretiert werden.[2]

Als viertes Moment der Traumarbeit charakterisiert das *Symbolische* wiederum die Vermittlung zwischen Wunsch/Begehren, Repräsentation und Kultur/Tradition.

Die Vertiefung, die Luisa Muraros, Alfred Lorenzers und Paul Ricouers Interpretation des Symbolischen mit sich bringt, führt ferner zu einer Relektüre des Symbolisierungsverständnisses von Jacques Lacan. Lacan knüpft Symbolisierung einseitig an Mangel, Unerfüllbarkeit und Unsagbarkeit. Muraro kritisiert die phallogozentrische Perspektive dieser Vorstellung und betrachtet dagegen die Seite des Symbolisierungsprozesses, die Sprechen ermöglicht.

2.1. Semiotik und Repräsentation

In der frauenpolitischen Diskussion hat die Rede von der Repräsentation eine dreifache Bedeutung. Im Hinblick auf die Gesellschaft und deren politische Struktur meint Repräsentation die politische Vertretung von Frauen durch Frauen. Mit dieser Vertretung ist wiederum, und das ist die ästhetisch-philosophische und symbolische Bedeutung von Repräsentation, die Darstellung von bzw. der Horizont für Deutung und Vergegenwärtigung von Frauen und ihren Erfahrungen verbunden. Aufgrund dieser beiden Momente war die Diskussion der feministischen Literaturwissenschaft zunächst auf die Untersuchung der Bedeutung der Geschlechtlichkeit des Autors und der der Figuren im Text konzentriert (um diese beiden ersten Punkte soll es in den folgenden Ausführungen aber nicht gehen).[3]

Die Spur für die dritte Bedeutungsebene des Verhältnisses »weiblich« und Repräsentation liegt in der Erkenntnis des Objektstatus der Frau bei Repräsentationsvorgängen begründet. Denn in Frauenbildern und Weiblichkeitsmustern konkretisiert sich der Status der Frau als Projektionsfläche und Deckerinnerung des Männlichen: Das Weibliche ist ein Prinzip der Darstellung und impliziert einen Zeichen- und Bildcharakter.[4]

Das Zeichen- und das Bildsein ist der Status des Weiblichen im (männlichen) Diskurs.[5] Es ist Instrument, Form und Materie für die literarische und künstlerische Produktion bis hin zum Bild: »Die Frau ist zugleich Voraussetzung, Bedingung und Fluchtpunkt der Kultur.«[6]

Da Bilder und Texte wiederum keine Spiegelungen der Welt sind, die lediglich ihren Ursprung reflektieren, sondern etwas Gestaltetes bezeichnen, etwas rhetorisch, textuell oder bildlich Kodiertes, das ganz verschieden von seiner gesellschaftlichen Existenz ist,[7] ist das Weibliche nicht nur unmittelbar mit Repräsentation verknüpft, sondern selbst Signifikant. »Die Frau« *bezeichnet* Männliches. Sie ist Zeichen für Männliches und somit »Materie, Matrix und Matrize« für die männliche Erkenntnis[8] und Sinnproduktion[9]. Deshalb verweist die Darstellung von Frauen demnach »nicht auf ein feststehendes Objekt, sondern auf den Prozeß von Signifikation, Hermeneutik und Sinngebung.«[10]

»Die Kategorie des Frauenbilds wird zum Beispiel oft mit Thema und Motiv, die der Schreibweise eher mit unbewußten Gesten und Imaginationen verbunden. Beide Ansätze schließen sich jedoch nicht aus, ihre Elemente sind vielmehr in einem gemeinsamen semiotischen Raum zu denken. Textfiguren sind eingebunden in Bild- und Lautreihen, in Motive, Muster und Rhythmen, Aussagen und Aussageweisen. Was uns die Literatur präsentiert, hat immer einen mindestens zweifachen Grund.«[11]

Folglich funktioniert das Weibliche immer auch als sprachliche Form:[12]

»Weibliches erhält dabei eine metaphorische Bedeutung und damit die Fähigkeit mehr zu sagen, als die Rede zum Ausdruck bringt und zwar dadurch, daß es *als* sprachliche Form funktioniert, die eine Überprüfung ihres Bezugs außerhalb ihrer selbst provoziert.«[13]

Aufgrund dieser Zusammenhänge strebt Eva Meyer eine radikale, semantische Veränderung der Vorstellung des Weiblichen an, in der das Weibliche die doppelte Möglichkeit, nämlich den Zugang zur Repräsentation und zu dem, was der Sprache verschlossen bleibt, erhält.[14] Damit steht das Verhältnis von Inhalt, Weiblichkeit und Form zur Diskussion.

Diese Zusammenhänge lassen der Geschlechterdifferenz eine maßgebliche Bedeutung bei der Organisation von Repräsentation zukommen. Die Geschlechterdifferenz offenbart die sexuelle Codierung der Repräsentation.

Das historisch gewordene Geschlechterverhältnis wird nicht nur zur Bedingung für die symbolische Funktion des Weiblichen[15], sondern auch für die Vorherrschaft der männlich dominierten Tradierung. Gleichzeitig ist »die Repräsentation der Frau als Bild [...] derart verbreitet, daß sie zwangsläufig den Ausgangspunkt für jedes Verständnis von Geschlechterdifferenz und dessen ideologische Folgen in der Konstruktion sozialer Subjekte bildet: dessen Präsenz in allen Formen der Subjektivität.«[16]

Deshalb geht es bei dieser Fragestellung auch darum, »welche Konsequenzen es hat, daß etwas als weiblich dargestellt wird und umgekehrt, welchen Ort Weiblichkeit und Männlichkeit in kulturellen Darstellungen haben.«[17]

2.2. *Semiotik und dekonstruktiver Feminismus*

> *Der neue Entwurf aus der Werkstatt des Pygmalion ist bloß noch Gleitmittel. Gisela Breitling*

Sowohl die Diskursanalyse als auch die dekonstruktivistisch orientierte feministische Literaturwissenschaft haben es sich zur Aufgabe gemacht, die sprachliche Verfaßtheit von Texten und insbesondere die von »Frau« und »Weiblichkeit« im Text bewußt machen. Damit hat sich, was den Fortgang der feministischen Denkbewegung betrifft, die Frage nach den Frauenbildern und Weiblichkeitsmustern nicht aufgehoben und erübrigt, sondern der komplexe Zusammenhang von all dem, was »weiblich« genannt wird, hat sich um ein weiteres Moment vervollständigt und trägt zur Vertiefung des Verständnisses des Begriffs »weiblich« und der mit diesem Begriff verbundenen Positionierung der Frau bei.[18]

Zu Recht beklagt Weigel den ungeheuer schnellen Verbrauch von Paradigmen, Methoden, Denkfiguren, Fragehorizonten, theoretischen Feldern und den des Repertoires weiblicher Typen, Mythen und Figuren. Die Veränderungen innerhalb der feministischen Denkbewegung(en) möchte ich deshalb nicht als Fortschrittsgeschichte lesen – zumal neue Akzentuierungen auch neue »Fallen« mit sich bringen –, sondern als Verschiebungen, Erweiterungen und Vertiefungen.[19] So lassen sich die Erkenntnisse der Moderne dahingehend deuten, daß der Begriff der Materialität erweitert wird und (gesellschaftliche) Beziehungsstrukturen und Tauschverhältnisse (Marx), (familiale) Beziehungsstrukturen und Konfliktmuster zusammen mit dem Unbewußten (Freud) in die Realität der Welt eingeschrieben werden.[20] Die Semiotik schreibt dabei die Materialität von Zeichen, von Zeichenproduktion und von Sinngebungsprozessen, das Denken der Frauenbewegung schreibt die der Geschlechterdifferenz und die Bedeutung von Frauenbeziehungen in die Realität der Welt ein. Einzelne Semiotikerinnen wie Eva Meyer versuchen dabei, die Trennung von Inhalt und Form, insbesondere die von Inhalt, Weiblichkeit und Form auf neue Weise zusammenzuschreiben:[21] »Die imaginären und buchstäblichen, die inhaltlich-thematischen und die formal-mimetischen Momente der Figurendarstellung sowie ihre vielfältigen Überlagerungen im Text« werden miteinander verbunden.[22]

Diese Überlagerungen können so weit gehen, daß nicht einmal mehr eine konkrete Frauenfigur einen weiblich sexuierten Zeichenkomplex repräsentieren muß. So interpretiert Bossinade Bachmanns »Malina« als Antigone-Variation, wobei Antigone in diesem Roman weder als unmittelbares Thema angesprochen wird noch als Figur anwesend ist. Vielmehr, so Bossinades These, ist der Antigone-Komplex in diesem Text als Beziehungs- und Konfliktstruktur der Textfiguren präsent und leitet demzufolge auch die Bewegung und Mechanik der Darstellung.[23]

Das erklärte Anliegen der feministischen Diskursanalyse und des dekonstruktiven Feminismus ist, den Zusammenhang zwischen Weiblichkeit und dem Verfahren und der Mechanik der Signifikanten zu analysieren, wie er mittels rhetorischer und figurativer Anteile und Aspekte in die formale Struktur von Sätzen, Texten und textuellen (Sinnbildungs)Verfahren einfließt.[24]

> »Dekonstruktive Lektüren sind aufmerksam für und exponieren die Spannung zwischen dem, was gesagt wird, und dem, was in den Texten, in der Sprache geschieht, zwischen dem, was ein Text ›predigt‹, ›was er beschreibt, darstellt oder aussagt‹ und dem, was er ›praktiziert‹.«[25]

Auf diese Weise leistet z.B. die Untersuchung der Geschichte der weiblichen Personifikation einen wichtigen Beitrag zum Verständnis des komplexen Zusammenhangs von Text, Bild und Weiblichkeit.[26] Die symbolisch-sprachliche Verfaßtheit von Oppositionsbildungen und Hierarchisierungseffekten kann bewußt gemacht und thematisiert werden, die zweiwertige Logik der Oppositionsbildung wird subvertiert.[27] Ferner soll die Position, Funktion und Konstruktion von Weiblichkeit in der Sprache und deren symbolischer Anordnung sowie deren Leerstellen, Widersprüche und Brüche zunächst erläutert werden, insbesondere da von Weiblichkeit »der Schein der Substantialität ausgeht«.[28]

Eine dekonstruktivistische Interpretation legt Wert darauf, die Eindeutigkeit von Interpretationen zu erschüttern. Diese Erschütterung erfolgt z.B. dadurch, daß Textsegmente interpretiert werden, denen gewöhnlich keine Bedeutung zugemessen wird, die gewöhnlich systematisch nicht berücksichtigt, also übergangen bzw. regelrecht ausgeschlossen werden. Zugleich können solche Textsegmente dominanten Textinterpretationen und herrschenden Interpretationskonventionen gegenübergestellt werden.[29] Aber auch Kondensationspunkte können gesichtet werden, an denen verschiedene Argumentationslinien oder Wertkomplexe zusammengebracht sind,[30] und sie können im Hinblick auf die Geschlechtercodierung befragt werden. Derart kann bei der Interpretation ein tieferes Verständnis aufgebaut und weitere Dimensionen der Textualität können erschlossen werden, die das Verhältnis von Literatur/Kunst, Leben und dessen Wiedergabe betreffen, das Abbildungsverhältnis wird als ein vielschichtiges und komplexes versteh- und deutbar.

Die literaturwissenschaftliche Dekonstruktion, wenn sie die allgemeine Struktur eines Textes analysiert, ermöglicht dabei, verschiedene Aspekte zusammenzudenken, sie als Variationen und Realisationen verschiedenster Elemente zu integrieren und ihnen ihren Stellenwert im Gesamtgefüge zuzuweisen: Gallas führt eine solche Möglichkeit in einer Interpretation von Kleists »Penthesilea« vor. Gallas verbindet in ihren Ausführungen Fragen der Staatskritik, das Mörderische von Liebe und Sexualität, Homosexualität und narzißtische Störungen, alles Momente von bisherigen Interpretationen, die bislang unvereint nebeneinander standen und deren Ergebnisse nicht zusammengeführt wurden. Auch Johanna Bossinade spricht bei ihrer Antigone-Interpretation davon, daß sie in das Antigonesche Doppelgesicht des »weiblichen Selbstopfers« und der »Hadesbraut« schauen möchte, was in bisherigen Interpretationen nicht als die zwei Seiten ein und desselben Konflikts betrachtet worden wäre, sondern gegeneinander ausgespielt würde. Und van Soest integriert in ihrer Interpretation der »Enthauptung Johannes des Täufers« marginalisierte Angaben, widersprüchliche Hinweise und blinde

Flecken. Dadurch will sie die Eindeutigkeit der Schuldzuweisung für den Mord an dem Täufer, der üblicherweise Herodias zur Last gelegt wird, an der Oberfläche des Textes und dessen Interpretationen und folglich das Klischee der »bösen Frau« zerstören.[31]

Bossinade begründet die Möglichkeit solcher Verbindungen in der dialogischen Integrationsfähigkeit der Textinstanzen, die gerade auch für die Analyse der Geschlechterproblematik produktiv ist:

> »Der dialogische Ansatz verbürgt darüber hinaus, daß sich geschlechtsspezifische Probleme nach verschiedenen Komponenten gliedern und auf mehreren Verständnisebenen behandeln lassen ... Die mehrfach geschichtete Betrachtungsweise und die stete Rüchsicht auf Funktion, Voraussetzung und Implikation der Zeichen ermöglichen es, die Aktivitäten der Frauen als etwas besonderes wahrzunehmen, ohne sie auf einen schlichten oder immergültigen Sonderstatus festlegen zu müssen.«[32]

Das Weibliche funktioniert im Semiotischen als ein Moment *innerhalb* der zeichenproduzierenden Praxis. In der Zeichenpraxis gilt es als Semiotisch-Triebhaft-Unbewußtes, das der Zeichenproduktion vorausgeht und in diese einfließt; als das, was durch die eigene ständige Bewegtheit den Text bewegt, als Fließend-Metonymisches, als Nicht-Festlegbares; als Negierend-Subversives; als Schleier, Hülle oder Schirm; als Ausdruck des Nicht-Erreichbaren und gleichzeitig als Möglichkeit der Negativität und der Überschreitung; als Grenzfall und -linie, als abgründiger Abstand, als Zwischen (différance) und als Kluft zwischen Standpunkten, zwischen festen Bedeutungen, zwischen dem Betrachter und dem, was dieser wahrnimmt. Oder aber als Figur der Defiguration, der Entstellung, als differentielles Moment, als unabgeschlossener Transformationsprozeß im Diskurs.[33]

Weiblichkeit realisiert »die im Text verstellten und intervenierenden Orte der Differenz, der Differentialität als Defiguration und Ent-stellung, der Ver-rückung (Verrücktheit) (in) der ›Fixiertheit des Geschlechts‹«[34]. Damit markiert es das, was zwischen den Zeichen sich ereignet und die Zeichen bedroht. Der Natur-Charakter, der dem Weiblichen anhaftet, wird zerstört.[35]

Als Ort der Differenz be-deutet Weiblichkeit »einen Abstand und eine Spannung im Text«. Derart benannt und im Text aufspürbar und lesbar, impliziert Weiblichkeit »zugleich auch eine andere Theorie des Lesens.«[36] Weibliches, insofern es als das Nicht-Gesagte der Aussage erkennbar wird, wird zum Konnotat von Wahrheit, denn »diese Wahrheit kann nur als Frau gedacht werden«.[37]

2.2.1. Repräsentation, weiblicher Körper und Bild

Das Verhältnis von Repräsentation, weiblichem Körper und Bild ist gleichfalls mehrschichtig. Das Bild korrespondiert mit dem lebendigen, materiellen Teil des Körpers. Der weibliche Körper unterwirft sich dessen Struktur, um gleichzeitig dagegen aufzubegehren. Als reale Figur ist der Körper wiederum mit anderen Modi von Körperlichkeit konfrontiert wie Leinwand, Papier, Tinte, Blatt, Schrift. Er verweist auf das Bild als Objekt aus Farbe und Leinwand.

Der Körper im Bild wird dem Körper als Bild gegenübergestellt, die wechselseitige Abhängigkeit beider wird deutlich. Die Distanz zwischen Körper und Bild verringert sich, bis der Körper Bild wird.[38] Der Körper wird zum Text und als Text, als Ergebnis einer historisch speziellen Bezeichnungspraxis, lesbar.[39] Der Innenraum des Körpers wiederum, die Seele, wird zur Illusion.[40]

Elisabeth Bronfen zeigt in ihrer ausführlichen Untersuchung über das Verhältnis von Frauen, Bild und Tod wiederum, daß erst die Abwesenheit der realen Frauen die Repräsentation ermöglicht und garantiert. Das Bild stellt sowohl das Material für die Selbstkonstruktion des Männlichen dar, als es auch den Akt dieser Selbstkonstruktion vor Augen führt. Denn nur die fehlende Frau und ihr fehlender Körper ermöglichen »Stereotype von Weiblichkeit [...], die den Erzähler zu bestätigen scheinen«.[41] Damit dieser Selbstentwurf sicher bleibt, ist die Stummheit, und das heißt, der (symbolische) Tod der Frau notwendig. Von daher läßt sich die »Frau« sowohl als Metapher für die Unsicherheit der symbolisch festgelegten Geschlechterdifferenz, als prekärer

Grenzfall des Systems der Repräsentation und als Repräsentation des symbolischen Mangels des Subjektes in einem Bild verstehen. Das Bild schließt dabei die symbolische Lücke und hebt den Mangel fiktiv auf.[42]

Die Verflechtung von Frau, Künstler und Bild demonstriert des weiteren keine Versöhnung des Männlichem mit dem Weiblichen, sondern die Ambivalenz von Begehren und Angst, die vor allem auch das Geschlechterverhältnis meint.[43]

So wählen Frauenfiguren immer wieder bewußt ihren Tod, »um ein Zeichen zu setzen: als eine Art des Schreibens mit ihrem Körper, als Materialisierung des Zeichens, wobei die schiere materielle Faktizität des Sterbens und des toten Körpers diesem Akt der Selbst-Textualisierung so etwas wie Gewißheit, Autorität und Realität verleiht.«[44]

Den eigenen Körper zu töten, bleibt letzter Ausweg dafür, die kulturelle Konstruktion Weiblichkeit als ein von anderen beherrschtes Bild zu zerstören, um ein autonomes Selbstbild zu konstruieren. Die imaginierte, aber auch die reale Selbsttötung von Frauen(figuren) ist konsequenter Ausdruck der »Gewaltförmigkeit« der ästhetischen Form, mittels derer das Andere sich angeeignet oder als etwas Eigenes vernichtet werden kann.[45]

Vor diesem Hintergrund hat vor allem die Performance als weibliche Kunstform Geltung bekommen. Sie erlaubt den Künstlerinnen, »als Bild im Bild« über den Bildstatus der Frau zu sprechen.[46] Dabei kann der Körper die Willkür des Zeichens auffangen.[47] Weibliche Selbstinszenierungen beinhalten die Wiederaneignung des eigenen Körpers und stellen eine »Dialektik von Reflexion und Revolte im Bildstatus der Frau« dar.[48]

Auf heftige Kritik, auch von dekonstruktivistischen Feministinnen, stößt dabei die Gleichsetzung und wiederholte Festlegung von Weiblichkeit, wenn sie bei Denkern wie Derrida als Schleier, Hülle oder Schirm beschrieben wird. So wird bei männlichen Dekonstruktivisten der Mythos Frau als Bild aufrechterhalten und neu begründet. Kritisiert wird, daß die Dekonstruktion des symbolischen Bildkörpers nicht mit der Dekonstruktion des konventionellen Status der Frau als Bild einhergeht, sondern statt dessen radikalisiert wird und zu einer neuen Weise der Substantialisierung des Weiblichen führt. Deshalb wird die radikale Trennung von Weiblichkeit und dem Bildstatus verlangt.[49] Weigel beispielsweise kritisiert, daß die Möglichkeit, mimetische Verfahren als Gegenbewegung gegen eine phallozentrische Symbolisierungslogik zu verstehen, dazu verführe, diese »als weibliche Verfahren oder als Bewegungen des Weiblichen zu bezeichnen. Ist damit einerseits das Geschlecht nicht mehr an Subjekt und Gegenstand literarischer Produktion gebunden (die Frau als Autorin und Figur), sondern auf die Ebene des Verfahrens verlagert (weibliche Schreibweise), so ist andererseits damit die Frage nach dem Ort und dem Schicksal des Weiblichen in der Subjektposition zu schnell ad acta gelegt: im Entwurf einer subversiven, weiblichen Textpraxis.«[50]

Allerdings befindet sich die feministische Semiotik damit selbst in einer paradoxen Situation, denn sie stellt zuerst die Verbindung zwischen Weiblichkeit und Zeichen her, um sie sogleich wieder aufzulösen. Hier stellt sich die grundsätzliche Frage, ob wir von Dingen sprechen können, ohne sie mit »weiblich« oder »männlich« zu verbinden. Auf jeden Fall steht aber eine Neuordnung, andersartige Fokussierung und, um mit Foucault zu sprechen, eine neuartige Disziplinierung dieser Codierungen an.

Auch die Texte selbst thematisieren die Problematik der Metaphern-, Zeichen- und Bildfunktion der Frau. Bekanntestes Beispiel ist »Pygmalion« und dessen Variationen sowie der Sandmann-Komplex, in dem ein von einem Mann hergestellter Apparat als Frau imaginiert und dies zugleich problematisiert wird.[51] In diesen Inszenierungen kann das Weibliche gleichzeitig Natürliches und Künstliches darstellen und vereinen: einerseits wird der Körper als Apparat betrachtet und der Apparat schreibt sich in den Körper ein, andererseits soll der Apparat zum (weiblichen) Körper werden.[52]

Durch Kunst/Art wird die reale Frau als künstliche Frau/als weibliches Artefakt wahrgenommen, die Beziehung zu ihr verändert sich daraufhin. Die Wahrnehmung konzentriert sich im Wechselspiel zwischen der Wahrnehmung des Realen und der des Künstlichen.[53] Allerdings erweist sich das Verhältnis von Natur und Artefakt nur auf den ersten Blick als dualistisch. Tatsächlich ist es triangulär: Natur-Weiblichkeit-Artefakt. Das Weibliche enttarnt sich als Relativum, die weibliche Figur entpuppt sich als Allegorie.[54] Dabei läßt sich diese Triade zwar in alle Richtungen und mit allen Schwerpunktsetzungen lesen, jedoch läßt sich kein Partikel herauslösen.[55]

In diesem Sinne kann Bettine Menke festhalten:

> »Das Weibliche ist die Spannung und Unentscheidbarkeit zwischen Natur und Kunst, figurativ und literal, Metapher und Metonymie, Verhehlung und Verstellung.«[56]

Weiblichkeit als Möglichkeit einer Relation – zwischen Natur und Kunst – kann sowohl Ausgleich als auch Vermittlung widersprüchlicher Erfahrungen und Anforderungen sein, stellt Dornhof für das Weiblichkeitsverständnis der Moderne fest.[57] Text und Wirklichkeit drehen und transformieren sich dabei in der Dynamik einer »endlosen und spiralförmigen Semiose«[58].

Das Unheimliche der weiblichen Apparat-Figur ist indessen die Wiederkehr von etwas Verdrängtem, das im Verborgenen hätte bleiben sollen.[59] *Ihr* Unheimliches ist Ergebnis der »Auflösung der materiellen Realität im Imaginären, die durch das Schwinden der Grenzen zwischen Abbildung und Körper, zwischen der Sphäre des Zeichens und jener des Realen, hervorgerufen wird«. Es beruht auf der Übermächtigkeit und Verselbständigung des Imaginären gegenüber der Realität.[60]

2.3. *Darstellungsökonomie des Traums: Artikulationsprozesse, Darstellungsweisen, Bildfunktionen und die Geschlechterdifferenz*

Die Elemente, die das Sprechen jenseits der phallischen Repräsentationslogik beeinflussen, hat Freud in seiner »Traumdeutung« erarbeitet. Metonymie, Metapher, Bild und Symbolisierung sind die unbewußten Momente des Sprechens. Sie gelten seit Freuds Ausführungen als elementare Momente von Artikulationsprozessen und Darstellungsweisen, deren Modi anhand der Traumanalyse studiert werden können.[61]

Dabei ist der Traum selbst beispielhaft für das Zusammentreffen von Körper, Trieb und Wunsch und für dessen sprachlich-bildliche Artikulation im Text. Denn die Quellen des Traumes sind äußere Sinnesreizen bis hin zu Worten von anderen, es sind psychische Reizquellen, innere (subjektive) Reize ebenso wie innere, organische Leibreize. Des weiteren beruht das Traummaterial auf der Architektonik der symbolischen Funktion in dem Punkt, worin sie für Freud typisch und universal ist, nämlich in der Sexualität.[62] Insofern ist die Verbindung zwischen Artikulationsprozessen, Darstellungsweisen, Bildfunktion, Wunsch und der Geschlechterdifferenz dem Traum inhärent.

Diese Inhärenz wiederum bedeutet für die feministische Perspektive, daß in der Traumdeutung Erkenntnisse zur sexuellen Differenz gewonnen werden können.

Der Wunsch ist im Traum freilich verdrängt. Der Verdrängungsakt macht den Traum zum »Paradigma aller Listen des Wunsches«.[63] Wenn nun etwas über Wünsche des Traumgedankens erfahren werden soll, dann muß er entziffert und übersetzt werden. Dadurch, daß im Traum Dinge gewußt und erinnert werden, die dem wachen Bewußtsein verloren gegangen sind oder nicht zu einer Sache gerechnet werden, beispielsweise weil sie gleichgültig zu sein scheinen oder einfach unscheinbar sind, bietet die Traumdeutung bei der Erkenntnis des Wunsches ein spezifisches Erkenntnispotential. Der Traumdeutung obliegt daher die Aufgabe, die Halluzinationen des Traumes in Vorstellungen und die Situationen des Traumes in Gedanken zurückverwandeln. In diesem Sinne kann sogar die Dingwelt als Traum gelesen werden,[64] ein jeder Text kann als Traum und eine jede Interpretationsleistung kann als Traumdeutung praktiziert werden.

Im folgenden soll es um die Unterscheidungen und deren Erkenntnisgehalt gehen, die in der feministischen Diskussion anhand von Metonymie und Metapher, von Bild, Allegorie und Symbol vorgenommen werden. Metapher, Metonymie, Allegorie, Bild und Symbol zu unterscheiden, ist allerdings lediglich ein theoretisches Konstrukt, »... nur in der Theorie erfolgen die statischen Oppositionen von ›textuell‹ versus ›mimetisch‹, von ›allegorisch‹ versus ›symbolisch‹.«[65]

Der Rückgriff auf eine solche Polarisierung soll Schwerpunktsetzungen deutlich machen und Differenzierungsmöglichkeiten aufzeigen. Die Gefahr bei einer solchen Polarisierung liegt dabei in einer dualistischen Zuweisung von »weiblich« und dem Metonymischen bzw. Semiotischen und von »männlich« und dem Metaphorischen bzw. Symbolischen. Denn damit würde die sexuelle Differenz im Verhältnis zur symbolischen Ordnung als »Gegensatzpaar fixiert, dessen Teile dann jeweils einer der beiden Modalitäten zugeordnet werden.«[66]

Ein differenziertes Verständnis von Metonymie, Metapher, Bild, Allegorie und Symbol kann daher zu einer exakten und umfassenden begrifflichen Darstellung der symbolischen Dimension der Geschlechterproblematik führen, so die Philosophin Cornelia Klinger.[67]

2.3.1. *Relativa zwischen Leben, Körper, Idee und Text: Metapher und Metonymie*

> *Das Poetische ist der Einzug des Lusterlebnisses in die Sprache dank der Sprache.*
> *Eva Waniek*

Eine wichtige Suche in der feministischen Sprachkritik ist die nach Möglichkeiten von Darstellungs- und Schreibweisen, die jenseits einer phallogozentrischen und idealistischen Perspektivierung liegen. Über einen feministischen Paradigmenwechsel in diesem Punkt wird anhand des Verhältnisses von Metapher und

Metonymie verhandelt. Metapher und Metonymie sind dabei nicht allein zeichenimmanent als rhetorische Figuren zu verstehen, die allein die Beziehung zwischen Zeichen beschreiben, worauf sie die Lacansche Interpretation der Freudschen Traumdeutung reduziert.

> »Im Gebrauch der Begriffe Metapher und Metonymie wird nicht nur der rhetorische Rahmen verlassen, sondern auch der linguistische und letztlich der psychoanalytische. Die beiden Begriffe sind nicht mehr Beschreibungskategorien für differente, das Einzelwort betreffende Verfahren, sondern referieren, ausgeweitet und radikalisiert in eins, auf Schreibweisen.«[68]

Bei der Organisation von Schreibweisen transportieren Metapher und Metonymie zudem unterschiedliche Zustände des schreibenden Subjekts. Denn Metonymie und Metapher sind, wie Kristeva ausgeführt hat, gewissermaßen Übersetzungen von vorsymbolischen Phänomenen in die sprachliche Verarbeitung, in der diese als rhetorische Bewegungen nachschwingen. Metonymie und Metapher charakterisieren die Art und Weise der Triebbesetzung bestimmter Körperzonen und deren Veränderungen, wobei Erfahrungsspuren und Diskontinuitäten durch Verschiebung und Verdichtung der Triebenergie in den Körper eingeschrieben, wieder aufgelöst und modifiziert werden.[69]

> »Zwischen diesen Markierungen stellen sich in der Folge Verbindungen, Funktionen her, die von den Trieben aufgesogen werden und die sich nach Ähnlichkeit oder Opposition mittels Gleiten und Verdichten artikulieren. Wir haben es also mit dem Prinzip von Metonymie und Metapher zu tun, die beide von der sie umgreifenden Triebökonomie nicht zu trennen sind.«[70]

Das politisch-philosophische Moment der Prinzipien Metonymie und Metapher hebt Muraro besonders hervor. Das heißt, die Möglichkeiten der Verwobenheit von Leben und Idee und von Alltäglich-Besonderem und Allgemeinem in der Sprache. Im Anschluß an Muraro kennzeichnen die Bewegungen des Metaphorischen und des Metonymischen das komplexe Zusammenspiel der Artikulation als sprachliche (schreibende) Verarbeitung einschließlich der Mechanik der Verfaßtheit der Zeichen, der Transformation von Trieben und der symbolischen Sinnstiftung der Geschlechterdifferenz in der Begegnung mit der Welt. Dabei lassen sich die beiden Modi als zwei unterschiedliche Formen und Weisen des (schreibenden) Verhältnisses zur Welt unterscheiden.

Metapher und Metonymie haben im rhetorischen Verständnis gemeinsam,[71] daß sie beide vom gewöhnlichen Sprachgebrauch abzuweichen scheinen. Beide Male handelt es sich um Ersatzbildungen, bei der Metapher um einen vollständigen, bei der Metonymie um einen teilweisen Ersatz. Bei der gemeinsamen Abweichung von der wörtlichen Bedeutung handelt es sich jedoch um ein Phänomen, das mit der sprachlichen Verfaßtheit des Zeichens an sich zu tun hat: Da die Beziehung zwischen Wort und Ding wie bei jedem Zeichen mittels einer ungeheuren Imaginationsleistung hergestellt wird, gibt es keine »wörtliche« Bedeutung.[72] Insofern ist der metaphorische und metonymische Substitutionseffekt in einem jeden Wortgebrauch vorhanden.[73]

Rhetorisch betrachtet, beruht die Metapher auf einer Selektion von Äquivalenten und folgt dementsprechend Ähnlichkeitsbeziehungen, die aufgrund von Analogien und Korrespondenzen hervorgerufen werden.

Die Metonymie wiederum beruht auf der Kombination innerhalb der syntagmatischen Ebene. Sie folgt Kontakt, Berührungen, Angrenzungen, Anteilnahme und der Teilhabe und ermöglicht infolgedessen Grenzverschiebungen. Als Ergebnis von nachvollziehbaren Anknüpfungspunkten macht die Metonymie anwesende Beziehungen deutlich, die vorgefunden und nicht erfunden werden. Dabei wird der kausale, temporale, räumliche und materielle Zusammenhang ebenso wie Körper, Emotionen und Begehren Bezugspunkt, wodurch reale Dinge ebenso wie Erfahrbares und Praktizierbares in ihren Einzelheiten artikuliert werden können.[74]

Die Metapher verweist dagegen auf abwesende (paradigmatische) Beziehungen. Sie will die Beschreibung und Partikularität der Erfahrung überwinden, indem sie erklärt, interpretiert und projiziert/entwirft. Metaphern sind synonym mit Ideen und Theoremen. Als solches geben sie Fakten als Universale und Allgemeine wieder. Dadurch ermöglichen Metaphern, Dinge, die in der konkreten Erfahrung sich als getrennt und fragmentiert erweisen, miteinander zu verknüpfen. Ebenso ermöglichen Metaphern, Dinge in die Theorie einzubinden, die in dieser bislang als irrelevant erschienen sind.[75] Als ideelle Referenz braucht die metaphorische Ersetzung dabei Eindeutigkeit andeutende Definitionen. So erlaubt eine eindeutige (metaphorische) Referenz, die allgemeine Bedeutung des einzelnen Gegenstandes/Ereignisses zu rekonstruieren.[76] Allerdings verdoppelt die Metapher die Welt, indem sie das Eigentliche durch einen Ersatz ersetzt.

Beide Operationen gelten i.d.R. als oppositionelle Operationen, als Operationen, die einander ausschließen und miteinander rivalisieren. Was nun die Einschätzung der Bedeutsamkeit der beiden rhetorischen Operationen in der patriarchalischen abendländischen Tradition betrifft, so kann von einem Vorrang der Metapher (z.B. der Idee) gesprochen werden. Lacan kritisiert diesen Vorrang und wertet statt dessen die Metonymie gegenüber der Metapher auf. Die Metonymie bekommt dadurch eine gestärkte Position als Regulativ und als ambivalente (psychosemantische Prozesse abbildende) Denkfigur.[77]

Die Lacansche Verschiebung regt Muraro in ihrer Untersuchung »Maglia e Uncinetto« zunächst dazu an, die Vorteile, aber auch die Probleme abzuwägen, die eine Sprache jeweils mit sich bringt, wenn sie entweder primär der Metapher oder aber primär der Metonymie als Darstellungsmodus folgt. So eliminiert die Unterordnung der Metonymie unter die Metapher die metonymischen Besonderheiten: deren Rückgebundenheit an die Dinge, deren Geschichtlichkeit, deren Erfahrungshorizont, deren konnotatives Assoziationsfeld, deren emotionale Kräfte, Konflikte und Bewegungen ebenso wie die Kräfte, Konflikte und Bewegungen des Begehrens.[78] Insofern ist jede Eindeutigkeit bei der Metaphernbildung von der Verdrängung kontingenter Beziehungen abhängig. Die Metapher wird zu einer »blinden Metonymie«, und das, obgleich ein jeder Text sich auf kontingente Beziehungen gerade auch dann verläßt, wenn er sie zu verwerfen behauptet.[79]

Eine Vorherrschaft der Metonymie ist jedoch genausowenig anzustreben, denn das Sprechen ist unbedingt auf die Metaphorisierung angewiesen. Die Metonymie allein produziert keinen

Sinn, weil sie lediglich die Bezogenheit auf Anderes ins Spiel bringt und die Sperre des Imaginären hin zur Symbolisierung nicht durchbricht. Die metaphorische Operation ermöglicht daher, Dinge, die unverbunden sind, von einer blinden Wörtlichkeit auf eine Ebene zu transferieren, auf der die Dinge darstellbar und vergegenwärtigbar sind, auf der sie in signifikative, organisierte, erklärte, interpretierte, kommunizierte Beziehungen gestellt werden können, so daß die Welt mittels verschiedener Instanzen und Medien erneuert werden kann.[80] Allerdings bereitet die Metonymie, indem sie als verschiebende Bewegung einen Raum eröffnet, die metaphorische Substitution vor.[81]

Aufgrund solcher Abwägungen ist es naheliegend, daß Muraro für ein Verhältnis zwischen Metapher und Metonymie plädiert, in dem jede von beiden ihren angemessenen Platz hat, ohne daß es eine Vorherrschaft der einen über die andere gibt.[82] Sie plädiert für eine Handhabung beider, die nicht auf Oppositionsbildung aufbaut.[83] Gerade die Verwobenheit beider macht einen Text aus. Ein Text ist eine Kombination von ausgewählten Zeichen, sein Sinn wird bestimmt durch das Aufeinandertreffen der beiden Bewegungen von Metapher und Metonymie.[84]

Gilt die Vorherrschaft der Metapher als väterliche Darstellungsweise, in der beispielsweise die Geburt aus dem Geist, der dem Vater zugeordnet wird, als eigentliche Geburt und der Spracherwerb als väterliche Vermittlung verstanden wird, so ist Muraro zufolge die mütterliche Symbolisierungsordnung nicht einfach die Betonung der anderen Seite: der metonymischen Darstellung, die das Materiell-Körperliche und Zufällig-Besondere hervorhebt. Das Metonymische mit dem Mütterlichen zu identifizieren, ist eine patriarchalische Reduzierung aus väterlich-metaphorischer Perspektive, die auf einer Oppositionsbildung beruht und Resultat der einfachen Umkehrung der Hierarchie dieser Opposition wäre. Feministisch-programmatische Vorstellungen wiederum, die das Besondere einer weiblichen Ästhetik mit der Vorherrschaft des Metonymischen kurzschließen, reproduzieren im Grunde die patriarchalische Oppositionsbildung.

Statt dessen beruht das Mütterliche, was die Darstellungsweise betrifft, auf der Gleichzeitigkeit und Gleichursprünglichkeit von Metapher und Metonymie: In der Beziehung zur Mutter, in der der menschliche Spracherwerb angelegt ist, ist auch angelegt, daß das Mütterliche sowohl im metonymischen Sinne als auch im metaphorischen Sinne ersetzt werden kann – die körperliche Geburt ist mit der geistigen untrennbar verbunden.[85] Einen gesonderten Eintritt ins Symbolische, wie ihn die väterliche Ordnung vorgeben will, gibt es dementsprechend nicht, »das Sein [kann] nicht vom Denken gelöst sein – auch die Schöpferin des Lebens [kann] nicht vom Ursprung der Sprache getrennt sein.«[86]

2.3.2. Das topographische Bilddenken des Textes

Der Traum benutzt als Darstellungsmittel visuelle Bilder. Zum einen greift er dabei auf sinnliche Darstellungsmöglichkeiten und folglich auf einen Ausschnitt aus der körperlichen Wirklichkeit zurück. Dadurch ist eine gewisse »Einheit von Matrix und Material« in der Darstellung gegeben.[87] Zum anderen wählt er ein Darstellungsmittel, das erlaubt, abstrakte Ausdrucksmöglichkeiten für Konstellationen von Widersprüchen und unmöglichen Zusammenhängen veranschaulichen zu können. Somit erlaubt die Traumsprache, scheinbar Unmögliches, Unzusammenhängendes oder starke Widersprüche miteinander zu verknüpfen und bietet dazu eine Darstellungsmöglichkeit jenseits von abstrakten Begriffen: ein Denken in Bildern.

Begriffe werden aufgrund solcher Verknüpfungen nicht einfach in Bilder übertragen, sondern Beziehungen zwischen sinnlich-konkreten Einheiten werden benutzt, um Beziehungen zwischen abstrakten Einheiten darstellbar zu machen. So können Berührungen und Identitäten leichter mit dem übrigen Darstellungsmaterial erzeugt werden und der größere Anknüpfungsreichtum der Bildersprache im Vergleich zur begrifflichen Sprache kann genutzt werden.

Freud zeigt, daß zu dem Material der Bilder auch sprachliches Material gehört: Alliterationen, Synonyme, Witzworte, Zitate,

Lieder, Sprichwörter u.a. Die Sprache selbst kann also als Bild verstanden werden. Zumal in der Sprache »Bilder so dicht verknüpft sind, daß sie schon ihre morphologische Präsenz verlieren können, [und] das, was geschrieben ist, [wird] von der Wirklichkeit des Abgebildeten zur Wirklichkeit des Bildes übergegangen sein.«[88]

Insofern das Bilddenken zunächst nicht an begriffliches Denken anknüpft und uns bekannte Vorstellungen aufgreift, macht es sich selbst Bilder, es denkt selbst und ist aktiv. Mit dieser Aktivität der Bilder erklärt Eva Meyer die Lebendigkeit von Bildern und unser Interesse an ihnen.[89] Zugleich expliziert sie mit diesem Vorgang die Unabhängigkeit der Bilder vom (sprechenden) Subjekt:

> »Daß das Bild mir sich selbst sagt, besteht also ›in seiner eigenen Struktur‹. Und nicht in den Beziehungen, die wir zu ihm unterhalten.«[90]

Zwischen dem sprechenden Subjekt und dem Bild können Grenze und Distanz aber auch aufgehoben sein. Das Subjekt geht in den Bildraum ein, besonders weil es selbst als Leib an ihm teilhat.[91] Zugleich stellt dieses Eingehen ein revolutionäres Moment dar, denn der Körper fungiert als Differenzierungs- und Revolutionsinstrument.[92]

Der Traum gestaltet mit Hilfe von Bildern eine Situation, indem er das Material für den Traum zusammenfügt und den Gedanken des Traumes dramatisiert. Die Relation der Dinge, die er zusammenfaßt, geht nicht auf Kausalität oder andere logische Vorgänge zurück, sondern auf ihren Gebrauch. Damit schreibt sich in den Traum die Intention ein. Insofern das Bild die Intention impliziert, ist es kein Gegenstand mehr. Innen und Außen, Intention und äußere Lebenswelt werden zum Zwecke der Abbildbarkeit kombiniert.[93]

Darstellung und Vorstellung werden eins. Das intendierte Bild wird zum Maßstab der Wirklichkeit. Eine »traumhafte« Ähnlichkeit zwischen Bild und Welt entsteht – mit diesen Bildern kommunizieren zu können, heißt, sich in ihnen »natürlich fühlen« zu können und sie nicht deuten zu müssen, sondern in ihnen denken zu können.[94]

Auf der fehlenden Unterscheidung zwischen Innen und Außen baut wiederum Walter Benjamins Rede vom Erwachen auf: Da Traumbildern Kriterien dazu fehlen, zwischen Innenleben und äußerer Wirklichkeit unterscheiden zu können, läßt lediglich der Moment des Erwachens den Unterschied zwischen Realität und Traumwelt deutlich werden.[95] Der Moment des Erwachens wird zum Erkenntnismoment, in dem die verschiedenen Elemente und Ebenen aufleuchten und ihnen nachgegangen werden kann.

Im Traum kommt den Gedanken außerdem ein Raumbewußtsein zu, indem Empfindungen und Bilder in einen äußeren Raum versetzt und die Bilder gemäß einer Ordnung der Orte plaziert werden. Der Bildraum, den der Traum erzeugt, ist ein Vorstellungsraum, der zugleich bildlich und räumlich konstituiert ist. Die topographische Verfaßtheit des Traums hat zur Folge, daß Dinge allein in Abhängigkeit von anderen Dingen (oder auch Personen), die am gemeinsamen Ort beginnen, darstellbar sind.[96] Der gemeinsame Raum – oder Ort – der einzelnen Momente definiert den Zusammenhang, den Inhalt und den Sinn, indem er eine Form vorgibt, eine Struktur, die keine Identität hat, sondern *eine Beziehungsform bestimmt*.

Das Traummaterial erweist sich demzufolge als Gefüge von neuartigen logischen Relationen, die Vorder- und Hintergründe, Abschweifungen und Erläuterungen, Bedingungen, Beweisgänge und Einsprüche markieren.[97] Das traumhafte Gefüge strukturiert die Welt und das Wissen von ihr nach Position, Konstellation, nach Stellung und Lage, in Begriffen von Verhältnissen, aber nicht von Substanzen.[98]

Ein solches Gefüge erlaubt auch die Geschlechterdifferenz auf neue Weise zu denken. Es erlaubt, die Geschlechterdifferenz räumlich zu denken: die »Topographien der Geschlechterdifferenz«[99] thematisiert die Anordnung der Geschlechter im Raum mit anderen Dingen: jenseits von Identität, jenseits von Substanzen, jedoch immer als ein sinnstiftendes Mehr, evoziert durch die Sinnüberschuß, die die konstellare Bezogenheit als solche evoziert.

Auch bei einem Text handelt es sich um einen Bildraum. Räumliches Denken ermöglicht, die Einheit der Bilder eines Textes aufgrund ihrer Relationen untereinander zu denken. Die Einheit der Bilder eines Textes kann als eine simultane Einheit aller Episoden am Ende des Textes und in jeder einzelnen Episode verstanden werden.[100] Denn in einem Raum bewegt und verändert sich ein Ding immer auch in Relation zu anderem. Die Relation zu anderem verdeutlicht wiederum die Bewegungen, Veränderungen und das Wachsen eines Dinges. So stellt sich der Zusammenhang aller Ereignisse im Textraum dar. Die Figurationen eines Schauspiels können als Paradigma der räumlich-topographischen Darstellung und Vorstellung angesehen werden, denn die lebendige Bedeutung dieser Figuren resultiert aus dem Zusammenspiel des »merkwürdig schillernde[n] Status des Leibes zwischen biologischem Körper und imaginärem Subjekt/Objekt« und deren Ausrichtung und Orientierung mit anderen Figuren im Gesamtgefüge eines Schauspiels.[101]

Jedoch nicht nur die Bilder sind räumlich, auch die Anordnung der Worte im Text ist dies: Ein Text ist dadurch räumlich, daß ein jedes Wort an einem bestimmten Ort innerhalb eines vertikalen und horizontalen Netzes von Beziehungen angesiedelt ist. Die textuelle Darstellung beruht auf einer räumlichen Ausdehnung der Sprache. Die Simultanität dessen, was einen Text ausmacht, wird durch den Leseprozeß hergestellt; der Gesamteindruck erwächst in einer abschließenden Betrachtung eines Textes, z.B. durch das Herstellen einer simultanen Versammlung aller chronologisch im Text gesetzten Episoden. Durch das Verstehen der gesamtheitlichen und zugleich pluralen Bedeutung eines Textes und beim Erkennen des Musters aller seiner internen Bezüge und Verweiszeichen erwächst aus ihm eine bedeutsame Einheit. Räumliche Textualität ist so gleichbedeutend mit einer Beschreibung der Simultanität und Reversibilität des Textes; Reversibilität meint hier, daß einzelne Episoden im Text zugleich auch für sich allein stehen und Bedeutung ohne Bezugnahme auf die anderen erlangen können.

So entsteht die Interpretation beim Lesen auf einer vertikalen

Achse, aus den Beziehungen zwischen chronologisch geordneten Textpassagen, eingeschobenen Beschreibungen, Erinnerungen, Verweisen, Anknüpfungen an Vorangegangenes und Andeutungen von Zukünftigem.[102]

Räumliches Bewegtsein – sei es im Traum oder im Text – läßt Bilder als dialektische Bilder erkennbar werden. In das Bild wird neben dem Leib und der Topographie auch die Dimension der Zeit und mit ihr die der Geschichte eingeschrieben.[103] Dialektische Bilder sind »als anders projizierte Überblendungen zu lesen, Überblendungen von Jetztzeit und Gewesenem, in denen historische Konstellationen, auch die der weibliche Subjektgeschichte, in ihrem Widerspruchsgehalt gelesen werden können.«[104]

Politisch wiederum ist das topographische Bilddenken zum einen dadurch, daß die äußere Dingwelt als Traum lesbar wird, wobei der Gegensatz von Innerem und Äußerem in einer dialektischen Konstellation dadurch aufgehoben ist, daß die *äußere* Topographie als Körper*inneres* des Kollektivs betrachtet wird.[105] Zum anderen ist topographisches Bilddenken politisch, weil es immer auch Deutung notwendig hat. Eine Deutung, die an einem gemeinsamen Ort mit anderen begonnen wird, und deren Gedanken in Abhängigkeit von anderen, von dem, was den anderen gegenwärtig ist, vollzogen wird. Dabei handelt es sich um einen hermeneutischen Zirkel, weil sich der gemeinsame Ort der Interpretation gerade erst im gleichen Moment herausbildet und sich immer wieder neu bildet durch die Bereitschaft eines jeden, sich auf diesen Ort zu beziehen.[106]

Im Sinne einer Traumdeutung können stillgelegte Bilder in ihrer Dialektik wieder hervorgekehrt werden, indem das ihnen Vorausgegangene, in sie Eingegangene und darin Verschwundene durch die Deutung der Bilder sichtbar gemacht wird.[107] Aussagen können als Ereignisse und Prozesse eingeführt und ihr Verwendungszweck und ihre Verwendungsmöglichkeit beleuchtet werden.[108] Ein gelesenes Bild ist folglich ein dialektisches Bild, in das »die polyperspektivische und topographische Dimension« eingeführt werden kann.[109] Nur das ungedeutete Bild hat archaischen Charakter, es kann durch Deutung zu einem dialektischen Bild, das ein gesprochenes Bild ist, transformiert werden. Mythologie kann im Moment des Erwachens in den Raum der Geschichte übersetzt werden.[110]

»Die beliebte Bezugnahme auf mythische Szenen und künstlerische Figuren, die Art und Weise des Umgangs mit Mythen sowie Möglichkeiten und Perspektiven eines Bilddenkens« kann somit im Wechselspiel von Entmythologisierung und Remythologisierung der Rede über die Frau besonders auch in Texten von Frauen diskutiert werden, ohne daß bei der Deutung Eindeutigkeit hergestellt werden muß.[111]

2.3.3. Allegorisierungen – Verfahren der Verkörperung und Entleiblichung

> *... und ich habe gefragt, und dann, aber meine Eltern haben nicht mehr erinnern können, was dann gewesen ist, ich habe sogar gehinkt wie der Teufel leibhaftig und immer ein Bein nachgezogen, sobald ich laufen konnte, weil der Hüftknochen falsch zusammengewachsen war, was natürlich kein Mensch hat ahnen und feststellen können bei einem Kleinkinde, das noch nicht laufen kann.*
> *Birgit Vanderbeke*

Die allegorische Darstellung ist ein spezielles Verfahren der Bilderproduktion, weil sie mit der bildlichen Verkörperung und Personifikation von Gedanken und Ideen arbeitet. Da jede personifizierende Darstellung immer auch die Geschlechtlichkeit der gewählten Person einbezieht, läßt sich das Verhältnis von Bild, Körper, Idee und Geschlecht besonders gut anhand von Allegorien analysieren.

> »Die allegorische Bildkonstruktion – als spezifische Strategie der Verkörperung – besteht letztendlich darin, das ›Überspringen‹ des Zeichenstatus der allegorischen Formulierung zu ermöglichen und damit eine Identifizierung des Zeichens und der körperlichen Erscheinung als sinnliche Wahrnehmung in Gang zu setzen: eine ›Verwechselung der Kunst mit dem Leben‹ also, was

seinerseits zu ›Realitätseffekten‹ und veränderten Wahrnehmungen von Alltags-Körpern führt.«[112]

Anhand von Allegorisierungen läßt sich zeigen, wie der Körper – und andere »Materie« – in Bezeichnetes und zeitgenössische Fixierungen des Geschlechtscharakters in ästhetische Regeln überführt werden. Der allegorische Transformationseffekt betrifft also nicht nur die Darstellung von Verkörperungen, sondern überhaupt narrative Strukturen.[113]

Ideen durch Körper darzustellen nimmt diesen das Körperlich-Materielle. Obgleich ein Körper dargestellt ist, handelt es sich bei einer Allegorie um eine Entleiblichung: Am Beispiel des Körper zeigt sich, daß die Allegorie die Entleiblichung des Bildermaterials markiert. Durch die Rekonstruktion der Entleiblichung wird die Entfremdung des Körpers/der Materie durch die Idee ebenso wie die Spaltung zwischen Bezeichnetem und Bezeichnendem sichtbar. Die Rede vom Körper/der Materie wird als Rede über eine Idee erkennbar. Es handelt sich also dann um eine allegorische Lektüre, wenn Körper, Bilder und Ideen als »Schrift« gelesen werden.[114]

Der gekennzeichnete allegorische Bruch zwischen Körper und Idee im Bild sprengt Zusammenhänge, wodurch wiederum andere Bilder, Korrespondenzen und Ähnlichkeiten erkennbar werden. Eine Dekonstruktion der allegorischen Text-Körper erlaubt unausgesprochene Strukturmerkmale des allegorischen Verweisungsprozesses zu thematisieren.[115]

Durch das Gewordensein von Körpern und Ideen eröffnet die Allegorie für die Deutung der Repräsentation noch weitere Momente, die für eine feministische Relektüre von Interesse sind. So die Geschichtlichkeit des Bildermaterials, die in allegorischer Auslegung zu einer Neuinterpretation des Sinns der Bilder führen kann, z.B. was die zeitgenössischen Spuren unbewußter Wünsche, die Verstellung von Interessen und die Strategien der Sinngebung oder aber ihre Anpassungsleistung an historische Situationen betrifft. Personifikationen, Verkörperungen, Figurationen sind dementsprechend auf historische Situationen, Brüche und Verschiebungen hin zu differenzieren.[116] Die Wendung von der Geschichte in Natur mittels der rhetorische Funktion der Allegorie wird nachvollziehbar.[117]

Als Allegorie für die weibliche Variante des semiotisch-hermeneutischen Deutungshorizonts der Freudschen Traumdeutung kann die Figur »die Hinkende« gelten. So wählen Libuse Moníková – in ihrer Erzählung »Pavane für eine verstorbene Infantin«[118] – und Birgit Vanderbeke – in »Das Muschelessen«[119] – weibliche Protagonistinnen, die ein Hüftleiden haben und deshalb gehbehindert sind.

Die Hinkende, ein Anspielung auf Ödipus, den Schwellfuß, problematisiert aus weiblicher Perspektive den Ödipuskonflikt und figuriert die aufgrund dieses Konfliktes erlittene Verletzung als Schädigung der Bewegung – sowohl als Schädigung der Gehbewegung als auch als Behinderung der Bewegung des Begehrens: »Es ist auch ein Lusthemmnis«[120]. So zieht auch die Verletzung der weiblichen Figuren nicht den Fuß selbst, sondern die Hüfte in Mitleidenschaft, sie liegt also nicht unweit der erogenen Zonen der Geschlechtsorgane und ist folglich gewissermaßen mit sexuellen Bewegungen identisch:

> »Das sporadisch *ineinander greifende Triebwerk der Liebe* rastet manchmal aus; das ist meine Hüfte, vom Tag her beschädigt.«[121]

Vanderbeke zieht eine Verbindung zwischen der Verletzung des Gehapparates und dem Sprechen, denn die Ich-Erzählerin bei Vanderbeke stottert.[122] So auch der Schreibstil der Erzählung selbst. Statt Silben wiederholt die Autorin einzelne Worte, Phrasen und Satzteile. Der Effekt, der dadurch entsteht, ist Ergebnis der mimetischen, die Rede des Vaters nachahmenden Sprechweise.

> »Die Worte der Ich-Erzählerin erweisen sich als Zitate der väterlichen Aussagen, die auch dessen Blick auf die Dinge und die Erzählerin selbst beinhalten.«[123]

Zugleich wird das Selbstbild des Vaters destruiert, indem die Erzählerin seine Selbstaussagen zwar imitiert, durch kontextentfremdetes Zitieren jedoch mit dessen Verhalten konfrontiert und so entlarvt: Die mimetische semantische Nachahmung der Vaterrede wird durch die metonymische sprachliche Einordnung destruiert, insofern sie sich zur selben Zeit über ihre Beziehung zu anderen Zeichen klassifiziert. Die gehorsame Wiederholung der Rede erweist sich als Enttarnung:

> »... aber mein Vater hat gesagt, das lasse ich mir nicht bieten, das machen sie nicht mit mir, die sollen mich kennenlernen, wir haben meinen Vater viele Jahre lang sehr kennengelernt ...«[124]

Wie das Gehen die Beziehung zum Raum ausdrückt,[125] so bewegt die Stimme die topographische Ausrichtung der Worte im Text durch wiederholende Gesten, wobei diese in neue Situationen eingeschrieben werden und ferner neue semantische Verbindungen eingehen können, so daß ein anderer Sinn entsteht.

Der Vater wird von Vanderbeke auch als Verursacher der töchterlichen Verletzung benannt. Das präödipale, nämlich sich im Babyalter erhebende töchterliche Geschrei – und das heißt, die sich lauthals zu Wort meldende und nach der Mutter rufende töchterliche Stimme – stört ihn, so daß er die Tochter an die Wand wirft, um sie zum Schweigen zu bringen.[126] Was bleibt, sind das körperliche Symptom und eine weibliche Stimme, die die Worte des Vaters nachspricht: ein hysterischer Effekt also. Damit allegorisiert die Hinkende desgleichen das Drama um die Geschlechterdifferenz im Hinblick auf die Einordnung in die vom Vater beherrschte Generationenfolge. Das körperlich-hysterische Symptom der weiblichen Figur stellt jedoch das Freudsche Gesetz des Ödipus geradewegs in Frage, das besagt, die Tochter müsse sich von der Mutter abwenden und dem Vater zuwenden. Denn diese väterlich-vaterzentrierte Verfügung entpuppt sich als Gewaltanwendung durch den Vater.

Was sich die Hinkende allerdings erhält, ist die Möglichkeit zum Widerstand: Die Hinkende bezeichnet einerseits einen weiblichen Körper, dem von Vaterseite aus Gewalt angetan wurde. Andererseits bedeutet Hinken, gegen die Ordnung schiefzulaufen, sich nicht mit ihr abzufinden und durch das Symptom das Begehren kundzutun.[127]

Hysterie und Mimesis, weibliches Körpersprechen und Textbewegung verweisen, wie diese beiden Erzählungen vor Augen führen, also unmittelbar auf die Allegorie. Denn im Hinblick auf die semiotische Fragestellung ist die Hysterie der Hinkenden nicht einfach Ausdruck einer Krankheit, sondern die Allegorie einer originären Verletzung. Ihr mimetisch-stotterndes Sprechen wiederum ist hysterisch, insofern es auf die originär-leibliche Sprache des eigenen Begehrens zurückverweist. Allegorisch sind beide Verfahren deshalb, weil sie eine körperliche Ausdrucksweise zur Selbstverständigung gewählt haben. Dabei verfehlen sie den wörtlichen Inhalt und verlangen deshalb nach Übersetzung. Hysterie und Mimesis lassen sich »als Übersetzung eines möglicherweise Unsagbaren ins Allegorische des Körperlichen [...] auffassen«[128] – Hysterie als Niederschrift des Unsagbaren im Körper und Mimesis als körperliches Nachahmen des unsagbaren Anderen.

»Als Abweichung im Sprachgebrauch kennzeichnet das Hinken das Verarbeiten der Abwesenheit in der Sprache.«[129]

Abwesend ist die eigene Stimme des weiblichen Körpers, der Körper selbst bleibt. Er ist das Andere der Sprache – das Andere, das das Ungesagte spricht, das Begehren durch das Unsagbare hindurch artikuliert und damit dennoch Grenzen zieht.[130]

Die Hinkende personifiziert also zugleich den allegorischen Zeichencharakter der Schrift, die mimetisch-metonymische Darstellungsweise, den topographischen Charakter der Schrift in Abhängigkeit von körperlichen Bewegungen und den Konflikt um die Geschlechterdifferenz im Hinblick auf die geschlechtsspezifische Einordnung in die Generationenfolge mit dem väterlichen Primat. Als semiotisch-allegorische Synopse erlaubt die Figur der Hinkenden, die genannten verschiedenen Aspekte zusammenzuspinnen, als Spiel von Variationen zu lesen und so für den weiblichen Körper, dessen begehrende Bewegungen und Konflikte zu klassifizieren.

2.3.4. *Hermeneutik des Anderen*

> *Beständig zu der Annahme bereit zu sein, daß ein anderer etwas anderes ist als das, was man in ihm liest, wenn er zugegen ist (oder wenn man an ihn denkt). Oder vielmehr in ihm ... lesen, daß er gewiß etwas anderes, vielleicht etwas völlig anderes ist als das, was man in ihm liest ... Jedes Wesen ist ein stummer Schrei danach, anders gelesen zu werden.*
> *Simone Weil*

Das Andere kommt im Text, was die Geschlechterdifferenz betrifft, vor allem auf fünf Weisen zur Sprache. Auf der Figurenebene ist die Frau erstens Statthalterin des Anderen des Mannes. Zweitens ist sie in dieser Funktion zugleich zeichentheoretisch Voraussetzung des Sprechens. Drittens prägt die Zuschreibung »das andere Geschlecht« das Verhältnis von Frauen zu sich selbst und zu ihrem Sprechen. Viertens kommt das Andere als Anderes im Text von Frauen vor. Und fünftens ist das Andere in seiner ethischen Dimension die Stimme des Textes oder der Autorin, die der Leserin/dem Leser als Andere gegenübersteht.

Was die Figurenebene betrifft, so bildet der imaginierte weibliche Körper einen Austragungsort für den Umgang mit Differenzen, »in seiner Visualisierung und sprachlichen Präsentation sind die komplexen Vorgänge der Auslöschung und Festschreibung von Differenzen gedacht.«[131]

Anhand der Figurengestaltung kann analysiert werden, »wie die leiblichen Differenzen der Subjekte – Unterschiede der Hauptfarbe, des Körperbaus und der Körperfunktionen – in verschiedene Begriffe und Bilder vom ›Anderen‹ eingehen, darin unsichtbar gemacht oder hervorgehoben und symbolisiert werden.«[132]

Das Andere wird aufgrund seiner Differential-Funktion dabei zur Voraussetzung des Sprechens. Hier ist zu untersuchen, »welche Funktion die Imaginationen und Konstruktionen des ›anderen Geschlechts‹ und der ›anderen‹ Kultur für das jeweilige ›eigene‹ Symbolsystem, für die jeweiligen Praktiken der Herstellung von Bedeutung hat.«[133]

Exemplarisch kann dazu die Funktionsweise von Metonymie und Metapher, Bild, Allegorie und Symbol studiert werden. Denn bei Metonymie, Metapher, Bild, Allegorie und Symbol handelt es sich jedesmal, wenn auch auf unterschiedliche Weise, um eine andere Rede. Die indirekte Rede, bildliche Darstellungen, Personifikationen, allegorische Schemata und Erzählstrukturen gehen dabei in die moderne allegorische Schrift auf die Art und Weise ein, »daß aus der ›anderen Rede‹ eine Rede des Anderen wird.«[134]

Die Allegorie wird in der Moderne zur allegorischen Rede; aus Verkörperungen werden semiotische Körper-, Leib- und Bildräume für die Imaginationen des Subjekts; und aus der übertragenen Darstellung wird eine entstellte Darstellung bzw. eine Übersetzung ohne Original.[135]

> »Indem topographische Strukturen die Bewegungen von Ein- und Ausschluß in *einem* Text zur Darstellung bringen, eröffnen sie dem Anderen des Subjekts einen Leib- und Bildraum in der Schrift und scheinen besonders geeignet, die andere Rede in eine Rede des Anderen zu transformieren.«[136]

Hiermit wird das, was die Rede als andere Rede bedingt, nachvollziehbar.[137]

In dieser anderen Rede verschwindet, was die Geschlechterdifferenz betrifft, jedoch ein jedes Mal dasselbe: die Geschlechtlichkeit und mit ihr das Weibliche bzw. all das, was es bedeutet und auf welche Weise es im Text erscheint. Auch bei dieser Zuschreibung dreht es sich um eine geschlechtsspezifische Arbeitsteilung, denn der große Andere, den der Text explizit thematisiert und benennt, ist traditionellerweise männlich: Gott, Vater, Genius oder Wahrheit.[138] Während das männliche Andere in der Tradition ausgiebig bedacht wird, herrscht gegenüber dem Sinn, der Herkunft und der Funktion dieses weiblichen Anderen Gleichgültigkeit. Durch die Betrachtung dessen, was Metonymie und Metapher, Bild, Allegorie und Symbol über das weibliche Andere zur Sprache bringen, ist es jedoch möglich, das, was als Anderes des Weiblichen gemeint wird, auf neue Weise in die

Sprache einzuschreiben: das Andere als Materialität, als Leiblichkeit, als Geschlechtlichkeit, als Partialität und als Zeichen.

Die Zuschreibung »die Andere zu sein« prägt die Perspektive von Frauen in ihrem Schreiben und kann ein ambivalentes Verhältnis zu ihren Phantasien, Entwürfen und Ideen produzieren.

> »Vor allem in die Wahl der Perspektive geht das Problem ihrer Existenz [der Frauen] als anderes Geschlecht ... ein.«[139]

Das Verhältnis zum Frauenbild, die Beziehung einer Autorin zu Erzähler oder Erzählerin und den Figuren ebenso wie der Gebrauch von Darstellungsmitteln und -weisen »ist Ausdruck einer jeweils eingenommenen und gestalteten Beziehung zur männlichen Vorstellung von ›Weiblichkeit‹. Bei der Interpretation von Frauenliteratur kann die Bearbeitung weiblicher Erfahrung nur unter Berücksichtigung dieses Umwegs rekonstruiert werden.«[140]

Diese in der Position der Anderen begründete Ambivalenz zeigt sich immer wieder in vielen formalen und inhaltlichen Anpassungsleitungen auf Autorinnenseite. Die Anpassungen, Verstellungen und Maskierungen des weiblichen Begehrens im Text sind im Hinblick auf Befreiung zu verstehen.[141]

Das Andere im Text von Frauen findet Gisela Ecker in der Heteronomie, den Brüchen und Widersprüchen *innerhalb* der Texte aus weiblicher Feder. Lediglich die Akzeptanz der Einheit und Kohärenz eines literarischen Textes als poetologischer Standard verlange nach dem rechtfertigenden Nachweis, daß Frauentexte einheitlich und kohärent sei müßten. Damit würden die heteronomen Elemente in Texten verdrängt werden müssen, obgleich deren Analyse einen besonderen Erkenntnisgewinn für weibliches Schreiben und das Verhältnis von Frauen zur Schrift mit sich bringt.[142]

Was nun die ethische Dimension der Beziehung zum Text betrifft, so wird es schlechterdings zur Herausforderung – gerade auch für eine Schreib-, Lese- und Interpretationspraxis –, ein Lesen des Anderen als Anderen zu erfinden. Der Text ist dabei nicht nur Medium des Anderen, sondern als Schrift ist er Materie und dokumentiert die niedergeschriebene Stimme der/des Anderen.[143]

In der Beziehung von LeserInnen, AutorInnen und einem Text finden sich die verschiedensten Beziehungsstrukturen eines Ich und einer/m Andere(n).[144] Spricht die AutorIn zu einer Leserin, so spricht sie nicht nur zu einer anderen Person, sondern auch zu einer Person, die einer anderen Handlungslinie folgt, dem Lesen und Interpretieren. Vice versa unterscheidet sich der Akt des Lesens von der des Schreibens.

Dabei sieht sich ein Lesen »des Anderen als Anderen« vor folgendes Paradox gestellt: es leugnet und erinnert das Andere zugleich. Die Leugnung ist Ergebnis der imaginären Seite des Lesens. Die Leserin muß etwa eine fremde Geschichte in ein identifizierbares Anderes verwandeln. Dadurch wird das Andere angeeignet, seine Differenz verschwindet, sie wird unlesbar. Um diese Verleugnung zu verhindern, so Birgit Erdle, ist das Realitätsprinzip notwendig. Die Realität des Anderen anzuerkennen, bedeutet, die Verdichtung und Konfusion der Sphäre des Zeichens mit jener des Realen aufzubrechen.[145] Das Reale wird zum Erkenntnisprinzip, daß dem Feld des reinen Imaginären und dessen totalisierender Wirkung entgegengestellt werden kann; zugleich ist es eine Illusion, das Reale hierbei vollständig erfassen zu können.[146]

In der Auseinandersetzung um das Andere wird besonders auch die Haltung kritisiert, Frauen – und insbesondere in neuester Zeit Jüdinnen – als Opfer zu betrachten.[147] Die imaginäre Identifikation mit den Opfern bzw. die Selbstidentifikation durch die Rede über die Opfer ist aufgrund der idealisierenden und sentimentalen Haltung dieser Restitution lediglich stabilisierendes Moment der Selbstbestätigung und Sinnstiftung für die Leserin. Der Autorin wird eine solche Leseweise jedoch nicht gerecht.[148]

Hinter dieser Haltung verberge sich außerdem »die Sehnsucht nach transzendentem humanistischen Sinn, der die Opfer der Verfolgung zu auserwählten Sprechern macht, die nicht autonom sondern situativ determiniert sind, auf verlorenem Posten einer besseren Welt«.[149]

Genausowenig wie der Autorin werden solch vereinfachende Stilisierungen ihrem Text gerecht. Denn der Text einer Autorin lebt geradezu von der Überdeterminierung durch die eigene, persönliche Geschichte und durch ihre Individualität. Eine solche Lesart bringt den Text um die Autonomie, die dessen »geheime Triebfeder« ist.[150]

Erdle sieht eine Lösung für das paradoxe Leugnen beim Erinnern in der Freudschen Vorstellung des Durcharbeitens:

> »Der ›lösende Charakter‹ des Durcharbeitens ermöglicht die Integration einer Deutung, indem er die Beharrlichkeit der Wiederholung beendet, und zwar dadurch, daß das Subjekt sich in den Widerstand, in Verdrängung und Leugnung, vertieft. Die zu integrierende Deutung, um die es hier geht, wäre nun aber gerade die Abwesenheit von Bedeutung, ihr Fehlen. Ein solches Wachen über eine abwesende Bedeutung würde die Undurchsichtigkeit und Unverständlichkeit ... bewahren.«[151]

Die Technik des Durcharbeitens ist folglich ein grundlegender Modus, um von der imaginären Wahrnehmungsidentität des Anderen zur Denkidentität und Anerkennung von dessen Unterschiedenheit und Einzigartigkeit zu kommen.[152]

Was die Beziehung zwischen Autorin und Leserin betrifft, so spricht Hilde Domin in diesem ethischen Sinne deshalb von der Begegnung im Text. Schreiben ist eine dialogische Begegnung mit sich selbst, mit der Schrift als einer besonderen Materialität und dem (literarischen) Text als einer spezifischen Form, mit dem/der Anderen. Die Schreibende begegnet im Text sich selbst, ihr Text wiederum verhilft anderen zur Begegnung mit sich selbst und den eigenen Erfahrungen. Ein Gedicht beispielsweise »macht sie [diese Begegnung] sichtbar, es benennt und macht benennbar und also sagbar, was dunkel war und plötzlich ins Bewußtsein gehoben wird.«[153]

Die Verschiebung des Lesens als Selbst-Erfahrung, verstanden als Spiegelung der eigenen Erfahrungen, hin zur Begegnung mit dem Anderen in der Schrift eröffnet demnach einen Raum, ein

Zwischen, auf das die Begegnung angewiesen ist. Eine Beziehung, auch die zu sich selbst, als Begegnung und folglich zwei, die sich begegnen, inklusive deren Differenz wahrzunehmen, bringt das Andere als Anderes ins Spiel. Begegnen, auf jemanden treffen, auf etwas stoßen betrachtet das Andere als Fremdes, als Schock, als Konfrontation, als Spur eines Absoluten (Levinas).[154] Eine Begegnung konfrontiert mit unauflösbaren Verschiedenheiten, Brüchen, Konflikten, Widerständen ebenso wie mit den Ähnlichkeiten.[155] Dabei wird der Gegensatz zwischen dem, was ist, und dem, was sein sollte, aufgerissen.[156]

Der Riß (Domin), der Bruch (Adorno), Thetis oder Grenze (Kristeva), die abgrundtiefe Kluft (Muraro) signalisieren einen Einschnitt ins Undifferenzierte der imaginären Seite einer Beziehung. Der Riß markiert hierbei einen Einsatzpunkt, einen »merkwürdige[n] Modus ursprünglicher Aktualität. Es ist so etwas wie ein fiat, wie der Einsatzpunkt des Wollens und Handelns.«[157]

Diesen Bruch zu vollziehen, ist an ein »Ich« gebunden, an ein Subjekt an der Schwelle zur Sprache. Dieses Ich ist des weiteren zu dem Versuch der Erstbegegnung herausgefordert.[158] Das Gemeinsame wird dabei zur Voraussetzung des Verstehens.[159] Nur das Andere in seiner Andersheit ermöglicht dabei dem Ich, etwas dazuzulernen. Gleichzeitig ist das Ich dazu aufgefordert, »die Äußerungen des Anderen als wahre Aussagen stark zu machen und für uns zur Geltung zu bringen.«[160]

2.3.5. *Zwischen Begehren und Tradition: Das Symbolische*

Das Gemeinsame von Denken und Sein kann nicht ausgesagt, sondern nur mittels Symbolen gezeigt werden. Ingeborg Bachmann

Das Symbol ist Rest und Erwachen des Sinns ... [Das Symbolische] ... liegt in der Dialektik Archäologie und Teleologie ... Das gemischte Konkrete, von dem wir Archäologie und Teleologie ablesen, ist das Symbol. Paul Ricouer

Die Symbolisierung ist neben Verdichtung, Verschiebung und Verbildlichung die vierte Dimension der Traumarbeit. Die Symbolisierung nährt sich dabei aus zwei Quellen, einmal aus den individualgeschichtlichen, persönlichen Symbolisierungsspielen des kleines Kindes und dann aus kulturell ausgebildeten Symbolisierungen, die gesellschaftlich vermittelt werden.[161] Beide Quellen stehen in einem dynamischen Verhältnis. Wegen dieser doppelten Wurzel bestimmt Freud das Symbolische als das *Konstante* der Beziehung zwischen einem Traumelement und seiner Übersetzung.[162]

Auf der phylogenetischen Ebene gilt das Symbolische bei Freud als Sprache des Wunsches. Zwar fließt die Intention auch schon in das Bildmaterial des Traumes als Ausgangspunkt für dessen Orientiertsein ein. Jedoch verbindet die symbolische Dimension des Wunsches diesen mit Sinnbedürfnissen, die sowohl am eigenen Körper als auch an Objekten verankert sind.

»Dem Symbolischen entspricht auf der psychisch-leiblichen Ebene die Fixierung der Triebbewegung auf ein bestimmtes Objekt (die libidinöse Besetzung) sowie die Ersetzung der libidinösen Besetzung durch das Bild des Objekts (im Abbild und Symbol).«[163]

Das Symbol verbindet den verborgenen Zusammenhang zwischen dem (hysterischen) Symptom und dessen auslösender Ursache, der verborgenen Liebe zur Mutter.[164] Wie das Freudsche Beispiel des Fort-Da-Spiels des kleinen Hans mit der Garnrolle zeigt, will dieser durch dieses Symbolisierungsspiel seine Mutter vergegenwärtigen. Das Symbol – in diesem Beispiel die Garnrolle – benennt dabei nicht die Person der Mutter, sondern eine Situation: das Spiel mit einer Garnrolle und mit Worten, das die Intention verfolgt, die Mutter präsent zu haben. Symbole versprachlichen die Interaktion mit der Mutter und die »Szenen, die sich entsprechend der Eigenart der mütterlichen Realwelt in permanenten Lebensentwürfen niederschlagen.«[165]

Die Disposition des Spiels bringt zwei weitere Aspekte des Symbolisierungsprozesses ans Licht. Zum einen die Vereinigung von Praxisformen – das Spiel mit der Garnrolle – und Sprachfiguren – die das Spiel begleitenden Äußerungen.[166] Zum anderen die Verbindung von Sinn – die Bedeutung des Spiels – und Sinnlichkeit – die Trauer des Kindes um die abwesende Mutter, die zugleich mit der Lust an dem Spiel verbunden ist, das mütterliche Liebesobjekts zu vergegenwärtigen.[167] Das Symbol wird zum Äquivalent für die zu erinnernde Szene, die neu zugänglich gemacht werden muß.[168] Das Symbolische wird hierbei durch semiotische Impulse bewegt und transformiert:[169]

»Das Symbolische integriert Sinnlichkeit und Sinn zu einer spezifischen Einheit.«[170]

Im unmittelbaren Sinn des Spiels tut sich ein anderer Sinn auf,[171] im Symbol überschneiden sich unmittelbarer Sinn und Sinnüberschuß.[172]

Die Arbeit, die bei der Interpretation von Symbolen zu leisten ist, beruht nicht auf der Deutung von Sinn und Sache[173] – Äußerung und Garnrolle –, sondern von Sinn – Bedeutung der Garnrolle – und Sinn – Bedeutung der Äußerung.[174] Eine jede Darstellung ist demnach, wie ihre symbolische Dimension besagt, Vermittlung: etwas wird im Lichte eines Anderen gesehen.[175] Die symbolische Dimension der Sprache unterstreicht des weiteren die Abhängigkeit des Sinns von der Situation und dem Begehren der symbolisierenden Person.[176] Der Sinn ist nicht an und für sich gegeben, sondern entsteht in dem Augenblick der Sinnbildung.[177]

Wie das Fort-Da-Spiel außerdem zeigt, ist die Symbolisierung Ergebnis einer Interaktion. Deshalb müßte die Rede vom Symbol durch die Rede von »sprachsymbolischen Interaktionsformen« präzisiert werden.[178] Das Symbol verweist innerhalb der Komplexität der Zeichenbildung auf den szenischen Sinngehalt des Zeichens;[179] es ist ein vom ganzen Prozeß der Sinngebung gekennzeichnetes Wort.[180]

In das Symbol ist der ganze Prozeß der Sinnbildung eingegangen. Jede symbolische Formation trägt noch die Spuren des Prozesses, der sie bzw. ihn hervorgetrieben hat, ebenso wie die Energien, die die symbolischen Formen immer wieder umschmelzen.[181]

Kristeva zufolge besteht die Interpretation von Symbolen nun darin, »daß das lesende Subjekt sich zu solchen Sedimenten eines Sinnbildungsprozesses in eine Beziehung setzt. Ausgehend von einer spezifischen Subjektstruktur verwandelt es sich diese Sedimente an, muß sie also bearbeiten und wird durch die Integration dieses Materials selbst transformiert. Lesen ist demnach kein passives Aufnehmen, sondern aktives, ja sogar aggressives, zerstörerisches Aneignen ... ›Schreiben‹ wäre demnach ein zur Produktion, zur Tätigkeit gewordenes Lesen.«[182]

Freud regt ferner dazu an, das individualgeschichtliche Moment bei der Deutung von Symbolisierungen durch historisches Material zu erweitern. Denn Symbole gehören nicht zum Traum als etwas allein ihm eigenes, sondern sie gehören zu den (unbewußten) Vorstellungen einer Kultur.[183] Zumal bei der Symbolisierung die sinnliche Anschauung mit den kategorialen Formen der Sprache zusammenkommt, die immer schon Kulturgeschichte transportiert.[184]

> »Die symbolische Ordnung gibt die Strukturen, innerhalb deren Rahmen die Menschen sich mit ihrer eigenen Naturhaftigkeit auseinandersetzen. Sie unterliegt dem Wandel wie alle anderen gesellschaftlichen Strukturen ... [Sie] erweist sich als Kristallisation, die von einem unabschließbaren Prozeß hervorgebracht wird.«[185]

Im Symbol fallen nicht nur Ausdrucks-, Darstellungs- und Bedeutungsfunktion sowie der Transformationsprozeß aus Begehren, Trauer, Lust und sprachlicher Sinnstiftung zusammen, sondern auch die reale, persönliche, kulturelle/kulturgeschichtliche und politische Wahrheit.[186] Symbole können das Begreifen dazu anleiten, in Analogie zum Dargestellten in diesem Sinne »neue Strukturen und neue Bezüge zu entdecken.«[187] Symbolisches Verstehen ist eine synthetische Leistung.[188]

Da das Symbol beharrlich dasselbe bleibt, sich jedoch in ihm das Begehren artikuliert, hat es die Interpretation nötig. Die Notwendigkeit der Interpretation gibt den Mitteilungscharakter des Symbolischen zu verstehen und damit dessen übersubjektive und politische Dimension.[189] Der politische Standpunkt ist dabei nicht nebengeordnet, sondern absoluter Bezugspunkt der Arbeit am Symbolischen. Denn das Symbol fordert dazu heraus, »das Spezifikum und die radikale Differenz sozialer und kultureller Vergangenheit zu respektieren und gleichzeitig die Berührungspunkte zur Gegenwart aufzudecken, die sich in ihren Polemiken und Passionen, ihren Formen, Strukturen, Erfahrungen und Köpfen finden lassen.«[190]

Das Symbol gestattet nicht nur, zwischen Vergangenheit und Gegenwart zu vermitteln, sondern auch Erfahrungen aus verschiedenen Lebensbereichen zu verknüpfen. Was zum Beispiel die Wissenschaft und ihre Aufspaltung in verschiedene Diskurse betrifft, so ermöglicht das Symbol, von einem Diskurs in den anderen zu kommen; es ermöglicht die Transkodierung und die Überwindung von Fragmentierung und Atomisierung ebenso wie die von der Aufteilung nach Untergliederungen und Spezialisierungen der einzelnen Bereiche.[191]

Aufgrund der Verknüpfung von Begehren und Tradition im Symbolischen kommt der Arbeit am Symbolischen eine weltverändernde, revolutionäre Kraft zu. Eine veränderte Gesellschaft ist Ergebnis einer veränderten Perspektive, und das heißt, eines verändertes Symbolisierungscodes:

> »Es geht darum, den Ort zu wechseln und ein einengendes System anzugreifen, nicht indem man ihm frontal entgegentritt, sondern dadurch, daß man ein anderes Territorium erschließt, eine andere Redeweise, einen anderen Horizont.«[192]

2.4. *Symbolisierungsprozesse und Geschlechterdifferenz*

Aufgrund des erarbeiteten Verständnisses von Symbolisierungsprozessen scheint mir eine Kritik an der Lacanschen Vorstellung von Symbolisierung angebracht, zumal deren – ungebrochene – Rezeption in der feministischen Diskussion über Sprechen, Sagbarkeit und Repräsentation eine so große Rolle spielt.[193]

2.4.1. *Phallogozentrische Repräsentationsökonomie nach Lacan*

Aufgrund des Zusammenhangs von Triebökonomie, Identitätsbildung und Repräsentation hat es sich als sinnvoll erwiesen, auf psychoanalytische Erklärungsmuster zurückzugreifen, wenn untersucht werden soll, warum »die Frau« zum Zeichen des Mannes werden kann. So wird der Signifikant »Frau« als Traumbild, imaginierte Phantasie, Fetisch oder Deckerinnerung interpretiert. Desgleichen wird der Hergang der Repräsentanz psychoanalytisch bestimmt:

> »Der Begriff Repräsentanz ist nur in Beziehung zum Trieb zu verstehen, wobei Freud den Trieb als einen Grenzbegriff zwischen dem Somatischen und dem Psychischen betrachtet. Zwar hat der Trieb seine Quelle in organischen Phänomenen. Weil er sich jedoch an Objekte haftet, hat er in erster Linie ein psychisches Schicksal.«[194]

Der feministische Rückgriff auf die Psychoanalyse macht sich die repräsentationslogische Interpretation Freuds durch Lacan zunutze. Lacan übersetzt die ontogenetischen Grundkonflikte bei Freud (Ödipuskonflikt, Penisneid) in Probleme der Repräsentation. So liest Lacan in seinem Phallusaufsatz den Kastrationskomplex als Herkunft der Signifikation des Phallus und die phallische Signifikation wiederum im Hinblick auf die Bedingtheit des Signifikats durch den Signifikanten:[195] Die Entdeckung des (männlichen) Kindes aufgrund einer negativen Wahrnehmung, nämlich dem Fehlen oder Mangel des Penis bei der Mutter, erklärt die psychische Bedeutung der Symbolisierung des eigenen Penis als Phallus. Allein diese Entdeckung begründet die Bedeutsamkeit der Darstellung, aus dem Penis wird der Phallus.

Repräsentation gilt demzufolge als Ergebnis der »privaten Abwandlung« von der Differenz der Anderen in eigene (männliche) Identität.[196] Das Symbolische ist bei Lacan demzufolge die Deutung des lokalisierten Erscheinens einer Differenz,[197] die als Mangel des/der anderen projiziert wird. Der Mangel, der am Körper der Mutter festgemacht wird, kennzeichnet aber den eigenen männlichen Mangel bzw. die Angst davor: die Angst vor der möglichen eigenen Kastration.

Solche repräsentationstheoretische Interpretationen von grundlegenden, die menschliche Psyche betreffenden ontogenetischen Modellsituationen wie dem Ödipuskonflikt und der Kastrationsangst erkennen die Art und Weise, wie sich die geschlechtliche Konstituiertheit in Symbolisierungs- und Sinngebungsprozesse einschreibt, als deren Voraussetzung zwar an. Jedoch wird dabei nicht nur die eindeutig männliche Perspektivierung auf Repräsentationsvorgänge übergangen, sondern damit geht zugleich einher, daß der semantische Gehalt dieser Beispiele ignoriert und problemlos auf weibliche Signifikationsprozesse übertragen wird.[198] Dieses Problem kann nicht durch die Erklärung beruhigt werden, »Kastration« sei bloß eine Metapher, bzw. bei der Wahrnehmung der weiblichen Kastration handele es sich nicht um die Feststellung eines Fakts, sondern lediglich um den Effekt einer Inszenierung, dessen Material beliebig sei. Zeichenmaterial ist nicht beliebig – ein Penis ist kein Haar, genausowenig ist er ein Schuh oder ein Schmetterling usw. Allein schon zeichentheoretisch gedacht, hat der Penis in der symbolischen Ordnung einen bestimmten Zeichen-Wert, weil er als signifikatives Zeichen der Geschlechterdifferenz gilt. Aber auch, was das semantische Zeichen-Material betrifft, ist eine solche Vereinfachung inakzeptabel; denn wie Freud in der Traumdeutung gezeigt hat, beeinflußt und verändert auch das semantische Material die sich an dieses Material anschließende und von dort her weiterschreitende Bedeutungsstiftung. Bedeutungsstiftung mittels »Penis« als Signifikanten produziert deshalb nicht denselben Effekt wie mittels die Signifikanten »Haare«, »Schuhe« oder »Schmetterlinge«. Deshalb ist die Metaphorisierung des Penis als »Phallus« weder auf demselben Niveau angesiedelt wie der Substitutionsgehalt anderer Metaphern noch inszeniert er auf derselben Ebene.[199] Genausowenig kann der Phallus auf dessen metaphorische Bedeutung reduziert werden, denn beide »Figuren«, sowohl das leibliche Organ als auch die Metapher, fließen ständig ineinander, insbesondere in ihrer Bedeutsamkeit für Frauen und der mit dieser Verbindung einhergehenden tradierten symbolischen Positionierung.[200]

Ein anderes Moment der Kritik an der phallischen Repräsentationslogik thematisiert Irigaray immer wieder, nämlich die der phallischen Repräsentationsökonomie. An Freud kritisiert sie dessen Indifferenz gegenüber der Zweigeschlechtlichkeit, die sich darin zeigt, daß er nicht die Verbindung zwischen der unbewußten (Repräsentations-)Ökonomie und der Differenz der Geschlechter herstellt.

> »In anderen Worten: die Fragen, die die Praxis und Theorie Freuds an den Schauplatz der Repräsentation stellen, führen nicht bis zu derjenigen nach einer geschlechtsspezifischen Determination dieses Schauplatzes.«[201]

Sie führen also auch nicht zur Reflexion dessen, daß Freud, ein Mann, aus der Perspektive des kleinen Jungen »die Mutter« beschreibt und dies verallgemeinert.

Muraro versucht nun, die geschlechtsspezifische Determination des Repräsentations-Schauplatzes der Frau in der patriarchalischen Ordnung zu umreißen. Ihren Ausführungen zufolge stellt die Frau die Korrespondenz zwischen Signifikat und Signifikant her, ohne daß sie den Tribut der metaphorischen Operation zahlen muß, das heißt, ohne daß sie die »Kastration« symbolisiert haben muß. Das gelingt der Frau dadurch, daß sie aus dem eigenen Körper ein Phallusäquivalent für den Mann macht und den Signifikant des eigenen Begehrens im Körper des Liebhabers findet, dem sie den Phallus attribuiert.

Bei dieser Art der Signifikation handelt es sich allerdings nicht um den Aufbau des symbolischen Verhältnisses von Signifikant und Signifikat, sondern – im Sinne Lacans – um eine imaginäre Arbeit, um eine Perversion und Fetischbildung.

»So treibt der Defekt der symbolischen Metapher Schreber dazu zu wünschen, Frau zu sein ... Eine Frau sein wollen wäre ein wenig so, wie die Kapazität zu haben, unter der Führung der Metonymie zu symbolisieren. Ein Mann verliert dabei den Verstand, einer Frau dagegen gelingt dies.«[202]

In dem Sinne, in dem für Muraro die Bewegung der Metonymie sich mit der der Mimesis überschneidet,[203] wäre Repräsentation in der Logik der weiblichen Ökonomie das Ergebnis einer persönlichen imaginären Entlehnung von fremder Identität als (vorübergehende) eigene Identität bei gleichzeitiger Selbst-Differenzierung.[204]

Jedoch scheint mir bei Muraro noch ein anderes Moment den weiblichen Schauplatz der Repräsentation zu illustrieren. Dieses Moment definiert die weibliche Repräsentation außerdem auch nicht androzentrisch darüber, daß Frauen sich zum Phallusäquivalent des Mannes machen (müssen). Es liegt darin, daß die Ausbildung von Repräsentation über die Mutter läuft, für Mädchen also in der Wichtigkeit der Metonymie liegt, die Ähnlichkeitsbeziehungen erlaubt und aufgrund der Ähnlichkeit auch »anwesend« bleibt: Die Mutter ist aufgrund der Gleichgeschlechtlichkeit dem eigenen Körper ähnlich, sie muß nicht, wie beim Jungen, durch etwas anderes – den Phallus – metaphorisch ersetzt werden. Sprechen heißt also nicht unbedingt Bruch und Verzicht auf die Anwesenheit der Mutter – so die metaphorische Deutung der »symbolischen Kastration«[205]. Vor diesem Hintergrund entwickelt Muraro ein andere Vorstellung von Symbolisierung: »Die symbolische Ordnung der Mutter«.

2.4.2. *Die symbolische Ordnung und Sagbarkeit*

Deshalb lautet meine Antwort auf die Frage, wer oder was über die Sagbarkeit entscheidet: in erster Instanz entscheidet die mütterliche Autorität.
Luisa Muraro

Fassen wir die Logik der phallogozentrischen Ökonomie zusammen: Die phallogozentrische Ökonomie der Repräsentation geht vom Primat des Mangels aus. Das Begehren nach dem Körper der Mutter wird vom Jungen als Mangel erlebt und dieser Mangel wird auf den mütterlichen Körper rückübertragen, um selbst »ganz«, »vollständig« (mit Penis-Phallus) zu sein und bleiben zu können. Symbolisierung ist bei Lacan darum die Deutung eines eigenen Mangels, der durch die/den anderen erfahren wird. Das Subjekt dieser Logik ist in dem Dualismus Mangel-Vollständigkeit bzw. Nichts-Alles angesiedelt.[206] Es ist autonom, vollständig, ganz, ohne geschaffen, ohne bedingt, ohne abhängig zu sein usw. Der Mangel ist die andere Seite der Vollständigkeit, die Logik bleibt dieselbe, die Hierarchisierung der beiden Pole kehrt Lacan – ebenso wie bei Metapher und Metonymie – einfach um.[207] Aus der Allmachtsvorstellung des modernen autonomen Subjekts, alles zu können, wird, daß das Subjekt nun nichts mehr vermag, denn es kann das, was es begehrt, immer nur verfehlen: »Die Mutter geht, versagt, zensiert, unterbricht, und sie muß dies notwendig tun, denn eine *absolute* Präsenz ist nicht realisierbar.«[208]

Das gilt durchaus für die reale Mutter. Jedoch nicht für die symbolische Mutter, für »die Mutter«, die eigentlich die symbolische Bedeutsamkeit der Mutter ist. Die symbolische Bedeutsamkeit der Mutter ist zugleich aber die Bedeutsamkeit der Mutter für die Symbolisierung:

> »Das Sein [kann] nicht vom Denken gelöst sein – auch die Schöpferin des Lebens [kann] nicht vom Ursprung der Sprache getrennt sein.«[209]

Wie ich im Abschnitt über Symbolisierungsprozesse gezeigt habe, beinhalten Symbole neben der Sehnsucht nach der Mutter immer auch die Möglichkeit, durch Sinngebung und Deutung das Mütterliche und die mit ihm verbundenen Deutungsstrategien und Lebensentwürfe zu vergegenwärtigen. Dabei beruht das Symbol selbst auf einer Wiederholung der Interaktion mit der Mutter. Der Symbolisierungsakt befähigt also, die fehlende Präsenz der Mutter zu überwinden, denn er erlaubt dem Kind, die Mutterliebe nicht ganz zu verdrängen oder in andere, die Mutter vollständig ersetzende Handlungen zu verwandeln, »sondern jene Triebkraft zurückholen, die es braucht, um die Grenzen seiner Persönlichkeit auszufüllen«.[210]

Sprechen heißt also nicht unbedingt Bruch und Verzicht auf die Anwesenheit der Mutter – wie die metaphorische Deutung der »symbolischen Kastration« besagt –, sondern impliziert die Möglichkeit der symbolischen mütterlichen Anwesenheit durch die kreative Vergegenwärtigung des Mütterlichen. Insofern ist das Symbol nicht Ausdruck eines Mangels, wie Lacan es konstatiert, sondern zuerst Ausdruck der Liebe zur Mutter.[211] Das Symbol spricht nicht von Abwesenheit des mütterlichen Körpers,[212] sondern es spricht von ihrer Gegenwärtigkeit, insbesondere da im Symbol versucht wird, ihr und dem, was sie bedeutet, ähnlich zu werden.[213]

Unsagbarkeit ist also nicht ein absoluter, alles verstellender Mangel, sondern trotz des Moments der Unsagbarkeit gibt es zugleich immer die Möglichkeit des Sprechens: Durch die Vergegenwärtigung der mütterlichen Seite der Sprache.

> »In der primären Beziehung zur Mutter ist uns das voll gegenwärtig gewesen, was einem anderen gegenwärtig war, und bevor wir fähig waren, mit einem beliebigen anderen zu sprechen, gab es eine Zwischenphase, in der wir nur mit ihr gesprochen haben und nur, um den ursprünglichen gemeinsamen Ort wieder herzustellen.«[214]

Sagbarkeit hängt davon ab, an dem gemeinsamen Ort mit anderen zu beginnen und diesen Ort immer wieder neu zu bilden »durch die Bereitschaft eines jeden, die Dinge in Abhängigkeit vom anderen, von dem, was dem anderen gegenwärtig ist, darzustellen.«[215]

Der Körper, die lebendigen Erfahrungen werden sagbar durch die Zuhilfenahme der Worte von anderen. Sagbarkeit entsteht durch den »*fleischlichen Kreis*«. Der fleischliche Kreis meint die Idee einer vollständigen Vermittlung, insofern sie Seele und Körper, Fleisch und Blut, das Wissen von sich selbst und von den anderen, Geschichtlichkeit und Kontext, das Mütterliche und das Metaphysische, das Notwendige und das Logische umfaßt. Zudem enthält »das Bild des fleischlichen Kreises ... die Idee einer Wahrheit, deren Sagbarkeit eins ist mit dem Kontext, in dem sie Form annimmt, da sie sich – so wie die Menschen geboren werden und sprechen lernen – aus dem Kreis von Körper und Wort bildet, ohne daß eins gegenüber dem anderen absoluten Vorrang hätte.«[216]

Sagbarkeit wird möglich als Teilhabe am mütterlichen Sprachgebrauch.[217]

So wie die einzelnen Worte Teil der Beziehung zur Mutter und zu anderen sind, so sind sie auch Teil der Welt und lassen an ihr teilhaben. Denn bei der Beziehung zur »Schöpferin des Lebens« handelt es sich nicht »um eine Beziehung zwischen zwei Personen. Es ist eine Beziehung des Seins mit dem Sein, so schlage ich vor, es zu denken ... Das Teil-Sein kann sich unter bestimmten Bedingungen in eine schöpferische Beziehung zum Sein-Sein entwickeln.«[218]

Wenn Sprechen als Akt der Teilhabe an der Welt und am Sein konzipiert wird,[219] dann handelt es sich nicht um ein Konzept, daß mit der Logik Mangel-Vollkommenheit operiert. Außerdem, und das halte ich für die wichtigere Konsequenz, verändert sich die Anthropologie grundlegend. Menschliches Sein wird ausgehend von der Unhintergehbarkeit von dessen Bezogenheit und dessen Bedingtsein verstanden, ohne daß Bezogenheit und Bedingtsein per definitionem als Defekt in das Menschsein eingeschrieben wird. Indem Muraro deutlich macht, daß der Schöpfungsakt nicht der des Einen Gottes ist, sondern der von zweien, nämlich von Mutter *und* Kind, bricht sie das Einssein des Menschseins auf und entwirft die Vorstellung des Menschseins in Verschiedenheit.

Das Eingebundensein einer Frau in das mütterliche Kontinuum zeigt des weiteren, daß die Frau/die Mutter nicht der *eine* Anfang ist, denn sie gibt keine Einheit »Frau« mehr an. Vielmehr wird die männliche Konstruktion der Einheit »Mensch« dadurch gesprengt, daß die menschliche Partialität auch im Hinblick auf die Verschiedenheit von Frauen offenkundig wird.

An diesem Punkt gibt es eine wesentliche Überschneidung zwischen Muraro und Hannah Arendt. Bei beiden Philosophinnen ist die Verschiedenheit der Menschen Ausgangspunkt der Anthropologie. Beide verstehen die Bezogenheit auf andere als eine produktive Bedingung des menschlichen Seins. Menschsein als Teil-Sein von der Beziehung mit anderen, Verschiedenheit und die damit verbundene Notwendigkeit des Austauschs mit anderen wird bei beiden nicht einfach von vornherein als Unglück ideologisiert wie in der Ideologie des autonomen Subjekts, das monadisch und vollständig sein muß, um handlungsfähig und glücklich zu sein, und das deshalb immer dessen andere Seite ist, nämlich das Subjekt des Mangels.

Der zweite gemeinsame Punkt der beiden Denkerinnen ist die damit verbundene anthropologische Bezugnahme auf die Herkunft des Menschen, bei Muraro auf die Mutter, bei Arendt auf die Geburt. Arendt siedelt das Auf-verschiedene-Weise-Mensch-Sein in der Gebürtigkeit an. Muraro definiert die Geschlechterdifferenz über die Beziehung zur Mutter und schlägt damit eine zweifache Verschiedenheit vor, einmal die aufgrund der genealogischen Position und dann die unhintergehbare Differenz aufgrund der Geschlechtlichkeit.[220] Dabei sind sich beide einig, daß diese Herkunft auch die der Sprache und des Sprechens ist und daß Sprache notwendig ist, um sich nicht bloß voneinander zu unterscheiden, sondern um aktiv verschieden sein, in Verschiedenheit miteinander sein zu können und dieses sinnstiftend und weltgestaltend werden zu lassen. Denn Verschiedenheit kommt durch nichts anderes zum Ausdruck als durch Sprache. Und nichts anderes als Verschiedenheit ist der notwendige Anlaß für die sprachliche Auseinandersetzung der Menschen um das, was sie in der Welt und mit der Welt wollen: Das Kundtun von Verschiedenheit ist das, was das Politische begründet[221] – geradewegs auch durch einen literarischen Text, in dem sich die einzigartige Stimme einer Autorin mitteilt.

Die Möglichkeit des freiheitlichen Sprechens von Frauen ist also weniger eine Frage der Selbstidentifikation bzw. der Identifikation mit anderen (Frauen), die zur Selbstidentifikation führen soll.[222] Dies *kann* ein momentaner Effekt des Sprechens in Beziehung mit anderen sein. Freiheitliches Sprechen von Frauen basiert vielmehr auf der Möglichkeit, verschieden sprechen zu können, sich beim Sprechen von anderen – gerade auch von anderen Frauen[223] – aktiv unterscheiden zu können und so ihre Einzigartigkeit und mit dieser ihr Begehren in die Welt zu bringen und Weltgestaltungsprinzip werden zu lassen.[224] Die Einbindung der hysterischen, die Identifikation mit dem schon Geprägt- und Beschriebensein abweisenden Seite des Sprechens in die urteilende Vermittlung durch andere Frauen kann zum Ausgangspunkt eines sich selbst Mitteilens werden, das handlungsfähig macht und Möglichkeiten, sich mitzuteilen, sowie die daran gebundene Freiheit schenkt.

D. Literaturwissenschaft und Geschlechterpolitik

Feminist criticism is, by definition, based in very precise political struggles and practices and remains inseparable from them.
Alice Jardins

Die feministische Literaturwissenschaft versteht sich als Beitrag zur politischen Frauenbewegung. Deshalb muß sie nicht nur ihren Gebrauch literaturwissenschaftlicher Begriffe und der Begriffe »Frau« und »weiblich«, »Geschlecht« und »Geschlechterdifferenz« reflektieren, sondern auch die Begriffe, die sich auf ihr politisches Selbstverständnis beziehen. Die Unterscheidung der verschiedenen Ebenen von Politik und des nur mittelbaren Verhältnisses von Politik und Literatur darf dabei nicht übersehen werden.[1]

In diesem Abschnitt möchte ich die politische Dimension der feministischen Literaturwissenschaft herausstellen, die ihr politisches Selbstverständnis durch Begriffe wie »Freiheit«, »neue Sprache« und »Subjekt«. »Lesen« bzw. »Interpretieren« verstehe ich dabei als spezifische Form des Handelns von Literaturwissenschaftlerinnen.

Die explizit benannte politische Idee »Freiheit von Frauen« zeigt sich bei Inge Stephan und Sigrid Weigel in der Suche nach Entwürfen von »der befreiten Frau« und der Auseinandersetzung mit weiblichen Utopien.[2] Über den »Subjekt«- und »Autor«-Begriff wiederum wird die Autorität der Autorin bzw. die der Sprecherin und das heißt, die Relevanz und Einflußnahme ihres Sprechens diskutiert.

Die Suche nach einer neuen Sprache war vor allem in der sich in den 70er Jahren etablierenden »Frauenliteratur« als Programm präsent. Auch wenn es die Ansätze der Französinnen und der DIOTIMA-Philosophinnen gibt, die weiterhin über die politische Bedeutsamkeit und das Veränderungspotential der Sprache und des Sprechens reflektieren, so scheint eine aktuelle systematisch-theoretische Einordnung dieser Fragestellung in der deutschen Diskussion beinahe überholt zu sein, nachdem sich die »Frauenliteratur« der 70er Jahre, was die sprachliche Leistung betrifft, eher als Fehlschlag erwiesen hat.[3] Hier gilt es, die Ergebnisse meiner bisherigen Ausführungen zu diesem Punkt zusammenzutragen.

1. Die »befreite Frau« als literaturwissenschaftlicher Suchhorizont

> *Das Gedicht als Augenblick von Freiheit. Sollte ich sagen »Augenblick der Befreiung«? Da war ich zunächst im Zweifel. Doch schon schien mir, im Zusammenhang mit Augenblick, der Zustand der Bewegung besser als die Bewegung auf ihn hin. Denn es geht mir ja um das Erreichen dieses Zustands, und wenn er da ist, dann hört alles andere auf.*
> *Hilde Domin*

> *Im Zentrum des Verhältnisses von Literatur und Politik steht das Problem der Freiheit.*
> *Joseph P. Strelka*

Den »Anfang zu machen, das Ende des Patriarchats herbeizuführen«, ist mit der »Überwindung der Sprachlosigkeit« von Frauen und der Entwicklung einer eigenen bzw. einer neuen Sprache verbunden, heißt es seit den ersten Stunden der neuen deutschen Frauenbewegung.[4] Eine Sprache wollte gefunden sein, in der die Wünsche, Vorstellungen und Urteile von Frauen Platz haben, in der diese wertgeschätzt werden und durch die die Welt im Sinne von Frauen gestaltet werden kann. Diese Sprache soll das weibliche Begehren in die Welt bringen und es Gestaltungsprinzip werden lassen.[5] Eine – von Frauen – veränderte Sprache heißt eine veränderte Welt, und eine – für Frauen – veränderte Welt braucht eine veränderte Sprache.[6] Es soll sich um eine Sprache handeln, die die Freiheit von Frauen begründet. Für die

Suche nach Freiheit in der Sprache engagiert sich auch die feministische Literaturwissenschaft: Feministische Literaturwissenschaft darf auf die mit dem Feminismus verbundene Tradition weiblicher Befreiung nicht verzichten.[7]

Literatur in ihrer Eigenschaft als Ausdruck von Weltbildern, Überzeugungen und Bewußtsein sowie als Mittel zur Erkenntnis, Willensbildung und Problembeschreibung kommt in diesem Prozeß eine besondere Rolle zu. Frauenliteratur wurde in den 70er Jahren zum Programm.[8] Texte von Frauen werden als Medium verstanden, eine neue Sprache zu finden – und: »die befreite Frau« zu imaginieren. Das Verhältnis von Freiheit und Frauentexten prägt auch die Vorstellung einer feministischen Literaturwissenschaft:

> »Bei der feministischen Literaturkritik geht es nicht [...] um die Bewertung von Literatur – oder gar der Autorin – nach mehr oder minder vorhandener feministischer Programmatik, sondern um die Kritik vorhandener Texte aus einer feministischen Perspektive, um daraus für eine Veränderung weiblicher Kultur im Sinne einer Befreiung zu lernen.«[9]

Die Beobachtung typischer Artikulationen von Frauen ist für Stephan und Weigel Ausgangspunkt für die Frage, »welche Ursache und welche Bedeutung – im Hinblick auf Befreiung – die von Frauen gewählten Genres, Schreibweisen und Themen haben.«[10]

In den bekannten und überlieferten Bildern und Texten von Frauen seien Erfahrungen und Wünsche verborgen, »welche entschlüsselt und patriarchalischen Gebrauchszusammenhängen entrissen werden müssen, um sie als Stoff in den Entwurf der befreiten Frau einzubringen.«[11]

Gerade weil sich Literatur von »objektiven Diskursen« dadurch unterscheidet, daß sie immer auch das Welt- und Sprachverständnis und deren Probleme artikuliert, kann das, was Autorinnen über ihr Sprachverständnis sagen, außerdem dazu beitragen, Probleme des Sprechens und insbesondere des weiblichen Sprechens zu erkennen.

Autorinnen haben dabei verschiedene Möglichkeiten, sich zu Vorgaben zu verhalten:

»Sie können den Zuordnungen entfliehen oder den Ort der Differenz, dort, wo über die Frau geschrieben wird und Erklärungen über das Geschlechterverhältnis abgegeben werden, in der Schreibweise wie in der figürlichen Anordnung einnehmen, ihn ausloten und inszenieren. Sie können allerdings nicht die Anfangsbedingungen ignorieren, und ihr Verhalten zu diesen stellt sie in jeweils spezifische Konstellationen.«[12]

Indem die Autorin über Frauenbilder spricht, kann sie sich dem entziehen, daß über sie – als Frau – verfügt wird, insbesondere, wenn sie die »verfügende Rede in ihrer eigenen Rede darstellt.«[13]

Das Wissen um die Abhängigkeit von tradierten Frauenbildern und Darstellungsweisen wird zum Ausgangspunkt schreibender Befreiung: »Befreiung scheint radikal nur möglich zu sein aus der Erkenntnis der Abhängigkeit. Die Frau als das ›andere‹ Geschlecht, die weiß, daß sie sich selbst als Spiegelung männlicher Wünsche und Reflexionen wahrnimmt, kann Selbstbewußtsein entwickeln, indem sie ihre Selbstbetrachtung als *Ent-Spiegelung*« und »*Entzauberung*« – des Rätsels Weib und der Idealisierungen des Weiblichen organisiert.[14] Schreiben kommt nicht darum herum, mehr oder weniger reflektiert Position zu beziehen. Weigel versteht diese Positionierung als Doppelexistenz im Muster der herrschenden Bilder und in der Antizipation der befreiten Frau.[15]

Befreiung begründet Weigel zufolge die Bedeutung eines »anderen« Schreibens von Frauen, wobei »die empirische Feststellung des anderen Schreibens von Frauen für sich genommen ohne Bedeutung [ist]. Viel wichtiger ist mir die Frage, ob Frauen dadurch, daß sie anders als Männer sind, ihren eigenen kulturellen Ort finden, ob sie eine ihren Wünschen und Erfahrungen angemessene Sprechweise entwickeln oder aber den Zwängen und Verführungen des männlichen Frauenbildes erliegen. Die empirische Beobachtung, daß Frauen anders schreiben, ist also nur der Ausgangspunkt für die Frage, ob diese andere Schreibweise einer Erfüllung im Diskurs über die ›Bestimmung des Weibes‹ definierten Muster gleichkommt oder eine Utopie einer anderen, dann eigentlichen Weiblichkeit anstrebt.«[16]

»Die« befreite Frau zu imaginieren, erweist sich also als unmöglich.[17] Jedoch liegt dies auch an der Konzeption »der« befreiten Frau und dem damit verbundenen Freiheitsverständnis. Die Unmöglichkeit, von feministischer Seite aus Freiheit von Frauen zu denken, liegt auch im Theoriedesign der feministischen Annäherung begründet. Dies zeigt sich beispielsweise an der Argumentationsweise, mit der Weigel an manchen Stellen operiert. Hier scheinen Dualismen und die Logik des Einen-Alles auf:

> »Der Entwurf *einer* neuen, emanzipierten Frau bzw. befreiten Frau wird möglich erst über die Entzauberung bzw. Zerstörung *der* herrschenden Frauenbilder ... Durch die Zerstörung der Frauenbilder wird der Mangel *eines* eigenen Entwurfes erst zum Vorschein gebracht, wird die Uneigentlichkeit *aller* Bestimmungen des Weibes, als Imaginationen, Projektionen, oder Phantasien männlicher Urheber, erst aufgedeckt.«[18]

Aufgrund der symbolischen Mangelposition *der* Frau in der patriarchalischen Weltdeutung scheint es *keinen* – also nicht einen einzigen – eigenen Entwurf von Frauen zu geben – in der patriarchalen Ordnung sind die Urheber von Weiblichkeitsentwürfen infolgedessen per definitionem männlich. In einer solchen Logik ist »die befreite Frau« eine »Utopie«, das heißt, sie hat keinen Ort in der Welt und ist in der Geschichte nicht lebbar.

Freiheit wird in dieser Logik im Sinne der autonomen Subjekt-Idee verstanden und mit Autonomie verwechselt,[19] wobei das Subjekt der Welt als Ort der Bedingtheit und Unfreiheit gegenübersteht. Wenn das Subjekt jedoch selbst als bedingt und immer in Beziehung stehend verstanden wird, dann handelt es sich bei Freiheit um eine sich immer wieder ereignende Möglichkeit innerhalb der Bezogenheit und Bedingtheit von Personen.[20] Freiheit ist dann die immer wieder situations- und kontextspezifisch zu erringende Möglichkeit zum Handeln in Bezogenheit, die die kulturelle und gesellschaftliche Einbindung als Grenze und Beschränkung in die Definition von Freiheit der einzelnen einbezieht. Im Lichte eines solchen Verständnisses hat es Freiheit von Frauen in der Geschichte immer gegeben, und es wird sie auch immer geben. Aufgrund dieses Verständnisses ist Freiheit immer momentan und kontextuell möglich – eine Frau (und ein Mann) kann immer nur momentan und kontextgebunden befreit und sie/er kann frei in bezug auf eine bestimmte Handlung oder Entscheidung sein, indem sie/er das im Augenblick Gegebene überschreitet. Genauso wie die Unvereinbarkeit zwischen Gegebenem, den eigenen Wünschen und der vorweggenommenen Zukunft ist auch Freiheit in dem Zwischenspiel von Vorhandenem und noch Hinzuzugewinnendem anzusiedeln.[21]

Was Weiblichkeitsentwürfe betrifft, so schlägt sich diese Freiheit in immer wieder möglichen einzelnen eigenen Entwürfen von Frauen nieder, die kontext- und situationsbezogen in ihrem dialektisch-ambivalenten Verfaßtsein und ihrer *möglichen* freiheitlich-transzendentalen Wirksamkeit betrachtet werden können.[22] Es wird folglich in vielen Fällen immer offen bleiben und immer wieder von neuem entschieden werden müssen, ob ein Entwurf der Erfüllung von Weiblichkeitsbildern nachkommt oder aber etwas anderes anstrebt. Ent-Spiegelungen, Entzauberungen und Zerstörungen von Weiblichkeitsbildern werden so lange vorgenommen werden müssen, bis diese selbst fragwürdig und andere Möglichkeiten gefunden worden sind, ohne Festlegungen über Frauen zu sprechen. Die Freiheit des Sprechens und Schreibens von Frauen liegt dabei im »dynamischen Prozeß« eines kontextuell gebundenen und unendlich offenes Spieles »nach selbst gesetzten Entwürfen.«[23]

Hierbei sind drei Positionen zu unterscheiden: das schon vorgegebene Frauenbild (die Tradition), die handelnde Person, eine Frau (die Sprechende und Schreibende), und »die Freiheit von Frauen« als Entwurf und Suchhorizont.[24] Die Freiheit des weiblichen Schreibens und Lesens ist eine immer wiederkehrende Möglichkeit und qualifiziert das Schreiben und Lesen, sie ist aber nie Resultat.[25]

Einem solchen Freiheitsverständnis liegt keineswegs die einfache Umkehrung der weiblichen Position in eine allmächtige Machtposition zugrunde. Genausowenig beruht dies Verständnis auf der Kompensation der weiblichen Mangelposition oder der Ängste und Ohnmachten von Frauen durch weibliche Größenphantasien oder durch die Imaginierung eines starken und handlungsfähigen, kollektiven weiblichen Subjekts – Fokussierungen, die Weigel zu recht kritisiert.[26] Statt dessen handelt es sich um eine Freiheit, die orts- und zeitgebunden ist, in einzelnen Handlungen – nur in Handlungen und eben nicht in Phantasmen – zum Ausdruck kommt und sich folglich im Konkreten niederschlägt, das sich an der Wirklichkeit messen muß. Die Momente dieses Verständnisses: Eröffnung eines Raums des Werdens, Handlungsfreiheit in Bezogenheit, Zeitgebundenheit und Kontextualität sind deshalb Maßstab für die Interpretation von Frauentexten unter dem Aspekt »Freiheit von Frauen«.[27]

2. »Neue Sprache«

> *Aber plötzlich ... ist es wieder möglich, etwas zu sagen, sehr direkt, unverschlüsselt. Es ist dem möglich, der von sich sagt, daß er wirklichkeitswund und wirklichkeitssuchend mit seinem Dasein zur Sprache geht. Ingeborg Bachmann*

Die Erklärungsansätze für eine »neue« Sprache sind vielfältig und komplex. Anfangs beinhaltete die frauenbewegte Suche nach einer anderen Sprache vor allem die Suche nach anderen, neuen Worten. Dieselben Worte beispielsweise wie die der »linken« Männer für Sexualität zu benutzen, ist eine Anpassung an die Art und Weise ihrer Versuche, sexuelle Tabus zu durchbrechen – schon gemachte Erfahrungen von Frauen seien ebenso wie neue Erfahrungen so nicht sagbar, konstatiert Verena Stephan in »Häutungen«.[28]

Die feministische Linguistik wiederum betonte das Verhältnis von grammatischem Geschlecht und Sichtbarkeit von Frauen durch sprachliche Referenz. Namen und Endungen, die Frauen explizit repräsentieren, werden erfolgreich gefordert und als neue Sprechpraxis etabliert.[29]

Diese beiden Möglichkeiten wurden jedoch schnell kritisiert. Sie beruhen auf einem naiven Sprachverständnis, das von einem unmittelbaren Zusammenhang zwischen einem Wort als Repräsentation von »Frau« sowie zwischen Wort und Gesellschaftsveränderung ausgeht.[30] Repräsentation erweist sich als unmöglich, so die dekonstruktivistische Sprachkritik. Re-Präsentation als Präsenz ist allein schon aufgrund der sprachlichen Verfaßtheit und des damit verbundenen Sprechens der Sprache selbst unmöglich.[31]

Gesellschaftsveränderung durch Sprache wiederum ist den Problemen ausgesetzt, mit denen sich ein jedes Handeln konfrontiert sieht. So wie Handeln etwas lediglich in die Welt bringt, dessen Folgen jedoch nicht absehbar sein werden, ist auch das Verhältnis zwischen Sprechen, Handeln und Veränderung widersprüchlich und unwägbar.[32]

Trotzdem bleibt die Hoffnung, daß das genaue Kennen der Sprache erlaubt, das eigene Sprechen und das Sprechen von anderen zwischen Versprechen und Täuschung anzusiedeln und infolgedessen besser mit den sprachlichen Möglichkeiten umgehen zu können.

> »[Ein] genauer und bewußter Sprachgebrauch erhöht die Autonomie der einzelnen, erleichtert das Zurückweisen und Bekämpfen von Unrecht und erweitert die Möglichkeiten zu selbstbestimmtem Handeln.«[33]

Der Absolutheitsanspruch ist also relativiert, ohne daß Veränderungsmöglichkeiten aufgegeben werden müssen.

Ingeborg Bachmann hat, zeitlich um einiges der Frauenbewegung voraus, wiederum das Voluntaristische der Herstellung einer neuen Sprache kritisiert:

> »Mit einer neuen Sprache wird der Wirklichkeit immer dort begegnet, wo ein moralischer, erkenntnishafter Ruck geschieht, und nicht, wo man versucht, die Sprache an sich neu zu machen, als könnte die Sprache selber die Erkenntnis eintreiben und die Erfahrung kundtun, die man nie gehabt hat. Wo nur mit ihr hantiert wird, damit sie sich neuartig anfühlt, rächt sie sich bald und entlarvt die Absicht. Eine neue Sprache muß eine neue Gangart haben, und diese Gangart hat sie nur, wenn ein neuer Geist sie bewohnt.«[34]

Um die Richtung dieser Gangart, so Bachmann, braucht das Denken zuerst noch nicht besorgt sein. Es reicht aus, »mit der Sprache durch Sprechen hindurch etwas erreichen [zu wollen]. Nennen wir es vorläufig: Realität.«[35]

Die Qualität einer solchen Sprache ist für die Schriftstellerin durch Unverwechselbarkeit geprägt. Sie verlangt nach einer Beziehung zwischen den Worten und den Konflikten, die in diesen zum Ausdruck kommen, die »unausweichlich sein« muß.[36]

Eine neue Gangart kann es dadurch geben, daß ein anderes Verständnis von Wort und Ding gewonnen wird und daraus eine neue Praxis des Sprechens folgen kann. »Metapher« und »Metonymie«, »Allegorie« und »Bildraum«, das »Symbolische«, »Mimesis« und »Hysterie« stellen solch andere Vorstellungen der Vermittlungsweisen zwischen Wort und Ding dar.[37] Zentrales Moment wird hier, das Wort und das Sprechen als etwas zu begreifen, das nicht einfach (bewußt) benennt und folglich verfügbar macht, sondern das beim Nennen zugleich das Unnennbare und die Nicht-Verfügbarkeit mitsagt.[38]

Eine neue Gangart kann es aber auch vor allem dann geben, wenn der Kreislauf zwischen weiblichem Begehren und Worten nicht unterbrochen wird und es möglichst ungehindert in Symbolisierungs- und Sinngebungsprozesse einfließen kann.[39]

Kristeva geht dabei davon aus, daß Wörter vom sprechenden Körper und Trieb abgeschnitten sind. Der Akt des Sprechen basiere »auf dem Opfer des Triebs«.[40] In diesem Punkt wird sie von Muraro kritisiert. Muraro geht, wie ihr Denkbild »der fleischliche Kreis« besagt, von einem Kreislauf zwischen Körper, Trieb und Wort aus, der auch das metonymische und imaginäre Moment des Sprechens beinhaltet. Lediglich die Verabsolutierung der metaphorisch-phallischen Referenzweise führt dazu, diesen Schnitt anzunehmen.[41] Jedoch beabsichtigt auch Kristeva, dem Begehren, semiotischen Stasen und Erregungen, mimetischen und hysterischen Effekten den ihnen zustehenden Platz beim Sprechen einzuräumen, wie sie in »Die Revolution der poetischen Sprache« vorführt. Unabhängig davon, ob Worte »alt« oder »neu« sind, bringt Begehren Dynamik in eine Äußerung, die sprach- und weltverändernd sein kann.[42]

In der gelingenden weiblichen Selbstaussage kann weibliche Freiheit wahrgenommen und bewahrt werden. Die Beziehung zwischen (weiblichem) Begehren und Sprache ist jedoch per se konflikthaft strukturiert, denn das Begehren ist nicht an und für sich erfüllbar und deshalb aufs Unendliche hin ausgerichtet. Diese Konfliktstruktur schlägt sich in der Sprache als dem Ort nieder, in dem das Begehren zum Ausdruck und »auf die Welt kommt«. Zugleich ist das Auf-die-Welt-Kommen des Begehrens in der Sprache ein Ausdruck der Liebe zur Welt und zur mütterlichen Vermittlungsinstanz. Daher erneuert Begehren Sprache gerade immer wieder dadurch, daß es nie befriedigt werden kann, daß es jedoch sinnstiftend wirkt und das geistige Sein in der Welt anstrebt.[43] So verschiebt es die Signifikanten ständig und produziert stets neue sprachliche Anordnungen und infolgedessen neuen Sinn.[44]

In den sprechenden Bewegungen des Begehrens wird auch die Geschlechtlichkeit und die Geschlechterdifferenz ins Spiel der Sinngebung gebracht, »erst als Sprechendes *erfährt sich* das Subjekt als geschlechtsspezifisches, weil es *sich* überhaupt erst als Sprechendes *erfährt*«.[45]

Aber es führt auch zu einer neuen Sprache, wenn die Sprecherin ihre Perspektive ändert. Mit verändertem Blick, mit veränderter Perspektivierung beim Sprechen können andere Ergebnisse erzielt werden.[46] Eine andere Redeweise, ein anderer Horizont des Sprechens erschließt etwas Neues, und folglich erschließt es die Welt neu.[47]

Insofern Sprache immer an die Mitwelt gerichtet ist, verändert sich Sprache auch, wenn sich die Beziehung zwischen den Menschen, wenn sich die Beziehung zwischen den Geschlechtern, wenn sich die Beziehung zwischen Frauen bzw. die zwischen Männern ändert.[48]

Weibliche Freiheit und Sprache trifft sich an dem Punkt, wo ein Deutungszusammenhang erzeugt wird, der im Idealfall gleichzeitig die Befindlichkeit des weiblichen Subjekts, dessen konflikthafte Beziehung zur Welt, seinem Wunsch nach Selbst- und Weltveränderung, die Vorstellung einer veränderten Welt und das Moment des Unverfügbaren zumindest für einen Augenblick vereinigt.[49] Ein solches Zusammentreffen ermöglicht der symbolische Charakter der Sprache, denn dieser eröffnet die Schnittstelle zwischen dem Ursprünglichen, dem Tradierten und dem radikal Neuen, das durch das persönliche Begehren ins Spiel kommt.[50]

Das Wort wird Ort der Frauenpolitik – weibliche Freiheit ist der gelungenen, »unausweichlichen« Aussage kongruent.

3. »Schreibweisen«: Subjekt Frau und die Autorisierung weiblicher Autorschaft

3.1. *Autorität, Autorschaft und Subjektposition*

> *Ich schreibe also, weil ich schreibe, seit ich zu schreiben angefangen habe. Jede andere Begründung ist eine nachträgliche. Es ist die Sprache. Seit ich diese Art Umgang mit ihr habe, seit sie mir zum Partner geworden ist, kann ich es nicht lassen. Es ist eine Leidenschaft, ihr diese ganz kleinen Schubse zu geben und den Anprall zu fühlen. Die Zeit hört völlig auf, wie beim Liebesakt. Es ist ein schizophrener Vorgang, zugleich aktiv und passiv. Eine Art Zauberkunst, ein Akt der Befreiung durch Sprache. Die Worte meinen ja Dinge. Die Dinge werden verändert oder anders geordnet je nach der Wortkombination. Sie ordnen sich neu. In einer ganz anderen Sphäre, in der man zugleich drinnen, aber mehr noch draußen ist, und eben deshalb frei von ihnen, die jetzt in Worten und ansehbar, anhörbar, gelöst vom Ich sind.* Hilde Domin

Wenn Weigel bei der Suche nach der »befreiten Frau« danach fragt, welche Beziehung Autorinnen zu vorherrschenden Frauenbildern eingenommen haben, welche Strategien sie im Umgang mit diesen entwickelt haben und wie sie sich zu ihrer Existenzweise als anderes Geschlecht in der männlichen Ordnung verhalten, dann spricht sie der Autorin Autorität und Urteilsvermögen zu.[51] Beide, Autorität und Urteilsvermögen, sind nach der modernen Vorstellung von Handlungsfähigkeit an die Subjekthaftigkeit der Sprecherin gebunden.

Die Autorposition ist eng mit der Subjektposition verknüpft, was die Autorisierung des Sprechens und Schreibens, aber auch was das Verständnis des Sprech- bzw. Schreibaktes betrifft. Die gegenwärtige Krise der Autorität ist die Krise des Subjekts und dessen Fähigkeit zur Repräsentation.

> »Der *neuartige Legitimationsverlust* [kommt] in dem *eingeschränkten* Wollen oder Vermögen des Schreibenden, Malenden, Musizierenden und Bauenden zum Ausdruck, durch sein *besonderes* Schaffen *allgemeinen* Sinn in *gültigen* Zeichen hervorzubringen. Fassen wir dieses Vermögen unter dem Begriff der Repräsentation (... »Darstellung« und »Vorstellung«) zusammen, so fällt darunter ein Zweifaches zusammen: das Wiedergeben, Widerspiegeln, Abbilden (also die Erkenntnisleistung) mit der Stellvertretung, dem Legitimationsvorgang, der Repräsentanz (also dem Funktionsaspekt).«[52]

Wie die eingangs genannte Weigelsche Aufforderung zeigt, befindet sich die feministische Literaturwissenschaft dabei in dem Zwiespalt, einerseits in die Kritik am Subjektbegriff einzustimmen und an dessen Umschreibung mitzuwirken und zugleich für Autorinnen Autorität in Anspruch zu nehmen.

Jede Theorie des Subjekts hat – so die Hauptkritik in Irigarays feministischem Klassiker »Spekulum« – dem Männlichen und seiner Beziehung zur Welt, zum Handeln und zum Imaginären sowie seiner Art und Weise entsprochen, seine Erfahrungen zu verarbeiten.[53] Mit dieser Entsprechung geht ein ganzer Katalog von Bestimmungen einher, die das Subjekt – vor allem in der kartesischen Deutung der Neuzeit – bislang charakterisiert haben: Dieses Subjekt ist sich kraft seiner Vernunft seines Selbst bewußt, sein selbstbewußtes und präsentes Ich stellt den Ursprung allen Sprechens dar. Mittels der Vernunft erhebt es sich beim Sprechen und Denken über seine körperliche Bedingtheit, über seine psychischen Ängste und Abgründe und über die Passivität seiner Seele – den zeitweiligen »Tod des Ichs«-, wodurch es glaubt, diese Momente kontrollieren und beherrschen zu können.

Daran kritisiert Irigaray, daß der Andere zur materiellen Voraussetzung und zum Werkzeug der Unabhängigkeit und Autonomie des Subjektes wird – dies hat zur Leugnung der Bezogenheit, des Gewordenseins und der Veränderlichkeit des Subjektes geführt. Damit wurde auch die historische Bestimmung der Subjekte übersehen.[54]

Die Krise des Subjekts läßt drei Möglichkeiten offen, entweder wird die Bedeutung des Subjektes als »männliches« erneut stabilisiert,[55] oder seine Bedeutung wird ganz ausgelöscht, oder aber es wird im Zusammenhang einer Neudeutung der Geschlechterdifferenz gleichfalls neu interpretiert.

Die Auflösung einer eindeutig hierarchisierten Beziehung der Kennzeichen des Subjekts allerdings – zum Beispiel die Höherbewertung des Bewußtsein gegenüber dem Unbewußten –, die wesentlich auf der Geschlechterdifferenz aufgebaut ist, relativiert die Zuordnung von Männlichkeit und Autorschaft. Da die feministische Kritik am Subjekt die Möglichkeit der Abspaltung dessen, was nicht bewußt ist oder das Bewußtsein stört, auf die Frau aufgehoben hat, braucht es andere Formen und Begründungszusammenhänge für die Autorität des Autors bzw. der Autorin.[56]

Das anthropologisch-politische Grundproblem, das über die Subjektkritik verhandelt wird, lautet dabei, inwiefern eine Person freiheitlich-selbstbestimmt handeln und – im Sinne einer Handlung – sprechen kann. Während in den Sozialwissenschaften das Handeln einer Person auf deren Determination durch die Gesellschaft zurückgeführt und oft darauf auch reduziert wird, hat die Postmoderne die Determination von Handeln und Sprechen durch die Sprache in den Vordergrund gestellt. Beiden Hypostasierungen ist gemeinsam, daß es eine (freiheitlich) handelnde Person nicht gibt bzw. die Determination die Möglichkeiten zu Freiheit erstickt. Der Autor steht völlig unter dem Zwang der Gesellschaft und/oder von der Sprache.

Daß ein Text Produkt der Schreibhandlung eines Autors ist, besagt jedoch nicht, »daß der Text vom Autor auch erfunden wurde. Daß der Autor den Text produziert, bedeutet nicht, daß er dessen alleiniger Schöpfer sei oder jenseits von kulturellen Prägungen sprechen würde. Und doch sind Autoren nicht einfach Spielbälle der Sprache, sondern Handelnde, die mit ihrem Handeln einen Sinn verbinden.«[57]

Die Behauptung wiederum, daß der Autor dem unerträglichen Zwang einer sich allein auf sich selbst beziehenden Sprache unterliege, umgeht zudem, »die Beziehungen und Widersprüche zwischen Stimme und Äußerung, zwischen Leben und Schreiben, zwischen individueller Aneignung der Sprache und differentiellem Sprachgebrauch zu problematisieren.«[58]

Da sich mit der postmodernen Subjektkritik zugleich die Sprache bzw. der Diskurs vom Subjekt emanzipiert hat, verschwindet »das sprechende, schreibende, denkende, erkennende Subjekt [...] als Autorisierungsgrund von Zeichen und Texten und wird durch die Autorfunktion ersetzt.«[59]

Die Funktion des Subjektes wird als Autorisierungsinstanz, als Unterscheidungs- und Identifizierungsmerkmal erkennbar.[60]

Die Betonung der Funktion des Autors im Unterschied zu seiner Bewußtheit/Präsenz ist aber genreabhängig und historisch veränderbar. Die Rede von der Funktion des Autors kann deshalb nicht einfach »von ökonomischen, kulturellen, kommunikativen Bedingungen abstrahieren, unter denen sein Schreiben in stets veränderlichem Ausmaß als repräsentatives Handeln aufzufassen ist. Erst aus diesen Bedingungen heraus kann das Verhältnis von Darstellung und Dargestelltem im Widerstreit seiner objektiven und subjektiven Bestimmungen und Triebkräfte historisch erörtert werden.«[61]

Die Rede von der Funktion des »Autors« allein genügt nicht, denn sie klärt weder die Tatsache, daß es einen bestimmten Text gibt, noch hebt sie die Tatsache auf, daß ihn jemand geschrieben haben muß. Insofern ist auf Autorinnenseite das, was im Hinblick auf Handlungsfähigkeit mittels der Subjekt-Idee erörtert wird, nicht zu verabschieden.[62]

Die Handlungen einer Autorin bestehen in bestimmten poetisch-kommunikativen Aktivitäten. Sie wählt aus, imaginiert, setzt in Szene, verdrängt, kommentiert, bricht gewohnte Relationen und Unterscheidungen auf, verschiebt und hebt hervor, erfindet neue Relationen und Unterscheidungen und stiftet aufgrund dieser Aktivitäten Bedeutung.[63] Sie bestehen in der literarischen Gestaltung, in der Gestaltung der Zeitstruktur, der Erinnerungsformen, der Trauer oder aber des Lachens.[64] Insofern beinhaltet Schreiben, sich im Zwischenraum einer unendlichen Bewegung und eines unendlichen Austauschprozesses in der Schrift zu lokalisieren.[65]

In diesem Sinne läßt sich der Text einer Autorin/eines Autors als eine Art »Grundtext« deuten, von dem Leserinnen und Leser viele Interpretationen anfertigen können.[66] Als solcher ist der Text »kein Speicher von toten Buchstaben und kein geschlossenes System. Er ist mobil und heterogen, er bezieht sich auf andere Texte und durchkreuzt sie, er ist ebenso reproduktiv wie produktiv.«[67]

Um das schreibende Handeln von Autorinnen zu kennzeichnen, plädiert Weigel für den Terminus »weibliche Schreibweise«. In diesem Begriff drückt sich als dritte Möglichkeit – neben den beiden dualistischen Positionen »alleinige Strukturierung des Schreibens durch Sprache« – »alleinige Strukturierung des Schreibens durch das Urteil und den Stil einer Autorin« – die Individualität und das Engagement von Frauen aus, ohne deren Bezogenheit auf Kultur und Sprache zu leugnen.[68]

Auch die Leserin ist ein solchermaßen handelndes Subjekt. Nicht die Funktion in der Sprache rekrutiert Sprecher und Besprochene, sondern der lesende Blick trifft kritische Auswahl unter dem, was sich aus Sprache schon gebildet hat. Produktion und Dekonstruktion sind folglich komplementär angelegt. Die Möglichkeit der Dekonstruktion verweist genauso auf die Produktion, wie die Produktion die Möglichkeit der Dekonstruktion evoziert. Lesend Interpretieren besteht aus Transformieren, Verwerfen, Wiederholen, dem Treffen von einer kritischen Auswahl.

> »Wir sind selbst für die Bezüge verantwortlich, die wir bei der Lektüre herstellen. Die Texte beweisen nichts, aber sie lassen sich von uns engagieren.«[69]

3.2. *Auf der Bühne der Welt: Die Person der Autorin*

> *Aber vermutlich sind die Leute, mehr als man glaubt, doch an einem Autor als Ganzes interessiert, an seinem einen durchscheinenden Wirkenwollen und dessen Aufscheinen in jeder Arbeit.*
> *Ingeborg Bachmann*

Was sich im Sprechen und Handeln von Menschen zeigt, ist nicht der Mangel an Sein, wie Lacan es postuliert, sondern ihre Verschiedenheit, so Hannah Arendt.[70] Durch Sprechen und Handeln unterscheiden sich Menschen aktiv voneinander, anstatt lediglich verschieden zu sein. Beim Sprechen sagen wir, beim Handeln zeigen wir, wer wir selbst sind.[71]

> »Der Bereich, in dem sich [...] Einmaligkeit deklariert, ihr eigentliches Habit, ist die Sprache selbst.«[72]

In der Perspektive der Arendtschen Anthropologie würde die Bedeutsamkeit der Autorschaft von der sprechenden Person her gedacht. Ein jedes Sprechen ist Handlung und immer auch Selbstoffenbarung. Dabei geht Arendt davon aus, daß das, was eine Person ist, sich in dem zeigt, was diese sagt und tut. Sprechen und Handeln ist etwas, was sich unmittelbar an die Mitwelt richtet und den Bereich betrifft, der zwischen Menschen liegt: Für Arendt ist ein Kunstwerk eine Weise der Vergegenständlichung des Zwischenmenschlichen.[73]

Durch Sprechen und Handeln betritt eine Person »die Bühne

der Welt«. Dabei ist es für die sprechende Person selbst nicht möglich, sich unter Kontrolle zu haben.

> »Das eigentlich personale Wer-jemand-jeweilig-ist [ist] unserer Kontrolle darum entzogen, weil es sich unwillkürlich in allem mitoffenbart, was wir sagen oder tun.«[74]

Es ist nur für die anderen erkennbar, wer jemand ist. Wollen diese anderen jedoch beschreiben, wer diese Person ist, dann beginnen sie Eigenschaften zu beschreiben, zu klassifizieren usw. Der Einzigartigkeit einer Person werden sie dadurch nicht gerecht.

Diese Person braucht also regelrecht die Deutung durch andere, um zu existieren. Das Erscheinen eines Textes kennzeichnet diesen als Produkt der Handlung einer Person, seine Existenz beruht, ebenso wie die der schreibenden Person, auf einer bloßen Äußerlichkeit, nicht auf einer inneren Qualität.[75] Insofern kann die Autorschaft auch nicht auf etwas Essentielles oder auf »Eigenschaften« einer Person, einer Frau oder eines Mannes, »der« Frau oder »des« Mannes rückgeführt und vereindeutigt werden. Sie bleibt selbst immer in der Offenheit des Staunens[76] – das Dilemma einer jeden Interpretation und noch mehr einer jeden Rede über eine/n AutorIn.

Arendt begründet die Verschiedenheit der Menschen und infolgedessen das Sprechen und Handeln in der Gebürtigkeit. Elisabeth Bronfen konstatiert wiederum im Hinblick auf den Autor: »Der Impuls des Schreibens setzt immer das Leben eines Autors voraus.«[77]

Das Geborensein, der Körper und das Leben der Autorin/des Autors ist insofern entscheidend, als sie Voraussetzung der Produktion von Schrift als Ursprungsmoment eines Textes und der Verschiedenheit von Texten sind. Die symbolische Bedeutsamkeit der Gebürtigkeit wiederum liegt in der Möglichkeit, anfangen zu können – was Autorschaft betrifft, also in der Möglichkeit, schreibend einen Text zu beginnen und so Fäden »in ein bereits vorgewebtes Muster [zu schlagen] und das Gewebe so [zu] verändern.«[78] Eine Schriftstellerin ist also dadurch Autorin, daß sie in das bestehende Gewebe der schon existierenden Geschichte und aller möglichen Geschichten ihre persönliche Geschichte einschreibt.[79]

Die Gebürtigkeit als Quelle des Sprechens von AutorInnen führt Waltraud Gölter wiederum zu der Unterscheidung zwischen dem Tod des männlichen Ichs als Voraussetzung der Schrift,[80] der in diese als Trauer eingeht, und der Bejahung des Lebens, das die mögliche Vermittlung zwischen Leben und Schreiben als »Kunst« beinhaltet.[81]

Den semantischen Gehalt des metaphorischen Sprechens über den »Tod des Autors« möchte ich vor diesem Hintergrund durchaus ernst nehmen. Ich teile zwar die Einschätzung, daß die postmoderne Kritik am Autorbegriff zu einer Umformulierung der Autorposition geführt hat, die eine Stärkung der LeserInnen/InterpretInnenposition beinhaltet. Jedoch entspricht es einer anderen Denkfigur, von einer anderen Art der Autorität des Autors und von *mehr* Autorität *der* LeserIn zu sprechen, als den Dualismus (entweder) Tod/Nichts – (oder) Leben/Alles zu bemühen. Diese Unterscheidung korrespondiert mit der feministischen Kritik an der patriarchalischen Todeszentriertheit der Anthropologie und der Verleugnung der Geburt und Gebürtigkeit als philosophische Kategorie, die beide außerdem mit dem Dualismus Mann-Frau verschränkt sind.[82]

Aus dem Postulat »Tod des Subjekts« – »Tod des Autors« muß also im Arendtschen Sinne statt dessen die Frage danach werden, *inwiefern* und *als wer* die Autorin/der Autor im Text spricht – als *wer* sie/er der Leserin/dem Leser gegenwärtig ist, ohne daß diese/r das jeweils wird durch Worte erfassen können, es bleibt im Zwischen des menschlichen Bezugsgewebes.[83]

Die von der Literaturwissenschaftlerin Christa Bürger gestellte Frage, wie wir literaturwissenschaftlich jenes ausgegrenzte Schreiben von Frauen als Subjekt wieder herstellen können, läßt sich also damit beantworten, daß wir von der Existenz von Autorinnen und von deren Texten ausgehen, daß wir sie als Handelnde und damit auch in ihrer Autorität anerkennen.[84]

»Autorinnen müssen sich nicht um Vermerke wie ›gleichrangig‹, ›besser‹, ›anders‹ bemühen. Ihre Texte sind da. Sie brauchen nicht den Tauglichkeitsbeweis für die gesamte Weiblichkeit oder überhaupt für eine Idee anzutreten ... Autorinnen schreiben nicht als zweites oder anderes, sie schreiben als eins von zwei Geschlechtern, und sie tun dies im Namen ihrer selbst. Es ist an der Zeit, den Sprung zu wagen und vom weiblichen Legitimationsmodell auf ein Partizipationsmodell der Geschlechter umzusteigen.«[85]

Die Autorinnen selbst können in diesem Zusammenhang danach befragt werden, wie sie ihre eigene Autorität verstehen. Sie können im Hinblick darauf betrachtet werden, welche gesellschaftlichen Widersprüche sie im Hinblick auf die Position der Frau und deren Autorität darstellen und inwiefern sie spezifische Wahrnehmungs- und Imaginationsweisen mit Autorisierungsstrukturen von Frauen artikulieren.[86] Vor allem aber wird in ihren Werken sichtbar, wer sie sind, wie sie selbst Erfahrungen von Frauen poetisch verarbeiten und wie Frauen Erfahrungen verarbeiten und immer wieder Selbstaussagen wagen.

3.3. Hermeneutik der Freiheit: Sprechen in Verschiedenheit

dies ist unsere Freiheit
die richtigen Namen nennend
furchtlos
mit der kleinen Stimme ...
Hilde Domin

Beim literarischen Sprechen zeigt sich Verschiedenheit auf besondere Weise. Beim Lesen eines literarischen Textes treffen die Einmaligkeit des Autors, die Einmaligkeit seiner Wirklichkeitserfahrung, die Einmaligkeit von deren Formulierung und die Einmaligkeit des Lesers zusammen.[87] Kein anderer Diskurs erlaubt dabei eine solche Mannigfaltigkeit an Darstellungsweisen wie der literarische. Aber kein anderer hat auch eine solch zwiespältige und widersprüchliche Natur.[88] Und wie kein anderer wird er dem Bedürfnis gerecht, eine andere Form von Begriffsbildung zu versuchen, in der individuelle Wünsche und Vorstellungen mit Allgemeinem zusammenfließen.[89] Damit kommt der literarische Text einem Grundanliegen des frauenbewegten Denkens entgegen, dem nämlich, ein neues Verhältnis zwischen Besonderem (Erfahrung) und Allgemeinem (Denken) zu finden.

Dem literarischen Text gelingt es, auf neue Art und Weise das Besondere mit dem Allgemeinen zu verbinden. »Auf der Höhe der Abstraktion«, wie ihn der philosophische Diskurs exemplarisch darstellt, »bleibt das Weibliche *implizit* ausgeschlossen.«[90] Im literarischen Text dagegen taucht »die Frau« und »das Weibliche« auf vielfältige Weise auf, als Erzählinstanz, als Protagonistin, als Stimme der Autorin usw. Hier werden ständig Verbindungslinien mit dem Allgemeinen gezogen. Es wird vorgeführt, wie die Frau und das Weibliche mit dem Allgemeinen verknüpft ist und neu verknüpft werden kann. Literarische Texte sind Inszenierungen von Realität, die deuten, verschieben, zuordnen, hervorheben, verdrängen und verschweigen – und: sie definieren nicht.[91] Literatur mit ihren vielfachen Darstellungsmöglichkeiten erlaubt es, Komplexitäten zu entwerfen, in denen Frauen und das Weibliche durch Verschiebungen, neue Assoziationsbildungen, Anordnungen und durch die damit einhergehende Transformation alter Einordnungen einen anderen Platz bekommen – und: Die Vielschichtigkeit und der topographische Charakter der Anordnung erlaubt es, Frauen weder festzulegen noch ihr Sein zu vereindeutigen.[92] Gegenüber der Vergangenheit ist die Freiheit des Sprechens in der Gegenwart die, die Welt neu zu ordnen[93] – und: Zusammen mit der Neuordnung der Welt kann die Position der Frau in der Welt neu verankert werden.

Die Lebendigkeit des Textes entsteht geradewegs durch den Widerspruch zwischen dem Einmaligen und seiner Musterhaftigkeit.[94] Die Leserin ist nicht nur dazu gezwungen, einem Text kritisch gegenüber zu stehen, sondern kann sich »positiv beeinflussen lassen.«[95] Ihre Urteilsfähigkeit ist gefragt, denn die Lebendigkeit des Textes fordert die Leserin/der Leser heraus: ihre Intelligenz, »die das ›Muster‹ erkennt«, ihre Emotion, »die

die Einmaligkeit der Erfahrung erleidet«, ihre Nachahmungsfähigkeit, die sich dem Fremden nähert und »alles Gesagte mit Neugierde aufspürt«. Ihr Widerspruch ist herausgefordert, »der nur sein Besonderes erträgt und es durchsetzt gegen alle Besonderheit vor ihm und neben ihm«,[96] aber auch ihre Teilnahme am Ganzen, ihr staunendes Sich-nicht-Eingewöhnen und ihre Kraft, die Widersprüche zu vereinen.

Interpretieren heißt für die Leserin/für den Leser in diesem Zusammenhang, Rechenschaft darüber abzugeben, was sie/ihn erregt.[97] Es heißt, die semiotischen Erregungen und Aufregungen nachzuvollziehen und anschließend darüber zu sprechen.

Die genaue und sensible Lektüre eines literarischen Textes lanciert eine »aufs äußerste geschärfte Bewußtheit«,[98] auch für die Positionierung der Frau und des Weiblichen im Spiel des Allgemeinen. Die Aufmerksamkeit beim Lesen markiert das lyrische Verhältnis zur Welt als Innehalten in Worten, ein Atemraum für Entscheidung und Freiheit.[99]

Denn im Innehalten, das ein Bruch sein kann, in der Selbstbesinnung auf das Eigene beim Hören und Lesen der Stimme der anderen entsteht die Möglichkeit zum Handeln aufgrund von neuen Möglichkeiten, sich selbst zu denken, sich zu positionieren und im Verhältnis zu anderem zu »verteilen«: Als Verwerfung, Abdrehen und Wegdrehen, aber auch als Annahme und Übernahme, als Gehorsam und Nachfolge, als Gelächter und Bejahung.[100]

Als hermeneutischer Zugang findet sich die poetisch-mimetische Form von Aufmerksamkeit im sprechenden und schreibenden Nachvollzug den Dingen und der Welt gegenüber bei Simone Weil und bei Helene Cixous. Aufmerksamkeit heißt bei ihnen »nahe bei den Dingen verweilen«.[101] Beide halten fest, daß Aufmerksamkeit Inbesitznahme und Zerstörung verhindern.[102]

Die Annäherung macht notwendig, in der eigenen Bewegung innezuhalten. Doch auf das Einhalten sollen Worten folgen, die Annäherung soll von Worten begleitet sein:

»So dem Wortlosen Worte durch Differenzierung abgewinnen. Sinn geben durch die Setzung von Bedeutung, Transformation und Veränderung und folglich Freiheit.«[103]

Freiheit braucht die Worte, um nicht in Wahnsinn zu münden. Sie braucht den Austausch mit anderen Personen, um die Gefühle und Aufregungen zu verstehen. Und sie braucht die Einsicht in die Dinge und in die Notwendigkeiten.[104]

»... ohne Austausch, ohne gegenseitiges Verstehen, außerhalb der Einsicht, ist die Freiheit bleich wie der Wahnsinn.«[105]

Domin findet Freiheit gerade im Formulieren der unlebbaren Widersprüche, weil es diese objektiviert.[106]

Waltraud Gölter zeigt auf, daß es sich beim Moment der Annäherung um eine Relation des weiblichen Schreibens zu den Dingen handelt, die das Verhältnis von Schrift und Leben betont.[107] Gölter interpretiert diese Relation als Gegenbewegung gegen Verneinung, als bejahende Bewegung der Annäherung »an ein Objekt, an ein Wesen, an eine Wahrnehmungsweise.«[108]

Der Tod der Ich-Instanz ist also nicht notwendige Voraussetzung der Schrift. Die Präsenz der Autorin und ihres Ichs ist also durchaus möglich. Die Autorin ist in dem Augenblick anwesend, in dem das beschriebene-geschriebene Ding durch ihre Worte und dadurch ihre Worte selbst lebendig werden, und, zusammen mit den gesagten Dingen, auch ihr Wahrhaftigkeit zukommt.

Zum Sprechen über das Besondere im Horizont des Allgemeinen gehört jedoch mehr als das staunendes Annähern. Ingeborg Bachmann mahnt daran, über dem Staunen das Urteilen nicht zu vergessen.[109]

»Im Kulturellen und im Politischen, also im gesamten Bereich des öffentlichen Lebens, geht es weder um Erkenntnis noch um Wahrheit, sondern um Urteilen und Entscheiden, um das urteilende Begutachten und Bereden der gemeinsamen Welt und die Entscheidung darüber, wie sie weiterhin aussehen und auf welche Weise in ihr gehandelt werden soll.«[110]

Da das Urteil auf Mitteilung aus ist,[111] ist es im zwischenmenschlichen Bereich angesiedelt: in der Beziehung zwischen Autorin, Text und Leserin.

3.4. Die Autorin-Leserin-Beziehung und die Dynamik der Autorisierung

> *Indem wir einer anderen Frau im gesellschaftlichen Rahmen Autorität und Wert zuschreiben, verleihen wir uns selbst, unserer eigenen Erfahrung, unserem eigenen Begehren Autorität und Wert: »Wenn ich für Gertrude Stein eintrete, trete ich auch für mich selbst ein.«*
> *Libreria delle donne di Milano*

> *Meine Sätze erläutern dadurch, daß sie der, welcher mich versteht, am Ende als unsinnig erkennt, wenn er durch sie, auf ihnen – über sie hinausgestiegen ist. (Er muß sozusagen die Leiter wegwerfen, nachdem er hinaufgestiegen ist.) Er muß diese Sätze überwinden, dann sieht er die Welt richtig.*
> *Ingeborg Bachmann*

Verschiedenheit zeigt sich in der Sprache und braucht Dialogizität.

> »Sprechen und Handeln bewegt sich in einem Bereich, der zwischen Menschen qua Menschen liegt, sie richten sich unmittelbar an die Mitwelt.«[112]

Mit welcher Geste etabliert eine Autorin nun ihre Aussage in ihrer »Mitwelt« und wann wird sie »gehört«? Worauf beruht letztendlich ihre Autorität?

Die Autorität einer Autorin erweist sich als dynamisches Prinzip, das auf drei Momenten beruht: Die autorisierende Kraft, auf die eine Autorin sich beruft und der sie selbst *zuhört* – Gott, der Muse, der Wahrheit und/oder ihrer Liebe zur weiblichen Freiheit und ihrem Bedürfnis nach Transzendenz und Sinn; die Kraft, die sie *in ihrem eigenen Namen* innehat und die sich dabei an ihre Einmaligkeit, an ihre Erfahrungen und an ihr Können bindet; und drittens die, die weder dem Wort vorausgeht noch in ihm enthalten ist: sie liegt bei denen, an die sich die Rede richtet und die mitsprechen – *die Mitwelt.*[113]

Die Position der Autorin kann jedoch bei der symbolischen Verankerung nicht der des Autors angeglichen werden, nicht nur weil sie – als Frau – aufgrund der historischen Position eine andere Geschichte hat, und das heißt, in andere Widersprüche als ein männlicher Autor verwickelt ist, was die Inanspruchnahme der Autorschaft betrifft.

Genausowenig handelt es sich allein um das politische Problem, daß die Autorschaft als männliche fortgeschrieben wird, wenn Autorinnen nicht als Frauen markiert werden.[114] Stattdessen wird die schreibende Frau weiterhin in einer anderen Position bleiben, weil auch ihre symbolische Positionierung als Frau eine andere ist.[115] Denn, wie das Zitat von Bossinade schon nahegelegt hat: Autorinnen schreiben als eines von zwei Geschlechtern.[116] Ihr Schreiben ist genauso wie männliches Schreiben ein Akt der Partizipation an der Welt, das nicht legitimiert, aber etabliert werden muß.[117] Insofern sich die Autorität der Autorin/des Autors über bestimmte Formen der Anerkennung und Zuerkennung etabliert,[118] insofern ist das immer Schon-da-Sein von weiblicher Autorität dann tatsächlich auch selbst-verständlich, wenn es kulturell verankerte Gesten gibt, die weibliche Autorität etablieren.[119]

»Autorität« und »Genie« sind dabei zu unterscheiden. Das Genie beruht allein auf Fähigkeiten und Begabungen. Einer Person, die mit Autorität ausgestattet ist, wird dagegen unabhängig vom *Inhalt* ihrer Äußerungen gehorcht, ja, ihre Autorität hört geradewegs »in dem Augenblick auf, eigentlich Autorität zu sein, in dem wir sie von der Qualität ihres Inhalts abhängig machen.«[120] Autorität ist also auch nicht einfach Ausdruck des *inneren Reichtums* einer Persönlichkeit.[121]

Die Notwendigkeit des Aktes der Anerkennung wiederum zeigt, daß Autorität nicht vor einer Äußerung gegeben ist, sondern erst durch die *Äußerung* zustandekommt. Jedoch geht dieser Äußerung etwas voraus, das *Schon-da-Sein der Beziehung* und das notwendige Vertrauen[122] in eine Beziehung ebenso wie ein Moment von »Tradition«, zum Beispiel der gemeinsamen Geschichte zweier Personen.[123] Zugleich erlaubt allein die *symbolisch verbürgte Kraft* von Autorität, die ebenfalls der Äußerung vorausgeht, das Repräsentative von Glauben, Wissen, Erkennen und Mitteilen in einer bestimmten Äußerung subjektiv zu erwerben.[124]

Autorität ist also Ergebnis der Schnittstelle zwischen einer Person und deren Äußerung, inhaltlichen Aspekten, einer vertrauensvollen Beziehung, der Autorisierung durch andere und dem verbürgten Wissen um die Notwendigkeit von Autorität. Diese Momente führen zu dem »unergründlichen Mehr«[125], das Autorität ausmacht und für das »Gott« und »Muse« bislang Metaphern waren.

Insofern die Autorität einer Äußerung das ist, was sie aufgrund ihrer symbolischen Bestimmung ist, hängt der Wert, den wir einer Autorin, einem Text oder gar einer Interpretation geben, in erster Linie von deren jeweiliger symbolischer Positionierung ab und zunächst nicht vom Inhalt des Textes oder von dem Können der Autorin bzw. der LeserIn und InterpretIn.[126] Dieses Zusammenspiel fordert dazu auf, »die Autorität der Interpretation zu überdenken, d.h. die Frage nach der Legitimation und Autorisierung von Texten als ein für den Prozeß der Bedeutungszuordnung konstitutives Moment zu verstehen.«[127]

Die Autorität eines geschriebenen Wortes, Dreh- und Angelpunkt zwischen Autorin und Leserin, also auch der der Interpretation, wird aufgrund des dynamischen und offenen Wechselverhältnisses der Autorisierung zwischen Autorin, Text und Leserin beschreibbar. Autorität beschreibt eine Relation in Unterschiedenheit und macht deren Abhängigkeit von gegenseitiger Autorisierung deutlich.

Dies in Betracht zu ziehen, ist für die feministische Literaturwissenschaft eine wichtige Verschiebung. Die Gegenüberstellung Toril Mois von »sexual politics«, die nach der Frau als Autorin, und »textual critics«, die nach der Frau als Leserin fragt, ist folglich obsolet.[128]

Die gegenseitige Autorisierung von Autorin, Leserin und Wort ist – im Unterschied zu einer solchen Aufspaltung – ein alternativer, dritter Entwurf, weil in diesem die Beziehung zwischen Autorin – Text – Leserin als Triade verstanden wird, die insgesamt zu bedenken ist – auch im Hinblick auf die Bedeutung der Geschlechterdifferenz, auch im Hinblick auf die Beurteilung dessen, was Frauen sagen und tun. Dabei erhält die Qualität dieser Beziehung – das einander (An-)Vertrauen und Autorisieren – und die Möglichkeit des Urteils in Beziehungen eine eigene politische Dimension gerade jenseits von Identifizierung.[129]

Anmerkungen

Einleitung

1 Für Hannah Arendt ist die menschliche Verschiedenheit das Moment, das die Politik begründet (Vgl. Arendt, Hannah: Vita activa oder Vom tätigen Leben, München 1981, 24 u. 25). Auch bei den Mailänderinnen begründet die Verschiedenheit die Politik: die Verschiedenheit der Frauen begründet die Politik der Frauen. Sie sehen die Verschiedenheit der Frauen in der symbolischen Bedeutsamkeit der Mutter-Tochter-Beziehung verankert. Vgl. B 3.2.1. u. D 3.

2 Vgl. B 5.

3 Die Widersprüchlichkeit und Paradoxie von Argumentationsmustern, Ideologemen, Mythologemen, Begriffen und Referenzstrukturen thematisieren die Kritische Theorie und die Dekonstruktion (vgl. Culler, Jonathan: Dekonstruktion. Derrida und die poststrukturalistische Literaturtheorie, Reinbek 1988, S. 108 ff.; Derrida, Jacques: Die Schrift und die Differenz, Frankfurt 1985; Geuss, Raymond: Die Idee einer Kritischen Theorie, Königstein/Ts. 1983). Zu einzelnen Momenten, was die Widersprüchlichkeit von Begriffen im Hinblick auf Geschlechtskodierungen und »weiblicher« Referenz betrifft, vgl. A 3., C 1.1., C 1.2., C 2.3.1. und C 2.3.2.

4 Ich stelle also nicht das jeweils spezifische Theoriegebäude einzelner Denkerinnen vor. Dies ist ein Vorgehen, das beispielsweise Lena Lindhoff in der jüngsten Veröffentlichung zur feministischen Literaturtheorie gewählt hat. Lindhoff arbeitet die Gemeinsamkeiten und Unterschiede in den Konzeptionen von TheoretikerInnen der französischen Diskussion heraus. Vgl. Lindhoff, Lena: Einführung in die feministische Literaturtheorie, Stuttgart 1995

5 Cornelia Klinger formuliert diesen Gedanken für die feministische Philosophie; ich denke, er umreißt die Aufgaben einer jeden systematischen Arbeit innerhalb einer Disziplin. Vgl. Klinger, Cornelia: Zwei Schritte vorwärts, einer zurück – und ein vierter darüber hinaus. Etappen feministischer Auseinandersetzung mit der Philosophie, in: Die Philosophin 12 (1995), S. 97

6 Vgl. die Einleitung in Beutin, Wolfgang, Ehlert, Klaus u.a. (Hrsg.): Deutsche Literaturgeschichte: Von den Anfängen bis zur Gegenwart, Stuttgart ^{2}1984, S. 7

7 Eine jede methodische Herangehensweise ist anthropologisch perspektiviert, was in der Regel übersehen wird. Deshalb halte ich es für notwendig, immer wieder auch auf die anthropologische Dimension einer Fragestellung hinzuweisen. Auch hierbei werden die maßgeblichen Referenzen Hannah Arendt und die DIOTIMA-Philosophinnen bzw. Mailänderinnen sein, die Politik, Sprechen und Anthropologie immer wieder zusammenbinden. Vgl. C 2.4.2.

8 Gisela Brinker-Gabler betont die Wichtigkeit der gesellschaftlich gewachsenen Kommunikationsräume für die kulturelle Verortung von Frauenlite-

ratur. Vgl. Brinker-Gabler, Gisela (Hrsg.), Deutsche Literatur von Frauen, München 1988, S. 13

9 Vgl. auch D.

10 So die feministische Variation der vielzitierten Habermasschen Formulierung. Vgl. Habermas, Jürgen: Der philosophische Diskurs der Moderne. Zwölf Vorlesungen, Frankfurt 1989

11 In meinen Ausführungen kommt die Verknüpfung von Kritischer Theorie und postmodernen/poststrukturalistischen Fragestellungen vor allem in folgenden Momenten zur Sprache: Widersprüche und Brüche in Texten und Begriffen bzw. Dekonstruktion von Eindeutigkeit; historische Konstellation in Bildräumen und Dialogizität/Topographie; Körper, erinnernde Traditionsbildung und Politik; Dialektik der Aufklärung bzw. Re-/De-Konstruktion des Projekts der Moderne; Ideologiekritik zum Mythologem »weiblich« bzw. dessen Dekonstruktion; Subjektkritik und Neuformulierung der Position des Sprechens; Rhetorik, Repräsentation und Referentialität; von Interessen geleitetes Wissenschaftsverständnis bzw. Sprechen und Wissenschaft als »Ereignis« von Sinngebungsprozessen; Kritik des Autoritären und Rekonstruktion von Autorität als Autorisierungsakt. Vgl. vor allem die Arbeiten von Sigrid Weigel und Gisela Ecker, ausführliche Literaturangaben in der Bibliographie.

12 »Die Analysen von Einzeltexten [... haben] den Status von exemplarischen Untersuchungen, bzw. [sind] Fallstudien zur Hypothesenbildung.« Stephan, Inge, Weigel, Sigrid: Die verborgene Frau. Sechs Beiträge zu einer feministischen Literaturwissenschaft, Berlin 1983, S. 9

13 In: Pelz, Annegret u.a (Hrsg.), Frauen, Literatur, Politik, Hamburg 1988, S. 8-22, wiederabgedruckt in: dies., Differenzen, S. 33-56

14 Hof, Renate: Die Grammatik der Geschlechter. Gender als Analysekategorie der Literaturwissenschaft, Frankfurt 1995

15 Soeben erschienen ist »Politik des Lesens. Stationen der feministischen Kanonkritik in den USA« von Katrin Schwenk, die, wie der Titel schon besagt, die feministisch literaturwissenschaftliche Diskussion in den USA unter dem politischen Gesichtspunkt betrachtet. Vgl. Schwenk, Karin: Politik des Lesens. Stationen der feministischen Kanonkritik in den USA, Pfaffenweiler 1996

16 Vgl. Weimann, Robert: Das Ende der Moderne? Versuch über das Autoritätsproblem in unserer Zeit, in: Weimann, Robert, Gumbrecht, Hans Ulrich, Wagner, Benno (Hrsg.), Postmoderne – globale Differenz, Frankfurt 1991, S. 30

17 Hier unterscheidet sich m.E. die deutsche feministische Diskussion von der im romanischen Raum. Insbesondere die DIOTIMA-Philosophinnen arbeiten zu »Freiheit« und »Sagbarkeit« und dem feministischen Anliegen, das Besondere auf neue Weise mit dem Allgemeinen zu verbinden. Vgl. DIOTIMA: Il cielo stellato dentro di noi. L' ordine simbolico della madre, Milano 1992; dies.: Mettere al mondo il mondo, Mailand 1990; Muraro, Luisa: Maglia e uncinetto. Raccanto linguistico-politico sulla inimicizia tra metaphora e metonimia, Milano 1981; dies.: Die symbolische Ordnung der

Mutter, Frankfurt 1994; dies.: Lingua materna, scienza divina. Scritti sulla filosofia mistica di Margherita Porete, Napoli 1995. Aber auch in Spanien werden diese Fragestellungen intensiv verfolgt, wie die Beiträge in »Duoda. Revista de estudios feministas« zeigen, so z.B. Garí, Blanca: Der Weg zum »Land der Freiheit« im Spiegel der einfachen Seelen bei Margarete Porete, in: Günter, Andrea, Wagener, Ulrike (Hrsg.), Was bedeutet es heute, Theologin zu sein?, Jahrbuch 4 der ESTWR, Kampen, Mainz 1996, S. 140-154

18 Vgl. Brügmann, Margret, Kublitz-Kramer, Maria (Hrsg.): Textdifferenzen und Engagement. Feminismus, Ideologiekritik, Poststrukturalismus, Pfaffenweiler 1993, Einleitung, S. 2 f.

19 Einmal davon abgesehen, daß postmoderne Denker selbst ständig auf vormoderne Denktraditionen zurückgreifen, zum Beispiel auf die Frauenmystik. Vgl. Muraro, Luisa: Les pièces secrètes de l'Europe, in: Günter, Wagener (Hrsg.): Was bedeutet es heute, Theologin zu sein?, S. 129-139

20 Schüssler-Fiorenza, Elisabeth: Brot statt Steine. Die Herausforderung einer feministischen Interpretation der Bibel, Freiburg/Schweiz 1988

21 Teilweise hat Schüssler-Fiorenza das schon selbst getan, so beispielsweise in dem Aufsatz »The Politics of Otherness. Biblical Interpretation as a Critical Praxis for Liberation«, in: Ellis, Marc H., Maduro, Otto (Hrsg.), The Future of Liberation Theology, Maryknoll 1989, S. 311-337

22 Diesen Zusammenhang stellt auch Sigrid Weigel immer wieder in den Vordergrund ihrer Überlegungen. Vgl. z.B. Weigel, Sigrid: Rekonstruktion und Relektüre. Die Arbeit von Frauen in der Literaturwissenschaft als Teil einer weiblichen Kulturkritik, in: dies.: Topographien der Geschlechter. Kulturgeschichtliche Studien zur Literatur, Reinbek 1990, S. 252 und 261 ff.; dies.: Frau und »Weiblichkeit«. Theoretische Überlegungen zur feministischen Literaturkritik, in: Stephan, Inge, Weigel, Sigrid (Hg.): Feministische Literaturwissenschaft. Literatur im historischen Prozeß, Berlin 1984, S. 109 f.

23 Damit schließe ich mich Paul Ricoeurs Hermeneutik-Verständnis an. Ebenso wie Julia Kristeva verbindet er »Verstehen« und »Interpretieren« mit der Freudschen Psychoanalyse, vor allem mit der Beziehung zwischen Wunsch, Sprache und Symbolisierungsprozessen. Die Freudsche Traumdeutung wird hierbei zentraler Referenzpunkt der Hermeneutik (vgl. Ricoeur, Paul: Die Interpretation, Frankfurt 1993, S. 62 u. 59.) Für Kristeva ist das Subjekt hierbei nichts anderes als Prozeß der Sinngebung. Es ist das, »aus dem Sinn hervorgeht und in dem sich Sinn verliert.« Vgl. Kristeva, Julia: Die Revolution der poetischen Sprache, Frankfurt 1978, S. 210; Gölter, Waltraud: »Komplizenschaft« und Mut. Julia Kristeva im Gespräch mit Waltraud Gölter, in: Freiburger Frauenstudien 2 (1995), S. 107-120 u. C. 2.

24 Hilmer, Brigitte: Alte Meister feministisch tradieren, in: Die Philosophin 12 (1995), S. 18 f.

25 Ausführlicher in D 3.

A. *Propädeutik: Begriffliche Bedeutungsbildung in literaturwissenschaftlichen Themenfeldern und das Denken der Geschlechterdifferenz*

1 Vgl. die vor diesem Hintergrund verfaßten programmatischen Texte von Heinrich, Jutta: Das Geschlecht der Gedanken, München 1978; Stephan, Verena: Häutungen, München 1975 (insbesondere die Einleitung); die ausführlichen Untersuchungen von Schmidt, Ricarda: Westdeutsche Frauenliteratur in den 70er Jahren, Frankfurt 1982; Brügmann, Margret: Amazonen der Weltliteratur. Studien zur deutschsprachigen Frauenliteratur der 70er Jahre, Amsterdam 1986; Weigel, Sigrid: Die Stimme der Medusa. Schreibweisen in der Gegenwartsliteratur von Frauen, Dülmen-Hiddingsel 1987

2 Vgl. Abschnitt C 2

3 Brinker-Gabler (Hrsg.): Deutsche Literatur von Frauen; Gnüg, Hiltrud, Möhrmann, Renate (Hrsg.): Frauen – Literatur – Geschichte. Schreibende Frauen vom Mittelalter bis zur Gegenwart, Frankfurt 1985

4 Gudrun Boch resümiert, daß der Gegenstand der feministischen Literaturwissenschaft im Rahmen dieser Fragestellungen nicht die Literatur als solche war, sondern die feministische Analyse von Ansichten über biologische und kulturelle Geschlechtszugehörigkeit, sowie ein bestätigendes Aufzeigen soziologischer Verhältnisse, die in literarischen und kritischen Texten geäußert werden. Vgl. Boch, Gudrun: Der unaufhaltsame Aufbruch. Wege der anglo-amerikanischen feministischen Literaturwissenschaft, in: Fischer, Karin, Kilian, Eveline, Schönberg, Jutta, Bildersturm im Elfenbeinturm. Ansätze feministischer Literaturwissenschaft, Tübingen 1992, S. 46

5 Hassauer-Roos, Friederike: Das Weib und die Idee der Menschheit. Zur neueren Geschichte der Diskurse über die Frau, in: Cerquiglini, Bernhard, Gumbrecht, Hans Ulrich (Hrsg.), Der Diskurs der Literatur- und Sprachhistorie, Frankfurt 1983, S. 424 f. Inwiefern diese Verschiebung den politischen Anliegen der Frauenbewegung gut tat, ist eine andere Frage.

6 Ebd.

7 Eine Art Aufhebung dieses Streits dokumentiert der Band Brügmann, Kublitz-Kramer (Hrsg.): Textdifferenzen.

8 Ich verstehe diese Veränderung nicht als Fortschritt im Sinne einer Überwindung und Ablösung, sondern als Erweiterung, Ergänzung und Vertiefung der Komplexität des begrifflichen Verhältnisses von »Frau«, »weiblich«, »Geschlecht« und »Literatur«. Insofern ist die Transformation der Frauenforschung in eine Geschlechterforschung für mich kein Fortschritt, sondern gleichfalls eine Variante, die m.E. vor allem auf einem Diskurswechsel beruht, dessen anthropologische und erkenntnistheoretische Bedeutung noch lange nicht ausdiskutiert ist. In der Soziologie hat diese Verschiebung inzwischen zu einer weiteren geführt, wenn hier von »*Feministischer Geschlechterforschung*« die Rede ist. Vgl. den Titel »Gender Forschung als Feministische Forschung« des 5. Gliederungspunktes,

in: Diezinger, Angelika u.a. (Hrsg.), »Erfahrungen mit Methode. Wege sozialwissenschaftlicher Frauenforschung«, Freiburg o.J., S. 9

9 Weigel, Sigrid: Der schielende Blick, Thesen zur Geschichte weiblicher Schreibpraxis, in: Stephan, Inge, Weigel, Sigrid, Die verborgene Frau. Sechs Beiträge zu einer feministischen Literaturwissenschaft, Berlin 1983, S. 83

10 Nach Bovenschen, Silvia: Die imaginierte Weiblichkeit. Exemplarische Untersuchungen zu kulturgeschichtlichen und literarischen Präsentationsformen des Weiblichen, Frankfurt 1979, S. 19

11 Vgl. Bock, Gisela: Challenging Dichotomies: Perspectives on Women's History, in: Offen, Karen (Hrsg.), Writing Women's History, Bloomington/Indianapolis 1991, S. 2

12 Davon handelt C 1.

13 Brügmann: Amazonen der Weltliteratur, S. 8

14 Vgl. Ecker, Gisela: Differenzen. Essays zu Weiblichkeit und Kultur, Dülmen-Hiddingsel 1994, S. 7

15 Bock: Dichotomies, S. 13

16 Beide Formulierungen finden sich bei Bovenschen: Die imaginierte Weiblichkeit, S. 121 u. 244

17 Brinker-Gabler (Hrsg.): Deutsche Literatur von Frauen, S. 12

18 Vgl. Ecker: Differenzen, S. 15 f.

19 Bovenschen: Die imaginierte Weiblichkeit, S. 14

20 Rieger, Eva: »Ich recycle Töne«. Schreiben Frauen anders? in: Die Philosophin 5 (1992) 2, S. 22

21 Fischer, Karin, Kilian, Eveline, Schönberg, Jutta: Aussichtsreiche Abwege – bewegende Einsichten. Feministische Literaturwissenschaft und Herrschaftsdiskurs, in: dies. (Hrsg.), Bildersturm im Elfenbeinturm, S. 16

22 Vgl. Brinker-Gabler (Hrsg.): Deutsche Literatur von Frauen, S. 13

23 Hassauer-Roos: Das Weib und die Idee der Menschheit, S. 422

24 Bovenschen: Die imaginierte Weiblichkeit, S. 10

25 Vgl. hierzu Engelmann, Peter: Einleitung: Postmoderne und Dekonstruktion. Zwei Stichwörter zur zeitgenössischen Philosophie, in: ders. (Hrsg.), Postmoderne und Dekonstruktion. Texte französischer Philosophen der Gegenwart, Stuttgart 1990, S. 25 ff.

26 Brinker-Gabler (Hrsg.): Deutsche Literatur von Frauen, S. 17

27 Hassauer-Roos: Das Weib und die Idee der Menschheit, S. 425 f.

28 Vgl. dazu den Abschnitt über »Frau«, »Weibliches« und »Schrift«.

29 Weigel, Sigrid: Topographien, S. 16

30 Brinker-Gabler (Hrsg.): Deutsche Literatur von Frauen, S. 16

31 Krondorfer, Birge: Weibliche Autonomie: Perseveration oder Perversion? in: Amstutz, Nathalie, Kuoni, Martina (Hrsg.), Theorie, Geschlecht, Fiktion, Basel, Frankfurt 1994, S. 268

32 Vgl. Klinger, Cornelia: Beredetes Schweigen und verschwiegenes Sprechen: Genus im Diskurs der Philosophie, in: Bußmann, Hadumod, Hof, Renate (Hrsg.), Genus. Zur Geschlechterdifferenz in den Kulturwissenschaften, Stuttgart 1995, S. 38 ff.

33 Irigaray, Luce: Spekulum. Spiegel des anderen Geschlechts, Frankfurt

1980, S. 32; dies.: Macht des Diskurses/Unterordnung des Weiblichen, in: dies., Das Geschlecht, das nicht eins ist, Berlin 1979, S. 74

34 Menke, Bettine: Die Ver-Stellung und die schöne Stimme. Zum Konzept eines dekonstruktivistischen Feminismus, in: Huber, Jörg, Müller, Alois Martin (Hrsg.), Raum und Verfahren, Basel, Frankfurt 1993, S. 65 f.

35 Die Beziehung der Geschlechter nicht als Dualismus zu verstehen, der auf Eines zurückführbar ist, sondern dabei immer auch die Art und Weise der Bezogenheit zu thematisieren, scheint mir aus dem Dilemma zu führen, über die Beziehung Frau-Mann sprechen zu können, ohne automatisch einem Dualismus aufzusitzen.

36 Vgl. die weiterführenden Ausführungen bei Löchel, Elfriede: Umgehen (mit) der Differenz, in: Psyche 89, S. 826-847; dies.: Verschiedenes. Untersuchungen zum Umgehen (mit) der Differenz in Theorien zur Geschlechtsidentität, Bremen 1987

37 Eine erste und grundlegende kulturwissenschaftliche Untersuchung nahm Silvia Bovenschen vor. Vgl. Bovenschen: Die imaginierte Weiblichkeit, a.a.O.

38 Lykke, Nina: Rotkäppchen und Ödipus. Zu einer feministischen Psychoanalyse, Wien 1993

39 Lykke wählt nicht den Elektra-Komplex, weil auch dieser den »ödipalen« Konflikt für Frauen androzentrisch definiert. Der Elektra-Komplex beruht auf dem Muttermord, während der weibliche Konflikt auf der Trennung von Mutter und Tochter im Patriarchat beruht, was wiederum das tragische Moment Antigones darstellt.

40 Laqueur, Thomas: Auf den Leib geschrieben. Die Inszenierung der Geschlechter von der Antike bis Freud, Frankfurt 1992, sowie dessen Rezeption bei Maihofer, Andrea: Geschlecht als Existenzweise, Frankfurt 1995, S. 25 f.; bei Sykora, Katharina: Ver-Körperungen. Weiblichkeit – Natur – Artefakt, in: Huber, Müller (Hrsg.), Raum und Verfahren, S. 90 ff.; bei Krewani, Angela: Das hybride Geschlecht. Gender-Debatte und Medienstrategien, in: Thomsen, Christian W. (Hrsg.), Hybridkultur, Arbeitshefte Bildschirmmedien 46, Siegen 1994, S. 28. Bei der vorschnellen Übernahme der Laqueurschen These stand wohl feministischerseits der Wunsch Pate, die Konstruiertheit der Geschlechterdifferenz im Sinne einer historischen Erfindung beweisen zu wollen, in dem nun ein historischer Ursprungsmythos der Geschlechterdifferenz als Zweigeschlechtlichkeit erfunden wird.

41 Maihofer: Existenzweise, S. 29

42 Irigaray hat dies in Spekulum eindrücklich gezeigt. Vgl. Irigaray: Spekulum.

43 Vgl. die Aussagen sowie deren Motivation, die Laqueur anführt, in: Laqueur: »Auf den Leib geschrieben«, S. 117 f. u. 264 f.

44 So nehme ich auf jeden Fall auch einen Paradigmenwechsel zur Beginn der Neuzeit an, siedele diesen jedoch an im Wechseln von einem kosmologischen Weltbild, in dem die Menschen als Teil eines größeren Ganzen verstanden werden, hin zu der Idee von einem Subjekt, das der Welt gegenübergestellt und infolgedessen als etwas Eigenes gedacht wird: Subjektivität

und Identität werden zu zentralen Themen der Neuzeit. Dieser Paradigmenwechsel hat natürlich auch Auswirkungen darauf, wie das Geschlechterverhältnis verstanden und im Hinblick auf welche Aspekte es thematisiert wird. Was jedoch die (logische) Relation zwischen den Geschlechtern betrifft, so möchte ich die These aufstellen, daß es dazu nur wenige Varianten gibt, die sich seit Plato durch die abendländische Denkkultur ziehen.

45 Vermutlich hängt dies mit der männlichen Definitionsperspektive zusammen. So hatten im ausgehenden 17. Jahrhundert männliche Ärzte den Diskurs über Medizin und Sexualität übernommen. Auch Freud spricht als Mann, der sich den weiblichen Körper gleichmacht. Vgl. Menke, Bettine: Verstellt – der Ort der »Frau«, in: Vinken, Barbara (Hrsg.), Dekonstruktiver Feminismus. Literaturwissenschaft in Amerika, Frankfurt 1992, S. 440

46 Boch: Der unaufhaltsame Aufbruch, S. 37 (meine Hervorhebung)

47 Foucault, Michel: Die Ordnung des Diskurses, Frankfurt, Berlin 1977, S. 21, zit. n. Weigel, Sigrid: Die Verdoppelung des männlichen Blicks und der Ausschluß der Frauen aus der Literaturwissenschaft, in: Weigel, Topographien, S. 235

48 Griffiths, Morwenna, Whitford, Margret: Introduction, in: dies. (Hrsg), Perspectives in Philosophy, Bloomington-Indianapolis 1988, S. 11

49 Vgl. Weigel: Der männliche Blick, S. 235

50 Vgl. Hof: Die Grammatik der Geschlechter, besonders S. 35, 76, 163. In meiner Arbeit vgl. D

51 Vgl. Meijer, Maaike: Sich der Gewalt des Textes widersetzen. Zur Kritik der Repräsentation, in: Brügmann, Kublitz-Kramer (Hrsg.), Textdifferenzen und Engagement, S. 36-39

52 Hof: Die Grammatik der Geschlechter, S. 83

53 Meijer: Sich der Gewalt des Textes widersetzen, S. 42

54 Dies hat Frigga Haug am Beispiel moralischer Begriffe erarbeitet. Vgl. Haug, Frigga: Die Moral ist zweigeschlechtlich wie der Mensch, in: Sünne Andresen u.a. (Hrsg.): Frauen und Moral. Frauengrundstudium 3, Berlin 1984, S. 22 ff. Zur Widersprüchlichkeit von Begriffen vgl. a. C 2.3.1.

55 Hof: Die Grammatik der Geschlechter, S. 140; Moi: Sexus, Text und Herrschaft, a.a.O.; vgl. a. D 3.4.

56 Vgl. Fischer, Kilian, Schönberg: Aussichtsreiche Abwege, S. 28 f.

B. *Feministische Rekonstruktion der Literaturgeschichte zwischen Kanonbildung und der Suche nach einem neuen Verhältnis zur Tradition*

1 Vgl. Ecker: Differenzen, S. 13 f.

2 Vgl. von Heydebrand, Renate, Winko, Simone: Arbeit am Kanon: Geschlechterdifferenz in Rezeption und Wertung von Literatur, in: Bußmann, Hof (Hrsg): Genus, S. 228

3 Meyers Neues Lexikon in 10 Bänden, Mannheim, Leipzig, Wien, Zürich 1993, Bd. 5, S. 193; von Wilpert, Gero (Hrsg.): Sachwörterbuch der Literatur, Stuttgart 1979, S. 349

4 Vgl. von Heydebrand, Winko: Arbeit am Kanon, S. 208

5 Heydebrand/Winko betonen die bewußtseinsschärfende Funktion, die die poststrukturalistische Grundsatzkritik an der Kanonidee forciert. Diese Kritik »hält das Bewußtsein dafür wach, daß letztendlich kein Kanon ›gilt‹, aber daß ohne Kanon nicht auszukommen ist.« Vgl. ebd., S. 248

6 Vgl. Hof: Die Grammatik, S. 192

7 Schmidt, Uta C.: Vom Rand zur Mitte. Aspekte einer feministischen Perspektive in der Geschichtswissenschaft, Zürich, Dortmund 1994, S. 102

8 Weigel, Sigrid: »Wäre ich ein Mann, hätte ich aus diesem Zustand vielleicht ein Werk geschaffen«: Unica Zürn, in: Stephan, Inge, Venske, Regula, Weigel, Sigrid, Frauenliteratur ohne Tradition? Neun Autorinnenporträts, Frankfurt 1987, S. 245

9 Vgl. u.a. Ecker: Differenzen, S. 13 f. Ein Beispiel für mögliche andere Kriterien der »Entwicklung« weiblicher Bildung analysiert Veronika Mariaux anhand von Sophie von La Roches »Das Fräulein von Sternheim«. Vgl. Mariaux, Veronika: Mütter, Töchter und Sophie. Sophie von La Roche, in: Günter, Andrea, Mariaux, Veronika (Hrsg), Papierne Mädchen. Dichtende Mütter. Lesen in der weiblichen Genealogie, Frankfurt 1995, S. 133-158

10 Mereau, Sophie: Das Blütenalter der Empfindung, Stuttgart 1982. Als Parodie des Bildungsromans interpretiert Christa Bürger diesen Roman. Vgl. Bürger, Christa: Leben Schreiben. Die Klassik, die Romantik und der Ort der Frauen, Stuttgart 1990, S. 40 f.

11 Vgl. Schabert, Ina: Gender als Kategorie einer neuen Literaturgeschichtsschreibung, in: Bußmann, Hof (Hrsg.), Genus, S. 191

12 Hof, Renate: Die Entwicklung der Gender Studies, in: ebd., S. 21

13 Schmidt: Vom Rand zur Mitte, S. 185. Einen Beitrag dazu leistet zum Beispiel Barbara Hahn mit ihrem Buch »Unter falschem Namen. Von der schwierigen Autorschaft von Frauen« (Frankfurt 1991), in dem sie das Verhältnis von Autorschaft und Mann-Frau-Beziehungen untersucht.

14 Fraisse, Geneviève: Geschlecht und Moderne, Archäologien der Gleichberechtigung, Frankfurt 1995, S. 76

15 Von Hoff, Dagmar: Dramen des Weiblichen. Deutsche Dramatikerinnen um 1800, Opladen 1989, S. 23

16 Eine der wenigen Untersuchungen zu diesem Thema ist die Dissertation von Kubes-Hofmann, Ursula: Das unbewußte Erbe. Weibliche Geschichtslosigkeit zwischen Aufklärung und Frühromantik, Wien 1993

17 Lerner, Gerda: Die Entstehung des feministischen Bewußtseins, Frankfurt 1993. Vgl. dazu auch Hilmer: Alte Meister, S. 12.

18 Vgl. insbesondere die frühen Standardwerke von Becker-Cantarino, Barbara: Der lange Weg zur Mündigkeit, Frauen und Literatur in Deutschland von 1500 bis 1800, Stuttgart 1987; Möhrmann, Renate: Die andere Frau. Emanzipationsansätze deutscher Schriftstellerinnen im Vorfeld der Achtundvierziger-Revolution, Stuttgart 1977; Schmidt, Westdeutsche Frauenli-

teratur in den 70er Jahren. Der schon genannte programmatische Titel »Amazonen der Literatur« von Brügmann macht deutlich, daß es den Literaturwissenschaftlerinnen um den Bruch mit den Geschlechterverhältnissen und um deren Revolutionierung geht. Vgl. A, Anmerkung 1

19 Vgl. dazu die Kritik in der Einleitung von Stephan, Venske, Weigel: Frauenliteratur ohne Tradition? Neun Autorinnenporträts, Frankfurt 1987, S. 7-11

20 Fraisse: Geschlecht und Moderne, S. 77

21 Vgl. die Rezension »Nicht Ausschluß, sondern Strukturwandel« von Ulrike Schupp: Elke Kleinau, Claudia Opitz (Hrsg.), Geschichte der Mädchen- und Frauenbildung, Frankfurt 1996, in: Virginia 21 (1996), S. 8

22 Irmgard Roebling stellt gleichfalls für das Verhältnis deutscher Frauen zum Nationalsozialismus und zum zweiten Weltkrieg fest, daß sich einige Frauen, auch einige maßgebliche Vertreterinnen der ersten Frauenbewegung, vom aufkommenden Nationalsozialismus und dem Weltkrieg eine wichtige Bedeutung für emanzipatorische Veränderungen der weiblichen gesellschaftlichen Position versprachen. Vgl. Roebling, Irmgard: »Krieg« und »Frieden« im feministischen Methodenstreit. Zur Analyse weiblicher (Anti-)Kriegs-Rede, in: Brügmann, Kublitz-Kramer (Hrsg.), Textdifferenzen und Engagement, S. 21-34

23 Zu »Versprechen« als politisch-philosophischer Kategorie vergleiche die Paragraphen 32, 33, 34 von Arendt: Vita activa, S. 225-243.

24 An dieser Stelle betone ich den Zusammenhang von »Weiblichkeit« und der phylogenetischen Seite von revolutionierenden Schreibprozessen. Julia Kristeva hat in »Die Revolution der poetischen Sprache« (Frankfurt 1978) deren ontogenetische Seite bearbeitet. Darauf wird noch zu kommen sein.

25 Vgl. z.B. die schon erwähnte Untersuchung »Unter falschem Namen« von Barbara Hahn.

26 Die Ausdrucksweise »die sexuelle Differenz produziert Wissen« wirkt zunächst befremdend. Deshalb will ich kurz erklären, was dies meint: Die sexuelle Differenz »produziert« auf zweifache Weise »Wissen«. Zum einen ermöglicht sexuelle Differenz als Interpretationsparadigma, neues Wissen über das Geschlechterverhältnis und somit über die Welt zu erhalten. Zum anderen können aufgrund der sexuellen Differenz von Frauen und von Männern verschiedene, geschlechtsspezifisch verankerte Begehren, Wahrnehmungs-, Erfahrungs- und Erkenntnisweisen zum Ausdruck kommen, die zum Ausgangspunkt und zur Beurteilungsinstanz unserer Wissensbildung und -vermittlung werden. Vgl. ausführlicher Muraro, Luisa: Die denkende Differenz der Geschlechter, Feministische Studien 12 (1994) 2, S. 71-80

27 Vgl. Stephan, Venske, Weigel: Einleitung, S. 7-9

28 Schabert: Literaturgeschichtsschreibung, S. 182, 184, 192 f.

29 Vgl. ebd., S. 165

30 Stephan, Venske, Weigel: Einleitung, S. 9

31 Schabert: Literaturgeschichtsschreibung, S. 191

32 Ebd., S. 163

33 Diesen Aspekt wählt sich Lummerding zum Untersuchungsgegenstand. Vgl. Lummerding, Susanne: »Weibliche« Ästhetik? Möglichkeiten und Grenzen einer Subversion von Codes, Wien 1989

34 Vgl. Weigel: Die Stimme der Medusa, S. 139

35 Ebd.

36 Eine Ausnahme, was die Aufarbeitung der Geschichte der weiblichen Subjektivität betrifft, bildet hier die sehr eindrucksvolle Untersuchung von Ulrike Prokop über die Geschichte der weiblichen Subjektivität zur Zeit der Klassik und das Wechselverhältnis zwischen der klassischen Idee des großen Paares und den Veränderungen von weiblichen Subjektivitätsvorstellungen (Prokop, Ulrike: Die Illusion des großen Paares, Bd. 1 u. 2, Frankfurt 1991). Christa Bürger, um ein weiteres Beispiel zu nennen, leistet in ihrem Band »Leben Schreiben. Klassik, die Romantik und der Ort der Frauen« gleichfalls einen wichtigen Beitrag zur Geschichte weiblicher Subjektivität. Vgl. Bürger: Leben Schreiben, a.a.O.

37 Hof: Die Grammatik, S. 72

38 »Mangel an Geschichte« verstehe ich an dieser Stelle als Ausdruck von Abwesenheit und das heißt auch von fehlendem (einflußreichen) Handeln von Frauen im geschichtlichen Geschehen.

39 Ein anderer Aspekt dieser Mangelstruktur scheint mir in der modernen Subjektkonstitution begründet zu sein, die per definitionem »ein Subjekt des Mangels« ist. Diesem Aspekt werde ich in einem Aufsatz mit dem Arbeitstitel »Subjekt der Fülle« nachgehen, der in: Günter, Andrea u.a.: Weiberwirtschaft II, Luzern 1997 erscheinen wird.

40 Vgl. die unzähligen Analysen, z.B. von Irigaray: Spekulum; Löchel: Verschiedenes; Rhode-Dachser, Christa: Expedition in den dunklen Kontinent. Weiblichkeit im Diskurs der Psychoanalyse, Heidelberg 1991

41 Die Tatsache, daß Aussagen über Frauen und Weiblichkeit – auch in der dekonstruktiven Denkbewegung, wie beispielsweise Klinger für Derrida gezeigt hat – Aussagen über männliche Entwürfe von Frau und Weiblichkeit sind, wird inzwischen erkannt. Vgl. Klinger, Cornelia: Eine Fallstudie zum Thema postmoderne Philosophie der Weiblichkeit: Jacques Derrida, Sporen: Die Stile Nietzsches, in: Amstutz, Kuoni (Hrsg.), Theorie – Geschlecht – Fiktion, S. 205-234; Menke, Bettine: Verstellt – der Ort der Frau und die Stimme des Textes, in: ebd., S. 185-204

42 Gölter, Waltraud: »Die Ränder des Symbolischen« und Randbemerkungen zu einer anderen Logik des Politischen, unveröffentlichtes Manuskript, S. 4

43 Weigel, Sigrid: Der schielende Blick. Thesen zur Geschichte weiblicher Schreibpraxis, in: Stephan, Weigel, Die verborgene Frau, S. 84

44 Vgl. Günter, Andrea: Das Matriarchat – Metapher für weibliche Größe in der Geschichte. Was es bedeutet, über das Matriarchat nachzudenken, in: dies., Weibliche Autorität, Freiheit und Geschlechterdifferenz. Bausteine einer feministischen politischen Theorie, Frankfurt 1996, S. 181-195. Mit dieser These widerspreche ich vehement der oft vertretenen feministischen Position, daß eine jede feministische Forschung zwangsläufig vom Begriff der Unterdrückung ausgehen *muß*.

45 Weigel, Sigrid: Das Schreiben des Mangels als Produktion von Utopie, in: Women in German Yearbook 1 (1985), S. 30

46 Zwar wurden Frauen von Männerseite auf die Position des Mangels verwiesen, paradoxerweise aber deshalb, weil sie etwas Zusätzliches zum Menschsein »besitzen«, das Geschlecht (vgl. Weigel, Sigrid: Rekonstruktion und Relektüre, S. 252). Damit tut sich für Frauen ein sie lähmender Mechanismus in Hinblick auf das Verhältnis zu ihrer Geschlechtlichkeit mit folgendem circulus vitiosus auf: Frausein bedeutet, zugleich eine zusätzliche Differenz zu haben, die aber abgestritten werden muß, um als »normaler Mensch« gelten zu können; dabei gilt diese Differenz aber als Mangel, was ständig durch ein Mehr kompensiert werden soll, dem weiblichen »Besonderen«. Dieses Mehr wiederum wird sofort zwielichtig ...

47 List weist darauf hin, daß nicht nach den Ausschlußverfahren, die Frauen von der öffentlichen Betätigung in Philosophie und Kultur fernhielten, zu fragen ist, sondern danach, unter welchen Bedingungen sie Zugang zur Philosophie bzw. zur Kultur hatten. Vgl. List, Elisabeth: Die Präsenz des Anderen: Der Ort des Weiblichen im philosophischen Diskurs, in: dies., Die Präsenz des Anderen. Theorie und Geschlechterpolitik, Frankfurt 1993, S. 31

48 Bovenschen: Die imaginierte Weiblichkeit, S. 15

49 Erdle, Birgit R.: Bezeugen, verstehen, vergleichen. Spuren der Tradition der Erinnerung Sarah Kofmans »Paroles suffoquées«, in: Die Philosophin 12 (1995), S. 41 f.

50 Weigel: Rekonstruktion und Relektüre, S. 252

51 Weigel: Das Schreiben des Mangels, S. 31

52 Ebd., S. 31

53 Weigel: Rekonstruktion und Relektüre, S. 253

54 Ebd.

55 Ebd. Zum Verhältnis von Betroffenheit und Erkenntnis vgl. Ecker, Gisela: Aufsatz »Spiel und Zorn«. Zu einer feministischen Praxis der Dekonstruktion, in: dies., Differenzen, S. 33-56; Klinger: Zwei Schritte vorwärts, S. 84 f.

56 Damit sieht sich die feministische Literaturwissenschaft mit einem der ältesten Probleme der Dichtung und deren Rezeption konfrontiert, nämlich mit der Erkenntnis und Läuterung durch Mitleiden. Vgl. C 1.5.1., C 1.5.2. u. D 3.

57 Die Suche nach dem Sinn der eigenen Existenz als Frau in der Geschichte interpretiere ich als Bedürfnis, die Wirklichkeit als Frau auch geschichtlich verstehen zu wollen. Fraisse hat sich das Verhältnis von Sinn und den Geschlechtern zur Aufgabe gemacht. Ihr Anliegen ist, den Sinn, der der sexuellen Differenz im Laufe der Geschichte immer wieder entwendet wurde, zurückzugeben und insofern den Sinn der sexuellen Differenz in der Geschichte zu produzieren. Vgl. Fraisse: Mein Interesse, S. 98 ff.

58 Nicht zufällig sind beispielsweise die beiden grundlegenden Arbeiten, die eine unerwartet große Zahl von Dramen von Frauen ans Licht gebracht haben, erst Anfang der 90er Jahre erschienen. Vgl. von Hoff: Dramen des

Weiblichen; Kord, Susanne: Ein Blick hinter die Kulissen. Deutschsprachige Dramatikerinnen im 18. u. 19. Jahrhundert, Stuttgart 1992

59 Eine Variante der Hermeneutik des Mangels ist die der Hermeneutik des Anderen, zu der es einen eigenen Abschnitt gibt. In Abschnitt C 1.4. wird dazu das Verhältnis von Weiblichem und dem Anderen beleuchtet. Im Abschnitt C 2. werden dekonstruktivistische Fragestellungen vorgestellt, die eine Hermeneutik des Mangels unterstützen können.

60 Vgl. D 3.2

61 Lerner: Die Entstehung des feministischen Bewußtseins, a.a.O.

62 Hierzu gibt es gleichfalls ein Beispiel von Gerda Lerner, nämlich ihr Buch »Die Entstehung des Patriarchats«, Frankfurt 1991

63 So die schon eingangs erwähnten Frauen-Literatur-Geschichten von Brinker-Gabler und von Gnüg/Möhrmann.

64 Z.B. bei Ecker, Gisela: Map for Re-reading, in: dies., Differenzen, S. 303

65 Prokop, Ulrike: Was ist der Gegenstand einer »Geschichte des weiblichen Schreibens«? in: Ostner, Ilona, Lichtblau, Klaus (Hrsg.), Feministische Vernunftskritik. Ansätze und Traditionen, Frankfurt 1992, S. 96 ff.

66 Auch als eine solche läßt sich Gerda Lerners »Die Entstehung des feministischen Bewußtseins« lesen.

67 Die unterschiedlichen Perspektivierungen einer Literaturgeschichtsschreibung beinhalten wiederum verschiedene Strategien der Geschichtsschreibung, so die Kontribution weiblicher Beiträge zur Geschichte (=kontributorische Herangehensweise); die Addition berühmter Frauen und ihrer Texte nach den überkommenen Kriterien der Literaturgeschichtsschreibung (kompensatorische Herangehensweise); die Separation als Erschließung einer weiblichen Literaturgeschichte, in der der Text einer Autorin mit Texten von anderen Frauen in Dialog treten kann; die Rekonstruktion von Sinnbildungsvorgängen, wie sie von »Weiblichkeits-« und »Männlichkeitskonzepten« getragen werden; und/oder aber die Darstellung, Interpretation und Beurteilung literaturgeschichtlicher Gegenstände mittels und entlang der sexuellen Differenz und der Freiheit von Frauen. Und auch hier lassen sich diese verschiedenen Strategien gemeinsam heranziehen, sachorientiert genutzt und kombiniert entsprechend der jeweiligen einzelnen Fragestellungen und Problematiken. Vgl. zu diesen Punkten Schmidt: Vom Rand zur Mitte, S. 114; Ecker: Differenzen, S. III; Schabert: Literaturgeschichtsschreibung, S. 181 f.

68 Weigel: Die Stimme der Medusa, S. 14. In einem genealogischen Sinne markiert der Begriff »Frauenliteratur« die Herkunft der Literatur: von Frauen geschrieben. Vgl. C 1.1.

69 So beispielsweise Weigel: Die Stimme der Medusa, S. 14 f.

70 Benhabib, Seyla: Der verallgemeinerte und der konkrete Andere. Ansätze zu einer feministischen Moraltheorie, in: List, Elisabeth (Hrsg.), Denkverhältnisse. Feminismus und Kritik, Frankfurt 1989, S. 460

71 Es sei dahingestellt und muß jedesmal neu entschieden werden, ob dieses Urteil stimmt oder lediglich einen verstellten Blick darstellt.

72 Zu diesem Problem siehe Wandruszka, Marie-Luise: Meine Mutter hatte

goldene Flügel ... Else Lasker-Schüler, in: Günter, Mariaux (Hrsg.), Papierne Mädchen, S. 221 f.

73 Von Heydebrand, Winko: Arbeit am Kanon, S. 231 f.

74 Vgl. Weigel: Die Verdoppelung des männlichen Blicks, S. 248 f.

75 Vgl. den Forschungsbericht in: Nusser, Peter: Trivialliteratur, Stuttgart 1991, S. 4-10

76 Stephan, Weigel: Tagungsbericht, in: Stephan, Weigel (Hrsg.), Feministische Literaturwissenschaft, S. 11

77 Ebd. Weigel macht darauf aufmerksam, daß auch viele Texte von Männern trivial sind. Infolgedessen trifft sie die Unterscheidung, daß Trivialität »als Kennzeichen des Mangels einer originären Literatur von Frauen, nicht aber als Mangel von ›Frauenliteratur‹ im Unterschied zur großen bzw. eigentlichen Literatur analysiert werden« könnte. Vgl. Weigel: Rekonstruktion und Relektüre, S. 248

78 Weigel: Das Schreiben des Mangels, S. 33

79 Lange, Sigrid: Spiegelgeschichten. Geschlechter und Poetiken in der Frauenliteratur um 1800, Frankfurt 1995, S. 155 f.

80 Dies haben Dörte Fuchs und ich in einer Untersuchung von Charlotte Birch-Pfeiffers Dramen herausgearbeitet. Vgl. Fuchs, Dörte, Günter, Andrea: Denn die Liebe zu meiner vortrefflichen Mutter war, wie die Quelle meines Lebens, in: Günter, Mariaux (Hrsg.), Papierne Mädchen, S. 181-217

81 Vgl. ebd., S. 215 ff.

82 Vgl. Nägele, Rainer: Trauerspiel und Puppenspiel, in: Weigel, Sigrid (Hrsg.), Leib- und Bildraum. Lektüren nach Benjamin, Köln, Weimar, Wien 1992, S. 9. Die Darstellungslogik der Barockliteratur – ebenso wie übrigens die mittelalterliche – wäre demnach per definitionem trivial. Auch diesbezüglich wäre die Aufklärung nochmals neu zu befragen. Vgl. B 5

83 Von Matt, Peter: Liebesverrat. Die Treulosen in der Literatur, München 1991, S. 24 ff.

84 Vgl. Birch-Pfeiffer, Charlotte: Der Pfarrherr, Gesammelte dramatische Werke, Leipzig 1865-70, Bd. 2, S. 227-320. Zur unterschiedlichen Rezeptionsweise solcher Happyends von Frauen und Männern vgl. die beiden Aufsätze: Light, Alison: Zurück nach Manderley – Liebesroman, weibliche Sexualität und Klasse, in: Nölle-Fischer, Karen (Hrsg.): Mit verschärftem Blick. Feministische Literaturkritik, München 1987, S. 143-172; Kaplan, Cora: Lesen, Phantasie, Weiblichkeit – »Die Dornenvögel«, in: ebd., S. 173-205

85 Schopenhauer, Johanna: Der Balkon, in: Sämtliche Schriften, 20. Band, Frankfurt 1831, S. 5-144

86 Diese Definition von Trivialität nimmt Eva Meyer vor. Vgl. Meyer, Eva: Zählen und Erzählen. Für eine Semiotik des Weiblichen, Berlin 1983, S. 31

87 Auch die Namensgebung »Helene« signalisiert die Unschuld bzw. läßt die Schuld höchstens auf die Schönheit zurückführen. Schopenhauer selbst veröffentlicht eine Nachbemerkung zu ihrer Erzählung, in der sie erklärt,

daß sie nicht auf Shakespeares »Romeo und Julia«, sondern auf dessen literarischen Vorgänger, den Meister Bandello, zurückgreife, der seine Erzählung gleichfalls mit dem Glück des Ehepaares schließt. Der Rekurs auf diese Vorlage gibt ihr, so Schopenhauer, die Möglichkeit, die Liebenden – glücklich vereint – überleben zu lassen, auch wenn dies ein märchenhaftes Wunder sei, doch sie wolle mit ihrer Erzählung ein Zeichen der Hoffnung geben. Vgl. Schopenhauer: Der Balkon, S. 142 ff.

88 Bovenschen fordert – für avantgardistisches, weibliches Schreiben – allerdings eine sichtbare Auseinandersetzung. Vgl. Bovenschen, Silvia: Über die Frage: Gibt es eine weibliche Ästhetik, in: Ästhetik und Kommunikation 7 (1976) 25, S. 65; Brügmann: Amazonen, S. 21

89 Foucault, Michel: Die Ordnung des Diskurses, Frankfurt, Berlin, Wien 1979, S. 39

90 Zu den unterschiedlichen Ansätzen der modernen Geschichtsschreibung vgl. Rossi, Pietro (Hrsg.): Theorie der modernen Geschichtsschreibung, Frankfurt 1987

91 Gurevic, Aron Ja.: Die Geschichte als Dialog mit den Menschen vergangener Epochen, in: Rossi (Hrsg.), Theorie der modernen Geschichtsschreibung, S. 270

92 So auch die Herausgeberinnen des Schwerpunktheftes »Umgang mit Tradition«, Die Philosophin 12 (1995), S. 6

93 Vgl. Schmidt: Vom Rand, S. 98 f.

94 Boff, Clodovis: Wissenschaftstheorie und Methode der Befreiung, in: Ellacuía, Ignacio, Sobrino, Jon (Hrsg.), Mysterium Liberationis. Grundbegriffe der Theologie der Befreiung, Luzern 1995, S. 92; Hilmer: Alte Meister, S. 17

95 Kögler, Hans-Herbert: Die Macht des Dialogs. Kritische Hermeneutik nach Gadamer, Foucault und Rorty, Stuttgart 1992, S. 7

96 Brown, Peter: Wissenschaft und Phantasie, in: ders., Die Gesellschaft und das Übernatürliche. Vier Studien zum frühen Christentum, Berlin 1993, S. 7

97 Der Literaturwissenschaftler Robert Weimann entfaltet die Möglichkeit der Befragung von Figuren aufgrund von historischer bzw. kultureller Differenz anhand der Brechtschen Figuren des Galilei und der Heldin von »Der gute Mensch von Sezuan«. Beide Figuren würden eine Epoche, Haltung bzw. soziale Schicht präsent machen, deren Erkenntnisgewinn gerade durch den Bruch und Distanzierung erzielt wird. Solche Figuren sind wie alle literarischen Figuren zugleich abwesend und anwesend. Die kulturelle, soziale und/oder historische Differenz verstärkt diesen Effekt jedoch, indem sie eine weitere Verfremdungsschicht hinzufügt. Vgl. Weimann, Robert: Mimesis und die Bürde der Repräsentation. Der Poststrukturalismus und das Produktionsproblem in fiktiven Texten, in: Weimarer Beiträge 31 (1985), S. 1093 f.

98 Schmidt: Vom Rand zur Mitte, S. 181

99 Ebd., S. 124

100 Ebd., S. 91. Auf die Gefahr der Verkennung, Illusionsbildung und der Eu-

phemismen der Erinnerung macht Erdle aufmerksam. Vgl. Erdle: Bezeugen, S. 38-52

101 Maria Mies, zit. n. Schmidt: Vom Rand zur Mitte, S. 72

102 Ebd., S. 75

103 Bovenschen: Gibt es eine weibliche Ästhetik?, S. 64

104 Vgl. Boff: Wissenschaftstheorie, S. 86

105 Schmidt: Vom Rand zur Mitte, S. 194

106 Ebd., S. 181

107 Weigel, Sigrid: Leib und Bildraum. Zur Problematik und Darstellbarkeit einer weiblichen Dialektik der Aufklärung, in: dies., Topographien, S. 35

108 Benjamin, Walter: Über den Begriff der Geschichte, in: ders., Abhandlungen. Gesammelte Schriften, Band I.2, Frankfurt 1991, S. 693-704

109 Weigel, Sigrid: »Konstellationen, kleine Momentaufnahmen, aber niemals Kontinuität«. Ein Gespräch über Literaturwissenschaft und Literaturgeschichtsschreibung von Frauen, in: Fischer, Kilian, Schönberg (Hrsg.), Bildersturm im Elfenbeinturm, S. 124

110 Schmid-Bortenschlager, Sigrid: Die Vermittlung zwischen gestern und heute, der Heldin und uns. Zu Marie-Thérèse Kerschbaumers »Der weibliche Name des Widerstands«, in: Jurgenson, Manfred (Hrsg.), Frauenliteratur. Autorinnen, Perspektiven, Konzepte, München 1985, S. 156

111 Vgl. Libreria delle donne di Milano, Biblioteca delle donne die Parma: Der Gelbe Katalog, in: Günter, Mariaux (Hrsg.), Papierne Mädchen, S. 34

112 Gorgulho, Gilberto da Silva. Befreiung und Hermeneutik, in: Ellacuía, Sobrino (Hrsg.), Mysterium Liberationis, S. 167

113 Bovenschen: Gibt es eine weibliche Ästhetik?, S. 64

114 Bei Weigel nimmt die Person der Literaturwissenschaftlerin und deren Tätigkeit einen zentralen Stellenwert innerhalb der feministischen Literaturwissenschaft ein, sei es aufgrund der Notwendigkeit, daß eine Literaturwissenschaftlerin sich mit der (überkommenen) Verortung der Frau im Symbolischen konfrontieren und auseinandersetzen muß, weil sie sich hierin immer auch selbst wiederfindet, sei es aufgrund der Notwendigkeit, daß sie sich ständig neu zu ihrem Fach in Beziehung setzt und es mit einer jeden Tätigkeit re-konstruiert. Besonders diese Möglichkeiten zu verändernden Handlungen durch die Person der Literaturwissenschaftlerin zeigen die politische Dimension der feministischen Literaturwissenschaft. Vgl. z.B. Weigel, Rekonstruktion und Relektüre, S. 252 ff.

115 Cabré, Rivera: Academic politics and the transmission of knowledge (meine Übersetzung).

116 Vgl. Volkwein, Karin: Als hinge unser Leben davon ab. Zur Bedeutung und Zusammenhang von Erfahrungen von Frauen und Erinnerung in der feministischen Theologie, in: Frauenforschungsprojekt zur Geschichte der Theologinnen (Hrsg.), Querdenken. Beiträge zur feministisch-theologischen Forschung, Festschrift für Hannelore Erhart, Göttingen, Pfaffenweiler 1992, S. 33 f.

117 Vgl. Nietzsche, Friedrich: Zur Genealogie der Moral. Eine Streitschrift, Stuttgart 1988; Foucault, Michel: Nietzsche, die Genealogie, die Historie,

in: ders., Von der Subversion des Wissens, Frankfurt, Berlin, Wien, 1982, speziell zu diesem Punkt: S. 98

118 Foucault unterscheidet Herkunft und Ursprung. Den Ursprung siedelt Foucault außerhalb der Geschichte mit deren Banalität, Niedrigkeit, Zufälligkeit und deren Einzelbewegungen an, bei denen die Herkunft verankert ist; für Foucault ist der Ursprung vor der Geschichte und stellt eine theologische Dimension dar. Vgl. Foucault: Genealogie, S. 85 ff.

119 Ebd., S. 86

120 Gurevic: Die Geschichte als Dialog mit den Menschen vergangener Epochen, S. 272

121 Vgl. dazu Günter, Andrea: Der Ort Gottes. *Oder*: Wie eine strukturelle Rede von »Frau« und »Weiblichkeit« Frauen von ontologischen Zuschreibungen befreit und Gott in den Beziehungen unter Frauen ansiedelt, in: dies. (Hrsg.), Feministische Theologie und postmodernes Denken. Zur theologischen Relevanz der Geschlechterdifferenz, Stuttgart 1996, S. 54

122 Weigel, Sigrid: Kommunizierende Röhren. Michel Foucault und Walter Benjamin, in: dies. (Hrsg.), Flaschenpost und Postkarte. Korrespondenzen zwischen Kritischer Theorie und Poststrukturalismus, Köln, Weimar, Wien 1995, S. 41

123 Vgl. Arendt: Vita activa, S. 178. Vgl. a. D 3.2.

124 Schuller, Marianne: Den »Übersichtigkeiten« das Wort geredet, Oder: »Verrückte Rede«? Zu Kleists Penthesilea, in: Amstutz, Kuoni (Hrsg.), Theorie, Geschlecht, Fiktion, S. 68 ff.

125 Hilmer: Alte Meister, S. 17

126 De Pizan, Christine: Das Buch von der Stadt der Frauen, München 1990

127 Foucault: Genealogie, S. 91 f.

128 Brinker-Gabler (Hrsg.): Deutsche Literatur, S. 17 f.

129 Weigel: Kommunizierende Röhren, S. 41

130 Arendt: Vita activa, S. 175 ff.

131 Vgl. Ecker: Spiel und Zorn, S. 13

132 Vgl. C 1.1.

133 Genealogie ist aufgrund seiner Orientiertheit an Herkunft und Ausrichtung das geschichtliche Verfahren, das mit einer Ortsphilosophie als kontextueller Philosophie korrespondiert.

134 Weigel: Weibliche Dialektik, S. 39

135 Zu diesem Begriff vgl. Cavarero, Adriana: Plato zum Trotz. Weibliche Gestalten der antiken Philosophie, Berlin 1992, S. 96

136 Vgl. Libreria delle donne di Milano: Wie weibliche Freiheit entsteht. Eine neue politische Praxis, Berlin 1989, vor allem das 4. Kapitel; Muraro, Luisa: Vorträge, in: Frankfurter Frauenschule/SFBF e.V. (Hrsg.), Materialienband 5, Frankfurt 1991; Irigaray, Luce: Genealogie der Geschlechter, Freiburg 1989; Kristeva, Julia: Die Chinesin, Frankfurt 1982; Günter, Andrea: Mutter-Denken, in: dies., Weibliche Autorität, Freiheit und Geschlechterdifferenz, S. 146-180

137 Cixous, Helene: Geschriebene Frauen, Frauen in der Schrift, in: dies., Weiblichkeit in der Schrift, Berlin 1980, S. 29

138 Waniek, Eva: Helene Cixous: Entlang einer Theorie der Schrift, Wien 1993, S. 81. Zum Aspekt »orientiertes Sprechen« vgl. Günter, Andrea: Ort(s)Politik. Über die frauenbewegte Rede von Ort und vom Raum, in: Freiburger Frauen Studien 3 (1996), S. 109-122

139 »Kinder« lassen sich durchaus auch metaphorisch interpretieren.

140 Vgl. Rupp, Victoria: Die gute Mutter. Ein Lustspiel, Frankfurt, Leipzig 1777

141 Prokop, Ulrike: »Emilia Galotti«. Das Drama über die Zerstörung der Wünsche, in: Lorenzer, Alfred (Hrsg.), Kultur-Analysen. Psychoanalytische Studien zur Kultur, Frankfurt 1988

142 Weigel: Die Stimme der Medusa, S. 167. Vgl. a. Irigaray: Fragen, S. 148 ff.

143 Woolf, Virginia: Ein Zimmer für sich allein, Frankfurt 1981, S. 85

144 Ausführlicher in Günter, Andrea: Frauen lesen Frauen. Zur weiblichen Genealogie nicht nur in der Literatur, in: Günter, Mariaux (Hrsg.), Papierne Mädchen, S. 21 ff.

145 Schabert: Literaturgeschichtsschreibung, S. 190

146 »Genealogie« der Frauen und ihrer Literatur ist also kein utopisches Modell, sondern ein Wahrnehmungs- und Rekonstruktionsmodell für das Sprechen und Handeln von Frauen in Hinblick auf andere Frauen in der Vergangenheit. Weibliche Genealogie lediglich als Utopie zu verstehen, reproduziert die patriarchalische Täuschung von der weiblichen Geschichtslosigkeit und der uneingeschränkten Einordnung von Frauen in die männliche Genealogie. Vgl. B 1.1. u. B 1.1.2.

147 Ecker: Spiel und Zorn, S. 35 ff.

148 Vgl. Bürger: Leben Schreiben, S. VII

149 Ebd., S. VII. Der Terminus »Selbstvergewisserung« ist m.E. sehr unglücklich gewählt.

150 Weigel: Konstellationen, kleine Momentaufnahmen, S. 124

151 Kristeva: Die Revolution der poetischen Sprache, a.a.O.

152 Vgl. Libreria: Weibliche Freiheit, S. 146

153 Vgl. Culler: Dekonstruktion, S. 114

154 Weigel: Die Stimme der Medusa, S. 8. Weigel beendet ihr Zitat wie folgt: »und dort sind sie immer schon die Beschriebenen.« Mein Verständnis, an einem Ort zu sein, macht das Sich-immer-schon-als-Beschriebene-Vorzufinden nicht automatisch zu einem Unglück. An einem Ort zu sein meint das Eingebundensein in einen Kontext, zu dem ich mich verhalten kann. An einem Ort zu sein ist also dadurch geprägt, wie ich mich auf diesen meinen augenblicklichen Ort beziehe und welche Qualität ich der Beziehung zu diesem Ort zugestehe. Das heißt, ich werde als Frau, zumal mit einer individuellen Geschichte, immer schon »beschrieben« sein, weil ich von irgendwoher komme, wobei dieses Irgendwoher immer auch gesellschaftlich ist. Dabei handelt es aber nicht um eine fatale Situation, deren Struktur verändert werden muß, sondern um ein grundlegende Bedingung des In-der-Welt-Seins des Menschen als geschaffenes und soziales Wesen. Meine Freiheit wiederum liegt dabei in der Möglichkeit, mich dazu verhalten zu können. Vgl. C 2.4.2.

155 Arendt: Vita activa, S. 173

156 Zu diesen Ausführungen vgl. Kristeva, Julia: Bachtin, das Wort, der Dialog und der Roman, in: Ihwe, Jens (Hrsg.), Literaturwissenschaft und Linguistik. Ergebnisse und Perspektiven, Bd. 3, Zur linguistischen Basis der Literaturwissenschaft II, Frankfurt 1971, S. 345-375

157 Holenstein, Elmar: Roman Jakobsons phänomenologischer Strukturalismus, Frankfurt 1975, S. 156

158 Kehde, Susanne: Voices from Margin: Bag Ladies and Others, in: Bauer, Dale M., McKinstry, Susan Jaret (Hrsg.), Feminism, Bakhtin, and the Dialogic, New York 1991, S. 27

159 Kristeva, Julia: Probleme der Textstrukturation, in: Ihwe (Hrsg.), Literaturwissenschaft und Linguistik, S. 500

160 Kristeva, Bachtin, S. 350

161 Schwab, Gail M.: Irigarays Dialogism: Play and Powerplay, in: Bauer, McKinstry (Hrsg.), Feminism, Bakhtin, S. 59

162 Bossinade, Johanna: Das Beispiel Antigone. Textsemiotische Untersuchungen zur Präsentation der Frauenfigur – Von Sophokles bis Ingeborg Bachmann, Köln, Wien 1990, S. 7

163 Gemäß Arendt ist ein totes Wort Ergebnis von dessen Verdinglichung. Vgl. Arendt: Vita activa, S. 157

164 Ebd.

165 Vgl. Kristeva: Textstrukturation, S. 495. Die Tatsache, daß die Rede Personen ausschaltet, gilt, wenn der Diskurs Körperlichkeit und Tod ignorieren, ausschalten will und sich allein mit anderen Diskursen mißt. Logozentrismus wird hier zum Ergebnis einer Flucht vor Körperlichkeit und Tod, einen Dialog führen heißt, ihn unter Personen in Achtung vor Körper(lichkeit) und Tod zu führen. Vgl. ebd., S. 365

166 Kubes-Hofmann: Das unbewußte Erbe, S. 38 f.; Arendt, Hannah: Rahel Varnhagen. Lebensgeschichte einer Jüdin aus der Romantik, München 1987

167 Vgl. Boff: Wissenschaftstheorie, S. 97. Auch Lindhoff kommt zu einem ähnlichen Ergebnis. Sie stellt fest, daß mit der feministischen Literaturwissenschaft auch ein Wechsel im Verhältnis Wissenschaftlerin-Text-Autorin einhergeht. Die Literaturwissenschaftlerin macht den Text nicht länger zum Objekt, sondern versucht, sowohl ihre eigenen Interessen kenntlich zu machen als auch der Vorgängerin das Wort zu geben. Eine entgegengesetzte Tendenz verfolgen Schuller und Meijer, die eine Befreiung der Sprache und deren Ablösung von der Person anstreben. Vgl. Lindhoff: Einführung in die feministische Literaturtheorie, S. 51 ff.; Meijer: Sich der Gewalt des Textes widersetzen, S. 35-46; Schuller, Marianne: Im Unterschied. Lesen. Korrespondieren. Adressieren, Frankfurt, New York 1990

168 Hier gibt es m.E. einen Widerspruch bei Kristeva. Einerseits sagt sie, es gäbe keine eigene weibliche Produktivität (vgl. Kristeva, Julia: Produktivität der Frau, in: Alternative 108/109 (1976), S. 166-172). Diese Aussage hängt von ihrem Verständnis von Sinnbildungsprozessen ab, bei denen sie einen Bruch zwischen Körper und Wort annimmt (vgl. Gölter, Waltraud:

»Komplizenschaft« und Mut. Julia Kristeva im Gespräch mit Waltraud Gölter, in: Freiburger Frauenstudien 2 (1995), S. 116 ff.), obgleich sie vom Einfluß des Semiotischen aufs Sprechen ausgeht. Muraro dagegen hält einen Bruch zwischen Körper und Wort nicht für unbedingt notwendig. Sie zeigt den Kreislauf zwischen Körper und Wort auf (vgl. Muraro: Die symbolische Ordnung der Mutter, S. 56 f.).

169 Bossinade: Das Beispiel Antigone, S. 19

170 Ecker, Gisela: Zum Wi(e)derlesen. Intertextualität und das Programm einer anderen Geschichtsschreibung, in: dies., Differenzen, S. 77

171 Ebd., S. 90 f.

172 Appelt: Die leibhaftige Literatur, S. 217

173 Liebertz-Grün, Ursula: Höfische Autorinnen. Von der karolingischen Kulturreform bis zum Humanismus, in: Brinker-Gabler (Hrsg.), Deutsche Literatur von Frauen, Erster Band, S. 40-43

174 Vgl. Holquist, Michael: The Politics of Representation, in: Greenblatt, Stephen J. (Hrsg.), Allegory and Representation, Baltimore, London 1981, S. 170

175 Von Arnim, Bettine: Die Günderode, Frankfurt 1983, S. 9 f.

176 Selbstredend schließt das nicht die Möglichkeit aus, daß eine Autorin einen Adressaten benennt, tatsächlich aber an andere Adressaten schreibt.

177 Zu »Autorität« siehe Abschnitt D 3.

178 Einige solcher Momente habe ich schon in B 1.1.3. u. B 2. genannt.

179 Vgl. dazu folgende Standardwerke: Fox-Keller, Evelyn: Liebe, Macht und Erkenntnis. Männliche oder weibliche Wissenschaft, München, Wien 1986; Harding, Sandra: Feministische Wissenschaftstheorie. Zum Verhältnis von Wissenschaft und sozialem Geschlecht, Hamburg 1990; Schaeffer-Hegel, Barbara, Watson-Franke, Barbara (Hrsg.): Männer, Mythos, Wissenschaft. Grundlagentexte zur feministischen Wissenschaftskritik, Pfaffenweiler 1988

180 Susi, Enrichetta: Le felici anomalie, in: IPAZIA, Autorità scientifica, autorità femminile, Rom 1992, S. 7

181 Prince, Diane: The dilemmas of a femminine dialogic, in: Bauer, McKinstry (Hrsg.), Feminism, Bakhtin, S. 19 f. Oft besagt die Rede vom »*Dialog* zwischen den Geschlechtern« nichts anderes, als daß Männer weiterhin die Bedingungen und Ergebnisse dieses Dialogs bestimmen. Exemplarisch wird dies vor allem im kirchlich-katholischen »Dialog zwischen den Frauen und Männer« deutlich.

182 Vgl. Krondorfer, Birge: Weibliche Autonomie: Perseveration oder Perversion? in: Amstutz, Kuoni (Hrsg.), Theorie, Geschlecht, Fiktion, S. 264

183 Vgl. Prince: The dilemmas of a femminine dialogic, S. 15

184 Krondorfer: Weibliche Autonomie, S. 268

185 Ebd., S. 269

186 Schuller, Marianne: Vergabe des Wissens. Notizen zum Verhältnis von »weiblicher Intellektualität« und Macht, in: dies., Im Unterschied, S. 194 ff.

187 Vgl. Treusch-Dieter in: Feministische Wissenschaft zwischen Reproduktion, Dekonstruktion und Repräsentation. Podiumsgespräche mit Cornelia Klinger, Birge Krondorfer, Eva Meyer, Brigitte Weishaupt unter der Leitung

von Marianne Schuller, in: Amstutz, Kuoni (Hrsg.), Theorie, Geschlecht, Fiktion, S. 273

188 Sattler, Traudel: IPAZIA, Sehen können, was ist. Weibliche Autorität in der Wissenschaft, Rezension von IPAZIA, Autorità scientifica, autorità femminile, Roma 1992, in: Unterschiede 12 (1994), S. 27 f.

189 Vgl. Gerburg Treusch-Dieter, in: Feministische Wissenschaft, S. 274

190 Eine ausführliche Analyse des Mütterlichen als Voraussetzung der Universität und die Art und Weise von dessen Inanspruchnahme der Männergenealogie stellt der schon zitierte Aufsatz von Birge Krondorfer dar. Vgl. Krondorfer: Weibliche Autonomie, S. 251-269

191 Koch-Klenske, Eva: Über Freuden und Leiden bei der Aneignung feministischer Theorien, in: Fabianke, Ruth, Kahlert, Heike (Hrsg.), Frauen in der Hochschullehre: Auf der Suche nach neuen Lehr- und Lernformen, Hochschuldidaktische Arbeitspapiere der Universität Hamburg, 24 (1991), S. 96

192 Ebd., S. 110

193 Weigel: Bildraum, a.a.O.

194 Habermas, Jürgen: Der philosophische Diskurs der Moderne. Zwölf Vorlesungen, Frankfurt 1989

195 Einen ähnlichen Analyseversuch des Verhältnisses von Aufklärung, der Neustrukturierung der literarischen Kultur und der Neuformulierung der aufklärerischen Vorstellung vom Geschlechterverhältnis sowie deren Bedeutung für das Schreiben von Frauen nehmen Von Heydebrand/Winko vor, wobei diese mehr soziologische, ich eher symbolische Zusammenhänge in den Vordergrund stelle. Vgl. von Heydebrad, Winko: Arbeit am Kanon, S. 231-241

196 Prokop, Ulrike: Die Einsamkeit der Imagination. Geschlechterkonflikte und literarische Produktion um 1770, in: Brinker-Gabler (Hrsg.), Deutsche Literatur, S. 326-328

197 Allerdings war es Frauen in mittelalterlichen Verhältnissen nicht möglich, eine weibliche Tradierung zu gestalten: auctoritas hatten Männer, und auch nur sie konnten zitiert werden. Vgl. Gössmann, Elisabeth: Die Geschichte und Lehre der Mystikerin Marguerite Porete, in: Gegenentwürfe. 24 Lebensläufe für eine andere Theologie, Festschrift für Hans Küng zum 60. Geburtstag, München 1988, S. 69 f.

198 Daß die »Querelle des Femmes« von der Renaissance bis zum 18. Jahrhundert eine neue Qualität bekommt und Frauen von nun an auf die Position der Verteidigung ihrer Autorität beschränkt sind, zeigt Elisabeth Gössmann. Vgl. Gössmann, Elisabeth: Die Gelehrsamkeit der Frauen im Rahmen der europäischen Querelle des Femmes, in: dies. (Hrsg.), Das wohlgelahrte Frauenzimmer, München 1984, S. 8-20

199 Heuser, Magdalene: Den Musenchor mit neuer Ehre zieren. Schriftstellerinnen zur Zeit der Frühaufklärung, in: Brinker-Gabler (Hrsg.), Deutsche Literatur, S. 306

200 Fues, Wolfram Malte: Frauenbildung, Bildung der Frau. Strategien der Geschlechterdifferenz in der frühen deutschen Aufklärung, in: Klein, Wolf-

gang, Naumann-Beyer, Waltraud (Hrsg.), Nach der Aufklärung? Beiträge zum Diskurs der Kulturwissenschaften, Berlin 1995, S. 54

201 Prokop: Die Einsamkeit der Imagination, S. 349

202 Ebd., S. 341

203 Becker-Cantarino: Der lange Weg zur Mündigkeit, S. 292

204 Vgl. dazu die Analyse von Stephan, Inge: »Da werden Weiber zu Hyänen ...« – Amazonen und Amazonenmythos bei Schiller und bei Kleist, in: Stephan, Weigel (Hrsg.), Feministische Literaturwissenschaft, S. 23-42

205 Die Abwertung der Orientierung von Frauen an anderen Frauen und die Ersetzung dieser Orientierung mittels der klassisch-romantischen Idee des großen Paares durch die am Mann beschreibt Prokop: Die Illusion des Großen Paares, Bd.1, a.a.O.

206 Becker-Cantarino: Der lange Weg zur Mündigkeit, S. 288

207 Prokop: Die Einsamkeit der Imagination, S. 325

208 Vgl. dazu die ausführliche Analyse Prokops: Die Illusion des Großen Paares, S. 200-257

209 Kubes-Hofmann: Das unbewußte Erbe, S. 56

210 Vgl. dazu D 3.3.

211 Prokop: Die Einsamkeit der Imagination, S. 361-364

212 Vgl. Battersby, Christine: Gender and Genius. Towards a Feminist Aesthetics, London 1989, v. a. Kap. 7. u. 10

213 Prokop: Die Einsamkeit der Imagination, S. 361-364

214 Wie in meinen Ausführungen zum Mythos der weiblichen Geschichtslosigkeit deutlich wurde, gehe ich nicht davon aus, daß die Ideologisierung des weiblichen Sprechens und Handelns mit dem identisch ist, was Frauen gesagt und getan haben. Vgl. B 1.1.1.

215 Dazu vgl. D 3. Ein grundlegendes Moment findet sich zudem darin, die Vernunftskonzeptionen von Autorinnen der Aufklärung aufzuarbeiten.

216 Z.B. Ecker: Zum Wi(e)derlesen, S. 79 ff.

217 Vgl. hierzu die beiden sehr erhellenden Aufsätze von Gölter, Waltraud: Zu einigen psychoanalytischen und sozialpsychologischen Aspekten weiblicher Kreativität, in: Krauß, Henning, Wolff, Reinhold (Hrsg.), Psychoanalytische Literaturwissenschaft und Literatursoziologie, Frankfurt, Bern 1980, S. 225-245; dies.: Zukunftssüchtige Erinnerung. Aspekte weiblichen Schreibens, in: Cremerius, Johannes, Mauser, Wolfram (Hrsg.), Freiburger Literaturpsychologische Gespräche 3, Frankfurt 1992, S. 21-45

218 Weigel: Die Stimme der Medusa, S. 209

219 Weigel: Weibliche Dialektik, S. 26 ff.

220 Zum Symbolischen als Schnittstelle von Unbewußtem, Vernunft und Geschichte vgl. C 2.3.5.

221 Ebd., S. 18 f. u. S. 39

222 Vgl. das Kapitel »Der fleischliche Kreis« in Muraro: Die symbolische Ordnung der Mutter, S. 86-102. Muraro konzipiert dieses Denkbild im Hinblick auf die Möglichkeit des Sagens als Transformation von Körper, Erfahrung, Geist, Sprache und dem Unsagbarem. Vgl. die Abschnitte C 1.6. u. C 2.4.2.

223 In diesem Zusammenhang halte ich es für sinnvoll, klassische dichotome Reihungen nicht länger als Paare, sondern als Beziehungsgeflecht eines solchen Kreislaufes zu betrachten. Vgl. Filli, Heidi Bernhard, Günter, Andrea u.a.: Weiberwirtschaft. Ausgeblendete Grundlagen der Ökonomie, in: dies., Weiberwirtschaft. Frauen, Ökonomie, Ethik, Luzern 1994, S. 15 ff.

224 Zu Muraros Verständnis des Symbolischen vgl. Muraro: Maglia e uncinetto; dies.: Die denkende Differenz der Geschlechter.

225 Weigel schließt sich damit den Versuchen der Vertreter der Kritischen Theorie an, die davon ausgehen, daß »erst durch das Eingedenken dessen, was Philosophie und Vernunft ausgrenzen, ihre Genesis, sich Vernunft aus ihren historischen Fesseln befreien und auf ein höheres historisches Niveau entwickeln können würde.« Vgl. Demirovic, Alex: Wahrheitspolitik. Zum Problem der Geschichte der Philosophie, in: Weigel (Hrsg.), Flaschenpost, S. 111

226 Weigel: Bildraum, S. 19. Das heißt, wenn Frauen/Männer schreiben bzw. Texte von Autorinnen/Autoren interpretieren wollen, dann sind sie mit Komponenten der Dialektik konfrontiert, wie sie sich inmitten der Konstruktion von Geschlechterbildern und deren Verbindungen mit Vorstellungen von schreibender/interpretierender/urteilender Vernunft ausgebildet haben.

227 Kant, Immanuel: Beantwortung der Frage: Was ist Aufklärung? in: Bahr, Erhard (Hrsg.), Was ist Aufklärung? Thesen und Definitionen, Stuttgart 1974, S. 9-11

228 So ist es kein Wunder, daß infolge der Aufklärung »Bildung« und »Pädagogik« erfunden und diese bis heute zu maßgeblichen Institutionen und Theorien der Aufklärung und der aufklärenden Verfahren wurden.

229 Im Unterschied zum Traktat oder Gebet.

230 In der psychoanalytischen Literaturinterpretation wurde die Bedeutung des szenischen Interpretierens aufgegriffen, so z.B. von Pietzker, Carl: Lesend interpretieren. Zur psychoanalytischen Deutung literarischer Texte, Würzburg 1992; von feministischer Seite beispielsweise von Kraus, Karin, Kraus, Helga: Schwestern über Schwestern. Die Kunst der Balance, Frankfurt 1991

231 Prokop: »Emilia Galotti«, S. 283

232 Von La Roche, Sophie: Das Fräulein von Sternheim, Stuttgart 1983

233 Speier 1783-1784

234 Vgl. Weigel: Topographien, S. 39

235 Oder von männlicher Seite vielleicht sogar auch gerne verschwiegen wird? Inwiefern Frauen die strukturell gegebene Orientierung an anderen Frauen lieber übersehen, hängt wohl davon ab, ob sie dieses Beziehungsgefüge als Einschränkung und Schwächung erleben.

236 Prokop: Die Illusion vom Großen Paar, S. 8 f.

237 Zur Bedeutung des Bildraums als einer räumlichen Darstellungsweise neben Metynomie, Metapher, Allegorie und Symbol vgl. C 2.3.2.

238 Vgl. Weigel: Weibliche Dialektik, S. 19 ff.

239 Zur Unhintergehbarkeit von Oppositionsbildung, dualen Denkstrukturen

und Anordnungen beim menschlichen Sprechen nimmt Cornelia Klinger Stellung: Gespräch: Ein Gespräch mit Cornelia Klinger, in: Die Philosophin 5 (1991) 2, S. 68-77

240 Vgl. Weigel: Weibliche Dialektik, S. 23

241 Zum Verhältnis der Komplexität von Sachverhalten, ihrer Erkennbarkeit, Autorität und Politik vgl. Günter, Andrea: Öffentliche Gelder und weibliche Autorität. Gedanken zur Urteilsfindung der Beziehung zum Geld, in: Filli, Günter u.a., Weiberwirtschaft, S. 80-86

242 Vgl. Weigel: Weibliche Dialektik, S. 32

243 Ebd., S. 33

244 Insofern verhilft ein Denken in Konstellationen auch dazu, aus dualistischen Denkfiguren herauszutreten.

245 »Fleischlich« ist ein solcher Kreislauf auch deshalb, weil er durch menschliche Handlung und mit dieser durch die Libido bzw. das Begehren entsteht, die ihre Quelle im Fleisch hat.

246 Eva Meyer nennt eine solche Nullstelle »zerologisch«. Vgl. Meyer, Eva: Zählen und Erzählen, S. 64 ff.

247 Zu einem ähnlichen Ergebnis kommt auch Waniek: Cixous, S. 111

248 Nägele: Trauerspiel und Puppenspiel, S. 9.

249 Ecker, Gisela: Poststrukturalismus und Feministische Wissenschaft. Eine heimliche oder eine unheimliche Allianz, in: dies., Differenzen, S. 70

250 Weigel formuliert diesen Gedanken als grundlegende Fragestellung für ihr Buch »Topographien der Geschlechter«. Vgl. Weigel: Topographien, S. 11 f.

251 Brügmann: Amazonen, S. 272

252 Vgl. Abschnitt D

253 Diese Momente benennt Weigel in: Weibliche Dialektik, a.a.O.

254 Vgl. dazu Fuchs, Dörte, Günter, Andrea: Lachend in die OhnMacht. Eduard Mörikes »Historie von der schönen Lau«: Archäologie eines Textes, in: Roebling, Irmgard (Hrsg.), Sehnsucht und Sirene. Vierzehn Abhandlungen zu Wasserphantasien, Pfaffenweiler/Freiburg 1992, S. 132

255 Vgl. dazu Fuchs, Günter: Historie, S. 131

C. *Begriffs- und Bildebenen von »Frau«, »weiblich« und »Schrift«. Eine Passage*

1. *Begriffsebenen von »Frau« und »weiblich«*

1 Vgl. Schuller, Marianne: Literarische Szenerien und ihre Schatten. Orte des »Weiblichen« in literarischen Produktionen, in: dies., Im Unterschied, S. 48

2 Ich fasse »Darstellung« hier weiter als Freud in der Traumdeutung und der ihm darin folgende Lacan. Die Darstellung impliziert m.E. nicht nur die Verfahren und Darstellungsmittel, wie sie unabhängig von der Spreche-

rin/dem Sprecher betrachtet werden können, sondern auch die Person der Sprecherin/des Sprechers, z.B. ihre Individualität und ihren Stil. Vgl. C 2.3. u. D 3.

3 Die genauere Charakterisierung des 2. Abschnittes folgt bei 2.

4 Vgl. Sykora, Katharina: Pandora oder L'Eve future. Ästhetisches Denken und der Kunstcharakter des Weiblichen, in: Die Philosophin 5 (1992), S. 11 f. u. Anmerkung 18

5 Diese Aufzählung zeigt, daß die inhaltliche Re-Konstruktion einzelner Begriffe und Begriffspaare nur eine Seite der wissenschaftlichen Arbeit ist. Die andere Seite muß auf einer strukturellen Analyse von Dichotomien und deren Funktion beruhen. Wie die Aufzählung zudem zeigt, scheint diese Seite die maßgeblichere zu sein, denn das Grundproblem der Dichotomiebildung wird von Thematik zu Thematik lediglich verschoben und reproduziert. Ein tatsächlicher Erkenntnisgewinn liegt einer bloßen Verschiebung solange nicht zugrunde, bis das, was das gemeinsame Grundproblem konstituiert, strukturell erfaßt und verändert wurde. Vgl. A 3.

6 Geyer-Ryan betont im Sinne der dekonstruktivistischen Vorstellung von Erkenntnis als Unterscheidung (im Unterschied zur Definition und deren Aura von Sagbarkeit/Definierbarkeit und Eindeutigkeit), daß das Wirkliche zwar für den Menschen sprachlich strukturiert ist, daß dieser aber zwischen Realem – realen Frauen – und Imaginärem – imaginären Frauen – *unterscheiden* kann. Vgl. Geyer-Ryan, Helga: Schrift, Bild und Wirklichkeit: Der weibliche Körper als Garantie des Sinns, in: Brügmann, Kublitz-Kramer (Hrsg.), Textengagement, S. 145 f.

7 Vgl. Bronfen, Elisabeth: Nur über ihre Leiche. Tod, Weiblichkeit und Ästhetik, München 1994, S. 81. Bronfen folgt hierin Lacan, für den die Ordnung des Realen das ist, »was ist – minus dessen Repräsentanz, Beschreibung und Interpretation«, das, was jenseits von semiotischen, imaginären oder symbolischen Kategorien ist.

8 In diese Richtung interpretiert DIOTIMA die Bedeutung des Frauseins. Vgl. Fischer, Cristina u.a.: Die Differenz der Geschlechter. Eine zu entdeckende und zu produzierende Differenz, in: DIOTIMA, Der Mensch ist zwei. Das Denken der Geschlechterdifferenz, Wien 1989, S. 31-64; Cavarero, Adriana: Ansätze zu einer Theorie der Geschlechterdifferenz, ebd., S. 65-102

9 In diese Richtung tendieren Ansätze der Soziologie und der Diskurstheorie, die Geschlecht als alleiniges Ergebnis der Sozialisation betrachten, ebenso wie Vertreter des sog. Radikalen Konstruktivismus. Vgl. Butler, Judith: Das Unbehagen der Geschlechter, Frankfurt 1991 und deren deutsche Rezeption

10 Das macht die Überzeugungsversuche von anderen und die Suche nach guten Gründen nicht überflüssig. Vgl. zum Thema »Urteil und Kommunikationsgemeinschaft«: Günter, Öffentliche Gelder und weibliche Autorität, a.a.O.

11 »Die Differenz der Geschlechter. Eine zu entdeckende und zu produzierende Differenz«, so lautet der Titel des Gemeinschaftsaufsatzes von DIOTI-

MA in »Der Mensch ist zwei«, a.a.O., S. 47 (meine Hervorhebungen). Vgl. auch Günter, Andrea: Von den Möglichkeiten, Frau zu sagen, in: dies., Weibliche Autorität, Freiheit und Geschlechterdifferenz, S. 33-56

12 Erfahrungen sind dabei zwar nicht letztbegründende Erkenntnis- und Urteilsinstanz, allerdings bergen sie Möglichkeiten zur Korrektur und Veränderung von Symbolischem und Gesellschaftlichem.

13 Vgl. Liebsch, Katharina: Vom Weibe zur Weiblichkeit? Psychoanalytische Konstruktionen in der feministischen Theorie, Bielefeld 1994, S. 25

14 Dieser Zusammenhang muß nicht absolut gesetzt werden. Es reicht, daß er besteht, um irgendwie einzufließen.

15 Hassauer-Roos: Das Weib, S. 443

16 Vgl. dazu auch Muraro: Die denkende Differenz der Geschlechter, S. 78

17 Vgl. C 2.4.2. u. D 3.1.

18 Zum Aspekt »Frau« bzw. »Geschlecht« als Kategorie der feministischen Wissenschaft vgl. Trettin, Käthe: Zwei Fragen zur feministischen Erkenntnistheorie, in: Feministische Studien 1 (1995) 13, S. 95-106; dies.: Braucht die feministische Wissenschaft einen »Kategorie«?, in: Wobbe, Theresa, Lindemann, Gesa (Hrsg.): Denkachsen. Zur theoretischen und institutionellen Rede von Geschlecht, Frankfurt 1994, S. 208-234, hier: S. 226 f.

19 Weigel: Die Verdoppelung, S. 240

20 Daß die menschliche Geschlechtlichkeit dem allgemeinen Menschen geopfert wurde, ist feministisches Allgemeingut. Aber es ist genauso gut Allgemeingut, daß diese ständig ins Allgemeine einfließt. Dieses Phänomen hat Irigaray in ihrem klassischen Werk »Spekulum« vielfach und vielschichtig eingekreist und auf den Punkt gebracht. Vgl. Irigaray: Spekulum, a.a.O.

21 Zur symbolischen Dimension dieses Verhältnisses vgl. auch Günter, Von den Möglichkeiten, Frau zu sagen.

22 Dieses Verhältnis ist nicht umzukehren: ich kann aus einem Text diese Konstanten nicht eindeutig ein für allemal bestimmen, ich kann lediglich die Konstanten und Zusammenhänge einer bestimmten und konkreten Konstellation herauszufinden versuchen, die jeweils spezifisch zu deuten sind.

23 Form und Inhalt in diesem Sinne wieder neu zusammenzubinden, ist nicht nur erklärtes Anliegen von Luisa Muraro, auch Eva Meyer macht sich dies zum Ziel. Vgl. a. C 1.3.

24 Einen solchen Dualismus konstruiert u.a. Felman: »Wird ›Als-Frau-Sprechen‹ von biologischen Voraussetzungen *oder* von einer strategischen, theoretischen Position determiniert, von der Anatomie *oder* von der Kultur?« (vgl. Felman, in Culler: Dekonstruktion, S. 52 f. (meine Hervorhebung)). Das Problem liegt m.E. in dieser »Oder«-Struktur, die vorgibt, ein Ursprung müsse eindeutig bestimmbar sein. Ähnlich auch Lummerding, die Position und Substanz/Qualität einander als ausschließend gegenüberstellt. Vgl. Lummerding: »Weibliche« Ästhetik?, S. 13

25 Meyer, Eva: Das Weibliche des Weiblichen, in: Hombach, Dieter (Hrsg.), Zeta 02/ Mit Lacan, Berlin 1982, S. 59

26 Ebd. (meine Hervorhebung)

27 Ebd., S. 60 f.

28 Hannah Arendt versteht das Geborensein des Menschen als Möglichkeit zum Neuanfang, der sich in einer jeden Handlung konkretisiert, in welcher sich wiederum das, was eine Person jeweilig ist, offenbart. Vgl. Arendt: Vita Activa, S. 165 ff. u. D 3.1. Zur Metaphysik-Kritik und deren Relativierung in diesem Sinne vgl. Meyer, Eva: Das Furchtbare des Fruchtbaren. Wiederholung und Position des Weiblichen, in: Kamper, Dietmar, Wulf, Christian (Hrsg.), Der andere Körper, Berlin 1984, S. 248

29 Vgl. Bronfen, Elisabeth: Weiblichkeit und Repräsentation – aus der Perspektive von Ästhetik, Semiotik und Psychoanalyse, in: Bußmann, Hof (Hrsg.), Genus, S. 409 ff.

30 In der feministischen Diskussion werden genaue Begriffsunterscheidungen diesbezüglich nur teilweise vorgenommen, so bei Weigel und Stephan. Im allgemeinen ist der Gebrauch eher beliebig. Ich halte solche Unterscheidungen jedoch für durchaus sinnvoll, weil verschiedene Aspekte thematisiert und akzentuiert werden können. Als umfassender Begriff wird in der Regel »Weiblichkeitsbild« gebraucht.

31 Stephan, Inge: »Bilder und immer wieder Bilder ...«. Überlegungen zur Untersuchung von Frauenbildern in männlicher Literatur, in: Stephan, Weigel, Die verborgene Frau, S. 26 f.

32 Zunächst fassen Stephan und Weigel Weiblichkeitsbilder unter »Frauenbild« zusammen, was ich für unpräzise halte. Später differenziert Stephan dann zwischen beiden Begriffen. Vgl. Stephan, Inge, Weigel, Sigrid: Feministische Literaturwissenschaft. Auf der Suche nach der »verborgenen Frau«, in: dies., Die verborgene Frau, S. 7

33 Vgl. Weigel: Der schielende Blick, S. 95

34 Menke: Verstellt – der Ort der Frau, S. 446

35 Weigel: Die Verdoppelung, S. 247

36 Moi: Sexus, Text, Herrschaft, S. 59. Die beiden letzten Aspekte gelten auch für Weiblichkeitsentwürfe von Frauenseite.

37 Ebd. Stephan gebraucht Weiblichkeitsbilder synonym mit Weiblichkeitsmustern. Ich möchte die beiden Begriffe jedoch unterscheiden, um weitere Aspekte zu differenzieren.

38 Bachmann, Ingeborg: Drei Wege zum See, in: dies., Simultan, München 1974, S. 94-165

39 Von der Lühe, Irmela u.a. (Hrsg.): Entwürfe von Frauen von Frauen in der Literatur des 20. Jahrhunderts, Berlin 1982, S. 4

40 Ebd., S. 5

41 Weigel: Der schielende Blick, S. 85

42 Ausführlich in C 2.

43 Weigel, Sigrid: Zur Weiblichkeit imaginärer Städte, in: Freiburger Frauenstudien, 2 (1996), S. 2

44 Ebd., S. 6

45 Stephan: »Bilder und immer wieder Bilder ...«, S. 18

46 Dies führt Irmgard Roebling am Beispiel des Motivs der Wasserfrau aus. Vgl. Roebling, Irmgard: Vorwort, in: dies. (Hrsg.) Sehnsucht und Sirene. Vierzehn Abhandlungen zu Wasserphantasien, Pfaffenweiler 1992, S. 1

47 Menke: Die Ver-Stellung, S. 83. Wenn Menke in ihren Aufsätzen die These aufstellt, daß der Ort der Frau verstellt ist, dann handelt es sich, konsequent weitergedacht, um die Reproduktion des männlichen Urteils im männlichen Diskurs. Insofern ist dieses Ergebnis nur für den männlichen Diskurs gültig und gibt allein dessen Sichtweise zurück. Im Hinblick auf Frauen, Autorinnen und das Weibliche in der Schrift ist der Ort der Frau zwar widersprüchlich und kompliziert strukturiert, aber er ist vorhanden und interpretierbar. Auch hier wäre eine Neuformulierung dessen notwendig, was es heißt, den Ort »der«/einer Frau zu denken. Aufschlußreich für diesen Kurzschluß Menkes ist, welches Material sie bearbeitet und zitiert, nämlich vor allem die Untersuchung der Weiblichkeitsmuster in einem Balzac-Text von Felman und Cullers dekonstruktivistische Ausführungen, wobei sie von jenem die Aspekte des Als-Frau-Lesen ausspart (a.a.O.). Mit Texten von Autorinnen und der Problematik, diese zu interpretieren, setzt sie sich nicht auseinander.

48 Stephan arbeitet in »Bilder und immer wieder Bilder ...« die Unterschiede der ideologiekritischen, der psychologisch orientierten, der sozialgeschichtlichen und der mythischen Forschungsrichtung heraus und präzisiert weitere Forschungsfragen.

49 Weigel, Sigrid: Frau und »Weiblichkeit«. Theoretische Überlegungen zur feministischen Literaturkritik, in: Stephan, Weigel (Hrsg.), Feministische Literaturwissenschaft, S. 104

50 Weigel, Sigrid: Frauen und Juden in Konstellationen der Modernisierung – Vorstellungen und Verkörperungen der »internen Anderen«, in: Stephan, Schilling, Weigel (Hrsg.), Jüdische Kultur und Weiblichkeit in der Moderne, Köln, Weimar, Wien 1994, S. 338.

51 Meyer, Eva: Zählen und Erzählen. Für eine Semiotik des Weiblichen, Berlin 1983, S. 43 (meine Hervorhebung). Eine andere Seite der Wirkweise dieser Mythen liegt in der sinnstiftenden Position selbst begründet, die Frauen bzw. die an Frauen geknüpfte Zeichenhaftigkeit re-präsentieren.

52 Ebd., S. 7. Dieses Versprechen ist für Frauen dann insbesondere falsch, wenn ihre gegenwärtige Einschreibung in Gesellschaft, Kultur und Politik einfach bestätigt wird. Vgl. Weigel, Sigrid: Mit Siebenmeilenstiefeln zur weiblichen AllMacht oder die kleinen Schritte aus der männlichen Ordnung. Eine Kritik literarischer Utopien von Frauen, in: Feministische Studien (1985) 1, S. 138-152

53 Weigel: Rekonstruktion und Re-Lektüre, S. 261

54 Weigel: Das Schreiben des Mangels, S. 33

55 Ebd., S. 34

56 Vgl. Bronfen: Nur über ihre Leiche, S. 569

57 Weigel: Rekonstruktion und Relektüre, S. 261

58 Bovenschen: Gibt es eine weibliche Ästhetik, S. 69

59 Todd, Janet: Jane Austen, Politics and Sensibility, in: Sellers, Susan (Hrsg.), Feminist Criticism: Theory and Practice, New York, London, Toronto 1991, S. 71

60 Vgl. Roebling, Irmgard: Lilith – oder der Umsturz der Bilder. Feministische Literaturwissenschaft: kontrakursiv, in: Arbeitsgemeinschaft interdisziplinäre Frauenforschung und -studien (Hrsg.), Feministische Erneuerung von Wissenschaft und Kunst, Pfaffenweiler 1990, S. 195

61 Roebling, Irmgard: Lilith oder die Umwertung aller Werte. Eine Untersuchung zum literarischen Frauen-Bilder-Sturz um die Jahrhundertwende am Beispiel von Isolde Kurz' Versepos »Die Kinder der Lilith«, in: dies. (Hrsg.), Lulu, Lilith, Mona Lisa ..., Frauenbilder der Jahrhundertwende, Pfaffenweiler 1989, S. 175

62 Schenk, Herrad: Die Rache der alten Mamsell. Eugenie Marlitts Lebensroman, Köln 1996, S. 181. Schenk inszeniert in ihrer Auseinandersetzung mit der Bedeutung und den Erfolgen von Marlitts Romanen ironischerweise eine »Gesellschaft für Transzendenz und Trivialität«, die eine Expertenrunde bestehend aus einem Vertreter dieser Gesellschaft, einem Literaturwissenschaftler, Psychoanalytiker und einem Vertreter der »Gartenlaube«, mit dem Auftrag versammelt hat, den Erfolg der Marlitt zu verstehen, was zu vielen komischen Effekten führt, insbesondere auch, was die Zuschreibung »trivial« betrifft.

63 Libreria: Wie weibliche Freiheit entsteht, S. 34

64 Vgl. D 1.

65 Dornhof, Dorothea: Weiblichkeit als Paradigma moderner Ästhetik? Überlegungen zu einer Begriffs- und Bedeutungsgeschichte von Weiblichkeit, in: Brügmann, Kublitz-Kramer (Hrsg.), Textdifferenzen, S. 176

66 Karpenstein-Eßbach, Christa: Zum Unterschied von Diskursanalyse und Dekonstruktion, in: Weigel (Hrsg.), Flaschenpost, S. 132

67 Fraisse, Geneviève: Die Freunde unserer Freunde, in: dies., Geschlecht und Moderne. Archäologie der Gleichberechtigung, Frankfurt 1995, S. 170

68 Meyer: Zählen und Erzählen, S. 70

69 Ebd. Meyer nennt an dieser Stelle nur die sprachliche Form als Grund, ich möchte hier die Funktion der Rede einschreiben.

70 Zu meinen Freiheitsverständnis vgl. D 1.

71 Die nach wie vor wohl wichtigsten und paradigmatischen Arbeiten dazu haben Simone de Beauvoir mit »Das andere Geschlecht. Sitte und Sexus der Frau« (Hamburg 1951) und Luce Irigaray mit »Spekulum. Spiegel des anderen Geschlechts« (Frankfurt 1980) geleistet.

72 Vgl. Weigel, Sigrid: »Blut im Schuh« – Körper-Gedächtnis und Körper-Sprache in Christa Wolfs Prosa, in: dies., Bilder des kulturellen Gedächtnisses. Beiträge zur Gegenwartsliteratur, Dülmen-Hiddingsel 1994, S. 63.

73 Weigel: Frauen und Juden in Konstellationen der Modernisierung, S. 334 f.

74 Menke: Verstellt – der Ort der Frau und die Stimme des Textes, S. 204

75 Bronfen: Weiblichkeit und Repräsentation, S. 428

76 Zum Verhältnis von Zeichen, Frau und Weiblich vgl. C 2.

77 Cixous, Helene: Wer singt? Wer veranlaßt zu singen?, in: dies., Weiblichkeit in der Schrift, S. 75 ff.

78 Ebd.

79 Vgl. Schmidt: E.T.A. Hoffmanns Erzählung *Der Sandmann*.

80 Zum Verhältnis von Allegorie und Frau vgl. C 2.3.3.

81 Menke: Verstellt, S. 189 f.

82 Felman: Weiblichkeit wiederlesen, S. 46. Culler folgert daraus, daß dies einen neuen Begriff von Frau impliziert. Vgl. Culler: Dekonstruktion, S. 193

83 Bronfen: Weiblichkeit, S. 409

84 Günter: Mutter-Denken, S. 154 f.

85 Fraisse, Geneviève: »Mein Interesse ist, Sinn zu produzieren.« Ein Gespräch, in: Die Philosophin 12 (1995), S. 100 f.

86 Menke: Die Ver-Stellung, S. 84

87 Fraisse: Geschlecht und Moderne, S. 128. Insofern erhält die utopische Bedeutung des Weiblichen, die nicht nur viele Männer, sondern auch viele Frauen behaupten, einen neuen Sinn, und solche Mythen erweisen sich als regelrecht notwendig. Der Vorbehalt von feministischer Seite, nämlich daß Frauen weder die Putzfrauen des Patriarchats seien (Türmer-Rohr) noch die besseren Menschen, macht allerdings zumindest die Unterscheidung zwischen »weiblich« und »Frau« erforderlich, wenn nicht sogar die Erfindung eines anderen, diese Utopie figurierenden Symbols. »Das Ende der Utopie ist die Falle, allein der Mythos, die Erschaffung kann eine neue Figur der Geschlechterdifferenz hervorbringen.« (Fraisse, ebd.)

88 Vgl. Günter: Von den Möglichkeiten, Frau zu sagen, S. 47 ff. u. C 1.5.2.

89 Stephan, Inge, Weigel, Sigrid: Vorwort. Feministische Literaturwissenschaft, in: Die verborgene Frau, S. 7

90 Bronfen: Nur über ihre Leiche, S. 403 u. 577. Vgl. auch Günter: Frauen lesen Frauen, S. 11 f.

91 Cixous: Wer singt, S. 76

92 Vgl. die Charakterisierung bei Postl, Gertrude: Weibliche Sprechen. Feministische Entwürfe zu Sprache und Geschlecht, Wien 1991, S. 142

93 Irigaray: Fragen, S. 140 ff.

94 Meyer: Zählen und Erzählen, S. 30

95 Kristeva: Produktivität der Frau, S. 170 f.

96 Maskerade und Parade sind Lacansche Begriffe, die die Freudsche Dichotomie weiblich-männlich : passiv-aktiv ersetzen sollen. »Maskerade« ist jedoch, obgleich es dem Weiblichen zugeordnet wird, Aktivität, und spielt ebenso wie »Parade« auf die Unmöglichkeit an, die Geschlechter vollständig zu repräsentieren. Vgl. Seifert, Edith: »Was will das Weib?«. Zu Begehren und Lust bei Freud und Lacan, Weinheim 1987, S. 75

97 Vgl. Fink, Julika: Die schillernde Schönheit der Maskerade. Einleitende Bemerkungen zu einer Debatte, in: Bettinger, Elfi, Fink, Julika (Hrsg.), Maskeraden. Geschlechterdifferenz in der literarischen Inszenierung, Berlin 1995, S. 15-30. Weigel weist darauf hin, daß die Maskerade bei Irigaray eine Möglichkeit für Frauen ist, in der androzentrischen Ökonomie, die nicht dem Begehren von Frauen entspricht, überhaupt zu sprechen. Vgl. Weigel: Die Stimme der Medusa, S. 209

98 Irigaray: Fragen, S. 153. Vgl. auch die Notwendigkeit der Vermittlung in C 1.5.2.

99 De la Motte, Brunhild: Feminismus im Spannungsfeld von Humanismus und Poststrukturalismus, in: Weimann, Robert, Gumbrecht, Hans Ulrich, Wagner, Benno (Hrsg.) Postmoderne – globale Differenz, Frankfurt 1991, S. 125 f.

100 Culler: Dekonstruktion, S. 56

101 Hier wäre zusätzlich anzuschauen, was ein *eigenes* Sprechen meint: Eines, das den Frauen aufgrund einer Herkunft, oder eines, das ihnen aufgrund einer Verschiedenheit vom Männlichen zukommt und sich deshalb von diesem unterscheiden muß?

102 Culler kommt zu diesem Ergebnis in: Dekonstruktion, S. 53. Auch die Literaturwissenschaftlerin Johanna Bossinade sagt, *sie hält* am Grundbegriff der unreduzierbaren Zweiheit der Geschlechter fest. Sie begründet ihre Entscheidung nicht theoretisch, sondern mittels eines politisch motivierten Urteils: »Die Vielheit [der Geschlechtlichkeit] abstrakt zu *behaupten, erscheint mir* besonders im Bereich der Kategorie Geschlecht als eine Art *Konfliktvermeidung*« (vgl. Bossinade, Johanna: Einige Implikationen des sprachtheoretischen Differenzkonzepts von Jacques Derrida für die feministisch orientierte Literaturkritik, in: Brügmann, Kublitz-Kramer (Hrsg.), Textdifferenzen, S. 87, Fußnote 5. Meine Hervorhebung). Ich denke, daß Begründungsversuche immer scheitern müssen, daß unsere Argumentationen immer von den Entscheidungen abhängen, wie wir uns als Frauen thematisieren (wollen).

103 Vgl. Zizek, Slavoj: Grimassen des Realen. Jacques Lacan oder die Monstrosität des Aktes, Köln 1993, S. 92 f.

104 Vgl. Butler: Das Unbehagen der Geschlechter, S. 48 f.

105 Den vielzitierten Beauvoirschen Satz: »Man ist nicht zur Frau geboren, man wird zur Frau gemacht« möchte ich deshalb abändern in: »Frau wird als Frau geboren und sie wird zugleich ihr ganzes Leben lang Frau werden.«

106 Dieselbe Aussage gilt auch für das Mannsein: Mannsein bewegt einem männlichen Menschen, seinem Körper und seinem Leben, Sprechen und Lesen.

107 Culler: Dekonstruktion, S. 53

108 Lersch, Barbara: Der Ort der Leerstelle. Weiblichkeit als Poetik der Negativität und der Differenz, in: Brinker-Gabler (Hrsg.), Deutsche Literatur von Frauen, Bd. II, S. 497

109 Boella, Laura: Pensare liberamente, pensare il mondo, in: DIOTIMA, Mettere il mondo al mondo, S. 174 ff.

110 Meyer, Eva: Tischgesellschaft, Basel, Frankfurt 1994, S. 63. Über das Verhältnis von Raum, Körper und Identitätserlebnis heißt es bei Meyer: Im Raum beginnt »sich der menschliche Körper einzuschreiben [...], und übrigens so sehr, daß es Folgen für sein Identitätsbewußtsein haben wird. Denn wenn jedes persönliche Identitätserlebnis durch den Körper vermittelt ist, so kann man sagen, ... daß der Körper der physische Bereich ist, in dem die Privatheit der Innerlichkeit mit der öffentlichen Seite der menschlichen Existenz in Berührung kommt. Das heißt: innere Identität mit sich selbst

und zugleich auch äußere (physische) Identität gegenüber dem Anderen.« Auf diesen letzten Aspekt werde ich später noch einmal zurückkommen.

111 Culler: Dekonstruktion, S. 68

112 Die Geburt wird bei Irigaray zum Anlaß und Symbol, die darauf hinweist, daß eine Person beim Prozeß von Subjektivität und Identitätsfindung nicht vollkommen wandelbar und vielgestaltig ist, sondern in eine Morphologie eintritt, die über ihre Beziehung zur Mutter als geschlechtlicher konstituiert ist. Vgl. Irigaray, Luce: Zur Geschlechterdifferenz. Interviews und Vorträge, Wien 1987, S. 147; Lindhoff: Einführung in die feministische Literaturtheorie, S. 138

113 Weigel: Die Stimme der Medusa, S. 213

114 Kamuf, Peggy: Writing like a Women, in: McConnell-Ginet, S. (Hrsg.), Women and Language in Literature and Society, New York 1980, S. 298

115 Vgl. a. Shoshana Felman, zit. n. Culler: Dekonstruktion, S. 52 f.

116 Auch die Geschlechterdifferenz ist in diesem Sinne als »Ding an sich« gegeben und muß zugleich immer wieder erzeugt: gesprochen und gedeutet werden. Als solche existiert sie und existiert zugleich nur im Sprechen und in der Deutung. Weder das Weibliche noch die Geschlechterdifferenz sind daher etwas Substantielles oder Innerliches, sondern sie beruhen (von der Frauenseite her gedacht) auf einer Selbstdeutung und stellen sich in dieser her: im Sprechen, im Schreiben, im Lesen. Vgl. Appelt: Die leibhaftige Literatur, S. 224. Zum »Ding an sich« vgl. Cavarero: Ansätze zu einer Theorie der Geschlechterdifferenz, S. 65-102; Rödig, Andrea: Ding an sich und Erscheinung. Einige Bemerkungen zur theoretischen Dekonstruktion von Geschlecht, in: Feministische Studien 12 (1994) 2, S. 91-99; Günter: Von den Möglichkeiten, Frau zu sagen, S. 33-56

117 Appelt: Die leibhaftige Literatur, S. 235

118 Dies ist eine allgemeine Aussage. Allgemeine Aussagen unterscheiden sich von universalistischen, insofern sie als Deutungsmuster verstanden, zur prozeßhaft-kontextuellen Interpretation herangezogen werden und die Beziehung zwischen dem Konkreten und dem Allgemeinen als dynamisch verstanden wird. Insofern handelt es sich hier nicht um einen Widerspruch, wenn ich einerseits universalistische Tendenzen kritisiere und zugleich allgemeine Aussagen mache. Zu dieser Unterscheidung führen die Ausführungen von Benhabib: Der verallgemeinerte und der konkrete Andere.

119 Waniek: Cixous, S. 116

120 Arendt weist auf einen weiteren Aspekt der produktiven Seite der Mimesis hin: Identität ist für Arendt weder greifbar noch definierbar, allerdings sieht sie in der Mimesis eine Möglichkeit, Identität durch Nachahmung vorzuführen. Vgl. Arendt: Vita activa, S. 179

121 Gebauer, Gunter, Wulf, Christoph: Mimesis. Kultur, Kunst, Gesellschaft, Reinbek/Hamburg 1992, S. 9

122 Ebd., S. 18

123 Ebd., S. 13 u. 17

124 Löchel stellt Verbindungen zwischen der Irigarayschen Mimesis-Theorie und Adornos Negativer Dialektik her und kritisiert mit Adorno, daß Mi-

mesis in der Aufklärung durch die Ratio ersetzt wurde, um das Herrschaftsverhältnis über das Unmittelbare und die Natur zu sichern. Diese Kritik muß jedoch relativiert werden (vgl. B 5.). Außerdem bearbeitet Löchel ausführlich, was weibliche Mimesis bei Irigaray in bezug auf das Männliche, auf das Biologisch-Anatomische, auf die Vernunft und auf die Sprache bedeutet und stellt den nachzuahmenden, dabei aber spielenden und ironisierenden Charakter dieses Verfahrens heraus. Vgl. Löchel: Verschiedenes, Kapitel 5.2.

125 Melberg, Arne: Theories of Mimesis, New York, Melbourne 1995, S. 2 u. 44. Insofern durchbricht Mimesis die Identitätslogik, im Adornoschen Sinne ließe sich von der Gleichzeitigkeit von Identität und Nicht-Identität sprechen. Vgl. Löchel: Verschiedenes, S. 222

126 Ebd., S. 223

127 Gebauer, Wulf: Mimesis, S. 131

128 Irigaray: Fragen, S. 137

129 Gebauer, Wulf: Mimesis, S. 11. Gebauer/Wulf erwähnen das Körperliche in diesem Zusammenhang nicht. Ich bevorzuge »Mimesis« gegenüber dem aufklärerischen Lessingschen Mitleiden, weil dieses zwar das Imaginäre benennt, mir die körperliche Dimension der Mimesis aber umfassender und deshalb angemessener zu sein scheint.

130 Gebauer, Wulf: Mimesis, S. 11. Mimesis ist also eine Möglichkeit, Person und zugleich Allgemeines zu sein.

131 Lenk, Elisabeth: Die unbewußte Gesellschaft. Über die mimetische Grundstruktur in der Literatur und im Traum, München 1983, S. 300 u. 306.

132 Eine Alternative gibt es für Irigaray nicht, denn die Bedingung der Unterordnung zurückzuweisen läuft ihres Erachtens darauf hinaus, den Anspruch zu erheben, als männliches Subjekt zu sprechen, oder eine Beziehung zum Intelligiblen zu postulieren, die die sexuelle Indifferenz aufrecht erhält (vgl. Irigaray: Fragen, S. 137). Auch Weigel hebt die dekonstruktive Bedeutsamkeit der mimetischen Nachahmung bei Irigaray hervor, die einer phallogozentrischen Denkordnung entgegenwirken soll. Allerdings kritisiert sie auch, daß diese Praxis im populären Diskurs weiblicher Ästhetik als weibliches Verfahren gekennzeichnet wird. Diese Trennung der mimetischen Praxis von Weiblichkeit halte ich gleichfalls für notwendig. Vgl. Weigel: Die Stimme der Medusa, S. 203 u. darin Kapitel 7 über Metapher und Metonymie

133 Irigaray: Macht des Diskurses, S. 80

134 Ebd., S. 78

135 Dies sind die Konsequenzen in puncto Weiblichkeit, die die Ausführungen von Gebauer/Wulf über das Verhältnis von Möglichkeit, Wahrscheinlichkeit und Notwendigkeit der Interpretation aufgrund der Imitation nahelegen. Vgl. ebd., S. 82

136 Lindhoff: Einführung in die feministische Literaturtheorie, S. 133

137 Vgl. Irigaray, Luce: Wenn unsere Lippen sich sprechen, in: dies., Das Geschlecht, das nicht eins ist, S. 213

138 Muraro: Die symbolische Ordnung, S. 44

139 Lenk, Elisabeth: Die sich selbst verdoppelnde Frau, in: Ästhetik und Kommunikation 25 (1976), S. 87

140 Exemplarisch: Kolkenbrock-Netz, Jutta, Schuller, Marianne: Frau im Spiegel. Zum Verhältnis von autobiographischer Schreibweise und feministischer Praxis, in: von der Lühe u.a. (Hrsg.), Entwürfe von Frauen in der Literatur des 20. Jahrhunderts, S. 154-174; Weigel: Die Stimme der Medusa, S. 100 ff.; Brügmann: Amazonen; Schmidt: Westdeutsche Frauenliteratur.

141 Inzwischen wird auch gesehen, daß diese Texte den weiblichen Narzißmus durchaus kritisieren. So thematisiert Irmgard Roebling den Roman »Das Geschlecht der Gedanken« von Jutta Heinrich als »Zerstörung der Spiegel«. Vgl. Roebling, Irmgard: Jutta Heinrichs Roman »Das Geschlecht der Gedanken«, oder: Über die Schwierigkeit, mit der Geschlechterdifferenz umzugehen, in: Hillemaar, Henk, Schönau, Walter (Hrsg.), Fathers and Mothers in Literature, Amsterdam 1994, S. 323

142 Die Problematik des Körper-an-Körper-Seins mit der Mutter und dessen schwierige Bedeutung für Beziehungen unter Frauen thematisiert Irigaray: Zur Geschlechterdifferenz, S. 95-118

143 Gölter, Waltraud: Zu einigen psychoanalytischen und sozialpsychologischen Aspekten »weiblicher« Kreativität«, in: Krauß, Henning, Wolff, Reinhold (Hrsg.), Psychoanalytische Literaturwissenschaft und Literatursoziologie, Frankfurt, Bern 1980, S. 231

144 Vgl. ebd., S. 228

145 So Decke-Cornill, Helene, Gdaniec, Claudia M.: Sprache – Literatur – Geschlecht. Theoretische Voraussetzungen für Gender Studies im fortgeschrittenen Englischunterricht, Pfaffenweiler 1992, S. 142

146 Freud, Sigmund: Die Traumdeutung, Studienausgabe Bd. II, Frankfurt 1972, S. 539 ff. u. 569 ff.

147 Vgl. Akashe-Böhme, Farideh: Frau/Spiegel – Frau und Spiegel, in: dies. (Hrsg.), Reflexionen vor dem Spiegel, Frankfurt 1992, S. 9-14; dies.: Fremdheit vor dem Spiegel, in: ebd., S. 38-49. Akashe-Böhme kritisiert in diesem Zusammenhang folgende zwei Punkte an Lacans Konzeption des Spiegelstadiums: Lacan vergesse die zweite Person, die Mutter oder deren Ersatz, die notwendig ist, um das Ich auf das eigene Bild aufmerksam zu machen. Das heißt, jede Spiegelung ist in Beziehung zur Mutter angelegt und braucht deren (Generations-)Differenz, deren Hinweis und deren Deutung. Und außerdem müßte der Bewußtwerdung der Einheit, die die Spiegelung hervorbringen soll, ein Wissen von Einheit vorausgehen. Akashe-Böhme folgert daraus, daß die Reflexion im Spiegel nicht Selbstbewußtheit, sondern »lediglich« Selbstgegenwärtigkeit bedeutet. Vgl. ebd., S. 42

148 Geyer-Ryan: Schrift, Bild und Wirklichkeit, S. 145

149 Brügmann, Margret: Ein Echo von Weiblichkeit: Notizen zu Cindy Shermans photographischem Werk, in: Brügmann, Kublitz-Kramer (Hrsg.), Textdifferenz, S. 118

150 Meyer, Eva: Vorspiel – Annäherung an eine andere Schreibweise, in: Wart-

mann, Brigitte (Hrsg.), Weiblich – Männlich. Kulturgeschichtliche Spuren einer verdrängten Weiblichkeit, Berlin 1980, S. 64

151 Schlör, Veronika: Mimesis, das Erhabene und der ver-rückte Diskurs des Weiblichen, in: Günter (Hrsg.), Feministische Theologie und Postmoderne, S. 33

152 Brügmann, Margaret: Weiblichkeit im Spiel der Sprache, in: Gnüg, Möhrmann (Hrsg.), Frauen, Literatur, Geschichte, S. 402. Aus diesen Gründen lehne ich den Begriff »Verdoppelung« für die Spiegelung zwischen Frauen ab, weil er die Unterschiedlichkeit in diesem Akt auslöscht.

153 Lenk: Die unbewußte Gesellschaft, S. 362 ff. Dadurch, daß Mimesis Körper und Geist untrennbar macht, handelt es sich um eine – im metaphorischen Sinne – »weibliche« Artikulations- und Erkenntnisweise.

154 Ein Problem der mitleidenden Mimesis, dem Lessing nachgeht. Auch ihm genügt die mitleidende Mimesis als politische Praxis nicht. Er besteht auf der Differenz zwischen dem, was ein Zuschauer der Tragödie mitleidet, und dem, was dem Protagonisten geschieht. An diesem Punkt wäre also ein Differenzierungsvermögen auszubilden. Vgl. Lessing, Gotthold Ephraim: Hamburgische Dramaturgie, Stuttgart 1981, hier: 78. Stück

155 Gallas, Helga: Kleists »Penthesilea« und Lacans vier Diskurse, in: Frauensprache – Frauenliteratur? Akten des VII. Internationalen Germanistik Kongresses, Bd. 6, Tübingen 1986, S. 203-212; dies.: Der Hunger nach Sinn. Notizen zum Schreiben, in: Cremerius, Johannes, Mauser, Wolfram (Hrsg.), Freiburger literaturpsychologische Gespräche 4 (1985), S. 51-63; dies.: Das Textbegehren des Michel Kohlhaas. Die Sprache des Unbewußten und der Sinn der Literatur, Reinbek 1981; Irigaray: Fragen; dies.: Macht des Diskurses; Lindhoff: Einführung in die feministische Literaturtheorie; Muraro, Luisa: La posizione isterica e la necessità della mediazione, Palermo 1993; dies.: Die symbolische Ordnung der Mutter; dies.: Voce materna, scienza divina, in: dies., Lingua materna, scienza divina, S. 73-86; Schuller, Marianne: Hysterie als Artefaktum. Zum literarischen und visuellen Archiv der Hysterie um 1900, in: dies., Im Unterschied, S. 81-94; dies.: Literarische Szenerien und ihre Schatten, ebd., S. 47-65; dies.: Literatur und Psychoanalyse. Zum Fall der hysterischen Krankengeschichte bei Sigmund Freud, in: ebd., S. 67-80; dies.: Den Übersichtigkeiten das Wort geredet, Oder: Verrückte Rede? Zu Kleists Penthesilea, in: Amstutz, Kuoni (Hrsg.), Theorie, Geschlecht, Fiktion, S. 61-74; dies.: »Weibliche Neurose« und »kranke Kultur«. Zur Literarisierung einer Krankheit um die Jahrhundertwende, in: dies., Im Unterschied, S. 13-46

156 Schuller: »Weibliche Neurose«, S. 19 f.

157 Vgl. Lindhoff: Einführung in die feministische Literaturtheorie, S. IX. Hier schließt sich der Kreis zum »Frau-Sprechen«, vgl. C 1.5.

158 Ebd.

159 Ebd., S. 24

160 Vgl. Gallas: Kleists »Penthesilea«, S. 204

161 Vgl. Irigaray: Macht des Diskurses; dies., Fragen, a.a.O.; Muraro: Die symbolische Ordnung der Mutter; dies.: La posizione isterica e la necessità

della mediazione; die Literaturwissenschaftlerin Lena Lindhoff hält die Hysterie für einen Schlüssel zu zentralen Problemen feministischer Literaturwissenschaft, weshalb sie die Hysterie auch als Ausgangspunkt und Leitfaden für ihre Einführung in die feministische Literaturwissenschaft wählt. Vgl. Lindhoff: Einführung in die feministische Literaturtheorie, S. IX

162 Schuller: »Weibliche Neurose«, S. 25 ff.

163 Vgl. Freud, Sigmund: Zur Ätiologie der Hysterie, in: ders., Hysterie und Angst, Studienausgabe Bd. VI, Frankfurt 1972, S. 55; Mentzos, Stavros: Hysterie. Zur Psychodynamik unbewußter Inszenierungen, Frankfurt 1986, S. 59

164 Gallas thematisiert mittels verschiedener Deutungsmöglichkeiten des Motivs von der »fehlenden Brust« der Amazone Penthesilea, daß dieses Motiv nicht das Problem aufwirft, ob Penthesilea ihr Frausein ablehnt und lieber Mann sein will, sondern welcher Mangel sie treibt. Vgl. Gallas: Der Hunger nach Sinn, S. 57 f.

165 Lindhoff: Einführung in die feministische Literaturtheorie, S. XIII. Lindhoff geht, wie dieses Zitat zeigt, auf das ethische Moment der Hysterie, nicht aber auf die sprachphilosophisch-politische Dimension der Hysterie ein, die darin liegt, daß das hysterische Moment des Sprechens die Vermittlung durch die Worte von anderen notwendig macht (s.u.).

166 Mentzos: Hysterie, S. 75

167 Ebd.

168 Schuller: »Weibliche Neurose«, S. 28. Schuller zeigt in diesem Zusammenhang das ironische Moment des hysterischen Sprechens auf. Insofern gibt es nicht keine, sondern eine spezifische Form der weiblichen Ironie: Weibliche Ironie zeigt sich im hysterischen Sprechen von Frauen.

169 Vgl. Irigaray: Fragen, S. 137

170 Ebd., S. 142

171 Vgl. Bronfen: Nur über ihre Leiche, S. 382

172 Die Hysterikerin erspart sich Reue, Schuld- oder Schamgefühl, sie erlaubt sich Triebbefriedigung und Rache ohne Strafe, sie wird als etwas Besonderes eingeschätzt und erfährt vermehrte Zuwendung, Schonung und Versorgung. Vgl. Mentzos: Hysterie, S. 82-87

173 Lindhoff: Einführung in die feministische Literaturtheorie, S. XIII

174 Gallas: Kleists »Penthesilea«, S. 205

175 »Das Unbewußte hat gewählt, als wähle ein anderer«. Vgl. Ebd., S. 207 u. 210

176 Eiblmayr, Silvia: Die Frau als Bild. Der weibliche Körper in der Kunst des 20. Jahrhunderts, Berlin 1993, S. 27

177 Muraro: La posizione isterica, S. 16

178 Mentzos: Hysterie, S. 35

179 Freud, Sigmund: Bruchstücke einer Hysterie-Analyse, in: Hysterie und Angst, Studienausgabe Bd. VI, Frankfurt 1972, S. 97

180 Muraro: La posizione isterica, S. 30 (meine Übersetzung)

181 Ursprünglich meint hier den Ausgangspunkt und steht im Unterschied zu »eigentlichem Begehren« – denn das hat sich schon verändert.

182 Muraro: La posizione isterica, S. 30 (meine Übersetzung)

183 Löchel: Verschiedenes, S. 140 ff.
184 Gallas: Hunger nach Sinn, S. 53
185 Muraro: Die symbolische Ordnung der Mutter, Kap. 3
186 Schuller: »Weibliche Neurose«, S. 18
187 Freud: Bruchstücke einer Hysterie-Analyse, S. 142
188 Muraro: Die symbolische Ordnung der Mutter, S. 67. Muraro bezieht diese Passage zwar auf das Weltverständnis des Parmenides, jedoch scheint mir die Übertragung dieser Aussage auf den hysterischen Diskurs aufgrund derselben verdoppelnden Beziehung zwischen der Erscheinung der hysterischen Symptome als Ausdruck von einer gegenwärtigen Erfahrung und dem naheliegend, was aus der Vergangenheit weiterhin mitgesprochen wird. Muraro spricht diese Verbindung auch selbst aus. Als hysterische Weise, Philosophie zu betreiben, charakterisiert sie das Verhalten der Philosophen, »sich in den Standpunkt anderer ein[zu]nisten ..., indem sie eine imaginäre Welt in einer Art weiblicher oder hysterischer Version der ›Verdoppelung‹ der Welt gemäß der philosophischen und wissenschaftlichen Tradition schufen«. Vgl. ebd., S. 70
189 Lindhoff: Einführung in die feministische Literaturtheorie, S. 154
190 Muraro: Die symbolische Ordnung der Mutter, S. 74
191 Gallas: Kleists »Penthesilea«, S. 205
192 Angela Putino, zit. n. Muraro: La posizione isterica, S. 31 f.
193 Muraro: Die symbolische Ordnung der Mutter, S. 71
194 Ebd.
195 Ebd., S. 73
196 Vgl. C 1.5.2. u. D 3.1.
197 Muraro: Die symbolische Ordnung der Mutter, S. 74 f.
198 Ebd., S. 57
199 Gallas: Der Hunger nach Sinn, S. 53.
200 Ebd.
201 Vgl. C 2.4.2.
202 Gallas: Der Hunger nach Sinn, S. 51
203 Gallas: Das Textbegehren des Michel Kohlhaas, S. 93 ff.
204 Ebd., S. 102
205 Vgl. Muraro: Die symbolische Ordnung der Mutter, S. 67
206 Neben Gallas und Muraro vertritt auch Julia Kristeva diese These. Vgl. Suchslands: Kristeva, S. 117
207 So ist beispielsweise Cixous zufolge das Ich nichts als eine Vielheit von Stimmen des Anderen, deren erste und umfassenste die Mutter ist. Vgl. Lindhoff: Einführung in die feministische Literaturtheorie, S. 126
208 Muraro: La posizione isterica, S. 53
209 Muraro: Die symbolische Ordnung der Mutter, S. 67
210 Lindhoff: Einführung in die feministische Literaturtheorie, S. 177
211 Vgl. Seifert: »Was will das Weib?«, S. 138 f.
212 Muraro merkt dabei an, daß kontextuelle Wahrheit nicht beliebig ist, denn sie muß in einen anderen Kontext übersetzbar sein. Vgl. Muraro: Die symbolische Ordnung der Mutter, S. 159, Anmerkung 8

213 Daß die Beziehung zum Symbolischen im Mütterlichen begründet ist, ist eine der Hauptthesen von Muraros »Die symbolische Ordnung der Mutter.« Françoise Dolto wiederum entwickelt, daß die Beziehung zur Mutter das Geistige ermöglicht. Zugleich zeigt sie, wie die Mutter, das Geistige und das Materiellen verbunden ist. Vgl. Dolto, Françoise: Zwiesprache von Mutter und Kind: die emotionale Bedeutung der Sprache, München 1988

214 Irigaray zufolge gelingt es der männlichen Hysterie nicht, den mütterlichen Ursprung mittels seines auf der väterlichen Vernunft begründeten Diskurses auch nur annähernd zu ersetzen. Vgl. Irigaray: Spekulum, S. 346

215 Muraro: Voce materna, S. 86 (meine Übersetzung). Indem das mystische Sprechen die Komplikation des eigenen Sprechens benennt und somit die Bedingungen des Sprechens mitreflektiert, gelingt es ihm – gleichsam auf einem Umweg – von seinen Erfahrungen zu sprechen. In diesem Punkt unterscheidet sich das mystische vom hysterischen Sprechen.

216 Muraro: Voce materna, S. 84 (meine Übersetzung)

217 Ebd., S. 84 (meine Übersetzung). Die Vermittlung wird auch Bedingung der Subjektposition, denn diese impliziert, sich zu den Dingen und der Sprache in Beziehung zu setzen und so Subjekt des Symbolischen, also zugleich sprachmächtiges und ordnungschaffendes Subjekt zu werden. Vgl. Lindhoff: Einführung in die feministische Literaturtheorie, S. 95

218 Da Erfahrungen bei Muraro immer auch körperlich sind, schreibt sich hier auch eine andere Ebene der Qualität des mütterlichen Sprechens ein, nämlich dessen Materialität, dessen Rhythmik, Fleischlichkeit, Lust und Trieb, Anti-Linearität und Unterlaufen der binären Logik, wie sie Kristeva und Irigaray erarbeitet haben.

219 Muraro: Die symbolische Ordnung der Mutter, S. 79

220 Hirsch, Marianne: The Mother/Daughter Plot. Narrative, Psychoanalysis, Feminism, Bloomington, Indianapolis, 1990, S. 5. Hirsch versteht den Familienroman als imaginäres Fragen nach dem mütterlichen Ursprung. Vgl. ebd., S. 9

221 Irigaray: Spekulum, S. 337 ff. Irigaray erkennt die männliche Hysterie im Verschweigen dieses Ursprungs.

222 Hirsch: The Mother/Daughter Plot, S. 16 (meine Übersetzung)

223 Ebd., S. 196. Zur Differenz vom Sprechen aus der Mutter-Position und dem der Position der Tochter vgl. a. Günter: Mutter-Denken, a.a.O.

224 Ebd., S. 174. Als weitere Begründung für das Sprechen als Mutter und das Hören auf Mütter als Subjekte führt Hirsch an, daß feministische Anfragen beim Mütterlichen noch lange nicht bedeuten, daß Feministinnen auf Mütter vorbehaltlos und unterwürfig hören, genausowenig wie das Nachdenken über Weiblichkeit meint, daß wir als Frauen hören oder sprechen (vgl. Hirsch: The Mother/Daughter Plot, S. 174). Ein Subjekt ist eine Mutter wiederum dadurch, daß sie bestimmte Beziehungen zur sozialen Realität, zur Sexualität, zur Arbeit, zur Geschichte, zur Biologie und zum Körper und zur Subjektivität entwickelt. Vgl. Hirsch: The Mother/Daughter Plot, S. 164 u. S. 12

225 Ebd., S. 167

226 Vgl. Reddy, Maureen T.: Maternal Reading: Lazarre and Walker, in: Daly, Brenda O., T. Reddy, Maureen (Hrsg.), Narrating Mothers. Theorizing Maternal Subjectivities, Knoxville 1991, S. 223 u. S. 228

227 Ebd., S. 224 u. S. 229

228 Vgl. Hirsch: The Mother/Daughter Plot, S. 10

229 Muraro: Die symbolische Ordnung der Mutter, S. 45

2. *Semiotik, Repräsentation und Frau*

1 Daß diese beiden Ebenen miteinander verwoben sind, analysiert auch Schuller anhand von Freud. Schuller zeigt, daß die Freudschen Erkenntnisse über Metapher und Metonymie von dessen Hysterie-Analysen ausgehen und auf dem Phänomen des hysterischen Sprechens aufbauen. Vgl. Schuller: Literatur und Psychoanalyse.

2 Außerdem hat sich die Rede vom »Anderen« als dem Unbewußten der Gesellschaft zusammen mit der Vorstellung etabliert, das gesellschaftliche Unbewußte gerade auch in der Literatur wie einen Traum deuten zu können. Oft wird bei dieser Rede jedoch der zeichentheoretische Aspekt der Rede über das Andere übersehen. Diesen Aspekt möchte in diesen Zusammenhang vertiefen – ein weiteres Moment, das die Einordnung »Hermeneutik des Anderen« in den Kontext »Darstellungsökonomie des Traums« sinnvoll macht. Vgl. Lenk: Die unbewußte Gesellschaft.

3 Vgl. D 2.

4 Zu diesen Unterscheidungen vgl. Bronfen: Weiblichkeit und Repräsentation, S. 409

5 Vgl. Schade, Sigrid: Cindy Sherman oder die Kunst der Verkleidung, in: Conrad, Judith, Konnertz, Ursula (Hrsg.), Weiblichkeit in der Moderne. Ansätze feministischer Vernunftskritik, Tübingen 1986, S. 231; Menke: Die Ver-Stellung und die schöne Stimme, S. 71 ff.

6 Bronfen: Weiblichkeit und Repräsentation, S. 413

7 Griselda Pollock, zit. n. Bronfen: Nur über ihre Leiche, S. 98

8 Vgl. die Analyse des platonischen Höhlengleichnisses durch Luce Irigaray in: Irigaray: Spekulum, Teil 3 »Die *hystéra* von Platon«.

9 Kristeva hat in diesem Sinne das Semiotische als das Mütterliche für die Sinnproduktion aufgezeigt. Vgl. Kristeva, Die Revolution der poetischen Sprache, Kapitel I »Das Semiotische und das Symbolische«

10 Vgl. Bronfen: Nur über ihre Leiche, S. 127. Bronfen bezieht die Darstellung hier auf den Tod, ich denke, daß sich die gleiche Aussage auch zur Darstellung von Frauen machen läßt.

11 Bossinade: Das Beispiel Antigone, S. XIII

12 Meyer: Zählen und Erzählen, S. 70

13 Meyer: Vorspiel, S. 63

14 Ebd., S. 64

15 Meyer: Zählen und Erzählen, S. 29

16 De Lauretis, Teresa: Alice doesn't. Feminism, Semiotics, Cinema, Bloomington 1984, S. 37 f., zit. n. Bronfen: Nur über ihre Leiche, S. 162

17 Eiblmayr, Silvia: Die Frau als Bild. Der weibliche Körper in der Kunst des 20. Jahrhunderts, Berlin 1993, S. 132

18 Nicht alle Dekonstruktivistinnen werden mir hier zustimmen, obgleich Gerard Genette, aber auch Jacques Derrida betonen, daß Postmoderne, Poststrukturalismus und Dekonstruktion die »Moderne« vertiefen wollen, indem sie deren Grundideen jeweils wieder aufgreifen und neu einsetzen. Dies gilt auch für die Textauslegung, die gleichfalls vertieft und vielschichtiger wird, wenn die Struktur der Sprache und ihre Bedeutung für Sinngebungsprozesse systematisch in die Interpretation einfließen. Zu demselben Ergebnis kommt auch die Philosophin Linda Hutchson in ihrer Untersuchung zur Postmoderne. Vgl. Genette, Gerard: Strukturalismus und Literaturwissenschaft, in: Ihwe (Hrsg.), Zur linguistischen Basis der Literaturwissenschaft, S. 81; Engelmann, Peter: Einleitung, in: ders. (Hrsg.), Postmoderne und Dekonstruktion. Texte französischer Philosophen der Gegenwart, Stuttgart 1990, S. 24 ff. (zu Derrida); Hutchson, Linda: A poetics of Postmodernism. History, Theory, Fiction, New York, London 1988, S. 5 f.

19 Vgl. Weigel, Sigrid: Gegenrede. Querelles des Femmes in der Literaturwissenschaft, in: Frankfurter Rundschau 4. 5. 1993

20 Vgl. Muraro: Maglia e uncinetto, S. 32

21 Eva Meyer formuliert dies als Vorhaben in: Zählen und Erzählen, S. 35 f.

22 Bossinade: Das Beispiel Antigone, S. XIII

23 Ebd., S. 135 f.

24 Vgl. Decke-Cornill, Gdaniec: Der Ansatz der Diskursanalyse, in: dies., Sprache – Literatur – Geschlecht, S. 172-205, hier: S. 172 f.; Menke: Die Ver-Stellung, S. 65.

25 Menke: Die Ver-Stellung, S. 69

26 Weigel: Die Verdoppelung des männlichen Blicks, S. 246

27 Vgl. Menke: Die Ver-Stellung, S. 66

28 Ebd. Hier überschneiden sich Dekonstruktion und Kritische Theorie, wobei die Kritische Theorie Widersprüche, Leerstellen und Brüche im Hinblick auf die außertextliche Wirklichkeit, die Dekonstruktion diese im Text und als Textuelle betrachtet. Vgl. Briel, Holger Mathias: Adorno und Derrida. Oder: Wo liegt das Ende der Moderne? New York, Berlin, Bern 1983, S. 148 f.

29 Van Soest, Berthe: WHO DUNNIT: Die Rolle der Frauen bei der Enthauptung von Johannes dem Täufer: Eine feministisch-dekonstruktivistische Lesart von Markus 6, 16-28, in: Günter (Hrsg.), Feministische Theologie und Postmoderne, S. 141 ff.

30 Culler: Dekonstruktion, S. 237

31 Gallas: Kleists »Penthesilea«, S. 203; Bossinade: Das Beispiel Antigone, S. XIII; van Soest: WHO DUNNIT, S. 145

32 Bossinade: Das Beispiel Antigone, S. 19. Bossinade fährt an derselben Stelle fort: »Gemeinsamkeiten zwischen den Arbeiten weiblicher und männlicher Autoren müssen weder verkannt noch bagatellisiert werden. Damit

die Identität und die Differenz des Geschlechts sich zeigen, gehe ich von einem beweglichen Feld von Konvergenzen und Divergenzen nicht nur innerhalb eines Textes, sondern auch zwischen Texten aus.«

33 Vgl. Dornhof: Weiblichkeit als Paradigma moderner Ästhetik? S. 174; Meyer: Zählen und Erzählen, S. 35

34 Menke: Die Ver-Stellung, S. 81

35 Ebd., S. 84

36 Ebd., S. 81. Menke bemerkt hiermit nachdrücklich, daß Weiblichkeit das Andere *im* Selben darstellt! Vgl. S. 80

37 Brügmann, Margret: Zu Besuch bei Kristeva mit Pinsel und Palette. Über Weiblichkeit im Werk von Enzo Cucchi und Frida Kahlo, in: Pelz u.a. (Hrsg.), Frauen, Literatur, Politik, S. 34

38 Eiblmayr spricht von einem Bedrängungsverhältnis. Vgl. Eiblmayr: Die Frau als Bild, S. 116 u. 148

39 Vgl. Butler: Das Unbehagen.

40 Forcina, Marisa: Dalla ragione non totalitaria al pensiero della differenza, Lecce 1990, S. 5

41 Bronfen: Nur über ihre Leiche, S. 538. In diesem Sinne spricht auch Bronfens Titel.

42 Eiblmayr: Die Frau als Bild, S. 92 f.

43 Ebd., S. 79

44 Bronfen: Nur über ihre Leiche, S. 208

45 Vgl. Lindhoff: Einführung in die feministische Literaturtheorie, S. XI

46 Eiblmayr: Die Frau als Bild, S. 203

47 Vgl. Geyer-Ryan: Schrift, Bild und Wirklichkeit, S. 156

48 Eiblmayr: Die Frau als Bild, S. 137

49 Vgl. u.a. Weigel, Sigrid: Weiblichkeit als Metapher des Metonymischen, in: dies., Die Stimme der Medusa, S. 196-213; Klinger: Eine Fallstudie, S. 205-234; Eiblmayr: Die Frau als Bild, S. 203; sowie die schon häufig erwähnten Texte von Menke.

50 Weigel: Die Stimme der Medusa, S. 204. Auch deshalb ist es notwendig, Frausprechen als eigenständige Kategorie zu vertreten.

51 Die Frau als Apparat ist ein für die Literaturwissenschaft zentrales literarisches Mythologem und deshalb auch für deren feministische Rekonstruktion zentral. Vgl. dazu die Ausführungen von Freud, Sigmund: Das Unheimliche, in: ders., Studienausgabe Bd. IV, Frankfurt 1972, S. 241-275; Kittler, Friedrich A.: »Das Phantom unseres Ichs« und die Literaturpsychologie: E.T.A. Hoffmann, Freud, Lacan, in: Kittler, Friedrich A., Turk, Horst (Hrsg.), Urszenen. Literaturwissenschaft als Diskursanalyse und Diskurskritik, Frankfurt 1977, S. 139-167; Cixous, Helene: Prénoms de personne, Paris 1974; Schmidt, E.T.A. Hoffmanns Erzählung *Der Sandmann*; Breitling, Gisela: Die Geschöpfe des Pygmalion, in: dies., Der verborgene Eros. Weiblichkeit und Männlichkeit im Zerrspiegel der Künste, Frankfurt 1990, S. 130-181; Schuller: Literatur und Psychoanalyse; Sykora: Pandora oder L'Eve future; dies.: Ver-Körperungen: Weiblichkeit, Natur, Artefakt, in: Huber, Jörg, Müller, Alois Martin (Hrsg.), Raum und Verfahren, Basel, Frankfurt, 1993, S. 89-104

52 Ich folge hier den Ausführungen von Sykora: Ver-Körperungen.

53 Vgl. Bronfen: Nur über ihre Leiche, S. 79

54 Vgl. A 2., C 2.3.3.

55 Vgl. Sykora: Ver-Körperungen, S. 100

56 Menke: Die Ver-Stellung, S. 79

57 Dornhof: Weiblichkeit als Paradigma moderner Ästhetik? S. 177

58 Vgl. Geyer-Ryan, Helga: Schrift, Bild und Wirklichkeit. Der weibliche Körper als Garantie des Sinns, in: Brügmann, Kublitz-Kramer (Hrsg.), Textdifferenzen, S. 158

59 Birgit R. Erdle: Antlitz, Mord, Gesetz. Figuren des Anderen bei Gertrud Kolmar und Emmanuel Lévinas, Wien 1994, S. 21

60 Ebd., S. 12

61 Die folgenden Ausführungen beziehen sich auf Freud, Sigmund: Die Traumdeutung, Studienausgabe Bd. II, Frankfurt 1972

62 Freud: Traumdeutung, z.B. S. 346

63 Ricouer: Die Interpretation, Frankfurt 1993, S. 168

64 Weigel, Sigrid: Passagen und Spuren des »Leib- und Bildraums« in Benjamins Schriften, in: dies. (Hrsg.), Leib- und Bildraum. Lektüren nach Benjamin, Köln, Weimar, Wien 1992, S. 56

65 Geyer-Ryan: Schrift, Bild und Wirklichkeit, S. 156

66 Weigel: Die Stimme der Medusa, S. 204

67 Vgl. Klinger: Beredtes Schweigen und verschwiegenes Sprechen, S. 55

68 Lachmann, Renate: Thesen zu einer weiblichen Ästhetik, in: Opitz, Claudia (Hrsg.), Weiblichkeit oder Feminismus, Weiblichkeit oder Feminismus, Opladen 1980, S. 186

69 Insofern stellt Kristeva eine Kritik an der Lacanschen Reduzierung der Traumarbeit auf zeichentheoretische Phänomene dar. So hebt die Kristeva-Interpretin Suchsland hervor, daß Kristeva wieder den Körper und dessen Triebhaftigkeit in die Sprach- und Traumarbeit integrieren möchte. Vgl. Suchsland: Kristeva, S. 90

70 Kristeva: Die Revolution der poetischen Sprache, S. 39

71 Bei dieser Charakterisierung handelt es sich um eine Zusammenfassung meiner Lektüre von Jakobson, Roman: Der Doppelcharakter der Sprache. Die Polarität zwischen Metaphorik und Metonymik, in: Ihwe (Hrsg.), Literaturwissenschaft und Linguistik, S. 323-334; Freud: Die Traumdeutung; Lacan: Das Drängen des Buchstaben im Unbewußten; Muraro: Maglia e uncinetto. Die Besonderheiten Muraros werden in Einzelnen gesondert nachgewiesen.

72 Die grundsätzliche Unterscheidung von Wörtlichem und Metaphorischem bricht zusammen, ihre Ursache ist allein in einer Oppositionsbildung verankert, ein wörtlicher Ausdruck ist eine Metapher, deren Figurativität vergessen wurde. Die Metapher ist also keine eigene Form, sondern bei Nicht-Metaphern wurde Metaphorizität vergessen (vgl. Culler: Dekonstruktion, S. 164 u. 167). Insofern ist auch festzuhalten, daß heute weniger die übertragene Bedeutung auf dem Spiel steht, sondern die Möglichkeiten der wörtlichen Bedeutung zum Problem geworden ist. Insbesondere leugnet

die Illusion einer wörtlichen Lesart die Verweisungen der Bilder auf die Geschlechterdifferenz und tradiert solche Zusammenhänge unbewußt. Vgl. Schade, Sigrid: »Himmlische und/oder Irdische Liebe«. Allegorische Lesarten des weiblichen Aktbildes der Renaissance, in: Schade, Sigrid, Wagner, Monika, Weigel, Sigrid (Hrsg.), Allegorien und Geschlechterdifferenz, Köln, Weimar, Wien 1994, S. 107 ff.

73 Aufgrund des Substitutionseffekts sprechen Metapher und Metonymie immer von etwas anderem als dem, was sie sagen. Insofern beruht die Struktur ihrer Referenz auf einem Widerspruch bzw. einer Paradoxie.

74 Zu diesen Aspekten vgl. Muraro: Maglia e uncinetto, S. 11 ff. Für aufschlußreich halte ich den Zusammenhang, der i.d.R. zwischen Begehren und Metonymie hergestellt wird: Das Begehren ist metonymisch, insofern es, ebenso wie die Metonymie, immer auf einen anderen verweist, ohne daß dieser ein vollständiger Ersatz sein kann. Vgl. Muraro: Maglia e uncinetto, S. 27; Löchel: Verschiedenes, S. 129

75 Muraro: Maglia e uncinetto, S. 11

76 Diesen Vorteil der Metapher zieht auch Bronfen in Betracht. Vgl. Bronfen: Nur über meine Leiche, S. 331

77 Vgl. Muraro: Maglia e uncinetto, S. 16 u. 23 f.

78 Ebd., S. 18

79 Culler: Dekonstruktion, S. 277 ff.

80 Muraro: Maglia e uncinetto, S. 36

81 Nägele charakterisiert die räumliche Beziehung zwischen Metapher und Metonymie zwar anschaulich als intensives Ineinander der metaphorischen Substitution und extensives Nebeneinander der metonymischen Substitution, jedoch behält er die Vorherrschaft der Metapher bei, obgleich bei einer räumlichen Interpretation diese immer nur willkürlich erscheinen kann. Vgl. Nägele: Trauerspiel und Puppenspiel, S. 19

82 Muraro unterscheidet damit zwischen der Metapher als notwendigem Gestaltungsprinzip und der Vorherrschaft der Metapher bzw. der Hypermetaphorsierung. Diese Unterscheidung ist m.E. auch hilfreich für die Interpretation von Irigaray. Irigaray versucht ganz im Sinne dieser Unterscheidung gleichzeitig, das Metonymische (z.B. die Berührung und das Flüssige) im Lacanschen Sinne wieder in die Materie des Denkens einzuschreiben, aber auch die Metaphorisierung im Hinblick auf die Notwendigkeit eines weiblichen Symbolischen zu entwickeln, denn sie erkennt die Grenzen, die eine rein metonymische Beziehung für Frauen hat, wie ihr Text »Körper an Körper mit der Mutter« spiegelt. Vgl. Irigaray, Luce: Genealogie der Geschlechter, Freiburg 1989, S. 25-46

83 Muraro: Maglia e uncinetto, S. 23

84 Muraro: Maglia e uncinetto, S. 9

85 Die Vorstellung der Gleichzeitigkeit und Gleichursprünglichkeit der geistigen und körperlichen Geburt hat, was den Spracherwerb betrifft, die französische Psychologin Françoise Dolto erarbeitet. Auf deren Arbeiten berufen sich sowohl Irigaray als auch Muraro. Vgl. Dolto: Zwiesprache von Mutter und Kind; Irigaray: Das Geschlecht, S. 69

86 Muraro: Die symbolische Ordnung der Mutter, S. 53 f.
87 Weigel: Passagen und Spuren, S. 53
88 Meyer, Eva: Der Satz vom Bild, in: dies., Tischgesellschaft, S. 42
89 Vgl. Meyer, Eva: Das Erlebnis der Ähnlichkeit, in: Amstutz, Kuoni (Hrsg.), Theorie, Geschlecht, Fiktion, S. 245
90 Meyer: Der Satz vom Bild, S. 47
91 Weigel: Passagen und Spuren, S. 50. Weigel spricht regelrecht vom Einfallen des Bildes in den Leib, hier lokalisiert sie den kollektiven Charakter der Wirkweise des Bildraums in den Leibern der einzelnen Personen. Vgl. ebd., S. 52
92 Weigel: Passagen und Spuren, S. 63
93 Meyer: Der Satz vom Bild, S. 46
94 Ebd.
95 Weigel: Leib und Bildraum, S. 33
96 Weigel: Bilder des kulturellen Gedächtnisses, S. 57, Anm. 19
97 Freud: Die Traumdeutung, S. 310
98 Nägele: Trauerspiel und Puppenspiel, S. 9. Vgl. a. B 5.3.
99 Vgl. den gleichlautenden Titel bei Sigrid Weigel. Die Bedeutung des topographischen Bilddenkens als Denkbild für die Vergegenwärtigung von historischen Dimensionen habe ich schon in B 5.3. vorgestellt.
100 Bronfen: Nur über ihre Leiche, S. 315 f. Dadurch bekommt auch das genealogische Verfahren der Literaturgeschichtsschreibung Sinn. Der Text einer Frau kann als Konvergenzpunkt mehrerer literarisch bedeutsamer Episoden gelesen werden, die »map for re-reading« entsteht. Vgl. ebd., S. 316
101 So die These von Nägele: Trauerspiel und Puppenspiel, S. 12
102 Bronfen, Elisabeth: Der literarische Raum. Untersuchungen am Beispiel von Dorothy M. Richardsons Romanzyklus Pilgrimage, 1986, S. 316-321 u. S. 335
103 Weigel: Passagen und Spuren, S. 53
104 Weigel: Leib und Bildraum, S. 33
105 Vgl. Weigel: Passagen und Spuren, S. 56
106 Vgl. Muraro: Die symbolische Ordnung der Mutter, S. 79
107 Weigel, Sigrid: Komunizierende Röhren. Michel Foucault und Walter Benjamin, in: Flaschenpost, S. 48
108 Ebd., S. 32
109 Weigel: Leib und Bildraum, S. 23
110 Weigel: Passagen und Spuren, S. 53
111 Weigel, Leib und Bildraum, S. 20 f.
112 Schade, Sigrid, Wagner, Monika, Weigel, Sigrid: Allegorien und Geschlechterdifferenz. Zur Einführung, in: dies. (Hrsg.), Weigel, Allegorien und Geschlechterdifferenz, S. 5
113 Ebd., S. 4
114 Weigel: Von der »anderen Rede« zur Rede des Anderen. Zur Vorgeschichte der Allegorie der Moderne im Barock, in: ebd., S. 166
115 Vgl. Schade, Wagner, Weigel: Allegorien und Geschlechterdifferenz, S. 6
116 Der Bruch selbst bringt den Prozeß des Verfalls zur Sprache, der in Sprach-

losigkeit, Trauer und Stummheit mündet. Die Allegorie gilt deshalb als die rhetorische Figur des Melancholikers. Vgl. Benjamin, Walter: Ursprung des deutschen Trauerspiels, in: ders., Gesammelte Werke, Bd I.1., Frankfurt 1991, S. 358

117 Benjamin: Ursprung des deutschen Trauerspiels, S. 358. Aufgrund der engen Verflochtenheit von weiblicher Personifikation und der Interpretation von weiblichen Stimmen, die zu oft auf das Persönliche oder Psychosoziale reduziert werden, wird zugleich aber die Dekonstruktion einer gewohnheitsmäßen allegorischen Auslegungsform vonnöten, die es erlaubt, den Text jenseits der Intentionalität und folglich der AutorInnenstimme zu lesen. Allerdings kann eine allegorisch-rhetorische Auslegung, die an die Intentionalität des Sprechers rückgebunden wird, die Möglichkeit der Grenzenlosigkeit des rhetorischen Spiels auch in Grenzen halten. Vgl. Karpenstein-Eßbach: Zum Unterschied von Diskursanalyse und Dekonstruktion, S. 136

118 Moníková, Libuse: Pavane für eine verstorbene Infantin, München 1988

119 Vanderbeke, Birgit: Das Muschelessen, Berlin 1993

120 Moníková: Pavane, S. 12

121 Ebd.

122 Vanderbeke: Muschelessen, S. 73 u. 82

123 Braun, Julia: Eine Interpretation zur Darstellung von Gewalt in Evelyn Grills Roman »Winterquartier« und Birgit Vanderbekes Erzählung »Das Muschelessen«, Freiburg 1995, S. 24 (unveröffentlichte Magistraarbeit)

124 Vanderbeke: Muschelessen, S. 84

125 Kublitz-Kramer, Maria: »Was man nicht erfliegen kann, muß man erhinken.« Auf den »Straßen des weiblichen Begehrens« – Libuse Moníkovás Erzählung »Pavane für eine verstorbene Infantin«, in: Brügmann, Kublitz-Kramer (Hrsg.), Textdifferenzen, S. 103

126 Im Märchen wird aus einem Frosch, der an die Wand geworfen wird, ein Prinz; in der Mythologie und Tragödie wird aus einem an Fuß verletzten Mann ein kluger König. Das verletzte Mädchen aber soll in der väterlichen Ordnung die dort eingeschriebene Mutterposition einnehmen: schweigen, dienen und sich unterordnen, so wie die Mutter der Ich-Erzählerin in Vanderbekes Erzählung.

127 Kublitz-Kramer: »Was man nicht erfliegen kann ...«, S. 107

128 Vgl. Manfred Schneider: Die Allegorie der Hysterie und das Tête-á-tête der Wahrheit, in: Schade, Wagner, Weigel (Hrsg.), Allegorien und Geschlechterdifferenz, S. 137 f. Schneider bezieht sich in seinen Ausführungen lediglich auf den Zusammenhang zwischen Hysterie und Allegorie. Ich versuche hier, auch die Mimesis einzubeziehen.

129 Braun: Eine Interpretation, S. 39

130 Der Körper ist es, der die Grenze gibt. Vgl. Geyer-Ryan: Schrift, Bild und Wirklichkeit, S. 156. Zu diesem Abschnitt vgl. außerdem: Weigel, Sigrid: Rekonstruktion und Relektüre, S. 260 ff.

131 Schilling, Sabine, Weigel, Sigrid: Kulturelle und sexuelle Differenzen. Einleitung, in: Feministische Studien 9 (1991) 2, S. 6

132 Ebd., S. 5 f.
133 Ebd., S. 6
134 Weigel: Von der »anderen Rede«, S. 160
135 Vgl. ebd., S. 159
136 Ebd., S. 169. Das heißt, der Leib- und Bildraum der Schrift ist das Allegorische, das gelesen werden muß, indem es als Ergebnis einer Konstellation gelesen wird.
137 Ebd., S. 159
138 Schneider, Manfred: Die Allegorie der Hysterie und das Tête-á-tête der Wahrheit, in: Schade, Wagner, Weigel (Hrsg.), Allegorien und Geschlechterdifferenz, S. 152
139 Weigel: Der schielende Blick, S. 93
140 Ebd., S. 87
141 Vgl. ebd., S. 96
142 Ecker: Poststrukturalismus und feministische Wissenschaft, S. 73
143 Die Rede vom Tod des Autors übersieht die ethische Notwendigkeit seiner Existenz.
144 Die Schematisierung eines solchen Beziehungsfeldes findet sich bei Pietzker: Lesend interpretieren, S. 20. Pietzker baut das Schema auf dem Hintergrund einer szenischen Gegenübertragung, wie sie von der Psychoanalyse für die Literaturwissenschaft nutzbar gemacht werden kann. Innerhalb einer philosophischen Betrachtungsweise verschiebt sich die Beziehungsmodalität der »Gegenübertragung« hin zu der Frage nach dem Denken der/s Andere(n) und der Begegnung mit dieser/m.
145 Erdle: Antlitz, Mord, Gesetz, S. 75
146 Ebd., S. 76
147 Die Auseinandersetzung mit Jüdinnen ist das gegenwärtig paradigmatische Themenfeld der feministischen Kulturwissenschaften, in dem die Frage nach der Anderen gestellt wird. Vgl. insbesondere Erdle: Antlitz, Mord, Gesetz; Schilling, Sabine, Stephan, Inge, Weigel, Sigrid (Hrsg.), Jüdische Kultur und Weiblichkeit in der Moderne, Köln, Weimar, Wien 1994
148 Erdle: Antlitz, Mord, Gesetz, S. 13
149 Koch, Gertrud: Charlotte Salomons Buch »Leben oder Theater?« als historischer Familienroman, in: Schilling, Stephan, Weigel (Hrsg.), Jüdische Kultur und Weiblichkeit, S. 103
150 Ebd., S. 104 u. S. 116
151 Erdle: Antlitz, Mord, Gesetz, S. 30
152 Vgl. den Abschnitt C 1.5.2.
153 Domin, Hilde: Wozu Lyrik heute. Dichtung und Leser in der gesteuerten Gesellschaft, Frankfurt 1993, S. 28
154 Erdle erarbeitet in »Antlitz, Mord, Gesetz« die Levinasschen Implikationen für die Interpretation des Anderen.
155 In diesem Sinne spricht auch die Anthropologin Ina Maria Greverus von der *Begegnung* mit dem Anderen. Vgl. Maria Greverus, Ina: Die anderen und ich. Anthropologie und die Frage nach dem Selbst, in: dies., Die ande-

ren und ich. Vom sich Erkennen, Erkannt- und Anerkanntwerden, Darmstadt 1995, S. 17

156 Domin: Wozu Lyrik heute, S. 41

157 Edmund Husserl, zit. n. Kristeva: Die Revolution der poetischen Sprache, S. 54

158 Domin: Wozu Lyrik heute, S. 115

159 Gadamer, Hans Georg: Wahrheit und Methode. Grundzüge einer philosophischen Hermeneutik, Tübingen 1990, S. 162 f.

160 Kögler: Die Macht des Dialogs, S. 121

161 Auch der Symbolbegriff wird nicht einheitlich gebraucht. Vgl. dazu Oelkers, Jürgen, Wegenast, Klaus (Hrsg.), Das Symbol – Brücke des Verstehens, Stuttgart 1991, und insbesondere den Artikel von Anderegg, Johannes: Symbol und ästhetische Erfahrung, S. 46-61

162 Freud: Gesammelte Werke Band XI, S. 152

163 Waniek: Cixous, S. 108

164 Ricoeur: Die Interpretation, S. 109, Anmerkung 14

165 Lorenzer, Alfred: Der Symbolbegriff und seine Problematik in der Psychoanalyse, in: Oelkers, Wegenast (Hrsg.), Das Symbol, S. 24 ff. u. S. 27

166 Lorenzer folgert aus dem Fort-Da-Spiel, daß Verstehen aus gemeinsamen Praxisfiguren resultiert. Vgl. Lorenzer: Der Symbolbegriff, S. 28.

167 Das Band zwischen Symbol und Phänomen schafft demzufolge nicht die Traumarbeit, sondern die Kulturarbeit. Ricoeur: Die Interpretation, S. 511.

168 Eva Meyer findet die Kraft der Symbole nicht in Tradition, vorausgehenden Ursachen und Vergangenheit, sondern in Ähnlichkeiten, die sich aus dem praktizierten Gebrauch ergeben und deshalb auch auf Zukunft ausgeweitet werden können. Wie das Fort-Da-Spiel zeigt, ist der Ursprung der Ähnlichkeit die Liebe. Das Erlebnis der Ähnlichkeit von Zeichen und Realem basiert demnach immer auch auf Gemeinsamkeiten in der Tradition, in der Lebensart, im Standpunkt und in der Intention. Vgl. Meyer: Der Satz vom Bild, S. 42

169 Waniek: Cixous, S. 107

170 Paetzhold, Heinz: Die Realität der symbolischen Formen. Die Kulturphilosophie Ernst Cassirers im Kontext, Darmstadt 1994, S. 27

171 Ricoeur: Die Interpretation, S. 19. Außerdem zeigt dieser Sachverhalt, daß die Basis der symbolischen Ordnung nicht die Sprache ist, wie Lacan darstellt, sondern das Begehren, so die Kristevasche Kritik an Lacan. Lacan läßt Kristeva zufolge den Moment des Triebs außer acht, wenn er das Symbolische lediglich als die Struktur und das Gesetz begreift, nach dem die Ordnung strukturiert ist. Insofern ist die symbolische Ordnung der Mutter eine Ordnung des Begehrens und nicht eine des Gesetzes. Vgl. Suchsland: Kristeva, S. 75

172 Muraro: Die symbolische Ordnung der Mutter, S. 114

173 Die Beziehung zwischen Sinn (Symbol) und Ding jedoch macht gerade die ästhetische Erfahrung aus: das Symbol erwächst aus der Erfahrung der Verwandlung von Wirklichkeit in Symbolisches. Vgl. Anderegg: Symbol und ästhetische Erfahrung, S. 53

174 Ricoeur: Die Interpretation, S. 169. Das wäre der Einfluß des Metonymischen auf den Symbolisierungsprozeß.
175 Paetzhold: Die Realität der symbolischen Formen, S. 34
176 Damit ergänzt die symbolische Dimension den allegorischen Aspekt der Personifikation um das Begehren (vgl. die Kritik von Wenk, Silke: Moderne Transformationen der weibliche Allegorie – Henry Moores Skulptur der Liegenden, in: Schade, Wagner, Weigel (Hrsg.), Allegorien, S. 222). Erst die Verknüpfung dieser beiden Dimensionen erlaubt, den patriarchalischen Charakter der Darstellung zu präzisieren: Die Reduzierung der Darstellung auf die Personifikation der Frau durch einen Mann ist dann und dadurch patriarchal, daß das weibliche Begehren ausschaltet ist. Vgl. die berühmte Kritik Irigarays an Lacans Interpretation der Statue der Hl. Theresa von Bernini in: Irigaray: Die Macht des Diskurs, S. 94
177 Anderegg: Symbol und ästhetische Erfahrung, S. 49
178 Dafür plädiert Lorenzer: Der Symbolbegriff, S. 27
179 Ricoeur: Die Interpretation, S. 53
180 Ebd., S. 507
181 Suchsland: Kristeva, S. 81
182 Ebd., S. 82
183 Freud: Traumdeutung, S. 347. »Was heute symbolisch verbunden ist, war wahrscheinlich in Urzeiten durch begriffliche und sprachliche Identität vereint. Die Symbolbeziehung scheint ein Rest und Merkzeichen einstiger Identität ... Eine Anzahl von Symbolen ist so alt wie die Sprachbildung überhaupt, andere werden aber in der Gegenwart fortlaufend neu gebildet (z.B. das Luftschiff, der Zeppelin)« (ebd.). Ich denke, daß sich nicht nur phylogenetisch, sondern auch ontogenetisch sagen läßt, daß einige Symbole so alt wie die Sprachbildung selbst sind und daß die ontogenetische Symbolbildung Aspekte der phylogenetischen wiederholt, z.B. was »die Mutter« betrifft.
184 Paetzhold: Die Realität der symbolischen Formen, S. 23
185 Suchsland: Kristeva, S. 74
186 Ricoeur: Die Interpretation, S. 169
187 Anderegg: Symbol und ästhetische Erfahrung, S. 48
188 Ricoeur: Die Interpretation, S. 22
189 Ebd., S. 50
190 Jameson, Frederic: Das politische Unbewußte. Literatur als Symbol sozialen Handelns, Reinbek/Hamburg 1988, S. 13
191 Ebd., S. 33
192 Kristeva nach Suchsland: Kristeva, S. 79
193 Dies zeigen die vielen feministischen Rezeptionen von Lacan, die problemlos mit dessen Vorstellung von Begehren als Mangel operieren. Z.B. bei Lummerding: »Weibliche« Ästhetik?; Löchel: Umgehen (mit) der Differenz; Rendtorff: Geschlecht und Bedeutung; Seifert, »Was will das Weib?«.
194 Bronfen: Weiblichkeit und Repräsentation, S. 424
195 Lacan, Jacques: Das Drängen des Buchstabens im Unbewußten oder die Vernunft nach Freud, in: ders., Schriften II, Olten 1975, S. 15-59; ders., Die Bedeutung des Phallus, ebd., S. 119-132

196 Vgl. dazu Weber, Samuel: Rückkehr zu Freud, Frankfurt, Berlin, Wien 1990, S. 215 f. Die Andere ist die Mutter als erstes Liebesobjekt des Mannes, der mit dessen anderer Identität konfrontiert ist und diese verarbeiten muß.

197 Auf dieses Verständnis wird noch zurückzukommen sein. Zum Lacanschen Symbolbegriff vgl. Weber: Rückkehr zu Freud, S. 216

198 So zum Beispiel von Barbara Rendtorff, die von Frauen fordert, »die Kastration auf sich zu nehmen«. Vgl. Rendtorff, Barbara: Geschlecht und Bedeutung. Über Verleugnung und Rückeroberung von Körper und Differenz, in: Frankfurter Frauenschule/SFBF e.V. (Hrsg.), Materialität, Körper, Geschlecht, Materialienband 14, Frankfurt 1996, S. 7-30

199 Auch Searle warnt davor, die semantische Verschiebung zu übersehen, die eine metaphorische Substitution mit sich bringt. »... die metaphorische Äußerung übermittelt nicht bloß ihre Wahrheitsbedingungen. Sie übermittelt ihre Wahrheitsbedingungen über einen anderen semantischen Gehalt, dessen Wahrheitsbedingungen nicht zu denen der Äußerung gehören.« Vgl. Searle, John R.: Ausdruck und Bedeutung. Untersuchungen zur Sprechakttheorie, Frankfurt 1990, S. 137 f.

200 Vgl. die Kritik von Muraro: Maglia e uncinetto, S. 20. Zeichentheoretisch würde die Möglichkeit einer solchen Unterscheidung voraussetzen, die Metapher von der Metonymie trennen zu können, was jedoch nicht möglich ist. Dazu ausführlicher C. 2.2.1.

201 Irigaray: Macht des Diskurses, S. 75

202 Muraro: Maglia e uncinetto, S. 29 (meine Übersetzung)

203 Ebd.

204 Vgl. meine Ausführungen zum Spiegelstadium und zur Mimesis in C 1.1.6.

205 So bei Kristeva, vgl. Rendtorff: Geschlecht und Bedeutung, S. 14 f.

206 Zu diesem letzten Dualismus gibt es unzählige Belegstellen bei Lacan, so Lacan, Jacques: Encore. Das Seminar, Buch XX, Weinheim 1986, S. 85

207 Lacan greift hier auf einen Terminus der mittelalterlichen Frauenmystik zurück (vgl. Muraro: Les pièces secrètes de l'Europe). Allerdings unterscheidet sich seine Konzeption von der mittelalterlicher Mystikerinnen dadurch, daß diese den Mangel nicht als notwendig ewiges menschliches Verfehlen, sondern im Hinblick auf ein Mehr – das Göttliche – interpretieren und dessen Ewigkeit im Göttlichen begründen (vgl. Günter, Andrea: Weibliche Autorität und die theologische Position des Sprechens, in: Günter, Wagener (Hrsg.), Was bedeutet es heute, Theologin zu sein?, S. 48-61). Auch Arendt verankert das, was sich im Sprechen zeigt, in einem Mehr, das durchaus auch göttlichen Ursprungs ist: im Geschaffensein der Menschen in Verschiedenheit. Vgl. Arendt: Vita Activa, S. 15 f.

208 Gallas: Der Hunger nach Sinn, S. 53. Meine Hervorhebung

209 Muraro: Die symbolische Ordnung der Mutter, S. 53 f.

210 Jung, Carl Gustav: Wandlungen und Symbole der Libido, München 1991, S. 225 (diesen Literaturhinweis verdanke ich Veronika Mariaux)

211 Die Liebe zur Mutter läßt höchstens den Mangel aufscheinen, sie geht ihm also voraus.

212 Vgl. Lacan: Die Bedeutung des Phallus, S. 125 f. Das Symbol als Ausdruck des Mangels ist die phall-logische Reduzierung des Symbols.

213 »Ähnlichkeit ist Ausdruck der Liebe am Anfang und Zeichen einer wirklichen Liebe ... Man muß Ähnlichkeit gebrauchen können, um von der Erinnerung an sich auf etwas anderes zu kommen ... Das Bild läßt einen etwas ähnlich sehen, dem es ähnlich sieht«. Vgl. Meyer: Das Erlebnis der Ähnlichkeit, S. 238

214 Muraro: Die symbolische Ordnung der Mutter, S. 80

215 Ebd., S. 79

216 Ebd., S. 97. Zur Idee des fleischlichen Kreises vgl. B 5.2., B 5.3.1.

217 Muraro plädiert immer wieder dafür, dabei weibliche Vermittlungen zu bevorzugen, was voraussetzt, jede Ablehnung der Mutterfigur gegenüber zu überwinden. Vgl. ebd., S. 79

218 Ebd., S. 51. An diesem Punkt kritisiert Muraro auch Kristeva. Vgl. ebd., S. 53 f.

219 Ebd, S. 146: Anmerkung zu Seite 59

220 Vgl. Arendt: Vita activa, S. 164 ff.

221 Ebd., S. 164. Vgl. D 3.2. u. D 3.4.

222 Lindhoff hält die weibliche Selbstidentifikation für das, was die Frauenbefreiungsbewegung ermöglichen soll. Vgl. Lindhoff: Einführung in die feministische Literaturtheorie, S. XIV

223 Ein Effekt des Patriarchats ist es ja auch, daß mittels der vereindeutigenden Ideologisierung von Weiblichkeit die Verschiedenheit von Frauen fixiert und vereinheitlicht wurde: »›Die Frau‹ [...] ist so einheitlich nur in bezug auf ›den Mann‹ als ›der Eine‹. Aus dieser Fixierung freigelassen, ist sie anderes und anderes und anderes.« Vgl. Klinger, Cornelia: Das Bild der Frauen in der Philosophie und die Reflexion von Frauen auf die Philosophie, in: Hausen, Karin, Nowoty, Helga (Hrsg.), Wie männlich ist die Wissenschaft? Frankfurt 1986, S. 80

224 Waltraud Gölter hat in ihren Arbeiten zu »Thanatographie und Biographie« gezeigt, daß der Mangel an mütterlichem Körper, der das Subjekt zur (schreibenden) Suche nach Selbstidentifikation antreibt, ein Subjekt des Todes ist. Denn die Suche nach Selbstidentifikation schließt das »Ja« des Sprechens aus (vgl. Gölter, Waltraud: »Jedes Leben, das man betrachtet, kommt einem unglücklich vor, aber jedes gelebte Leben ist ziemlich vergnügt ...«. Thanatographie – Biographie, in: Feministische Studien 1 (1995) 13, S. 8-21; dies., Trauer, Lachen und Anderes. Überlegungen zu Text und Theorie, in: Fragmente 44/45 (1994), S. 39-60). Vor dem Hintergrund der Gölterschen Ausführungen halte ich es für fatal, wenn die gelungene weibliche Selbstidentifikation zur Voraussetzung des Sprechens von Frauen wird. Damit wird eine Bedingung gesetzt, die das »Ja« von Frauen geradewegs ausschließt.

D. *Literaturwissenschaft und Geschlechterpolitik*

1 Was die Einflußmöglichkeiten von Literatur auf Politik betrifft, so unterscheidet Karin Schwenk zwischen der gesellschaftlichen, der kognitiven und der Sozialisationsfunktion von Literatur. Vgl. Schwenk: Politik des Lesens, S. 134 f.

2 Vgl. D 1

3 Vgl. die Auseinandersetzung mit den Texten von Stephan, Heinrich u.a. bei Schmidt: Westdeutsche Frauenliteratur; Brügmann: Amazonen; Weigel: Die Stimme der Medusa, v. a. Kapitel 4; Goettle, Gabriele: Schleim oder Nichtschleim, das ist hier die Frage, in: Dietze, Gabriele (Hrsg.), Überwindung der Sprachlosigkeit. Texte aus der neuen Frauenbewegung, Darmstadt 1979, S. 51-54; Classen, Brigitte, Goettle, Gabriele: »Häutungen«, eine Verwechselung von Anemone und Amazone, in: ebd., S. 55-59

4 Vgl. den gleichnamigen Sammelband von Dietze: Überwindung der Sprachlosigkeit, hier: S. 7

5 Vgl. Kublitz-Kramer, Maria: Frauen auf Straßen. Topographien des Begehrens in Erzähltexten von Gegenwartsautorinnen, München 1995, S. 13 ff.

6 Über dieses Anliegen hat DIOTIMA gearbeitet (DIOTIMA: in: Mettere al Mondo il Mondo). Was hier für das Sprechen gilt, gilt insbesondere auch für die Praxis der Interpretation. Auch die Veränderung der Interpretationspraxis evoziert ein anderes So-und-so-Sein in der Welt, und in diesem Sinne haben wir es mit einer anderen Welt zu tun. Vgl. Abel, Günter: Interpretationswelten. Gegenwartsphilosophie jenseits von Essentialismus und Relativismus, Frankfurt 1993, S. 16

7 Vgl. Stephan, Weigel: Vorwort, S. 6 f.

8 Weigel: Die Stimme der Medusa, S. 47 ff.

9 Ebd., S. 8. Stephan und Weigel schreiben an dieser Stelle auch, daß es nicht um die Suche nach Vorbildern geht. Diese Trennung halte ich für künstlich. Vorbilder sind kein Selbstzweck. »Bilder«, Vorstellungen zu suchen, die schon vor mir waren, sind orientierend und folglich erstrebenswert.

10 Stephan, Weigel: Vorwort, S. 8

11 Stephan, Weigel: Vorwort, S. 5

12 Kublitz-Kramer: Frauen auf Straßen, S. 17

13 Bossinade: Das Beispiel Antigone, S. 261

14 Weigel: Der schielende Blick, S. 98

15 Ebd., S. 104

16 Edb., S. 88. Diese Präzisierung gilt auch für die literaturwissenschaftliche Interpretation. Interpretation als Beitrag zur frauenbewegten Befreiungspraxis bedeutet, den Widerspruch zwischen der Frau als »Andere« des Mannes und ihrem Bestreben, selbst zu sprechen, in die Literatur und deren Deutung einzubeziehen.

17 Vgl. Kublitz-Kramer: Frauen auf Straßen, S. 17 ff.

18 Weigel: Das Schreiben des Mangels, S. 34 (meine Hervorhebung). An an-

deren Stellen zeichnet Weigel durchaus ein differenziertes Bild, so Weigel: Mit Siebenmeilenstiefeln zur weiblichen AllMacht, S. 139

19 Ein Punkt, den Diana Sartori kritisiert. Sartori, Diana: »Tu devi«. Un ordine materno, in: DIOTIMA, Oltre l' ugualianza. Le radici femminili dell' autorità, Napoli 1995, S. 26. Auch kommt Satori zu dem Ergebnis, daß die Idee des autonomen Subjekts die Logik »eines – alles« bzw. »alles – nichts« produziert. Ebd., S. 19

20 Für Hubert geht mit der modernen Subjektkonstitution eine Ästhetisierung der Freiheit einher, die sich bei den 68ern niederschlägt. Hier wird Freiheit nicht länger in Auseinandersetzung *mit* Natur, sondern als Handeln verstanden, das sich aus der Freiheit *von* der Auseinandersetzung mit der Natur versteht. Als Gegensatz von Freiheit gilt infolgedessen auch nicht »mehr Zwang, sondern Zweckmäßigkeit, und da Kunst zweckfrei, ist sie Modell dieser utopischen Vorstellung von Freiheit.« Vgl. Hubert: Politisierung der Literatur – Ästhetisierung der Politik, S. 23

21 Weigel im Anschluß an Ingeborg Bachmann, in: Weigel: Der schielende Blick, S. 127 ff.

22 Auch im Hinblick auf weibliche Freiheit in der Geschichte macht es Sinn, von einem Strukturwandel auszugehen. Vgl. B 1.1.1.

23 Pieper, Annemarie: Aufstand des stillgelegten Geschlechts. Einführung in die feministische Ethik, Freiburg, Basel, Wien 1993, S. 12 ff.

24 Weigel nennt diese drei: Frauenbild, Frau und Utopie. Vgl. Weigel: Der schielende Blick, S. 109

25 Weigel trifft durchaus immer wieder Unterscheidungen im Sinne von kontextueller und situationsbezogener Freiheit, jedoch ist sie m.E. diesbezüglich nicht konsequent genug. Vgl. zu der genannten Stelle Weigel: Der schielende Blick, S. 112

26 Weigel: Mit Siebenmeilenstiefeln zur weiblichen AllMacht, S. 139

27 Zu meinen Freiheits-Vorstellungen vgl. Günter, Andrea: Differenza sessuale. Eine Einführung in das Denken der Geschlechterdifferenz der Mailänderinnen und von DIOTIMA, in: dies., Weibliche Autorität, Geschlechterdifferenz und Frauenpolitik, S. 12-32

28 Stephan: Häutungen, S. 3

29 Vgl. Pusch, Luise: Das Deutsche als Männersprache. Diagnose und Therapievorschläge, in: dies., Das Deutsche als Männersprache. Aufsätze und Glossen zur feministischen Linguistik, Frankfurt 1984, S. 46-68

30 Daß eine neue Sprache sich nicht auf diese beiden Momente beschränken kann, hat u.a. Postl herausgearbeitet. Wortlisten, die Klassifizierungen von Worten und Benennungsformen in »gute« oder »schlechte«, werden dem nicht gerecht, daß Bedeutung über die Funktion im Kontext entsteht (vgl. Postl: Weibliches Sprechen, S. 102 f.). Lediglich die Funktion im Kontext erklärt, warum »gute Worte« und »richtige« Endungen auch gegen Frauen verwendet werden können.

31 Vgl. Weimann: Mimesis und die Bürde der Repräsentation, S. 1063 f. Weimann kritisiert wiederum die dekonstruktivistische Reduzierung. Sie übersehe, daß Repräsentation sowohl die Darstellung als auch den Prozeß der

Hervorbringung beinhalte. Die Darstellung sei keine einfache Wiederholung des Systems Sprache, sondern dessen Aneignung im Interesse und der Identität des Darstellenden. Ebd., S. 1064

32 Vgl. Arendt: Vita activa, S. 180 f.

33 Schrattenholzer, Elisabeth: Das Wort und die Tatsachen oder Was nehme ich, wenn ich wahrnehme?: Ein Plädoyer für eine entzerrte Wahrnehmung, Wien 1993, S. 8

34 Bachmann: Frankfurter Vorlesungen, S. 16

35 Ebd., S. 18

36 Ebd., S. 19. Bachmann charakterisiert diese Qualitäten einer neuen Sprache hier in Hinblick auf Dichter und deren literarische Qualität.

37 Ausführlich in C 2.3.

38 Vgl. Gölter: »Komplizenschaft« und Mut, S. 116 ff.

39 Vgl. C 1.5.3.

40 Vgl. Gölter: »Komplizenschaft« und Mut, S. 115

41 Vgl. C 2.4.2.

42 Kristeva: Die Revolution der poetischen Sprache, Kapitel 1 »Das Semiotische und das Symbolische«, S. 32-113

43 Arendt macht darauf aufmerksam, daß Menschen als geistige Wesen ihre Gedanken anderen mitteilen müssen und daß dies der Grund ist, daß Menschen Sprache brauchen. Vgl. Arendt, Hannah: Vom Leben des Geistes. 1. Das Denken, München 1989, S. 103 f.

44 Vgl. Kublitz-Kramer: Frauen auf Straßen, S. 15 f.

45 Appelt: Die leibhaftige Literatur, S. 9 (meine Hervorhebung)

46 Von der Lühe, Irmela u.a.: Vorbemerkung, in: dies. (Hrsg.), Entwürfe von Frauen von Frauen in der Literatur des 20. Jahrhunderts«, Berlin 1982, S. 5

47 Kristeva nach Suchsland: Kristeva, S. 79.

48 Arendt: Vita activa, S. 172. Hier wird nochmals Genealogie und Dialogizität wichtig. Denn dieser andere Horizont kann sich auch dadurch ausbilden, daß zu anderen Adressaten gesprochen bzw. die Beziehung zu den Adressaten verändert wird, wie ich in der Kritik am genealogischen Denken gezeigt habe.

49 Vgl. Hubert: Politisierung der Literatur – Ästhetisierung der Politik, S. 114 u. 151

50 Benjamin: Ursprung des deutschen Trauerspiels, S. 216 f., vgl. C 2.3.5.

51 Vgl. D 1

52 Weimann fährt fort: »Anders als in der poststrukturalistischen Terminologie wird nun aber die postmoderne Differenz zwischen Zeichen und Bedeutung selbst kritisierbar, indem sie zum Ort der erfüllten oder verweigerten Delegation von sozialen Interessen, Mächten, Funktionen, schließlich zum Brennpunkt von Sinnproduktion oder -destruktion wird.« Vgl. Weimann: Das Ende der Moderne?, S. 21 (Die Hervorhebungen von »neuartige Legitimationsverlust« und »eingeschränkten« sind von mir, die anderen vom Autor.)

53 Irigaray: Spekulum, Frankfurt 1980, S. 169. Im folgenden lehne ich mich exemplarisch an die Subjekt-Kritik Luce Irigarays in »Spekulum« an.

54 Ebd., S. 177. Die der Frau verweigerte Subjektivität garantiert ferner ihren Objektcharakter im Begehren, in der Repräsentation und dem Diskurs des männlich bestimmten Subjekts. Vgl. ebd., S. 169

55 Diese Möglichkeit wird leider zu oft übersehen und nicht gründlich genug reflektiert. Anzeichen dafür gibt es in der Aneignung des Weiblichen zur Neustrukturierung der Vorstellung von den Möglichkeiten des Sprechens, wie es von feministischer Seite beispielsweise an Derrida kritisiert wird. Vgl. C 2.2.

56 Vgl. Hof: Die Grammatik, S. 163

57 Eberle, Thomas Samuel: Auf den Spuren des verschwundenen Autors. Eine soziologische Rasterfahndung, in: Ingold, Felix Philipp, Wunderlich, Werner (Hrsg.), Der Autor im Dialog. Beiträge zu Autorität und Autorschaft, St. Gallen 1993, S. 82

58 Weimann: Mimesis und die Bürde der Repräsentation, S. 1071. Weimann kritisiert hierbei den Begriff der »Textualität«, der »einen vor-rationalen Bereich des Spiels und der Produktion« voraussetzt, in dem eine Person keinen Handlungsraum hätte.

59 Weimann: Das Ende der Moderne?, S. 36

60 Vgl. Hof: Die Grammatik, S. 153

61 Weimann: Mimesis und die Bürde der Repräsentation, S. 1063. Weimann hebt hervor, daß das Subjekt-Verständnis nie so eindimensional war, wie es im Poststrukturalismus dargestellt und kritisiert wird.

62 Ebd. Die maßgeblichen postmodernen Neuentwürfe der Subjekt-Idee konstituieren das Subjekt nach der Zusammenstellung der Literaturwissenschaftlerin Renate Hof als Subjekt in Bewegung und im Prozeß gesehen. Das Subjekt existiert nur, wenn es spricht. Was dabei den Text betrifft, so geht das Subjekt nicht dem Sprechen voraus, sondern es entfaltet sich in ihm. Insofern ist das Subjekt beim Sprechen und Schreiben nicht auf eine bewußte Intention und auf die Verantwortlichkeit für das individuelle Bewußtsein festgelegt. Das Bewußtsein stellt auch keine absolute Autorität mehr für das Sprechen und Schreiben dar. Vgl. Hof, Die Grammatik der Geschlechter, S. 163 f.

63 Vgl. Meyer: Zählen und Erzählen, S. 65

64 Vgl. Gölter: »Die Ränder des Symbolischen«, a.a.O.

65 Vgl. Moi: Sexus, Text, Herrschaft, S. 130. Weimann macht darauf aufmerksam, daß im Text als Ort des Widerspruchs zugleich Unterdrückung und Befreiung, Privileg und Machtlosigkeit aufeinanderprallen und sich gegenseitig hinterfragen. Vgl. Weimann: Mimesis und die Bürde der Repräsentation, S. 1071

66 Ecker gebraucht diese Formel zwar in einem sehr anderen Kontext und in einem anderen Sinn, jedoch halte ich sie für eine gelungene Formulierung des Verhältnisses von AutorIn, Text und LeserIn. Vgl. Ecker: Differenzen, S. 41

67 Appelt: Die leibhaftige Literatur, S. 7

68 Weigel: Die Stimme der Medusa, S. 18

69 Vgl. Gölz, Sabine: Die stille Revolution. Strategien der Poetik von Inge-

borg Bachmann, in: Grubitzsch, Helga, Kublitz, Maria, Mey, Dorothea, Singendonk-Heublein Ingeborg (Hrsg.), Frauen, Literatur, Revolution, Pfaffenweiler 1992, S. 141

70 Vgl. C 2.4.2.

71 Arendt: Vita Activa, S. 165 ff.

72 Domin: Wozu Lyrik heute, S. 160

73 Vgl. Arendt: Vita activa, S. 161

74 Ebd., S. 169. Diese Einschätzung spricht gegen ein Vokabular der Inszenierung von Autorschaft, weil dies ein Vokabular der Machbarkeit, der Regie, des Herstellens ist. Das Unabwägbare und Unvorhersehbare, das, was aufgrund der Teilhabe am menschlichen Beziehungsgefüge in Texten entsteht, wird per Begriffsdesign aus der Autorschaft hinausdefiniert. Zu diesem Verständnis zählt auch, daß die/der Handelnde die Ziele, die ihm vorschweben, niemals verwirklichen können wird. Vgl. ebd., S. 174

75 Vgl. Gölter: »Die Ränder des Symbolischen«, S. 23

76 Vgl. ebd., S. 21

77 Bronfen: Nur über meine Leiche, S. 578. Zwar ist die Autorschaft nicht mit der schreibenden Person identisch, jedoch ist sie ohne Person und deren Leben und Körper nicht zu denken. Das gleiche gilt auch für die Leserin/den Leser. Hof vermerkt in diesem Zusammenhang, daß die Kritik am Autor-Begriff lediglich den privilegierten Status des Autors kritisieren, nicht aber jede Beziehung zur schreibenden Person leugnen soll. Vgl. Hof: Die Grammatik, S. 147 ff.

78 Arendt: Vita activa, S. 174

79 Autorin und Leserin unterscheiden sich in diesem Gewebe aufgrund der Position des Sprechens und der Art und Weise der Handlung.

80 Insofern hatte die Rede vom Tod des Subjekts bzw. vom Tod des Autors den Dualismus Idee (=Funktion) – Materie weitergeführt und baute auf einer (post-strukturalistischen?) Idealismus-Konzeption auf, in der gleichfalls und erneut die Idee die Materie auslöscht, wie es Irigaray sehr ausführlich im dritten Teil von Spekulum aufgezeigt und kritisiert hat. Vgl. Irigaray: Spekulum.

81 Gölter, Waltraud: Trauer, Lachen und Anderes.

82 Die Bedeutung der geschlechtlichen Kodiertheit dieser Rede ist gerade deshalb wichtig, weil sich »der Widerstand gegen die Festlegung von Autor und Text [...] über die Einschreibung des Weiblichen als Anderes (das Andere des Einen)« vollzieht. Vgl. Weigel: Die Stimme der Medusa, S. 213

83 Arendt, Vita activa, S. 171. Damit ist kein biographischer Reduktionismus gemeint, eine Verarmung, die Arendt selbst immer wieder abgelehnt hat. Arendt hält die Nachahmung (Mimesis) des Handelns einer Person für eine Möglichkeit, sich dem So-und-nicht-anders-Sein einer Person anzunähern, weil man allein dadurch der Person ohne falsche Verallgemeinerung gerecht werden kann. Ebd., S. 179

84 Bürger: Leben Schreiben, S. VII

85 Bossinade, Johanna: Wem gehört die Moderne? Sondierungen eines Pro-

blemfalls, in: Grubitzsch, Kublitz, Mey, Singendonk-Heublein (Hrsg.), Frauen, Literatur, Revolution, S. 357 f.

86 Brügmann: Amazonen der Literatur, S. 1

87 Vgl. Domin: Wozu Lyrik heute, S. 159 f.

88 Vgl. Domin, Hilde: Das Gedicht als Augenblick von Freiheit. Frankfurter Poetik-Vorlesungen 1987/1988, Frankfurt 1993, S. 48

89 Vgl. Putino, Angela: La Signora della notte stellata, in: DIOTIMA, Il cielo stellato dentro di noi. L' ordine simbolico della madre, Milano 1992, S. 107

90 Weigel: Die Verdoppelung des männlichen Blicks, S. 240

91 Mey, Dorothea: Was heißt »Engagement« in der feministischen Literaturwissenschaft, in: Brügmann, Kublitz-Kramer (Hrsg.), Textdifferenzen, S. 65

92 Es ist ja durchaus auffallend, daß sehr viele schreibende Frauen, die Philosophie studiert haben, weniger philosophisch als vielmehr literarisch arbeiten.

93 Gölz: Die stille Revolution, S. 305

94 Domin: Das Gedicht als Augenblick von Freiheit, S. 62

95 Schwenk: Politik des Lesens, S. 189

96 Domin: Wozu Lyrik heute, S. 160

97 Domin: Das Gedicht als Augenblick von Freiheit, S. 67

98 Ebd., S. 48

99 Vgl. Domin: Wozu Lyrik heute, S. 46

100 Zum Begriff des Verwerfens siehe das Kapitel »Negativität oder Verwerfen« in: Kristeva: Die Revolution der poetischen Sprache, S. 128. Insofern leistet Literatur einen wichtigen Beitrag zum Umgang mit Verschiedenheit. Zum Gelächter und zur Bejahung als weibliche Gegenposition vgl. Gölter: Trauer, Lachen und Anderes, a.a.O. Daß Gölter bei Gertrude Stein die Konzeption von Präsenz und Kunst nicht mit Trauer, sondern mit Lachen verbunden findet, scheint aufgrund der Dynamik der Ironie einleuchtend. Ironie ist im Augenblick verankert. Vgl. Hamacher, Werner: Unlesbarkeit, in: Paul de Man, Allegorien des Lesens, Frankfurt 1988, S. 12

101 Cixous, Hélène: Die Orange leben, in: dies., Weiblichkeit in der Schrift, S. 108

102 Weil, Simone: Venice sauvée, Paris 1955, zit. n. Wandruszka: »Meine Mutter hatte goldene Flügel«, S. 222. Weil klassifiziert Aufmerksamkeit als Tugend der Dichter. »Der Dichter produziert die Schönheit, indem er seine ganze Aufmerksamkeit auf etwas Wirkliches richtet.« Vgl. ebd.

103 Domin: Das Gedicht als Augenblick von Freiheit, S. 46. Auch bei Kristeva ist ein solcher Bruch mit Freiheit verknüpft. Vgl. z.B. Kristeva: Die Revolution der poetischen Sprache, S. 53 f. u. 133

104 Garí, Blanca: Der Weg zum »Land der Freiheit« im Spiegel der einfachen Seelen bei Margarete Porete, in: Günter, Wagener, (Hrsg.), Was bedeutet es heute, Theologin zu sein?, S. 141

105 Putino: La Signora della notte stellata, S. 100 f., übersetzt von Elisenda Padròs, zit. n. Garí, Der Weg zum »Land der Freiheit«, S. 142

106 Domin: Das Gedicht als Augenblick von Freiheit, S. 87. Domin findet die Freiheit der Dichterin gerade darin, die notwendigen Worte zu suchen. Sie hat die Freiheit, die notwendige, angemessene, lebendige Darstellung auszuwählen. Vgl. Domin: Wozu Lyrik heute, S. 143

107 Gölter: Trauer, Lachen und Anderes, S. 48

108 Vgl. ebd., S. 56

109 Vgl. Bachmann: Frankfurter Vorlesungen, S. 36

110 Arendt, Hannah: Kultur und Politik, in: Merkur. Deutsche Zeitschrift für europäisches Denkens, 12 (1958/59) 130, S. 1143 f.

111 Vgl. Nordmann, Ingeborg: Hannah Arendt, Frankfurt 1994, S. 118

112 Arendt: Vita activa, S. 172

113 Vgl. Starobinski, Jean: Der Autor und die Autorität. Aus einem Notizbuch über die Beständigkeit und die Metamorphosen der Autorität, in: Ingold, Wunderlich (Hrsg.), Der Autor im Dialog, S. 11

114 Eine Begründung, die Vinken anführt. Vgl. Vinken: Dekonstruktiver Feminismus – Eine Einleitung, S. 9

115 Die andere symbolische Position der Frau begründet zwar auch die patriarchalische Weltdeutung. Diese leitet das Andere der Frau dabei direkt vom Männlichen ab und versteht es als Gegensatz. Im Denken der Geschlechterdifferenz, wie es die Französinnen und Italienerinnen favorisieren, ist die symbolische Positionierung der Frau dagegen in der besonderen Beziehung zur Mutter aufgrund der Gleichgeschlechtlichkeit mit ihr begründet. Dieses Verständnis bildet deshalb nicht automatisch die Dichotomie Frau-Mann aus, weil die Beziehung zur Mutter und viele aus dieser resultierenden Momente der menschlichen Identitätsfindung Gemeinsames von Frauen und Männern sind. Vgl. Günter: Differenza sessuale, S. 20 f.

116 Vgl. D 3.2.

117 Vgl. D 3.1.

118 Hof: Die Grammatik, S. 163

119 »Autorität ist letztlich der Name einer Geste, die einen bestimmten Sachverhalt ›etabliert‹ ... in einer Geste, die ›etabliert‹: ›So ist es‹« (vgl. Zizek: Grimassen des Realen, S. 114). Autorität ist das, was sie in ihrer *symbolischen* Bestimmung ist. Diese symbolische Bestimmung hat, was das Denken der abendländischen Tradition betrifft, seit der Aufklärung das »Subjekt« determiniert (vgl. ebd., S. 89). Was jedoch die individuelle Erfahrung betrifft, so prägt »die Mutter« und deren symbolische Potenz Autorität (vgl. Muraro: Die symbolische Ordnung der Mutter; hier C 1.5. u. 1.6.). Zwischen diesen beiden gibt es solange einen Widerstreit, wie zwischen der vernünftig-väterlichen Vermittlung von Autorität und der symbolisch-mütterlichen Vermittlung launisch und inkonsequent hin- und hergesprungen wird. Vgl. auch Günter, Andrea: Weibliche Autorität und göttliche Autorisierung. Frauenbewegtes Denken und feministische Theologie, in: Feministische Studien 1 (1997), S. 123-133

120 Zizek: Grimassen des Realen, S. 108

121 Insofern sind Argumente wie »Schwäche im Inhalt« oder »Unausgegorenheit der Darstellung«, mit denen Autorinnen durch den Hinweis auf die

mangelnde Potenz aufgrund ihres Geschlechts ausgeschaltet werden, fadenscheinige Vorwände, einmal davon abgesehen, daß es sich bei diesen Zuschreibungen oftmals um bloße Behauptungen handelt.

122 Die Dekonstruktion, so De Man, rehabilitiert hierbei die Möglichkeit der Überzeugung vor der des Arguments, indem sie auf die Rhetorik – die sprachliche Verfaßtheit – der Sprache aufmerksam macht (vgl. a. Michael Holquist, The Politics of Representation, in: Greenblatt, Stephen J. (Hrsg.), Allegory and Representation, Baltimore, London 1981, S. 163-184). Überzeugen wiederum baut auf eine grundlegende politische Tugend: sich der Äußerung der/des Anderen anzuvertrauen – »affidamento« – ist Voraussetzung von Autorität. Dies ist der erkenntnistheoretische *und* der politische Sinn der Affidamento-Idee der Frauen des Mailänder Frauenbuchladens, die diesen Begriff geprägt haben (vgl. Libreria: Wie weibliche Freiheit entsteht, z.B. S. 26 u. 126). Der zentrale Schlußdialog des für die Mailänderinnen zu diesen Problem maßgeblichen Textes »Überredung« von Jane Austen handelt davon, das richtige Maß zwischen Selbstbestimmung – die unter leichtsinnigen Umständen Realitätsfremdheit bedeuten und als Übermut zum Tode führen kann – und dem sich Anvertrauen an eine wichtige und als kompetent anerkannte Person zu finden, wobei Kompetenz weniger den Inhalt als vielmehr *die eigenen Ansprüche des Urteils* betrifft. Vgl. Austen, Jane: Überredung, übersetzt v. Ursula u. Christian Grawe, Nachwort und Anmerkungen von Christian Grawe, Stuttgart 1983, v.a. das 23. Kapitel

123 Weimann erläutert außerdem die sprachimmanente Notwendigkeit von Autorität wie folgt: »Autorität steht nicht vor dem Beginn einer Äußerung ..., sie steht aber auch nicht einfach am Ende einer Äußerung ... Zwischen dem Beginn einer Äußerung im System der Sprache und ihrem Ende ... müssen wir heute die Lücken, aber auch die Brücken zwischen dem System des Diskurses und dem Ereignis funktionsbestimmter Repräsentation wahrnehmen. Wir müssen erkennen, daß aus diesen Lücken und über diese Brücken jenes Verhältnis von konventionellen Zeichen und historischen Bedeutungen einherkommt, das stets nur über die Bemächtigung der Sprache im jeweils herrschenden Diskurs verfügbar und zugleich verifizierbar, kritisierbar, modifizierbar wird. Oder, umgekehrt gesehen: das ideologisch-semiotische Muster der Kommunikationsformen selbst schafft Widerstand *und* Gegenstand für die Produktions- und Autorisierungstätigkeit im Umgang mit Zeichen und Texten. Autorität entspringt zwischen den Vorgaben der Sprache und ihrem Gebrauch durch die Benutzer ... Autorität erwächst aus dem ertrag- und folgenreichen Umgang mit der vorherbestimmten Weise der Ordnung, Unordnung und Zuordnung im historisch bestimmten Verhältnis von Zeichen, Sache und Bezeichnetem.« (Weimann: Das Ende der Moderne?, S. 47, vgl. meine Hervorhebung). Autorität ist folglich an das symbolische Moment des Wortes gebunden.

124 Ebd., S. 20

125 Zizek: Grimassen des Realen, S. 108 f.

126 In diesem Zusammenhang bekommt auch »gender« als Analysekategorie

nochmals eine neue Erkenntnisdimension. Diese Kategorie wird Hof zufolge dann sinnvoll, wenn wir sie mit der Frage nach dem Verhältnis von Autorität und Autorschaft in Verbindung setzen. Vgl. Hof: Die Grammatik, S. 125

127 Ebd., S. 76

128 Vgl. Moi: Sexus, Text, Herrschaft; Hof, Die Grammatik, S. 140; Culler: Dekonstruktion, S. 46

129 Daß Versprechen und Vertrauen/Sichanvertrauen die ältesten politischen Tugenden sind, darauf weist Hannah Arendt hin. Vgl. Arendt: Vita activa, 33 u. 34; zum Urteil vgl. D 3.3.

Bibliographie

Abel, Günter: Interpretationswelten. Gegenwartsphilosophie jenseits von Essentialismus und Relativismus, Frankfurt 1993

Akashe-Böhme, Farideh: (Hrsg.): Reflexionen vor dem Spiegel, Frankfurt 1992

Dies.: Frau/Spiegel – Frau und Spiegel, in: dies. (Hrsg.), Reflexionen vor dem Spiegel, S. 9-14

Dies.: Fremdheit vor dem Spiegel, in: dies. (Hrsg.), Reflexionen vor dem Spiegel, S. 38-49

Amstutz, Nathalie, Kuoni, Martina (Hrsg.): Theorie, Geschlecht, Fiktion, Basel, Frankfurt 1994

Anderegg, Johannes: Symbol und ästhetische Erfahrung, in: Oelkers, Wegenast (Hrsg.), Das Symbol – Brücke des Verstehens, S. 46-61

Appelt, Hedwig: Die leibhaftige Literatur. Das Phantasma und die Präsenz der Frau in der Schrift, Weinheim, Berlin 1989

Arendt, Hannah: Kultur und Politik, in: Merkur. Deutsche Zeitschrift für europäisches Denkens, 12 (1958/59) 130, S. 1122-1156

Dies.: Rahel Varnhagen. Lebensgeschichte einer Jüdin aus der Romantik, München 1987

Dies.: Vita Activa, oder Vom tätigen Leben, München 1981

Dies.: Vom Leben des Geistes. 1. Das Denken, München 1989

Dies.: Was ist Politik, München 1993

Dies.: Zwischen Vergangenheit und Zukunft. Übungen im politischen Denken 1, München 1994

Von Arnim, Bettine: Die Günderode, Frankfurt 1983

Austen, Jane: Überredung, übersetzt v. Ursula u. Christian Grawe, Nachwort und Anmerkungen von Christian Grawe, Stuttgart 1983

Bachmann, Ingeborg: Drei Wege zum See, in: dies., Simultan, München 1974, S. 94-165

Dies.: Der Fall Franza. Requiem für Fanny Goldmann, München 1981

Dies.: Frankfurter Vorlesungen, München 1984

Dies.: Gedichte, Hörspiele, Erzählungen, Essays, München 1983

Dies.: Vor den Linien der Wirklichkeit, München 1982

Dies.: Die Wahrheit ist dem Menschen zumutbar, München 1985

Dies.: Wir müssen wahre Sätze finden, München 1983

Battersby, Christine: Gender and Genius. Towards a Feminist Aesthetics, London 1989

Bauer, Dale M., McKinstry Susan Jaret (Hrsg.): Feminism, Bakhtin, and the Dialogic, New York 1991

De Beauvoir, Simone: Das andere Geschlecht. Sitte und Sexus der Frau, Hamburg 1951

Becker-Cantarino, Barbara: Der lange Weg zur Mündigkeit. Frauen und Literatur in Deutschland 1500 bis 1800, München 1989

Benhabib, Seyla: Kritik, Norm und Utopie. Die normativen Grundlagen der Kritischen Theorie, Frankfurt 1992

Dies.: Selbst im Kontext. Kommunikative Ethik im Spannungsfeld von Feminismus, Kommunitarismus und Postmoderne, Frankfurt 1995

Dies.: Urteilskraft und die moralischen Grundlagen der Politik im Werk Hannah Arendts, in: Zeitschrift für philosophische Forschung 41 (1987), S. 521-547

Dies.: Der verallgemeinerte und der konkrete Andere. Ansätze zu einer feministischen Moraltheorie, in: List, Elisabeth, Studer, Herlinde (Hrsg.), Denkverhältnisse. Feminismus und Kritik, Frankfurt 1989, S. 454-488

Benjamin, Walter: Über den Begriff der Geschichte, in: ders., Gesammelte Schriften, Band I.2., Frankfurt 1991, S. 691-705

Ders.: Ursprung des deutschen Trauerspiels, in: ders., Gesammelte Schriften, Bd. I.1., Frankfurt 1991, S. 203-430

Bettinger, Elfi, Fink Julika (Hrsg.): Maskeraden. Geschlechterdifferenz in der literarischen Inszenierung, Berlin 1995

Beutin, Wolfgang, Ehlert Klaus u.a. (Hrsg.): Deutsche Literaturgeschichte: Von den Anfängen bis zur Gegenwart, Stuttgart ^{2}1984

Birch-Pfeiffer, Charlotte: Der Pfarrherr, Gesammelte dramatische Werke, Leipzig 1865-70, Bd. 2, S. 227-320

Blixen, Tania: Mottos meines Lebens. Betrachtungen aus drei Jahrzehnten, Reinbek 1993

Boch, Gudrun: Der unaufhaltsame Aufbruch. Wege der anglo-amerikanischen feministischen Literaturwissenschaft, in: Fischer, Kilian, Schönberg (Hrsg.), Bildersturm im Elfenbeinturm, S. 37-47

Bock, Gisela: Challenging Dichotomies: Perspectives on Women's History, in: Offen, Karen u.a. (Hrsg.), Writing Women's History, Bloomington, Indianapolis 1991, S. 1-23

Boella, Laura: Hannah Arendt. Agire politicamente. Pensare politicamente, Milano 1995

Dies.: »Mit allen Sinnen denken«, in: Vernunft – Kritik – Weiblichkeit. Philosophische Gespräche zur Komplexität der multikulturellen Gesellschaft. Protokolldienst der Evangelischen Akademie Bad Boll, Bad Boll 1993

Dies.: Pensare liberamente, pensare il mondo, in: DIOTIMA, Mettere il mondo al mondo, S. 173-189

Boff, Clodovis: Wissenschaftstheorie und Methode der Befreiung, in: Ellacuría, Ignacio, Sobrino, Jon (Hrsg.), Mysterium Liberationis. Grundbegriffe der Theologie der Befreiung, Luzern 1995, S. 63-98

Bossinade, Johanna: Das Beispiel Antigone. Textsemiotische Untersuchungen zur Präsentation der Frauenfigur. Von Sophokles bis Ingeborg Bachmann, Köln, Wien 1990

Dies.: Einige Implikationen des sprachtheoretischen Differenzkonzepts von Jacques Derrida für die feministisch orientierte Literaturkritik, in: Brügmann, Kublitz-Kramer (Hrsg.), Textdifferenzen, S. 81-92

Dies.: Wem gehört die Moderne? Sondierungen eines Problemfelds, in: Grubitzsch, Helga, Kublitz, Maria, Mey, Dorothea, Singendonk-Heublein, In-

geborg (Hrsg.), Frauen, Literatur, Revolution, Pfaffenweiler 1992, S. 343-361
Bovenschen, Silvia: Die imaginierte Weiblichkeit. Exemplarische Untersuchungen zu kulturgeschichtlichen und literarischen Präsentationsformen des Weiblichen, Frankfurt 1979
Dies.: Über die Frage: Gibt es eine weibliche Ästhetik?, in: Ästhetik und Kommunikation 7 (1976) 25, S. 60-75
Braun, Julia: Eine Interpretation zur Darstellung von Gewalt in Evelyn Grills Roman »Winterquartier« und Birgit Vanderbekes Erzählung »Das Muschelessen«, Freiburg 1995 (unveröffentlichte Magistraarbeit)
Breitling, Gisela: Der verborgene Eros. Weiblichkeit und Männlichkeit im Zerrspiegel der Künste, Frankfurt 1990
Dies.: Die Geschöpfe des Pygmalion, in: dies., Der verborgene Eros, S. 130-181
Dies.: Die Postbewegung, in: dies., Der verborgene Eros, S. 58-66
Dies.: Sprechen und Stummsein – die künstlerische Rede, in: dies., Der verborgene Eros, S. 22-57
Briel, Holger Mathias: Adorno und Derrida. Oder: Wo liegt das Ende der Moderne?, New York, Berlin, Bern 1983
Brinker-Gabler, Gisela (Hrsg.): Deutsche Literatur von Frauen, München 1988
Bronfen, Elisabeth: Der literarische Raum. Untersuchungen am Beispiel von Dorothy M. Richardsons Romanzyklus Pilgrimage, 1986
Dies.: Nur über ihre Leiche. Tod, Weiblichkeit und Ästhetik, München 1994
Dies.: Weiblichkeit und Repräsentation – aus der Perspektive von Ästhetik, Semiotik und Psychoanalyse, in: Bußmann, Hof (Hrsg.), Genus, S. 408-455
Brügmann, Margret: Amazonen der Weltliteratur. Studien zur deutschsprachigen Frauenliteratur der 70er Jahre, Amsterdam 1986
Dies.: Ein Echo von Weiblichkeit: Notizen zu Cindy Shermans photographischem Werk, in: Brügmann, Kublitz-Kramer (Hrsg.), Textdifferenzen, S. 115-130
Dies.: Weiblichkeit im Spiel der Sprache, in: Gnüg, Möhrmann (Hrsg.), Frauen, Literatur, Geschichte, S. 395-415
Dies.: Zu Besuch bei Kristeva mit Pinsel und Palette. Über Weiblichkeit im Werk von Enzo Cucchi und Frida Kahlo, in: Pelz u.a. (Hrsg.), Frauen, Literatur, Politik, Hamburg 1988, S. 30-44
Brügmann, Margret, Kublitz-Kramer Maria (Hrsg.): Textdifferenzen und Engagement. Feminismus, Ideologiekritik, Poststrukturalismus, Pfaffenweiler 1993
Brown, Peter: Wissenschaft und Phantasie, in: ders., Die Gesellschaft und das Übernatürliche. Vier Studien zum frühen Christentum, Berlin 1993, S. 7-20
Bub, Stefan: Sinneslust des Beschreibens. Mimetische und allegorische Gestaltung in der Prosa Walter Benjamins, Würzburg 1991
Bürger, Christa: Leben Schreiben. Die Klassik, die Romantik und der Ort der Frauen, Stuttgart 1990
Bußmann, Hadumod, Hof Renate (Hrsg.): Genus. Zur Geschlechterdifferenz in den Kulturwissenschaften, Stuttgart 1995
Butler, Judith: Das Unbehagen der Geschlechter, Frankfurt 1991

Cabré, Montserrat, Rivera, María-Milagros: Academic politics and the transmission of knowledge: The Women's Studies Center at the University of Barcelona, Barcelona 1993 (unveröffentlichtes Manuskript)
Cavarero, Adriana: Plato zum Trotz. Weibliche Gestalten der antiken Philosophie, Berlin 1992
Classen, Brigitte, Goettle, Gabriele: »Häutungen«, eine Verwechselung von Anemone und Amazone, in: Dietze (Hrsg.), Überwindung der Sprachlosigkeit, S. 55-59
Cixous, Hélène: Weiblichkeit in der Schrift, Berlin 1980
Dies.: Geschriebene Frauen, Frauen in der Schrift, in: dies., Weiblichkeit in der Schrift, S. 22-58
Dies.: Prénoms de personne, Paris 1974
Dies.: Die Orange leben, in: dies., Weiblichkeit in der Schrift, S. 108-128
Dies.: Die unendliche Zirkulation des Begehrens, Berlin 1977
Dies.: Wer singt? Wer veranlaßt zu singen?, in: dies., Weiblichkeit in der Schrift, S. 58-107
Culler, Jonathan: Dekonstruktion. Derrida und die poststrukturalistische Literaturtheorie, Reinbek 1988
Daly, Brenda O., Reddy Maureen T. (Hrsg.): Narrating Mothers. Theorizing Maternal Subjectivities, Knoxville 1991
Decke-Cornill, Helene, Gdaniec, Claudia M.: Sprache – Literatur – Geschlecht. Theoretische Voraussetzungen für Gender Studies im fortgeschrittenen Englischunterricht, Pfaffenweiler 1992
Demirovic, Alex: Wahrheitspolitik. Zum Problem der Geschichte der Philosophie, in: Weigel (Hrsg.), Flaschenpost, S. 91-116
Derrida, Jacques: Die Schrift und die Differenz, Frankfurt 1985
Diamond, Arlyn, Edwards Lee R. (Hrsg.): The Authority of Experience, Amherst 1997
Diezinger Angelika u.a. (Hrsg.): Erfahrungen mit Methode. Wege sozialwissenschaftlicher Frauenforschung, Freiburg o.J.
Dietze Gabriele (Hrsg.): Überwindung der Sprachlosigkeit. Texte aus der neuen Frauenbewegung, Darmstadt 1979
DIOTIMA: Il cielo stellato dentro di noi. L' ordine simbolico della madre, Milano 1992
Dies.: Der Mensch ist zwei. Das Denken der Geschlechterdifferenz, Wien 1989
Dies.: Mettere al mondo il mondo, Mailand 1990
Dies.: Oltre l' ugualianza. Le radici femminili dell' autorità, Napoli 1995
Dolto, Françoise: Zwiesprache von Mutter und Kind: Die emotionale Bedeutung der Sprache, München 1988
Domin, Hilde: Das Gedicht als Augenblick von Freiheit. Frankfurter Poetik-Vorlesungen 1987/1988, Frankfurt 1993
Dies.: Gesammelte Gedichte, Frankfurt ^{5}1995
Dies.: Wozu Lyrik heute. Dichtung und Leser in der gesteuerten Gesellschaft, Frankfurt 1993
Dornhof, Dorothea: Weiblichkeit als Paradigma moderner Ästhetik? Überle-

gungen zu einer Begriffs- und Bedeutungsgeschichte von Weiblichkeit, in: Brügmann, Kublitz-Kramer (Hrsg.), Textdifferenzen, S. 173-184
Eagleton, Terry: Einführung in die Literaturtheorie, Stuttgart 1994
Eberle, Thomas Samuel: Auf den Spuren des verschwundenen Autors. Eine soziologische Rasterfahndung, in: Ingold, Wunderlich (Hrsg.), Der Autor im Dialog. Beiträge zu Autorität und Autorschaft, S. 73-100
Engelmann, Peter (Hrsg.): Postmoderne und Dekonstruktion. Texte französischer Philosophen der Gegenwart, Stuttgart 1990
Ecker, Gisela: Differenzen. Essays zu Weiblichkeit und Kultur, Dülmen-Hiddingsel 1994
Dies.: Der Kritiker, die Autorin und das allgemeine Subjekt, in: dies., Differenzen, S. 99-123
Dies.: Poststrukturalismus und feministische Wissenschaft. Eine heimliche oder unheimliche Allianz, in: dies., Differenzen, S. 57-76
Dies.: Spiel und Zorn. Zu einer feministischen Praxis der Dekonstruktion, in: Pelz Annegret u.a. (Hrsg.), Frauen, Literatur, Politik, Hamburg 1988, S. 8-22, wiederabgedruckt in: dies., Differenzen, S. 33-56
Dies.: Zum Wi(e)derlesen. Intertextualität und das Programm einer anderen Literaturgeschichte, in: dies., Differenzen, S. 77-98
Eiblmayr, Silvia: Die Frau als Bild. Der weibliche Körper in der Kunst des 20. Jahrhunderts, Berlin 1993
Erdle, Birgit R.: Antlitz – Mord – Gesetz. Figuren des Anderen bei Gertrud Kolmar und Emmanuel Lévinas, Wien 1994
Dies.: Bezeugen, verstehen, vergleichen. Spuren der Tradition der Erinnerung Sarah Kofmans »Paroles suffoquées«, in: Die Philosophin 12 (1995), S. 38-52
Farr, Cecilia Konchar: Her Mother's Language, in: Daly, Reddy (Hrsg.), Narrating Mothers, S. 94-110
Fast, Irene: Von der Einheit zur Differenz. Psychoanalyse der Geschlechtsidentität, Heidelberg 1991
Felman, Shoshana: Weiblichkeit wiederlesen, in: Vinken (Hrsg.), Dekonstruktiver Feminismus, S. 33-61
Filli, Heidi Bernhard, Günter Andrea u.a.: Weiberwirtschaft. Ausgeblendete Grundlagen der Ökonomie, in: dies., Weiberwirtschaft. Frauen, Ökonomie, Ethik, Luzern 1994, S. 9-28
Fink, Julika: Die schillernde Schönheit der Maskerade. Einleitende Bemerkungen zu einer Debatte, in: Bettinger, Fink (Hrsg.), Maskeraden, S. 15-30
Fischer, Cristina u.a.: Die Differenz der Geschlechter. Eine zu entdeckende und zu produzierende Differenz, in: DIOTIMA, Der Mensch ist zwei, S. 31-64
Fischer, Karin, Kilian, Eveline, Schönberg Jutta (Hrsg.): Bildersturm im Elfenbeinturm. Ansätze feministischer Literaturwissenschaft, Tübingen 1992
Dies.: Aussichtsreiche Abwege – bewegende Einsichten. Feministische Literaturwissenschaft und Herrschaftsdiskurs, in: dies. (Hrsg.), Bildersturm im Elfenbeinturm, S. 11-36
Forcina, Marisa: Dalla ragione non totalitaria al pensiero della differenza, Lecce 1990

Foucault, Michel: Nietzsche, die Genealogie, die Moral, in: ders., Von der Subversion des Wissens, München 1982, S. 83-109

Ders.: Die Ordnung des Diskurses, München 1974

Fox-Keller, Evelyn: Liebe, Macht und Erkenntnis. Männliche oder weibliche Wissenschaft, München, Wien 1986

Fraisse, Geneviève: Die Freunde unserer Freunde, in: dies., Geschlecht und Moderne, S. 164-173

Dies.: Geschlecht und Moderne. Archäologie der Gleichberechtigung, Frankfurt 1995

Dies.: »Mein Interesse ist, Sinn zu produzieren.« Ein Gespräch, in: Die Philosophin 12 (1995), S. 98-103

Frankfurter Frauenschule/SFBF e.V.: Über weibliches Begehren und sexuelle Differenz und den Mangel im herrschenden Diskurs. Autonome Frauenbildungsarbeit am Beispiel der Frankfurter Frauenschule, Frankfurt o.J.

Freud, Sigmund: Bruchstücke einer Hysterie-Analyse, in: ders., Hysterie und Angst, S. 83-186

Ders.: Drei Abhandlungen zur Sexualtheorie, in: ders., Sexualleben, S. 37-146

Ders.: Hysterie und Angst, Studienausgabe Bd. VI, Frankfurt 1972

Ders.: Sexualleben, Studienausgabe Bd. V, Frankfurt 1972

Ders.: Die Traumarbeit, in: ders., Die Traumdeutung, S. 280-345

Ders.: Die Traumdeutung, Studienausgabe Bd. II, Frankfurt 1972

Ders.: Das Unheimliche, in: ders., Psychologische Schriften, Studienausgabe Bd. IV, Frankfurt 1972, S. 241-275

Ders.: Die Weiblichkeit, in: ders., Vorlesungen, Studienausgabe Bd. I, Frankfurt 1972, S. 544-565

Ders.: Zur Ätiologie der Hysterie, in: ders., Hysterie und Angst, S. 51-82

Ders.: Zur Psychotherapie der Hysterie, in: ders., Schriften zur Behandlungstechnik, Studienausgabe Ergänzungsband, S. 37-97

Fuchs, Dörte, Günter, Andrea: Denn die Liebe zu meiner vortrefflichen Mutter war, wie die Quelle meines Lebens, in: Günter, Mariaux (Hrsg.), Papierne Mädchen, S. 181-217

Dies.: Lachend in die Ohn'Macht. Eduard Mörikes »Historie von der schönen Lau«: Archäologie eines Textes, in: Roebling, Sehnsucht und Sirene, S. 131-144

Fues, Wolfram Malte: Frauenbildung, Bildung der Frau. Strategien der Geschlechterdifferenz in der frühen deutschen Aufklärung, in: Klein, Wolfgang, Naumann-Beyer, Waltraud (Hrsg.), Nach der Aufklärung? Beiträge zum Diskurs der Kulturwissenschaften, Berlin 1995, S. 51-66

Gadamer, Hans Georg: Wahrheit und Methode. Grundzüge einer philosophischen Hermeneutik, Tübingen 1990

Gallas, Helga: Der Hunger nach Sinn. Notizen zum Schreiben, in: Cremerius, Johannes, Mauser, Wolfram (Hrsg.), Freiburger literaturpsychologische Gespräche 4 (1985), S. 51-63

Dies.: Kleists »Penthesilea« und Lacans vier Diskurse, in: Frauensprache – Frauenliteratur? Akten des VII. Internationalen Germanistik Kongresses, Bd. 6, Tübingen 1986, S. 203-212

Dies.: Das Textbegehren des Michel Kohlhaas. Die Sprache des Unbewußten und der Sinn der Literatur, Reinbek 1981

Garí, Blanca: Der Weg zum »Land der Freiheit« im Spiegel der einfachen Seelen bei Margarete Porete, in: Günter, Andrea, Wagener, Ulrike (Hrsg.), Was bedeutet es heute, Theologin zu sein?, Jahrbuch 4 der ESTWR, Kampen, Mainz 1996, S. 140--154

Gebauer, Gunter, Wulf, Christoph: Mimesis. Kultur, Kunst, Gesellschaft, Reinbek 1992

Genette, Gerard: Strukturalismus und Literaturwissenschaft, in: Ihwe (Hrsg.), Literaturwissenschaft und Linguistik, Bd. III, S. 71-88

Georg-Lauer, Jutta: Postmoderne und Politik, Tübingen 1992

Geuss, Raymond: Die Idee einer Kritischen Theorie, Königstein/Ts. 1983

Geyer-Ryan, Helga: Schrift, Bild und Wirklichkeit. Der weibliche Körper als Garantie des Sinns, in: Brügmann, Kublitz-Kramer (Hrsg.), Textdifferenzen, S. 145-162

Gnüg, Hiltrud, Möhrmann Renate (Hrsg.): Frauen, Literatur, Geschichte. Schreibende Frauen vom Mittelalter bis zur Gegenwart, Frankfurt 1985

Gölter, Waltraud: »Jedes Leben, das man betrachtet, kommt einem unglücklich vor, aber jedes gelebte Leben ist ziemlich vergnügt ...«. Thanatographie – Biographie, in: Feministische Studien 1 (1995) 13, S. 8-21

Dies.: »Komplizenschaft« und Mut. Julia Kristeva im Gespräch mit Waltraud Gölter, in: Freiburger Frauenstudien 2 (1995), S. 107-120

Dies.: »Die Ränder des Symbolischen« und Randbemerkungen zu einer anderen Logik des Politischen, Freiburg 1995 (unveröffentlichtes Manuskript)

Dies.: Trauer, Lachen und Anderes. Überlegungen zu Text und Theorie, in: Fragmente 44/45 (1994), S. 39-60

Dies.: Zu einigen psychoanalytischen und sozialpsychologischen Aspekten »weiblicher« Kreativität, in: Krauß, Henning, Wolff, Reinhold (Hrsg.), Psychoanalytische Literaturwissenschaft und Literatursoziologie, Frankfurt, Bern 1980, S. 225-245

Dies.: Zukunftssüchtige Erinnerung. Aspekte weiblichen Schreibens, in: Cremerius, Johannes, Mauser, Wolfram (Hrsg.), Freiburger Literaturpsychologische Gespräche 3, Frankfurt 1992, S. 21-45

Gölz, Sabine: Die stille Revolution. Strategien der Poetik von Ingeborg Bachmann, in: Grubitzsch, Helga, Kublitz, Maria, Mey, Dorothea, Singendonk-Heublein, Ingeborg (Hrsg.), Frauen, Literatur, Revolution, Pfaffenweiler 1992, S. 301-312

Gössmann, Elisabeth: Die Geschichte und Lehre der Mystikerin Marguerite Porete, in: Gegenentwürfe. 24 Lebensläufe für eine andere Theologie, Festschrift für Hans Küng zum 60. Geburtstag, München 1988, S. 69-79

Dies.: Die Gelehrsamkeit der Frauen im Rahmen der europäischen Querelle des Femmes, in: dies. (Hrsg.), Das wohlgelahrte Frauenzimmer, München 1984, S. 8-20

Goettle, Gabriele: Schleim oder Nichtschleim, das ist hier die Frage, in: Dietze (Hrsg.), Überwindung der Sprachlosigkeit, S. 51-54

Greverus, Ina Maria: Die anderen und ich. Anthropologie und die Frage nach dem Selbst, in: dies., Die anderen und ich. Vom sich Erkennen, Erkannt- und Anerkanntwerden, Darmstadt 1995, S. 1-25

Griffiths, Morwenna, Whitford, Margret: Introduction, in: dies. (Hrsg.), Feminist Perspectives in Philosophy, Bloomington, Indianapolis 1988

Grubitsch, Helga: Ein unheimlicher Widerspruch ... Zur Theorie und Praxis feministischer Wissenschaft an der Universität, in: Stephan, Weigel (Hrsg.), Feministische Literaturwissenschaft, S. 131-142

Günter, Andrea: Differenza sessuale. Eine Einführung in das Denken der Geschlechterdifferenz der Mailänderinnen und von DIOTIMA, in: dies., Weibliche Autorität, S. 12-32

Dies.: Frauen lesen Frauen. Zur weiblichen Genealogie nicht nur in der Literatur, in: Günter, Mariaux (Hrsg.), Papierne Mädchen, S. 9-28

Dies.: Geschlechterdifferenz, Postmoderne und Theologie. Ein Problemaufriß, in: dies. (Hrsg.), Feministische Theologie und postmodernes Denken. Zur theologischen Relevanz der Geschlechterdifferenz, Stuttgart 1996, S. 9-24

Dies.: Das Matriarchat – Metapher für weibliche Größe in der Geschichte. Was es bedeutet, über das Matriarchat nachzudenken, in: dies., Weibliche Autorität, S. 181-195

Dies.: Öffentliche Gelder und weibliche Autorität. Gedanken zur Urteilsfindung und der Beziehung zum Geld, in: Bernhard Filli, Günter, Weiberwirtschaft, S. 65-86

Dies.: Der Ort Gottes. *Oder*: Wie eine strukturelle Rede von »Frau« und »Weiblichkeit« Frauen von ontologischen Zuschreibungen befreit und Gott in den Beziehungen unter Frauen ansiedelt, in: dies. (Hrsg.), Feministische Theologie, S. 49-63

Dies.: Essen vom Baum der Erkenntnis. Christlicher Mythos, oraler Genuß und Erkenntnis bei Julia Kristeva, Luce Irigaray und Luisa Muraro, Vortrag vom 14. Oktober 1996 in Freiburg

Dies.: Ort(s)Politik. Über die frauenbewegte Rede vom Ort und vom Raum, in: Freiburger Frauen Studien 1 (1996), S. 109-122

Dies.: Vom Wunsch, ein Stück Schokolade zu essen. Oder: Was bedeuten Autonomie und Freiheit in der Krankenpflege, in: dies., Weibliche Autorität, S. 230-242

Dies.: Von den Möglichkeiten, Frau zu sagen, in: dies., Weibliche Autorität, S. 33-56

Dies.: Weibliche Autorität, Freiheit und Geschlechterdifferenz: Bausteine einer feministischen politischen Theorie, Frankfurt 1996

Dies.: Weibliche Autorität und die theologische Position des Sprechens, in: Günter, Andrea, Wagener, Ulrike (Hrsg.), Was bedeutet es heute, Theologin zu sein?, Jahrbuch der ESTWR 4, Mainz 1996, S. 48-61

Dies.: Weibliche Autorität und göttliche Autorisierung. Frauenbewegtes Denken und feministische Theologie, in: Feministische Studien 1 (1997), S. 123-133

Günter, Andrea, Mariaux, Veronika (Hrsg.): Papierne Mädchen. Dichtende Mütter. Lesen in der weiblichen Genealogie, Frankfurt 1994

Gurevic, Aron Ja.: Die Geschichte als Dialog mit den Menschen vergangener

Epochen, in: Rossi, Theorie der modernen Geschichtsschreibung, S. 266-274
Habermas, Jürgen: Der philosophische Diskurs der Moderne. Zwölf Vorlesungen, Frankfurt 1989
Hahn, Barbara: Unter falschem Namen. Von der schwierigen Autorschaft von Frauen, Frankfurt 1991
Hamacher, Werner: Unlesbarkeit, in: Paul de Man, Allegorien des Lesens, Frankfurt 1988, S. 7-26
Harding, Sandra: Feministische Wissenschaftstheorie. Zum Verhältnis von Wissenschaft und sozialem Geschlecht, Hamburg 1990
Hassauer-Roos, Friederike: Die Frauen mit Flügeln, die Männer mit Blei. Notizen zur weiblichen Ästhetik, Alltag und männlichem Empfinden, Siegen 1986
Dies.: Der ver-rückte Diskurs der Sprachlosen. Gibt es eine weibliche Ästhetik? in: dies.: Die Frauen mit Flügeln, S. 148-160
Dies.: Das Weib und die Idee der Menschheit. Zur neueren Geschichte der Diskurse über die Frau, in: Cerquiglini, Bernhard, Gumbrecht, Hans Ulrich (Hrsg.), Der Diskurs der Literatur- und Sprachhistorie, Frankfurt 1983, S. 421-445
Haug, Frigga: Die Moral ist zweigeschlechtlich wie der Mensch, in: Sünne Andresen u.a. (Hrsg.), Frauen und Moral. Frauengrundstudium 3, Berlin 1984, S. 6-27
Heinrich, Jutta: Das Geschlecht der Gedanken, München 1978
Herndl, Diane Prince: The Dilemmas of a Femminine Dialogic, in: Bauer, McKinstry (Hrsg.), Feminism, Bakhtin, and the Dialogic, S. 7-24
Heuser, Magdalena: Den Musenchor mit neuer Ehre zieren, in: Brinker-Gabler (Hrsg.), Deutsche Literatur von Frauen, S. 293-312
Heydebrand Renate von, Winko, Simone: Arbeit am Kanon: Geschlechterdifferenz in Rezeption und Wertung von Literatur, in: Bußmann, Hof (Hrsg.), Genus, S. 206-262
Hilmer, Brigitte: Alte Meister feministisch tradieren, in: Die Philosophin 12 (1995), S. 10-21
Hirsch, Marianne: The Mother/Daughter Plot. Narrative, Psychoanalysis, Feminism, Bloomington, Indianapolis 1990
Hof, Renate: Die Grammatik der Geschlechter. Gender als Analysekategorie der Literaturwissenschaft, Frankfurt 1995
Von Hoff, Dagmar: Dramen des Weiblichen. Deutsche Dramatikerinnen um 1800, Opladen 1989
Holenstein, Elmar: Roman Jakobsons phänomenologischer Strukturalismus, Frankfurt 1975
Holquist, Michael: The Politics of Representation, in: Greenblatt, Stephen J. (Hrsg.), Allegory and Representation, Baltimore, London 1981, S. 163-184
Honegger, Claudia: Die Ordnung der Geschlechter. Die Wissenschaften vom Menschen und das Weib, Frankfurt 1991
Hubert, Martin: Politisierung der Literatur – Ästhetisierung der Politik. Eine

Studie zur literaturgeschichtlichen Bedeutung der 68er-Bewegung in der Bundesrepublik Deutschland, Frankfurt 1992
Hutchson, Linda: A Poetics of Postmodernism. History, Theory, Fiction, New York, London 1988
Hügli Anton, Lübcke, Poul (Hrsg.): Philosophie im 20. Jahrhundert, Bd. 1, Reinbek 1994
Ingold, Felix Philipp, Wunderlich Werner (Hrsg.): Der Autor im Dialog. Beiträge zu Autorität und Autorschaft, St. Gallen 1993
IPAZIA: Autorità scientifica, Autorità femminile, Roman 1992
Irigaray, Luce: Ethik der sexuellen Differenz, Frankfurt 1991
Dies.: Fragen, in: Das Geschlecht, das nicht eins ist, S. 125-176
Dies.: Genealogie der Geschlechter, Freiburg 1989
Dies.: Das Geschlecht, das nicht eins ist, Berlin 1979
Dies.: Körper an Körper mit der Mutter, in: dies., Genealogie der Geschlechter, S. 25-46
Dies.: Macht des Diskurses/Unterordnung des Weiblichen, in: dies., Das Geschlecht, das nicht eins ist, S. 70-88
Dies.: Spekulum. Spiegel des anderen Geschlechts, Frankfurt 1980
Dies.: Wenn unsere Lippen sich sprechen, in: dies., Das Geschlecht, das nicht eins ist, S. 211-224
Dies.: Zur Geschlechterdifferenz. Interviews und Vorträge, Wien 1987, S. 95-118
Jakobson, Roman: Der Doppelcharakter der Sprache. Die Polarität zwischen Metaphorik und Metonymik, in: Ihwe (Hrsg.), Literaturwissenschaft und Linguistik, Bd. I, S. 323-334
Jameson, Frederic: Das politische Unbewußte. Literatur als Symbol sozialen Handelns, Reinbek 1988
Johnson, Barbara: The Critical Difference. Essays in the contemporaray Rhetoric of Reading, Baltimore, London 1980
Dies. (Hrsg.): Freedom and Interpretation. The Oxford Amnesty Lectures 1992, New York 1992
Dies.: A world of Difference, Baltimore, London 1987
Jones, Kathleen B.: Compassionate Authority. Democracy and the Representation of Women, New York 1993
Jung, Carl Gustav: Wandlungen und Symbole der Libido, München 1991
Kahlert, Heike: »Gemeinsam sind wir stärker!«. Lernprozesse von Frauen an der Hochschule, in: Brück, Brigitte u.a. (Hrsg.), Feministische Soziologie. Eine Einführung, Frankfurt 1992, S. 211-225
Kamuf, Peggy: Writing like a Woman, in: Susan McConnell-Ginet (Hrsg.), Women and Language in Literature and Society, New York 1980, S. 248-299
Kant, Immanuel: Beantwortung der Frage: Was ist Aufklärung? in: Bahr, Erhard (Hrsg.), Was ist Aufklärung? Thesen und Definitionen, Stuttgart 1974, S. 9-11
Kaplan, Cora: Lesen, Phantasie, Weiblichkeit – »Die Dornenvögel«, in: Nölle-Fischer (Hrsg.), Mit verschärftem Blick, S. 173-205
Karpenstein-Eßbach, Christa: Zum Unterschied von Diskursanalyse und Dekonstruktion, in: Weigel (Hrsg.), Flaschenpost und Postkarte, S. 125-138

Kehde, Susanne: Voices from the Margin: Bag Ladies and Others, in: Bauer, McKinstry (Hrsg.), Feminism, Bakhtin, and the Dialogic , S. 25-38
Kittler, Friedrich A.: Dichter, Mutter, Kind, München 1991
Ders.: »Das Phantom unseres Ichs« und die Literaturpsychologie: E.T.A. Hoffmann – Freud – Lacan, in: ders., Turk, Horst (Hrsg.), Urszenen. Literaturwissenschaft als Diskursanalyse und Diskurskritik, Frankfurt 1977, S. 139-167
Klinger, Cornelia: Beredtes Schweigen und verschwiegenes Sprechen: Genus im Diskurs der Philosophie, in: Bußmann, Hof (Hrsg.), Genus, S. 34-59
Dies.: Gespräch: Ein Gespräch mit Cornelia Klinger, in: Die Philosophin 5 (1991) 2, S. 68-77
Dies.: Eine Fallstudie zum Thema postmoderne Philosophie der Weiblichkeit: Jacques Derrida, Sporen: Die Stile Nietzsches, in: Amstutz, Kuoni (Hrsg.), Theorie – Geschlecht – Fiktion, S. 205-234
Dies.: Zwei Schritte vorwärts, einer zurück – und ein vierter darüber hinaus. Etappen feministischer Auseinandersetzung mit der Philosophie, in: Die Philosophin 12 (1995), S. 81-97
Dies.: Das Bild der Frauen in der Philosophie und die Reflexion von Frauen auf die Philosophie, in: Hausen, Karin, Nowoty, Helga (Hrsg.), Wie männlich ist die Wissenschaft? Frankfurt 1986, S. 62-84
Koch, Gertrud: Charlotte Salomons Buch *Leben oder Theater?* als historischer Familienroman, in: Schilling, Stephan, Weigel (Hrsg.), Jüdische Kultur und Weiblichkeit, S. 103-118
Koch-Klenske, Eva: Über Freuden und Leiden bei der Aneignung feministischer Theorien, in: Fabianke, Ruth, Kahlert, Heike (Hrsg.), Frauen in der Hochschullehre: Auf der Suche nach neuen Lehr- und Lernformen, Hochschuldidaktische Arbeitspapiere der Universität Hamburg, 24 (1991), S. 96-116
Kögler, Hans-Herbert: Die Macht des Dialogs. Kritische Hermeneutik nach Gadamer, Foucault und Rorty, Stuttgart 1992
Kolkenbrock-Netz, Jutta, Schuller, Marianne: Frau im Spiegel. Zum Verhältnis von autobiographischer Schreibweise und feministischer Praxis, in: Entwürfe von Frauen in der Literatur des 20. Jahrhunderts, von der Lühe u.a. (Hrsg.), Berlin 1982, S. 154-174
Kord, Susanne: Ein Blick hinter die Kulissen. Deutschsprachige Dramatikerinnen im 18. u. 19. Jahrhundert, Stuttgart 1992
Kraus, Karin, Kraus, Helga: Schwestern über Schwestern. Die Kunst der Balance, Frankfurt 1991
Krewani, Angela: Das hybride Geschlecht. Gender-Debatte und Medienstrategien, in: Thomsen, Christian W. (Hrsg.), Hybridkultur, Arbeitshefte Bildschirmmedien 46, Siegen 1994, S. 25-38
Kristeva, Julia: Bachtin, das Wort, der Dialog und der Roman, in: Ihwe (Hrsg.), Literaturwissenschaft und Linguistik, Bd. III, S. 345-375
Dies.: Die Chinesin, Frankfurt 1982
Dies.: Geschichten von der Liebe, Frankfurt 1989
Dies.: Probleme der Textstrukturation, in: Ihwe (Hrsg.), Literaturwissenschaft und Linguistik Bd. II.2, S. 484-507

Dies.: Produktivität der Frau, in: Alternative 108/109 (1976), S. 166-172
Dies.: Die Revolution der poetischen Sprache, Frankfurt 1978
Dies.: Die Zeit der Frauen, in: dies., Die neuen Leiden der Seele, Hamburg 1994, S. 226-254
Kroll, Renate, Zimmermann Margarete (Hrsg.): Feministische Literaturwissenschaft in der Romanistik. Theoretische Grundlagen. Forschungsstand. Neuinterpretationen. Stuttgart 1995
Krondorfer, Birge: Weibliche Autonomie: Perseveration oder Perversion?, in: Amstutz, Kuoni (Hrsg.), Theorie, Geschlecht, Fiktion, S. 251-270
Kubes-Hofmann, Ursula: Das unbewußte Erbe. Weibliche Geschichtslosigkeit zwischen Aufklärung und Frühromantik, Wien 1993
Kublitz-Kramer, Maria: Frauen auf Straßen. Topographien des Begehrens in Erzähltexten von Gegenwartsautorinnen, München 1995
Dies.: »Was man nicht erfliegen kann, muß man erhinken.« Auf den »Straßen des weiblichen Begehrens« – Libuse Moníkovás Erzählung »Pavane für eine verstorbene Infantin«, in: Brügmann, Kublitz-Kramer (Hrsg.), Textdifferenzen, S. 101-114
Lacan, Jacques: Die Bedeutung des Phallus, in: ders., Schriften II, Olten 1975, S. 119-132
Ders.: Das Drängen des Buchstaben im Unbewußten oder Die Vernunft seit Freud, in: ders., Schriften II, Weinheim, Berlin 1991, S. 15-55
Ders.: Encore. Das Seminar, Buch XX, Weinheim 1986
Ders.: Das Spiegelstadium als Bildner der Ich-Funktion, in: ders., Schriften I, Weinheim, Berlin 1991, S. 61-70
Lachmann, Renate: Thesen zu einer weiblichen Ästhetik, in: Opitz, Claudia (Hrsg.), Weiblichkeit oder Feminismus, Opladen 1980, S. 181-194
Lange, Sigrid: Spiegelgeschichten. Geschlechter und Poetiken in der Frauenliteratur um 1800, Frankfurt 1995
Laqueur, Thomas: Auf den Leib geschrieben. Die Inszenierung der Geschlechter von der Antike bis Freud, Frankfurt 1992
Von La Roche, Sophie: Das Fräulein von Sternheim, Stuttgart 1983
Dies.: Pomona. Zeitschrift für Teutschlands Töchter, Speier 1783-1784
de Lauretis, Teresa: Alice doesn't. Feminism, Semiotics, Cinema, Bloomington 1984
Dies.: The Essence of the Triangle. Or, Taking the Risk of Essentialism Seriously: Feminist in Italy, the U.S. and Britain, in: Schor, Naomi, Weed, Elizabeth (Hrsg.), »The essential difference«. Books from differences, Bloomington, Indianapolis 1994, S. 1-39
Dies.: Introduction: The Milan Women's Bookstore Collective, Sexual Difference. A Theory of Social-Symbolic Practice, Bloomington, Indianapolis 1990, S. 1-24
Lenk, Elisabeth: Die sich selbst verdoppelnde Frau, in: Ästhetik und Kommunikation 25 (1976), S. 84-87
Dies.: Die unbewußte Gesellschaft. Über die mimetische Grundstruktur in der Literatur und im Traum, München 1983
Lerner, Gerda: Die Entstehung des feministischen Bewußtseins, Frankfurt 1993

Dies.: Die Entstehung des Patriarchats, Frankfurt 1991
Lersch, Barbara: Der Ort der Leerstelle. Weiblichkeit als Poetik der Negativität und der Differenz, in: Brinker-Gabler (Hrsg.), Deutsche Literatur von Frauen, S. 487-502
Lessing, Gotthold Ephraim: Briefe, die neueste Literatur betreffend, Stuttgart 1979
Ders.: Hamburgische Dramaturgie, Stuttgart 1981
Ders.: Emilia Galotti, in: ders., Werke II, München 1971, S. 127-204
Libreria delle donne di Milano: Wie weibliche Freiheit entsteht. Eine neue politische Praxis, Berlin 1988
Libreria delle donne di Milano, Biblioteca delle donne die Parma: Der Gelbe Katalog, in: Günter, Mariaux (Hrsg.), Papierne Mädchen, S. 27-132
Liebertz-Grün, Ursula: Höfische Autorinnen. Von der karolingischen Kulturreform bis zum Humanismus, in: Brinker-Gabler (Hrsg.), Deutsche Literatur von Frauen, Erster Band, S. 39-64
Liebsch, Katharina: Vom Weibe zur Weiblichkeit? Psychoanalytische Konstruktionen in der feministischen Theorie, Bielefeld 1994
Light, Alison: Zurück nach Manderley – Liebesroman, weibliche Sexualität und Klasse, in: Nölle-Fischer (Hrsg.), Mit verschärftem Blick, S. 143-172
Lindhoff, Lena: Einführung in die feministische Literaturtheorie, Stuttgart 1995
List, Elisabeth: Die Präsenz des Anderen: Der Ort des Weiblichen im philosophischen Diskurs, in: dies., Die Präsenz des Anderen. Theorie und Geschlechterpolitik, Frankfurt 1993, S. 22-45
Löchel, Elfriede: Umgehen (mit) der Differenz, in: Psyche 89, S. 826-847
Dies.: Verschiedenes. Untersuchungen zum Umgehen (mit) der Differenz in Theorien zur Geschlechtsidentität, Bremen 1987
Lorenzer, Alfred: Der Symbolbegriff und seine Problematik in der Psychoanalyse, in: Oelkers, Wegenast (Hrsg.), Das Symbol – Brücke des Verstehens, S. 21-30
Lummerding, Susanne: »Weibliche« Ästhetik? Möglichkeiten und Grenzen einer Subversion von Codes, Wien 1989
Lykke, Nina: Rotkäppchen und Ödipus. Zu einer feministischen Psychoanalyse, Wien 1993
Maihofer, Andrea: Geschlecht als Existenzweise, Frankfurt 1995
De Man, Paul: Allegorien des Lesens, Frankfurt 1988
Mariaux, Veronika: Mütter, Töchter und Sophie. Sophie von La Roche, in: Günter, Mariaux (Hrsg.), Papierne Mädchen, S. 133-158
Von Matt, Peter: Liebesverrat. Die Treulosen in der Literatur, München 1991
Meijer, Maaike: Sich der Gewalt des Textes widersetzen. Zur Kritik der Repräsentation, in: Brügmann, Kublitz-Kramer (Hrsg.), Textdifferenzen, S. 35-46
Melberg, Arne: Theories of Mimesis, New York, Melbourne 1995
Menke, Bettine: Verstellt – der Ort der »Frau« – Ein Nachwort, in: Vinken (Hrsg.), Dekonstruktiver Feminismus, S. 436-476
Dies.: Verstellt – der Ort der Frau und die Stimme des Textes, in: Amstutz, Kuoni (Hrsg.), Theorie, Geschlecht, Fiktion, S. 185-204

Dies.: Die Ver-Stellung und die schöne Stimme. Zum Konzept eines dekonstruktivistischen Feminismus, in: Huber, Jörg, Müller, Alois Martin (Hrsg.), Raum und Verfahren, Basel, Frankfurt 1993, S. 65-87

Mentzos, Stavros: Hysterie. Zur Psychodynamik unbewußter Inszenierungen, Frankfurt 1986

Mereau, Sophie: Das Blütenalter der Empfindung, Stuttgart 1982

Mey, Dorothea: Was heißt »Engagement« in der feministischen Literaturwissenschaft, in: Brügmann, Kublitz-Kramer (Hrsg.), Textdifferenzen, S. 61-66

Meyer, Eva: Die Autobiographie der Schrift. Selbstthematisierung und Anti-Repräsentation, in: Fischer, Kilian, Schönberg (Hrsg.), Bildersturm im Elfenbeinturm, S. 161-173

Dies.: Das Erlebnis der Ähnlichkeit, in: Amstutz, Kuoni (Hrsg.), Theorie, Geschlecht, Fiktion, S. 235-249

Dies.: Das Furchtbare des Fruchtbaren. Wiederholungen und Position des Weiblichen, in: Kamper, Dietmar, Wulf, Christian (Hrsg.), Der andere Körper, Berlin 1984, S. 239-248

Dies.: Tischgesellschaft, Basel, Frankfurt 1994

Dies.: Versprechen. Ein Versuch ins Unreine, Basel, Frankfurt 1984

Dies.: Vorspiel – Annäherung an eine andere Schreibweise, in: Wartmann, Brigitte (Hrsg.), Weiblich – Männlich. Kulturgeschichtliche Spuren einer verdrängten Weiblichkeit, Berlin 1980, S. 62-76

Dies.: Das Weibliche des Weiblichen, in: Hombach, Dieter (Hrsg.), Zeta 02/ Mit Lacan, Berlin 1982, S. 59-68

Dies.: Zählen und Erzählen. Für eine Semiotik des Weiblichen, Berlin, Wien 1983

Meyers Neues Lexikon in 10 Bänden, Mannheim, Leipzig, Wien, Zürich 1993

Möhrmann, Renate: Die andere Frau. Emanzipationsansätze deutscher Schriftstellerinnen im Vorfeld der Achtundvierziger-Revolution, Stuttgart 1977

Moi, Toril: Sexus, Text und Herrschaft. Feministische Literaturtheorie, Bremen 1989

De la Motte, Brunhild: Feminismus im Spannungsfeld von Humanismus und Poststrukturalismus, in: Weimann, Robert, Gumbrecht, Hans Ulrich, Wagner, Benno (Hrsg.), Postmoderne – globale Differenz, Frankfurt 1991, S. 121-132

Muraro, Luisa: Die denkende Differenz der Geschlechter. Eine italienische Einführung, in: Feministische Studien 12 (1994) 2, S. 71-80

Dies.: Maglia e uncinetto. Raconto linguistico-politico sulla inimicizia tra metaphora e metonimia, Milano 1981

Dies.: Margherita e il suo libro, in: Bailamme. Rivista di Spiritualità e Politica 10 (1991), S. 101-132

Dies.: Les pièces secrètes de l'Europe, in: Günter, Andrea, Wagener, Ulrike (Hrsg.), Was bedeutet es heute, Theologin zu sein, Jahrbuch der ESTWR 4 (1996), S. 129-139

Dies.: La posizione isterica e la necessità della mediazione, Palermo 1993

Dies.: Die symbolische Ordnung der Mutter, Frankfurt 1994

Dies.: Voce materna, scienza divina, in: dies., Lingua materna, scienza divina. Scritti sulla filosofia mistica di Margherita Porete, Napoli 1995, S. 73-86
Dies.: Vorträge, in: Frankfurter Frauenschule/SFBF e.V. (Hrsg.), Materialienband 5, Frankfurt 1991
Nägele, Rainer: Trauerspiel und Puppenspiel, in: Weigel (Hrsg.), Leib- und Bildraum, Lektüren nach Benjamin, S. 9-34
Nietzsche, Friedrich: Zur Genealogie der Moral. Eine Streitschrift, Stuttgart 1988
Nölle-Fischer, Karen: Mit verschärftem Blick. Feministische Kulturkritik, München 1987
Noller, Annette: Feministische Hermeneutik. Wege einer neuen Schriftauslegung, Neukirchen 1995
Nordmann, Ingeborg: Hannah Arendt, Frankfurt 1994
Dies.: Wie man sich in der Sprache fremd bewegt. Zu den Essays von Margarete Susmann, in: Stephan, Schilling, Weigel (Hrsg.), Jüdische Kultur und Weiblichkeit, S. 85-102
Nusser, Peter: Trivialliteratur, Stuttgart 1991
Oelkers, Jürgen, Wegenast, Klaus (Hrsg.): Das Symbol – Brücke des Verstehens, Stuttgart 1991
Owens, Craig: Der Diskurs der Anderen – Feminismus und Postmoderne, in: Huyssen, Andreas, Scherper, Klaus R. (Hrsg.), Postmoderne. Zeichen eines kulturellen Wandels, Hamburg 1986, S. 172-195
Paetzhold, Heinz: Die Realität der symbolischen Formen. Die Kulturphilosophie Ernst Cassirers im Kontext, Darmstadt 1994
Pieper, Annemarie: Aufstand des stillgelegten Geschlechts. Einführung in die feministische Ethik, Freiburg, Basel, Wien 1993
Dies.: Handlung, Freiheit und Entscheidung: Zur Dialektik der praktischen Vernunft, in: Stachowiak, Herbert (Hrsg.), Pragmatik: Handbuch pragmatischen Denkens, Bd. III, Hamburg 1989, S. 86-108
Dies.: Jenseits von Herrschaft und Knechtschaft. Utopie einer menschlichen Lebensform, in: Amstutz, Kuoni (Hrsg.), Theorie, Geschlecht, Fiktion, S. 13-24
Pietzker, Carl: Lesend interpretieren. Zur psychoanalytischen Deutung literarischer Texte, Würzburg 1992
De Pizan, Christine: Das Buch von der Stadt der Frauen, München 1990
Postl, Gertrude: Weibliches Sprechen. Feministische Entwürfe zu Sprache und Geschlecht, Wien 1991
Prokop, Ulrike: Die Einsamkeit der Imagination, Geschlechterkonflikt und literarische Produktion um 1770, in: Brinker-Gabler (Hrsg.), Deutsche Literatur von Frauen, S. 325-366
Dies.: »Emilia Galotti«. Das Drama über die Zerstörung der Wünsche, in: Lorenzer, Alfred (Hrsg.), Kultur-Analysen. Psychoanalytische Studien zur Kultur, Frankfurt 1988, S. 136-288
Dies.: Die Illusion des großen Paares, Bd.1 u. 2, Frankfurt 1991
Dies.: Was ist der Gegenstand einer »Geschichte des weiblichen Schreibens«?, in: Ostner, Ilona, Lichtblau, Klaus (Hrsg.), Feministische Vernunftskritik. Ansätze und Traditionen, Frankfurt 1992, S. 91-98

Pusch, Luise: Das Deutsche als Männersprache. Diagnose und Therapievorschläge, in: dies.: Das Deutsche als Männersprache. Aufsätze und Glossen zur feministischen Linguistik, Frankfurt 1984, S. 46-68

Putino, Angela: La Signora della notte stellata, in: DIOTIMA, Il cielo stellato dentro di noi, S. 99-122

Reddy, Maureen T.: Maternal Reading: Lazarre and Walker, in: Daly, Reddy (Hrsg.), Narrating Mothers, S. 222-238

Rendtorff, Barbara: Geschlecht und Bedeutung. Über Verleugnung und Rückeroberung von Körper und Differenz, in: Frankfurter Frauenschule/SFBF e.V. (Hrsg.), Materialität, Körper, Geschlecht, Materialienband 14, Frankfurt 1996, S. 7-30

Rich, Adrienne: Blood, bread, and poetry. Selected prose 1979-1985, London, New York 1986

Dies.: Um die Freiheit schreiben. Beiträge zur Frauenbewegung, Frankfurt 1990

Dies.: Von Frauen geboren, München 1979

Ricoeur, Paul: Die Interpretation, Frankfurt 1993

Rieger, Eva: »Ich recycle Töne«. Schreiben Frauen anders? in: Die Philosophin 5 (1992) 2, S. 20-29

Richter-Schröder, Karin: Feministischer Fort-Schritt? Weibliche Ästhetik und poststrukturalistische Literaturtheorie, in: Fischer, Kilian, Schönberg (Hrsg.), Bildersturm im Elfenbeinturm, S. 48-65

Ritter, Joachim, Gründer, Karlfried (Hrsg.): Historisches Wörterbuch der Philosophie, Basel 1971

Rhode-Dachser, Christa: Expedition in den dunklen Kontinent. Weiblichkeit im Diskurs der Psychoanalyse, Berlin, Heidelberg, New York 1992

Roebling, Irmgard: Jutta Heinrichs Roman »Das Geschlecht der Gedanken«, oder: Über die Schwierigkeit, mit der Geschlechterdifferenz umzugehen, in: Hillemaar, Henk, Schönau, Walter (Hrsg.), Fathers and Mothers in Literature, Amsterdam 1994, S. 309-325

Dies.: »Krieg« und »Frieden« im feministischen Methodenstreit. Zur Analyse weiblicher (Anti-) Kriegs-Rede, in: Brügmann, Kublitz-Kramer (Hrsg.), Textdifferenzen, S. 21-34

Dies.: Lilith – oder der Umsturz der Bilder. Feministische Literaturwissenschaft: kontrakursiv, in: Arbeitsgemeinschaft interdisziplinäre Frauenforschung und -studien (Hrsg.), Feministische Erneuerung von Wissenschaft und Kunst, Pfaffenweiler 1990, S. 183-198

Dies.: Lilith oder die Umwertung aller Werte. Eine Untersuchung zum literarischen Frauen-Bilder-Sturz um die Jahrhundertwende am Beispiel von Isolde Kurz' Versepos »Die Kinder der Lilith«, in: dies. (Hrsg.), Lulu, Lilith, Mona Lisa ..., Frauenbilder der Jahrhundertwende, Pfaffenweiler 1989, S. 157-198

Dies. (Hrsg.): Sehnsucht und Sirene. Vierzehn Abhandlungen zu Wasserphantasien, Pfaffenweiler 1992

Rödig, Andrea: Ding an sich und Erscheinung. Einige Bemerkungen zur theoretischen Dekonstruktion von Geschlecht, in: Feministische Studien 12 (1994) 2, S. 91-99

Rorty, Richard: Kontingenz, Solidarität und Wahrheit, Frankfurt 1994
Rossi, Pietro (Hrsg.): Theorie der modernen Geschichtsschreibung, Frankfurt 1987
Rupp, Victoria: Die gute Mutter. Ein Lustspiel, Frankfurt, Leipzig 1777
Sartori, Diana: »Tu devi«. Un ordine materno, in: DIOTIMA, Oltre l' ugualianza, S. 5-32
Dies.: Women's Authority in Science, in: Lennon, Kathleen, Whitford, Margaret (Hrsg.), Knowing the Difference. Feminist Perspectives in Epistemology, London, New York 1994, S. 110-121
Schabert, Ina: Gender als Kategorie einer neuen Literaturgeschichtsschreibung, in: Bußmann, Hof (Hrsg.), Genus, S. 162-205
Schade, Sigrid: Cindy Sherman oder die Kunst der Verkleidung, in: Conrad, Judith, Konnertz, Ursula (Hrsg.), Weiblichkeit in der Moderne. Ansätze feministischer Vernunftskritik, Tübingen 1986, S. 229-242
Dies.: »Himmlische und/oder Irdische Liebe«. Allegorische Lesarten des weiblichen Aktbildes der Renaissance, in: Schade, Wagner, Weigel (Hrsg.), Allegorien und Geschlechterdifferenz, S. 95-112
Schade, Sigrid, Wagner, Monika, Weigel, Sigrid (Hrsg.): Allegorien und Geschlechterdifferenz, Köln, Weimar, Wien 1994
Schaeffer-Hegel, Barbara, Watson-Franke, Barbara (Hrsg.): Männer, Mythos, Wissenschaft. Grundlagentexte zur feministischen Wissenschaftskritik, Pfaffenweiler 1988
Schenk, Herrad: Die Rache der alten Mamsell. Eugenie Marlitts Lebensroman, Köln 1996
Schilling, Sabine, Stephan, Inge, Weigel, Sigrid (Hrsg.): Jüdische Kultur und Weiblichkeit in der Moderne, Köln, Weimar, Wien 1994
Schilling, Sabine, Weigel, Sigrid: Kulturelle und sexuelle Differenzen. Einleitung, in: Feministische Studien 9 (1991) 2, S. 4-7
Schlör, Veronika: Mimesis, das Erhabene und der ver-rückte Diskurs des Weiblichen, in: Günter (Hrsg.), Feministische Theologie, S. 25-36
Schmid-Bortenschlager, Sigrid: Die Vermittlung zwischen gestern und heute, der Heldin und uns. Zu Marie-Thérèse Kerschbaumers »Der weibliche Name des Widerstands«, in: Jurgenson, Manfred (Hrsg.), Frauenliteratur. Autorinnen, Perspektiven, Konzepte, München 1995, S. 153-157
Schmidt, Ricarda: E.T.A. Hoffmanns Erzählung *Der Sandmann* – ein Beispiel für »écriture féminine«?, in: Pelz, Annegret u.a. (Hrsg.), Frauen, Literatur, Politik, Hamburg 1988, S. 75-93
Dies.: Westdeutsche Frauenliteratur in den 70er Jahren, Frankfurt 1982
Schmidt, Uta C.: Vom Rand zur Mitte. Aspekte einer feministischen Perspektive in der Geschichtswissenschaft, Zürich 1994
Schneider, Manfred: Die Allegorie der Hysterie und das Tête-á-tête der Wahrheit, in: Schade, Wagner, Weigel (Hrsg.), Allegorien, S. 137-155
Schor, Naomi: Der Essentialismus, der keiner ist – Irigaray begreifen, in: Vinken (Hrsg.), Dekonstruktiver Feminismus, S. 219-246
Schrattenholzer, Elisabeth: Das Wort und die Tatsachen oder Was nehme ich, wenn ich wahrnehme?: Ein Plädoyer für eine entzerrte Wahrnehmung, Wien 1993

Schopenhauer, Johanna: Der Balkon, in: Sämtliche Schriften, 20. Band, Frankfurt 1831, S. 5-144
Schüssler-Fiorenza, Elisabeth: Brot statt Steine. Die Herausforderung einer feministischen Interpretation der Bibel, Freiburg/Schweiz 1988
Dies.: The Politics of Otherness. Biblical Interpretation as a Critical Praxis for Liberation, in: Ellis, Marc H., Maduro, Otto (Hrsg.), The Future of Liberation Theology, Maryknoll 1989, S. 311-337
Schuller, Marianne: Hysterie als Artefaktum. Zum literarischen und visuellen Archiv der Hysterie um 1900, in: dies., Im Unterschied, S. 81-94
Dies.: Im Unterschied. Lesen. Korrespondieren. Adressieren, Frankfurt, New York 1990
Dies.: Literarische Szenerien und ihre Schatten. Orte des »Weiblichen« in literarischen Produktionen, in: dies., Im Unterschied, S. 47-65
Dies.: Literatur und Psychoanalyse. Zum Fall der hysterischen Krankengeschichte bei Sigmund Freud, in: dies., Im Unterschied, S. 67-80
Dies.: Den Übersichtigkeiten das Wort geredet. Oder: »Verrückte Rede«? Zu Kleists Penthesilea, in: Amstutz, Kuoni (Hrsg.), Theorie, Geschlecht, Fiktion, S. 61-74
Dies.: »Weibliche Neurose« und »kranke Kultur«. Zur Literarisierung einer Krankheit um die Jahrhundertwende, in: dies., Im Unterschied, S. 13-46
Schupp, Ulrike: »Nicht Ausschluß, sondern Strukturwandel«. Rezension zu Elke Kleinau, Claudia Opitz (Hrsg.), Geschichte der Mädchen- und Frauenbildung, Frankfurt 1996, in: Virginia 21 (1996), S. 8
Schwab, Gail M.: Irigarays Dialogism: Play and Powerplay, in: Bauer, McKinstry (Hrsg.), Feminism, Bakhtin, and the Dialogic, S. 57-72
Schwenk, Karin: Politik des Lesens. Stationen der feministischen Kanonkritik in den USA, Pfaffenweiler 1996
Searle, John R.: Ausdruck und Bedeutung. Untersuchungen zur Sprechakttheorie, Frankfurt 1990
Seifert, Edith: »Was will das Weib?«. Zu Begehren und Lust bei Freud und Lacan, Weinheim 1987
Sellers, Susan: Feminist Criticism: Theory and Practice, New York, London, Toronto 1991
Silva Gorgulho, Gilberto da: Befreiung und Hermeneutik, in: Ellacuría, Ignacio, Sobrino, Jon (Hrsg.). Mysterium Liberationis. Grundbegriffe der Theologie der Befreiung, Luzern 1995, S. 155-188
Skoller, Eleanor Honig: The In-Between of Writing. Experience and Experiment in Drabble, Duras, and Arendt, Michigan 1993
van Soest, Berthe: WHO DUNNIT: Die Rolle der Frauen bei der Enthauptung von Johannes dem Täufer: Eine feministisch-dekonstruktivistische Lesart von Markus 6, 16-28, in: Günter (Hrsg.), Feministische Theologie, S. 140-153 ff.
Starobinski, Jean: Der Autor und die Autorität. Aus einem Notizbuch über die Beständigkeit und die Metamorphosen der Autorität, in: Ingold, Wunderlich (Hrsg.), Der Autor im Dialog, S. 11-14
Stephan, Inge: »Bilder und immer wieder Bilder ...«. Überlegungen zur Unter-

suchung von Frauenbildern in männlicher Literatur, in: Stephan, Weigel, Die verborgene Frau, S. 15-34
Dies.: »Da werden Weiber zu Hyänen ...« – Amazonen und Amazonenmythos bei Schiller und bei Kleist, in: Stephan, Weigel (Hrsg.), Feministische Literaturwissenschaft, S. 23-42
Stephan, Inge, Schilling, Sabine, Weigel, Sigrid (Hrsg.): Jüdische Kultur und Weiblichkeit in der Moderne, Köln, Weimar, Wien 1994
Stephan, Inge, Venske, Regula, Weigel, Sigrid: Frauenliteratur ohne Tradition? Neun Autorinnenporträts, Frankfurt 1987
Stephan, Inge, Weigel Sigrid, (Hrsg.): Feministische Literaturwissenschaft. Literatur im historischen Prozeß, Berlin 1984
Dies.: Die verborgene Frau. Sechs Beiträge zu einer feministischen Literaturwissenschaft, Berlin 1983
Dies.: Vorwort. Feministische Literaturwissenschaft, in: Stephan, Weigel, Die verborgene Frau, S. 5-14
Dies.: Tagungsbericht, in: Stephan, Weigel (Hrsg.), Feministische Literaturwissenschaft, S. 5-14
Stephan, Verena: Häutungen, München 1975
Strelka, Joseph P.: Literatur und Politik. Beispiele literaturwissenschaftlicher Perspektiven, Frankfurt 1992
Suchsland, Inge: Julia Kristeva zur Einführung, Hamburg 1992
Susi, Enrichetta: Le felici anomalie, in: IPAZIA, Autorità scientifica, S. 3-12
Sykora, Katharina: Pandora oder L'Eve future. Ästhetisches Denken und der Kunstcharakter des Weiblichen, in: Die Philosophin 5 (1992), S. 11-19
Dies.: Ver-Körperungen: Weiblichkeit – Natur – Artefakt, in: Huber, Jörg, Müller, Alois Martin (Hrsg.), Raum und Verfahren, Basel, Frankfurt, 1993, S. 89-104
Todd, Janet: Jane Austen, Politics and Sensibility, in: Sellers (Hrsg.), Feminist Criticism: Theory and Practice, S. 71-89
Trettin, Käthe: Zwei Fragen zur feministischen Erkenntnistheorie, in: Feministische Studien 1 (1995) 13, S. 95-106
Dies.: Braucht die feministische Wissenschaft eine »Kategorie«?, in: Wobbe, Lindemann (Hrsg.), Denkachsen, S. 208-234
»Umgang mit Tradition«, Die Philosophin 12 (1995)
Vanderbeke, Birgit: Das Muschelessen, Berlin 1993
Vinken, Barbara (Hrsg.): Dekonstruktiver Feminismus. Literaturwissenschaft in Amerika, Frankfurt 1992
Dies.: Dekonstruktiver Feminismus – Eine Einleitung, in: dies. (Hrsg.), Dekonstruktiver Feminismus, S. 7-32
Volkwein, Karin: Als hinge unser Leben davon ab. Zur Bedeutung und Zusammenhang von Erfahrungen von Frauen und Erinnerung in der feministischen Theologie, in: Frauenforschungsprojekt zur Geschichte der Theologinnen (Hrsg.), Querdenken. Beiträge zur feministisch-theologischen Forschung, Festschrift für Hannelore Erhart, Göttingen, Pfaffenweiler 1992, S. 28-43
Von der Lühe, Irmela u.a. (Hrsg.): Entwürfe von Frauen von Frauen in der Literatur des 20. Jahrhunderts«, Berlin 1982

Wandruszka, Marie-Luise: »Meine Mutter hatte goldene Flügel.« Zu Else Lasker-Schülers weiblichem Gesetz, in: Günter, Mariaux (Hrsg.), Papierne Mädchen, S. 219-240

Dies.: Orogoglio e misura. Quattro scrittrici tedesche, Torino 1993

Waniek, Eva: Helene Cixous: Entlang einer Theorie der Schrift, Wien 1993

Weber, Samuel: Rückkehr zu Freud, Frankfurt, Berlin, Wien 1990

Weigel, Sigrid: Bilder des kulturellen Gedächtnisses. Beiträge zur Gegenwartsliteratur, Dülmen-Hiddingsel 1994

Dies.: »Blut im Schuh« – Körper-Gedächtnis und Körper-Sprache in Christa Wolfs Prosa, in: dies., Bilder des kulturellen Gedächtnisses, S. 58-77

Dies. (Hrsg.): Flaschenpost und Postkarte. Korrespondenzen zwischen Kritischer Theorie und Poststrukturalismus, Köln, Weimar, Wien 1995

Dies.: Frauen und Juden in Konstellationen der Modernisierung – Vorstellungen und Verkörperungen der »internen Anderen«, in: Stephan, Schilling, Weigel (Hrsg.), Jüdische Kultur und Weiblichkeit, S. 333-351

Dies.: Frau und »Weiblichkeit« – Theoretische Überlegungen zur feministischen Literaturkritik, in: Renate Berger u.a. (Hrsg.), Feministische Literaturwissenschaft, Berlin 1984, S. 103-113

Dies.: Kommunizierende Röhren. Michel Foucault und Walter Benjamin, in: dies. (Hrsg.), Flaschenpost und Postkarte, S. 25-48

Dies.: »Konstellationen, kleine Momentaufnahmen, aber niemals Kontinuität«. Ein Gespräch über Literaturwissenschaft und Literaturgeschichsschreibung von Frauen, in: Fischer, Kilian, Schönberg (Hrsg.), Bildersturm im Elfenbeinturm, S. 116-133

Dies.: Leib und Bildraum, in: dies., Topographien, S. 18-42

Dies. (Hrsg.): Leib- und Bildraum. Lektüren nach Benjamin, Köln, Weimar, Wien 1992

Dies.: Mit Siebenmeilenstiefeln zur weiblichen AllMacht oder die kleinen Schritte aus der männlichen Ordnung. Eine Kritik literarischer Utopien von Frauen, in: Feministische Studien (1985) 1, S. 138-152

Dies.: Passagen und Spuren des »Leib- und Bildraums« in Benjamins Schriften, in: dies. (Hrsg.), Leib- und Bildraum, S. 49-64

Dies.: Rekonstruktion und Re-Lektüre. Die Arbeit von Frauen in der Literaturwissenschaft als Teil einer weiblichen Kulturkritik, in: dies., Topographien, S. 252-264

Dies.: Der schielende Blick. Thesen zur Geschichte weiblicher Schreibpraxis, in: Stephan, Weigel, Die verborgene Frau, S. 83-137

Dies.: Das Schreiben des Mangels als Produktion von Utopie, in: Women in German Yearbook 1 (1985), S. 29-38

Dies.: Die Stimme der Medusa. Schreibweisen in der Gegenwartsliteratur von Frauen, Dülmen-Hiddingsel 1987

Dies.: Topographien der Geschlechter. Kulturgeschichtliche Studien zur Literatur, Reinbek 1990

Dies.: Die Verdoppelung des männlichen Blicks und der Ausschluß der Frauen aus der Literaturwissenschaft, in: dies., Topographien, S. 231-251

Dies.: Von der »anderen Rede« zur Rede des Anderen. Zur Vorgeschichte der

Allegorie der Moderne im Barock, in: Schade, Wagner, Weigel (Hrsg.), Allegorien, S. 159-170
Dies.: »Wäre ich ein Mann, hätte ich aus diesem Zustand vielleicht ein Werk geschaffen«: Unica Zürn, in: Stephan, Venske, Weigel (Hrsg.), Frauenliteratur ohne Tradition?, S. 243-277
Dies.: Weiblichkeit als Metapher des Metonymischen, in: dies., Die Stimme der Medusa, S. 196-213
Dies.: Wider die romantische Moderne. Zur ästhetischen Funktion des Weiblichen in Friedrich Schlegels »Lucinde«, in: Stephan, Weigel, Die verborgene Frau, S. 67-82
Dies.: Zur Weiblichkeit imaginärer Städte, in: Freiburger Frauenstudien, 2 (1996), S. 1-8
Weil, Simone: Schwerkraft und Gnade, München 1952
Weimann, Robert: Das Ende der Moderne? Versuch über das Autoritätsproblem in unserer Zeit, in: Weimann, Robert, Gumbrecht, Hans Ulrich, Wagner, Benno (Hrsg.), Postmoderne – globale Differenz, Frankfurt 1991, S. 9-53
Ders.: Mimesis und die Bürde der Repräsentation. Der Poststrukturalismus und das Produktionsproblem in fiktiven Texten, in: Weimarer Beiträge 31 (1985), S. 1061-1099
Welsch, Wolfgang: Ästhetisches Denken, Stuttgart 1990
Ders.: Unsere postmoderne Moderne, Weinheim 1987
Wenk, Silke: Moderne Transformationen der weibliche Allegorie – Henry Moores Skulptur der Liegenden, in: Schade, Wagner, Weigel (Hrsg.), Allegorien, S. 221-231
Williams, Linda R.: Critical Warfare and Henry Miller's Tropic of Cancer, in: Sellers, Feminist Criticism, S. 23-44
Wilpert, Gero von (Hrsg): Sachwörterbuch der Literatur, Stuttgart 1979
Wobbe, Theresa, Lindemann, Gesa (Hrsg.): Denkachsen. Zur theoretischen und institutionellen Rede von Geschlecht, Frankfurt 1994
Woolf: Virginia: Ein eigenes Zimmer, Stuttgart 1992
Dies.: Ein eigenes Zimmer. Drei Guineen, Leipzig 1989
Dies.: Frauen und Literatur. Essays, Frankfurt 1989
Zizek, Slavoj: Grimassen des Realen. Jacques Lacan oder die Monstrosität des Aktes, Köln 1993

Bereits erschienen:

Andrea Günter *Weibliche Autorität, Freiheit und Geschlechterdifferenz. Bausteine einer feministischen politischen Theorie*

Frauenpolitische Fragen werden in der Regel als Fragen von Diskriminierung und Förderung thematisiert – mangels eigenständiger feministisch-politischer Theoriebildung. Bausteine zu einer Theorie, in die die Geschlechterdifferenz eingeschrieben ist, entwickelt die Kulturwissenschaftlerin Andrea Günter in den Essays dieses Bandes. Ihr Denken gründet auf der Auseinandersetzung mit Hannah Arendt und Hildegard von Bingen sowie mit dem vieldiskutierten Differenz-Ansatz der Philosophinnengemeinschaft DIOTIMA und des Mailänder Frauenbuchladens, ein Ansatz, den die Autorin zugleich interpretierend erhellt.

ISBN 3-927164-05-4

Andrea Günter, Veronika Mariaux (Hg.) *Papierne Mädchen – Dichtende Mütter. Lesen in der weiblichen Genealogie.*

Sophie von La Roche schrieb die Geschichte ihres »Papiernen Mädchens«, des Fräulein von Sternheim, um ihr Wissen und Können an Frauen weiterzugeben. Für die Mailänder Philosophinnen, deren GELBER KATALOG – einer der Quellentexte zum Denken der Geschlechterdifferenz – hier erstmals auf Deutsch erscheint, sind Romane »die Mütter von uns allen«. Frauen aus Italien und Deutschland gehen im vorliegenden Band der Bedeutung von Autorinnen für Leserinnen, für unser Denken, unsere Sprache und unsere Politik nach.

ISBN 3-927164-22-4